# 유아교육 · 보육과
# 함께 걷는 평가

3P(정책, 프로그램, 실제) 평가의 이해와 적용

이 진 희 지음

창지사

# 유아교육 · 보육과 함께 걷는 평가

3P(정책, 프로그램, 실제) 평가의 이해와 적용

Illustrated by 서영

'진정한 친구'와 함께 걷는 길,
가치발견과 의미생성의 평가로

# 머 리 말

'평가'라는 학문은 지금보다 더 나은, 더 행복한 공동체적 삶을 만들어 가고자 하는 실천적 요구에서 출발하였습니다. 다른 학문들과 비교했을 때 학문으로서 평가의 역사는 그다지 오래되지 않았습니다. 1960년대 이후로 학문적 체계를 갖추어 온 평가는 현실에 뿌리를 두는 실천적 본질을 가지고서 철학적 토대, 자연과학이나 사회과학의 연구방법론, 정치학이나 경제학 등에서의 대인관계이론이나 조직이론 등을 상황에 따라 실용적으로 접목해 가며 다학제적으로 접근합니다. 구체적인 현실 장면에서 마주치는 문제를 이해하고 해결해 가기 위하여 다양한 패러다임과 방법론을 비교적 자유롭게 활용할 수 있다는 유연성이 평가라는 분야의 큰 강점으로 작용하며 짧은 시간 안에 주목할 만한 발전을 해 올 수 있었습니다.

오늘날 어린이집과 유치원에서도 다양한 평가를 실시하고 있습니다. 국가수준의 질 관리 측면에서 정기적으로 이루어지는 기관평가, 교육·보육 과정의 운영에 대한 연간 평가, 프로그램이나 주요 행사 등에 대한 학부모의 만족도 평가, 교재교구의 발달적·교육적 적합성에 대한 평가, 교직원의 업무수행에 대한 인사평가, 교실에서 상시로 이루어지는 유아평가 등이 대표적일 것입니다. 이 책에서는 3P, 즉 정책(Policy), 프로그램(Program), 실제(Practice)를 중심으로 평가의 이론과 실제를 살펴볼 것입니다. 일반적으로는 학술적 용례에 따라 3P에 대한 평가를 '프로그램 평가'로 총칭하여 설명하기도 할 것입니다.

평가입문서라 할 수 있는 이 책을 읽는 짧은 여행을 통해, 형식적 체계를 갖춘 학문으로서는 상대적으로 신생 분야인 프로그램 평가가 각자 추구하는 지향점을 향해 걷는 긴 여행에서 하나의 작은 나침반 혹은 돋보기로 활용될 수 있기를 바랍니다. 평가 분야에서 저명한 학자들이 개념화하고 발전시켜 온 복잡하고 역동적인 평가이론들을 조금이나마 더 이해하기 쉽게 풀어내서 국내의 독자들, 특히 유아교육과 보육 분야에서의 평가에 관심을 가진 학생들과 연구자들에게 전달할 수 있기를 바라는 소박한 목적을 가지고 이 책을 쓰게 되었습니다. 교육학, 사회복지학, 사회학 등의 분야에서 평가에 접근하는 경우에도 도움이 되기를 바랍니다. 우리가 함께 교육 신념과 실천을 되돌아보고 끊임없는 실험과 성찰을 해 나가는 과정에서 평가가 유용하고 의미 있는 도구가 되기를 기대해 봅니다.

이 책은 모두 3부, 즉 평가의 이론 이해하기, 유아교육·보육 3P 평가의 실제 살펴보기, 평가의 미래 만들어 가기로 구성하였습니다. 순차적으로 읽으실 수도 있고 평가의 미래에 대한 부분부터 읽기 시작하셔도 좋습니다. 유아교육·보육 분야에 있지는 않지만 평가에 관심이 있어 이 책을 읽게 된 독자라면 제1부를 중심으로 읽고서, 제2부의 실제는 자신의 영역에서 평가보고서를 찾아내어 평가이론에 비추어 분석, 비교해 볼 수 있을 것입니다. 평가라는 학문 자체보다는 유아교육·보육을 위한 활용에 더 중점을 둔 독자의 경우에는 제2부를 중심으로 읽으면서 필요한 이론적 설명을 제1부에서 찾아보는 방식의 읽기가 더 실제적인 의미를 가질 수 있을 것입니다. 들뢰즈와 가타리의 『천 개의 고원』(1980/2001)처럼 마음에 드는 어디에서든 시작하여 어떤 순서로든 자유롭게 읽는 모습도 상상해 봅니다.

이 책을 쓰는 과정 동안 그리운 얼굴들이 아련히 떠올라서, 종종 작업을 멈추고서 잠시 그분들로부터 받았던 사랑과 은혜를 뒤돌아보는 행복한 시간을 누릴 수 있었습니다. 평가라는 학문에 처음으로 관심을 갖게 해 주신 변창진 교수님, '좋은 유아교육·보육의 의미'에 대해 끊임없이 질문을 던지심으로써 질(quality)의 담론을 고민하고 재구성하게 해 주신 Daniel Walsh 교수님, 대안적 교사양성 프로그램 평가에 참여할 기회를 주시고 이해관계자들의 목소리에 진정으로 귀 기울이는 '반응적 평가'의 세계를 알려 주신 Robert Stake 교수님, 불우한 지역의 초등학교 개혁 과정 지원 체제의 평가를 같이하며 평가대상에 대한 더 깊은 이해와 '민주적 평가'의 의미를 짚어 보게 해 주신 Jennifer Greene 교수님께 존경의 마음을 전하고 싶습니다. 일리노이에서 함께하였던 그리운 선후배님들, 조금 앞서 걷기도 하고 때론 뒤따라

가기도 하며 제자들과 함께 걷는 법을 보여 주시는 사범대학 교수님들 그리고 낯설고 어렵기만 하던 들뢰즈 철학을 같이 공부하면서 답이 정해진 단단한 수목형의 사유가 아닌 차이생성을 향한 리좀적 사유를 자유로이 나누던 동료들, 지금까지 함께 새로이 연구하며 배우는 즐거움을 누리게 해 주신 공동연구자들도 그리워집니다.

아울러 저의 부족한 평가 관련 수업을 진지한 학구열로 견뎌 주며 명철한 질문과 구체적 경험에 바탕을 둔 고민을 나누어 준 대학원생들과 Genie방 식구들, 지난 10여 년 동안 책임교수로서 이론과 실제를 엮어 가는 행복을 함께하게 해 준 대구법원어린이집의 모든 선생님과 아이들, 힘든 하루 일과를 마치고서 늦은 밤에도 먼 거리를 마다하지 않고 달려와 유아교육·보육 현장에서 아이들과 호흡하며 새롭게 도전하는 '운동과 실험'의 경험을 나누고 있는 어린이배움공동체 선생님들, 오늘날의 기준 중심 평가가 주는 과중한 무게를 이겨내고서 교사로서의 소명의식과 유아들에 대한 사랑으로 좋은 유아교육·보육의 가치를 실현함으로써 아이들의 하루하루를 빛내 주시는 모든 선생님께 존경하는 마음을 전합니다. 저의 서툰 배움과 나눔의 실천을 지지해 주며 더 서투른 세상살이에도 웃음과 눈물로 함께해 주는 소중한 가족 그리고 이 책의 아이디어 생성에서부터 교정에 이르기까지 평가자의 새로운 얼굴인 '진정한 친구'로서 놀라운 통찰과 격려의 온기를 원고에 불어넣어 주며 3년여의 글쓰기 여정을 함께해 준 분들 모두에게 감사를 드립니다.

2020년 2월,<br>봄날을 꿈꾸는 늦겨울 영암관에서<br>이진희

# 차 례

## 제2부 유아교육 · 보육 3P 평가의 실제 살펴보기

## 제 3 부 평가의 미래 만들어 가기

# 제1부

# 평가의 이론 이해하기

이제 평가로의 여행을 함께 떠나려 합니다. 제1부 평가의 이론 이해하기는 모두 5개의 장으로 구성되어 있습니다.

- 제1장에서는 현대적인 의미의 평가가 가진 현재의 얼굴과 미래에 가능할 얼굴들을 통해 평가의 가치를 탐색해 보고자 합니다. 평가의 어원에 대한 재해석과 다양한 이론적 정의에 따라 그 가치를 확대해 보고, 평가가 과연 어떤 목적을 위한 것인지, 특히 교육 분야에서 어떤 목적, 역할, 활용을 제공할 것으로 기대받는지 살펴보고자 합니다.

- 제2장에서는 평가의 영토를 돌아보고자 합니다. 평가가 주로 대상으로 삼는 영토를 살펴보고, 비형식적 평가와 현대적 의미의 형식적 평가를 구분해 보고자 합니다. 평가와 평가가 아닌 영역의 차이를 알아보고, 아울러 프로그램 평가의 기본 유형에 대한 구분을 살펴볼 것입니다.

- 제3장에서는 평가의 역사를 살펴보고자 합니다. 1960년대를 기점으로 현대 이전의 평가와 현대 이후의 평가로 나누어 주요한 사건을 중심으로 평가라는 학문적 영토가 어떻게 형성, 확장, 발전해 왔는지의 역사적 흐름을 훑어보고자 합니다. 동시에 평가의 발전에는 하나의 역사가 아니라 다양한 역사가 공존하여 왔음을 짚어 두고자 합니다.

- 제4장에서는 평가의 이론적 토대를 함께 구축하고자 합니다. 특히 존재론, 인식론, 방법론적으로 구분되는 평가의 철학적 지향을 비교하고자 합니다. 다양한 평가이론이 어떻게 서로 영향을 주고받으며 얽혀 왔는지 그 발전과 상호연관성을 살펴보겠습니다. 아울러 교육에서의 평가접근법과 패러다임 변화를 다루고자 합니다.

- 제5장에서는 다양한 평가접근법을 살펴보고자 합니다. 전문가 중심 평가접근법, 프로그램 중심 평가접근법, 의사결정 중심 평가접근법, 참여자 중심 평가접근법으로 나누어 각 평가접근법의 배경과 특징, 대표적인 유형과 장단점 등을 알아볼 것입니다.

# 제1장

# 평가 마주하기

## 1. 평가의 가치 탐색하기

프로그램 평가라는 학문으로의 여행을 떠나기 위해 무엇보다 먼저 '평가'의 가치를 함께 살펴보고자 합니다. 평가의 가치는 곧 평가를 바라보는 우리의 시선과 관련되며 평가를 어떻게 정의하고 실천할 것인가라는 문제와도 밀접하게 연결됩니다.

### 1) 평가의 얼굴

여기에서는 우리 사회에서 마주하고 있는 평가의 현재 얼굴을 들여다보고자 합니다. 현재의 얼굴에 대한 반성을 통하여 평가하는 자, 평가를 통해 가치를 창조하는 자로서 살아가기 위하여 미래의 평가가 가질 수 있는 얼굴을 함께 그려 보고자 합니다.

#### (1) 평가의 현재 얼굴 들여다보기

수많은 평가를 경험하고 있는 우리에게 지금 '평가'라는 단어는 과연 어떤 모습으로 그려지고 있으며, 우리의 삶 속에서 어디에 위치하고 있나요? 평가의 학문적 태동과 발전 과정을 보면 더 살기 좋은, 더 나은 사회를 만들기 위한 실천적 도구이어야 할 평가(Weiss, 1998)가 현실적으로는 우리의 삶, 가르침과 배움의 실제에 도움이 되지 않는 것으로 여겨지고, 그저 힘들고 귀찮지만 치러내야 할 통과의례 혹은 더 심각하게 본질을 희석, 왜곡, 훼손시키는 부정적인 모습으로 자리매김하고 있지는 않은지 걱정스럽습니다.

유치원이나 어린이집에서부터, 교사양성기관인 대학까지 각종 평가에서 요구하는 많고 복잡한 평가문서들을 준비하는 데 참으로 많은 시간과 노력을 소요하고 있으며 불필요할 만큼 과도한 긴장과 불안, 좌절감 등의 부정적 정서를 경험하곤 합니다. 더구나 현장평가를 위한 방문이 이루어지는 '그날'이 되어, 그 많은 준비에도 불구하고 평가지표에 대한 해석이 너무도 다른 '까다로운' 평가자 앞에 무너지는 경험도 합니다. 평가라는 제도가 과연 무엇을 위한 것인가, 정말 우리에게 도움이 되기는 하느냐는 한탄의 목소리가 새어 나오게 됩니다.

새로운 고민, 의욕적인 도전과 성찰적 실천을 격려하기보다는 표준화되고 보편적이라는 기준을 그대로 이행하기를 요구하며 점점 더 '정답'에 의존하는 수동적이고 위축된 자세를 취하게 하는 것이 평가의 현재 얼굴이 아닌지 걱정입니다. 이러한 현상은 신자유주의 혹은 온건 전체주의(soft totalitarianism)라는 사회적 분위기 속에서 드러난 전 세계적인 현상으로, 회계감사 문화(audit culture)를 반영하는 것으로 보고 있습니다(Stronach, Halsall, & Hustler, 2002). 현대사회의 시장경제 체제 속에서 지방분권화와 자율성의 비중이 증대한 동시에 평가를 통한 관리의 필요성이 함께 증가한 까닭입니다(Dahlberg, Moss, & Pence, 1999; Miron, 2003). 교육 현장에서도 평가는 교육개혁의 노력과 정책적 성공을 가시화하거나 통제하기 위한 도구로 변질되곤 합니다. 지나치게 과도한 평가로 본말이 전도되고, 평가하는 자와 평가받는 자가 모두 지치고 마는 '평가 피로사회'가 되어 가지는 않은지 경계할 필요가 있습니다.

그러나 본질적인 의미를 들여다본다면, 평가는 경쟁이 심화되어 가는 자유시장경제에서 가시적 성과를 도출하는 도구도, 표준화된 기준을 통한 효율성 증진을 목적으로 작동하는 기제도 아니며 그렇게 되어서는 안 된다는 것을 깨닫게 됩니다. 신자유주의의 무한경쟁논리에 기댄 현대사회의 급속한 발전 과정에서 평가는 인간의 삶과 앎을 제한하고 새로운 실험과 저항을 억압하는 통치기제가 되어 버리곤 하는 것이 지금의 평가가 가진 얼굴임을 부정할 수는 없습니다. 그러나 이제 평가의 본래 얼굴 혹은 더 다양하고 새로운 얼굴을 찾아줌으로써 우리가 평가의 주인이 될 수 있다면 평가는 실로 인간을 인간답게 해 줄 수 있는 가능성을 품고 있습니다.

평가이론가 McCrea(1996)는 야누스의 얼굴과 동양의 음양(Yin-Yang)이론을 빌려, 평가가 두 가지 얼굴을 가져야 한다고 말한 적이 있습니다. 즉, 지금까지의 평가는 수량화를 중시하며 딱딱하고 단선적이고 분절적인 '양'의 모습에만 치우쳐 왔다고 지적하면서, 부드럽고 깊이 있으며 전체적 의미를 추구하는 '음'의 모습을 한 평가가 교육 현장의 의미 있는 개선을 위하여 절실하다고 강조하는 것입니다. 로마신화에서 그려지는 야누스는 도시의 문을 지키는 신으로, 두 얼굴을 가집니다. 즉, 도시 바깥쪽의 적군을 향한 야누스의 얼굴은 냉혹하고 엄격한 얼굴인 반면, 도시 안쪽의 시민들을 향한 얼굴은 온화하게 품어 주고 이해해 주는 얼굴이라고도 하고, 앞과 뒤를 동시에 바라본다는 의미에서 과거를 돌아보는 얼굴과 미래를 내다보는 얼굴이 공존한다고도 합니다.

그림 1-1 • **음양이 공존하는 야누스의 얼굴성**

더구나 야누스의 얼굴을 4개로 표현한 예술품들도 있습니다. 평가의 얼굴이 두 개, 네 개 혹은 이를 넘어서서 더 다양하고 역동적인 얼굴을 가질 때 그 지평이 확장되며 목적에 맞고 더 의미 있게 기능할 것이라고 생각됩니다.

### (2) 평가의 얼굴 다시 그리기: '평가하는 자, 평가의 주인'

현재 이루어지고 있는 평가의 현실적 문제점이나 그로 인해 불편했거나 심지어 불쾌했던 경험을 잠시 잊고서, 그 근본적인 가치를 한번 생각해 봅시다. "평가가 과연 가치 있는 일인가?"라는 질문을 파고 들어가면, 궁극적으로는 우리가 세상을 바라보는 시선, 앎과 삶을 이해하는 관점, 사람과 물질과 자연이 서로 관계 맺으며 작동하는 과정에 대한 철학적 사유와 만나게 됩니다. 철학적 존재론, 인식론, 방법론은 평가의 기저를 이루며 실천적 영향을 줍니다.

후기구조주의 시대에 다시 주목받는 철학자 니체는 『차라투스트라는 이렇게 말했다』에서 인간의 본질을 '평가하는 자'로 묘사하였습니다.

> 인간은 먼저 사물에다가 그 의미를, 그 인간적 의미를 부여했던 것이다! 그리하여 인간은 자기 스스로를 인간, 즉 평가하는 자라고 부른다. 가치평가란 곧 창조가 아닌가. 이 말을 들어라. 그대, 창조하는 자들이여! 평가된 모든 사물에는 평가 그 자체가 보물이며 귀중품이다. 가치평가를 통해 비로소 가치가 생겨난다. 그러므로 그런 평가가 없다면 현존재하는 호두는 알맹이 없는 껍데기에 불과하다. 이 말을 들어라, 그대 창조하는 자들이여! (Nietzsche, 1883/2004, pp. 100–101, 본서에서의 강조)

니체는 차라투스트라의 목소리를 빌려 정형화된 사유 속에서 선과 악, 강함과 약함, 옳고 그름에 대하여 이분법적인 선을 그어놓고 맹목적인 신념에 치우치거나 또 다른 극단인 허무주의에 빠지기보다는 삶을 진정으로 사랑하고 긍정하면서 자기 자신을 초월하고자 부단히 노력하는 삶의 가치를 알려 줍니다. 이러한 오늘의 자신을 넘어서서 매일 더 나은 자신을 만나고자 하는 노력('위버멘쉬[übermansch, 영어로 overman]' 개념의 본질)은 평가와 밀접하게 연결되기 때문입니다. 니체는 우리에게 초월적인 존재에 의지하여 행동하지 말고, 스스로 평가할 수 있는 사람, 바로 '평가의 주인'이 되라고 말합니다(고병권, 2003). 진정으로 힘을 가진 강자는 군사력, 경제력, 신, 법이나 제도 등의 힘을 빌려 지배하려는 사람이 아니라 스스로 무엇인가를 평가하면서 자신의 삶을 구성해 가는 평가의 주인이라는 것입니다. 역사적으로 존재했던 끔찍한 사건들은 보편적 기준이 없었기 때문이 아니라 오히려 보편적 기준을 세워야 한다는 강박에서 나왔던 사실을 환기시켜 주며, 가치기준에 대한 복종이나 수동성에 수반되는 나태함을 경계하게 해 주는 평가의 가능성에 주목하게 합니다.

우리의 삶이 끊임없는 변화의 과정에 있다면, 우리 자신을 되돌아보고 우리의 사유와 행위, 우리를 둘러싼 사람들, 물질과 사회구조를 비판적으로 살펴보며 내재된 가치를 평가함으로써 새로운 가치를 창조하는 것은 모든 사물뿐만 아니라 우리 자신에게도 가장 귀한 보물이 될 수 있지 않을까요? 이렇게 니체의 철학적 관점에서 바라본다면, 평가는 그야말로 인간의 힘과 본질을 지켜나갈 수 있게 돕는 도구라고 여겨집니다. 평가이론가 Schwandt(2015)는 평가란 가치를 바탕으로 한 인간의 도덕적, 윤리적, 정치적 성찰의 과정이라고 강조합니다. 평가는 단순히 무엇인가를 달성했는지를 묻는 것이 아니라 그 달성한 바가 과연 가치 있는 일인지, 어떤 가치를 새로이 함께 생성할 수 있는지를 묻는 사회적 행위이기 때문입니다.

어차피 세상은 정해진 기준에 따라 움직인다고, 그리하여 우리 개개인의 노력으로 절대 변하지 않는다는 허무주의나 냉소주의에 빠지기가 매우 쉽습니다. '더 이상 의욕 않기(독어로 nicht-mehr-Wollen, 영어 번역으로 no longer to will)', '더 이상 평가 않기(nicht-mehr-Schätzen, no longer to evaluate)', '더 이상 창조 않기(nicht-mehr-Schaffen, no longer to create)'를 당연시하도록 가르치는 피로한 자들의 말을 들어서는 안 되며, 우리에게 필요한 것은 적극적으로 의지하고, 평가하고, 창조하는 것이라고 외치는

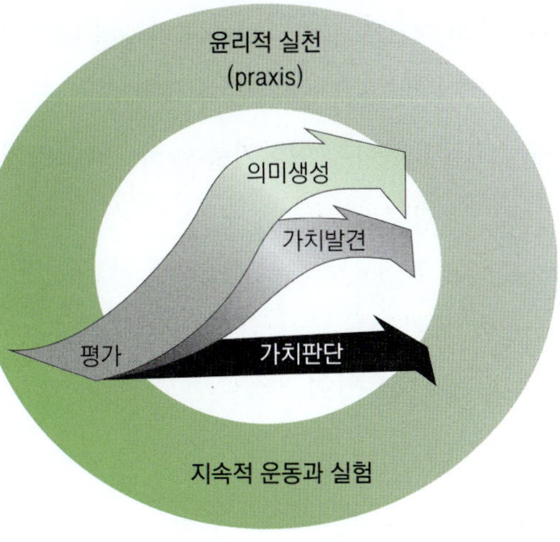


그림 1-2 • 가치판단, 가치발견, 의미생성의 평가

차라투스트라의 목소리는 평가의 의미를 새로운 시선으로 바라보게 도와줍니다. 지금의 평가가 실망스럽더라도, 세상은 어차피 변하지 않을 것이기에 아예 신경도 쓰고 싶지 않다는 허무주의와 냉소주의를 극복하고, 평가의 본질을 새로이 탐색하면서 교육적 이상을 향해 의욕하고 평가하고 창조하기를 기대해 봅니다. 이제 평가의 문은 기존의 이론이나 기준에 따라 가치를 판단하는 것으로만 향하는 것이 아니라 가치를 발견하고 새로이 만들어 갈 수 있는 방향으로 열려 있어야 할 것입니다. 낯설지만 새로운 의미를 생성해 나갈 수 있도록 평가가 문을 열어 주어야 할 것입니다.

평가로의 여정을 시작하기 이전에, 평가가 과연 우리의 시간과 노력을 들일 만한 가치가 충분한 실제인지에 대하여 진지하게 생각해 보는 것이 매우 중요한 출발점임을 강조하고자 합니다. 평가의 가치를 논리적으로나 정서적으로 모두 공감하지 못한다면 평가는 책무성을 위한 힘들고 의미 없는 요식행위에 머물 수밖에 없기 때문입니다. 이 책에서 소개할 평가의 정의, 역사, 철학적 패러다임, 방법론, 다양한 접근법과 주요 쟁점들을 통해 평가의 얼굴이 가진 다양성을 볼 수 있게 될 것입니다. 각 장을 읽으면서 평가의 얼굴이 어떠해 왔으며, 앞으로 어떠하기를 기대하는지 생각해 보시기 바랍니다. 이 책에서는 평가에 다양한 이론과 접근방법이 존재하며, 그리하여 우리로 하여금 더 나은 삶과 앎에 대한 의지를 갖게 하고 윤리적으로 실천하게 해 줄 잠재성이 존재한다는 이야기를 들려드리고자 합니다.

## 2) 평가의 정의

### (1) 평가의 어원과 사전적 정의

국어사전에서 '평가(評價)하다'를 찾아보면 "① 물건의 값을 평정함. 또는 그 값, ② 선, 악, 미, 추 등의 가치를 논정함. 또는 그 가치, ③ 학습의 효과, 발달 등을 측정함"으로 정의되어 있습니다. Webster 영영사전에 따르면 'evaluate'는 "① 가치나 수량을 알아보다, ② 가치 혹은 질을 판단하거나 정하다, 가치를 발견하고 소중히 여기다, ③ [수학] 수량화하다, 숫자로 표현하다" 등으로 정의됩니다. 독일어 사전에서 찾아본 'Schäzen'의 정의는 "① 추정하다, 짐작하다, 추측하다, 가정하다, ② 평가하다, 값을 매기다, 사정하다, ③ 소중히 여기다, 가치를 알아보다, 가치 있게 생각하다"입니다.

이러한 사전적 정의를 통해서도 평가에는 수량화되고 정량화되는 값어치라는 개념이 주요한 비중을 차지하고 있음을 알 수 있습니다. '평가하다(evaluate)'라는 단어는 (무엇의) 가치가 있다 혹은 무엇인가의 가치를 알아본다는 의미를 가진 고대 프랑스어 évaluer와 강하다, 잘 지내다, 가치 있다를 뜻하는 라틴어 valēre를 그 어원으로 합니다(Mark, Greene, & Shaw, 2006). 평가의 어원에는 수량화, 정량화될 수 있는 값어치를 훨씬 넘어서는 인간의 고유한 가치 추구라는 정신 역시 담겨 있음을 눈여겨볼 수 있을 것입니다. 앞에서 언급한 철학자 니체가 "평가란 곧 창조이다(Schäzen ist Schaffen)."라고 표현하였듯이, 평가는 인간의 삶에서 가치를 탐구하고 이해하며 새로운 가치를 생성하는 사회적 행위입니다(Danto, 2005). 평가란 단순히 값이나 순위를 매기고 점수화하는 것이 아니라, 우리가 추구하는 가치에 대하여 고민하고 가치를 발견하고 소중히 여기고 이해하면서 새로운 가치를 더하고자 하는 마음을 내포한다고 할 것입니다.

### (2) 평가이론가들의 정의

Mark 등(2006)은 만약 10명의 평가자에게 평가가 무엇인지 정의해 달라고 요청한다면 아마도 23개의 서로 다른 정의를 답변으로 얻게 될 것이라는 평가자 간의 해학적 농담 속에 사실은 중요한 진실이 담겨 있다고 논평한 바 있습니다. 이렇게 평가의 정의가 많고 다양한 것은 태생적으로 많은 학문과 철학적 관점, 방법론이 복잡하게 얽혀 있는 그 발전 과정을 고려해 보면 놀랍지 않습니다. 평가라는 사회적 행위에 대한 몇몇 주요 이론가의 정의를 살펴보면 다음과 같습니다.

- 평가란 어떤 것의 상황적 가치(worth) 혹은 본질적 가치(merit)[1)]를 판단하는 것이다(Scriven, 1967, 1991).
- 평가는 가치(value)에 대한 앎의 추구이며, 이러한 앎의 상당 부분은 개인적 경험과 종종 우리 자신의 깨달음으로부터 발현된다(Stake, 2004).
- 평가는 프로그램이나 정책의 향상에 기여하기 위하여 일련의 명시적 혹은 암묵적 기준과 비교하여서 한 프로그램이나 정책의 작동 그리고/혹은 성과를 체계적으로 살펴보는 것이다(Weiss, 1998).
- 평가란 프로그램에 대하여 판단하고 프로그램의 효과를 높이며 그리고/혹은 앞으로의 프로그래밍에 대한 의사결정을 돕기 위하여 프로그램의 활동, 특징, 성과에 대한 정보를 체계적으로 수집하는 것이다(Patton, 1997).
- 평가란 프로그램에서 일어나고 있는 사건(events)을 체계적으로 검토하여 해당 프로그램(사회적 서비스를 제공하기 위한 배치) 그리고 동일한 목적을 가진 다른 프로그램의 향상을 돕는 것이다(Cronbach et al., 1980).

몇몇 주요 학자의 정의만 살펴봐도 평가를 바라보는 시선의 다양함을 엿볼 수 있습니다. 이렇듯 다양한 정의를 통하여 평가의 본질, 특성 혹은 방법론적 고유성을 찾고자 하는 노력이 때로는 충돌하고 갈등해 왔으리라는 사실을 가늠해 볼 수 있습니다. 평가의 기능이나 목적을 어떻게 바라보는가에 따라 평가를 어떻게 정의하는가는 당연히 달라집니다. 평가의 정의에는 세계를 이해하는 패러다임의 차이가 드러날 수밖에 없기 때문입니다. 평가라는 복잡하게 얽히고 낯선 영토 속에서 하나의 합의된 정의를 찾고자 하는 노력은 새로운 사유를 억압할 수 있기 때문에, 이러한

---

1) 여기서 worth와 merit는 평가 관련 교재에서 흔히 '가치'와 '장점'으로 번역되고 있으나, 그렇게 번역할 경우 의미의 구분이 분명하지 않습니다. worth는 맥락 혹은 상황에 의해 달라질 수 있는 가치(context-determined value)를 의미하고 merit는 평가대상에 내재되어 있는 본질적인 탈맥락적 가치(context-free value)로 구분되기 때문에(Shaw, Greene, & Mark, 2006), 이 책에서는 상황적 가치와 본질적 가치로 부르고자 합니다.

시선의 다양성을 환영하고 그 속에서 의미를 찾아 나가는 실천적 노력이 중요하다는 생각이 듭니다.

### (3) Cronbach의 평가개혁을 위한 테제

평가이론의 토대를 닦은 원로학자 중 한 명인 Cronbach는 1980년 동료들과 함께 당시의 평가가 드러내고 있던 문제점들을 비판적으로 성찰한 바 있습니다. 그 당시에 고민하고 비판했던 내용을 다시 살펴보는 것이 지금 여기에서 평가의 정의를 새로이 써 내려가는 데 도움이 될 것입니다.

이들은 당시 이루어지던 프로그램 평가의 문제점에 대한 비판을 토대로 철저한 개혁을 위한 아흔다섯 가지 테제를 제안한 바 있습니다. 평가의 본질에서부터 평가결과 활용, 정치적 맥락, 책무성과의 관계, 열린 사회와 효율성 간의 갈등, 평가에 따른 의사결정의 제한성, 협상과 정책결정의 발현성, 단순한 목적 지향의 문제, 평가의 경계와 범위, 평가설계를 위한 준비와 고려사항, 평가자의 관계성과 윤리, 평가결과의 전달과 소통, 평가 상황에 따른 방법론, 평가비용과 질적 수준의 조정, 메타평가를 통한 검증, 평가의 맥락과 계약 관계, 평가자의 전문성과 공동체, 광범위한 사회문제에 대한 지속적 연구집단 구성, 실시된 평가에 대한 비판적 성찰과 교류, 평가자 교육과 훈련, 평가자의 역할 등을 광범위하게 다루었습니다.

그중 평가의 영토를 넓히고 그 가치를 새롭게 창조하는 데 도움이 될 만한 일부 테제를 소개합니다.

1. 프로그램 평가는 사회가 스스로에 대하여 배우는 과정이다.
2. 프로그램 평가는 사회적 행위의 대안에 대한 계몽된 토론(enlightened discussion)에 기여하여야 한다.
3. 평가는 점진적 변화의 도구이다. 보수적인 동시에 변화를 추구한다.
4. 특정한 프로그램에 대한 평가는 문제 영역에 대한 사유의 지속적인 진화 과정에서 단지 하나의 일화일 뿐이다.
5. 우리 사회의 프로그램들이 어떻게 작동하는지에 대하여 더 제대로, 더 넓게 이해

할수록, 더 신속하게 정책이 발전하고 프로그램들은 더 나은 삶을 만드는 데 더 크게 기여하게 될 것이다.

6. 적절한 정보의 도움을 받지 않는 판단은 그릇된 해석으로 전락하기가 너무도 쉽기에, 사회적 프로그램의 관찰에는 보통 사람들이 해석해 낼 수 있는 것보다 더 면밀한 분석이 요구된다.
7. 뜨거운 관심을 받고 있는 프로그램에 대한 논쟁에서 거짓말쟁이들은 숫자를 제시하는데, 이렇게 숫자로 된 값은 우리를 오도하곤 한다. 평가자는 의뢰인들을 이러한 기만으로부터 보호할 책임을 가진다. (Cronbach et al., 1980, pp. 2–3)

현실적으로 평가는 미리 정해진 목적의 달성 여부를 판단하는 것으로 정의되어 왔습니다. 그러나 Cronbach 등(1980)의 테제는 우리 사회가 열린 마음으로 다양한 정보에 기초하여 점진적으로 변화, 성장하기 위해서는 평가가 단순화나 수량화의 오류에 빠지지 않고 지혜로운 사회적 합의 과정에 기여하기를 요청하고 있습니다. 평가는 지금까지 당연하게 여겨 왔던 진리, 익숙하고 편한 방식에 대하여 그 가치와 의미를 되짚어 보는 질문을 던지고 새로운 실천을 지지해 줌으로써 우리 삶의 지평을 확장해 나갈 수 있도록 도와주어야 합니다(Rallis & Rossman, 2001). 우리 사회에서 지금 평가가 어떤 얼굴로 정의되어 작동하고 있는지 비판적으로 성찰해 보고 새로운 얼굴을 함께 만들어 가야 할 것입니다.

### 이론 더 알아보기

**'진정한 친구'로서의 평가, '교육의 기회'로서의 평가**

Rallis와 Rossman(2001)은 평가의 역할에 대하여 따뜻하면서도 진지한 조언을 제공해 줄 수 있는 '비판적 친구(critical friend)'가 되어 우리가 지금껏 당연하게 여겨 왔던 교육의 실제에 대하여 반성적으로 되짚어 볼 수 있도록 날카로운 질문을 던지고 도전하게 해 주어야 한다고 말한 바 있습니다. 평가자는 사람들이 무의식적으로 가져왔던 관점을 공유, 수정, 확장함으로써 이해와 실천의 지평을 확장해 나갈 수 있도록 도와주는 역할을 수행하는 것입니다.

비판적 친구로 표현된 평가자의 얼굴(Rallis & Rossman, 2001)에 대하여 현장의 선생님들과 이야기를 나누는 과정에서 '비판적 친구'라는 어휘가 여전히 부정적으로 느껴진다고 하여, 그 의미를 함께 곰곰이 생각해 보았습니다. 이들이 제안한 비판적 친구의 의미를 우리말로 옮겨 담자면 '진정한 친구'라고 표현되는 것이 더 적절하겠다고 판단됩니다. 진정한 친구는 그저 피상적으로 좋은 얘기만 해 주는 것이 아니라, 필요한 경우 진지한 조언도 해 줄 수 있어야 합니다. 이때의 조언이 차갑고 아프기만 한 '지적'이 아니라 자신의 고민이나 경험에 토대한 진정성과 친구로서의 따뜻함을 품고 있는 것일 때 우리의 마음을 움직입니다. 저는 평가는 다양한 구성원이 서로의 신념이나 실천 등에서 차이를 인정하고 존중하되, 더 깊은 이해와 더 좋은 실천을 위하여 필요한 정보를 함께 찾아 면밀히 검토하고, 서로가 생각하는 목표와 비전(vision)에 대해 때로는 격렬하게 토론하며 새로운 방향성을 잡아가는 과정을 돕는 '진정한 친구'의 역할을 해 줄 수 있어야 한다고 생각합니다.

구성원들이 진정한 친구로서의 평가를 만남으로써 새로운 배움의 기회를 가지게 될 것이라는 긍정적 기대를 공유할 때, 비로소 평가는 의미 있게 실시되고 그 결과가 실질적으로 활용될 수 있습니다. 평가는 지금까지 진리라고 믿어 왔던 지식이나 특정한 관점을 '내려놓는' 겸허함을 요구합니다. 일상적 경험에 대하여 숙의 과정을 거치지 않은 판단을 통하여 진리가 무엇인지, 우리에게 무엇이 필요한지를 이미 잘 알고 있다고 가정한다면, 평가는 불필요한 형식적 절차이자 요식행위에 머물 것입니다.

아울러 평가자 스스로 권위주의를 벗어나 평가받는 이들과 더불어 우리 아이들의 과거, 현재와 미래에 대하여 진지하게 고민하고 함께 배워 갈 수 있는 '교육의 기회'(Greene, 2000)를 갖게 될 것입니다. 평가자는 정답이나 진리를 가지고 있는 자가 아니라 이해관계자들이 문제를 생성하고 지금 여기에 가장 적합한 답을 찾아가는 과정에 동등하게 참여하여 같이 배워 나가는 역할을 하여야 합니다. 이는 곧 민주주의의 이상을 실현해 가는 과정이기도 합니다. 평가이론가들은 민주주의 사회에서는 사람들이 적절한 정보를 얻게 된다면 그 정보를 바탕으로 합당한 결론을 이끌어 낼 수 있는 역량이 있다고 가정하여야 한다고 봅니다. 이러한 평가는 교육철학자 Dewey가 꿈꾸던 민주주의가 실현되는 과정에 기여할 수 있는 가능성을 품고 있다고 할 수 있습니다.

## 2. 평가의 목적과 역할 발견하기

가치발견과 의미생성으로서의 평가를 살펴본 데 이어서 평가가 학문적으로나 실제적으로 어떤 목적을 추구하는지 혹은 어떤 역할을 하고 있는지를 알아보고자 합니다. 평가를 의미 있게 이해하고 실천하려면 먼저 "왜, 무엇을 위해 평가를 해야 하는가?"라는 질문을 스스로 던져 보고 답해 보아야 할 것입니다. 평가라는 낯선 여행을 통해 새로운 지도를 만들고자 하는 여행자에게 목적은 반드시 도착할 지점이기보다는 여행 그 자체를 통해 살아가고 배우며 성장하는 과정에서 중요한 참조 체계이자 나아갈 방향을 새로이 잡아가게 해 주는 나침반 역할일 것입니다. 먼저 밖으로 드러내어 이야기하지 않는 숨겨진 목적에서 시작하여 프로그램 차원에서의 목적과 사회적 측면에서의 목적으로 나누어 살펴보고, 마지막으로 교육평가 분야에서 구체화된 목적을 기술하고자 합니다.

### 1) 평가의 숨겨진 목적

평가이론가 Weiss(1998)는 평가를 원하는 사람이 누구인가에 따라 평가의 목적이 달라질 수 있음을 지적하면서 평가의 표면적 목적과 숨겨진 목적을 구분한 바 있습니다. 수면 위로 쉽게 드러나지 않는, 정직하지 못한 평가의 숨겨진 목적으로 다음의 네 가지를 들고 있습니다.

첫째, 의사결정 지연하기(postponement): 권한을 가진 사람들이 평가를 핑계로 삼아 어려운 의사결정을 연기시키고자 하는 경우

둘째, 책임 회피하기(ducking responsibility): 프로그램 조직 내부에서 찬반 논쟁이 팽팽한 상황에서 책임자가 한쪽의 손을 들어 주어야 할 때 평가를 이용하여 공평무사하게 보이면서 책임을 면하고자 하는 경우

셋째, 의사결정 정당화하기(window dressing): 평가를 시작하기도 전에 이미 의사결정이 이루어져 있는 상황임에도 평가를 이용해 정당성을 부여하고자 하는 경우

넷째, 대외적 평판 높이기(public relations): 자기미화를 통해 프로그램의 명성을 높이고 대내외적인 지원을 얻고자 하는 경우

이러한 숨겨진 목적 외에도 외부의 재정지원을 신청하기 위한 자격 요건을 갖추기 위해서나 지원을 받는 과정의 일부로 평가가 요구되기도 합니다(Weiss, 1998). 이런 경우 평가는 많은 사람의 시간과 노력에 대한 낭비이자 평가에 대한 허무주의적이고 부정적 이미지로 이어질 수 있습니다. 실제 평가의 현장에서는 이러한 숨겨진 목적이 복잡하게 작동하며 평가에 영향을 줄 수 있으므로 평가자의 민감성이 요구됩니다.

## 2) 평가의 주요 목적

평가의 목적은 평가결과의 활용과 밀접하게 연계되는 동전의 앞뒷면과 같으며 평가자의 역할을 어떻게 보는지, 지향하는 평가접근법이 무엇인지와도 맞닿아 있습니다. 평가의 목적은 여러 이론가에 의하여 다양하게 제시되어 왔으며, 이 책에서는 이러한 제 관점을 종합하여 아래의 다섯 가지로 구분하고자 합니다.

### (1) 효과검증과 가치판단

평가가 발달해 온 역사를 볼 때 초기 단계에서는 평가대상의 본질적 가치나 상황적 가치에 대한 판단만이 평가의 목적(Scriven, 1967)이라고 단언하였습니다. 이는 오랫동안 평가의 가장 일반적이고 근원적인 목적이자 곧 평가의 정체성을 규정하는 정의로 받아들여 왔습니다. 평가대상의 가치에 대한 판단이 평가의 목적이자 정의라는 관점을 평가이론으로 체계화시켰던 Scriven(1996)은 최근에도 이것만이 평가의 유일한 목적이자 궁극적인 목적이라고 주장을 펼치고 있습니다.

이는 미국에서 실험법을 중심으로 각종 사회적 프로그램의 실증적 효과를 검증해 가면서 보다 이상적인 사회를 구현하는 Campbell식의 '실험하는 사회(experimenting society)'를 표방했던 미국의 1960-70년대 시대정신과 부합하였습니다. 각종 사회문제에 대한 효과적인 해결책을 제시해 줄 '진리'를 추구하면서 평가대상의 가치는 곧 효과와 동일시되었습니다. 프로그램을 통해 기대하는 효과는 뒤집어 보면 프로그램에서 추구하는 목표가 되기도 하기에, 이는 교육평가의 이론과 실제에 큰 영향을 미쳐 온 Tyler식의 목표 중심(objective-oriented) 평가접근법이 오랫동안 평가의 주류가 된 역사를 설명해 주기도 합니다. 목표 중심 평가접근법의 한계가 지적되면서 이를 보완하기 위하여 보다 최근에 개발된 이론기반(theory-based 혹은 theory-driven) 평가에서는 과정 변인을 포함하여 효과를 더욱더 다층적으로 이해하고자 하지만, 기본적으로는 효과검증을 통한 평가대상의 가치판단이라는 목적을 공유하고 있습니다. 평가의 목적을 이렇게 바라보는 관점에서 평가자는 순수연구를 하는 일반 사회연구자와 다르지 않은 역할을 하게 됩니다.

### (2) 의사결정 지원과 책무성

사회문제에 대한 해결에는 하나의 만병통치약이 있을 수 없으며 하나의 현상을 바라보고 해결하는 데에도 매우 다양한 관점과 경로가 공존합니다. 1970년대에 들어서 평가가 다양하게 활용되고 이론이 이에 발맞추어 더욱 다양화됨에 따라 평가의 목적에 대한 다른 목소리들도 나타나게 됩니다. 그중 하나는 사회적 조직이나 기관의 기획, 재정지원, 운영에 책임이 있는 사람들을 위하여 구체적인 의사결정에 도움이 될 정보를 제공하는 것이 평가의 주요 목적이라고 보는 것입니다(Talmage, 1982). 이러한 목적은 1980년대 이후 책무성과 효율성이 점점 더 중시되는 사회적 분위기 속에서 더욱 두드러지게 됩니다.

이는 특정한 프로그램을 지속해야 할지, 새로운 프로그램을 개발하여 대체하여야 할지, 현재의 프로그램 구조나 행·재정 체계에 변화를 주어야 할지 등의 주요한 의사결정을 도와주는 데 평가의 목적을 두는 것입니다. 이 목적은 평가접근법 중에서 의사결정 중심(decision-oriented) 접근법과 밀접하게 관계되며 CIPP 모형이 가장 대표적입니다. Patton(1997)의 활용 중심(utilization-focused) 평가접근법은 조직학습(organizational learning) 이론에 기초한 개선과 이해관계자의 참여를 강조하기도 하지만, 무엇보다 평가의 목적은 근본적으로 평가의 활용에 있다고 보는 관점입니다. 활용 중심 평가는 정책적, 행정적 의사결정 권한을 가진 사람들이 누구보다도 평가결과를 가장 잘 활용할 수 있는 위치에 있기 때문에, 실질적으로 의사결정자를 위한 평가정보를 제공하는 것을 주요한 목적으로 삼습니다.

### (3) 살아낸 경험의 이해

1980년대 해석학과 구성주의 이론 등이 주목받으면서 평가이론가들은 양적 연구와 질적 연구 진영으로 나뉘어 패러다임 전쟁을 겪게 됩니다. 이에 프로그램의 가치를 단순화된 몇 가지 변인으로 판단하거나 프로그램의 채택, 중단이나 확대 등 실제 현실에서는 그리 흔하지 않은 의사결정을 하는 것이 아니라, 매일의 일상 속에서 사람들이 경험하고 있는 프로그램의 실제에 대하여 깊이 있는 이해를 하는 것이 평가의 목적이라고 말하는 목소리가 등장합니다. 이는 복잡하고 역동적인 정책이나 프로그램, 실천을 측정 가능한 변인으로 감환시키는 과학만능주의(scientism)를 비판하고, 인간 경험의 고유성에 주목하여 '살아낸 경험(lived experience)'을 이해하고 해석하는 것이 평가의 정초적 목적이라고 강조합니다(Schwandt & Burgon, 2006).

평가를 살아낸 경험을 이해하는 목적에서 바라본다는 것은 평가자들이 일반적으로 관찰, 면담 혹은 설문조사를 통해 이해관계자들의 경험을 파악하고 관점을 반영하고자 하는 방법론적 측면을 훨씬 넘어서는 것입니다. 근본적인 존재론, 인식론, 방법론 모두를 반영하며, 평가란 프로그램에서 이루어지는 행위와 사건의 구체성에 주목하고 프로그램에 관여하고 있는 사람들에게 삶 속의 실제에서 이러한 행위와 사건의 실제가 어떤 의미를 가지는지를 조망하는 해석학적 이해(interpretive understanding)를 목적으로 한다고 봅니다. 여기에서 실제(practice)란 이론과 이분법적으로 구분되는 것이 아니며, 개인의 내적 동기, 태도, 심리적 상태가 아니라 사회적, 문화적, 언어적으로 구성되어 구체적 상황 속에서 공유되는 경험을 의미합니다. 이는 자연주의적 평가접근법, Guba와 Lincoln이 말하는 제4세대 평가 등에서 중시되는 평가의 목적입니다.

### (4) 민주주의와 사회변화의 기제

평가는 가치중립적으로 객관적, 과학적 진리를 추구하며 가치를 판단하는 데 그치는 것이 아니라 적극적으로 민주주의, 사회평등, 형평성, 권한부여의 가치를 함께 창조해 나가는 데 목적을 두어야 한다고 주장하는 목소리도 있습니다. 영국의 평가 이론가인 MacDonald(1976)는 '민주적 평가'를 제시하면서, 평가에 내재될 수밖에 없는 가치 지향성에 주목하고 권력 관계를 민주적으로 변화시켜 나가는 것을 평가의 목적으로 봅니다. 미국에서도 평가이론가 House를 중심으로 사회정의(House, 1980)나 숙의민주주의(House & Howe, 1999)를 평가의 지향점으로 강조하고 있습니다. 자신의 목소리를 제대로 내지 못했던 이해관계자들이 목소리를 얻도록 하고 상호존중과 열린 대화를 통하여 민주주의 사회를 만들어 가는 것을 강조하기도 합니다.

지향점에서 차이는 있으나 많은 평가자는 평가의 목적이 사회가 더 나아지도록 하는 데 있다는 논의를 심화해 오고 있습니다. Chelimsky와 Shadish(1997)는 평가의 사회 개선이라는 목적 안에 프로그램이나 기관 차원에서의 개선을 넘어서서 기술문명, 인구불균형, 지속가능한 발전, 테러리즘, 인권 등의 인류공영 차원의 쟁점을 포함시키고 있습니다.

### (5) 지식의 축적과 데이터베이스화

평가의 사회적 역할이 점점 더 증대됨에 따라 평가의 목적이 평가를 통해 얻은 지식을 축적하여 사회적 앎을 확대하는 것이어야 함을 강조하는 평가자들도 늘어나고 있습니다(Mark, Henry, & Julnes, 2000). 이는 평가의 초기에 프로그램의 효과검증을 통한 가치판단이나 실험하는 사회에서의 평가 역할과 맥을 같이하는 것으로,

데이터베이스화를 통해 평가에서 알아낸 지식의 이론화와 평가의 사회적인 기능을 부각하는 것입니다.

특히 '증거기반(evidence-based)' 개혁을 강조하는 과정에서 사회과학의 이론이나 원리에 기초하여 프로그램을 설계하여 제공하는 측면으로부터 평가의 지식 축적이라는 목적이 대두된 것입니다. 하지만, 평가와 연구의 구분을 강조하는 평가이론가들로부터 일반화될 수 있는 지식기반을 축적하고 공유하는 것은 평가의 주요 목적이 될 수 없다고 비판받기도 합니다.

### 3) 교육에서 평가의 주요 목적과 역할

Nevo(2006)는 교육 분야에서 이루어지는 프로그램 평가의 주된 역할 혹은 기능에 대하여 다섯 가지로 구분하여 제시한 바 있습니다. 프로그램 평가의 일반적인 목적과 중복되는 측면이 있기는 하지만, 이를 토대로 교육 분야에 구체적으로 적용되는 설명을 재구성해 보자면 다음과 같습니다.

첫째, 의사결정의 기능입니다. 학습자, 교사, 학부모, 행정가가 학습자, 교사, 수업교재, 학교 전체 등에 대하여 내려야 하는 여러 가지 의사결정의 상황에서, 평가는 불확실성을 감소시키고 판단의 합리성을 높이고자 하는 노력입니다. 물론 평가가 제공해 주는 정보가 불확실성을 확실히 제거하지도, 완전히 합리적인 의사결정을 내리게 해 줄 수도 없지만, 관계자들에게 적절한 정보를 소통 가능한 형태로 제공해 주는 평가가 의사결정 과정에 도움이 될 것입니다.

둘째, 개선의 기능입니다. 교육체제 속에서 학습자는 자신의 배움을 더욱 의미있게 지속시켜야 하고 교사는 자신의 교수학습 철학과 실제를 향상시켜 나가야 하며 교육과정 및 관련 자료는 지속적으로 수정되어야 합니다. 학교와 같이 상대적으로 보수적인 기관에서도 급변하는 사회적 요구에 대처하며 새로운 변화를 시도해 나가야 하는 시대입니다. 따라서 평가를 통한 지속적인 정보의 흐름은 교육기관,

교사, 학습자, 학부모 모두에게 중요합니다. 학습자의 관심과 요구, 활용할 수 있는 교육과정의 기회, 시도해 볼 만한 교수학습 방법, 요구되는 행·재정 절차 등을 이해함으로써 순환적 개선이 이루어질 수 있을 것입니다.

셋째, 책무성입니다. 교육이 가진 공공성 제고에 대한 시민의 요구 속에서 교육기관과 교사의 책무성에 대한 요구 역시 높아져 왔습니다. 전 세계적으로 미국의 아동낙오방지법과 관련된 책무성 요구에서처럼 학습자의 성취도를 평가한 점수만으로 책무성을 판단하는 문제가 두드러지게 되면서 책무성 평가방법에 대해 의문이 제기되었습니다. Nevo(2006)는 책무성 요구에 저항하고 무조건 반대하기보다는 능동적으로 참여하면서 더 다양한 평가 준거를 개발하고 포함시키려는 노력이 필요함을 강조합니다. 하나의 잣대를 강요하는 외부평가 대신 교육기관 자체의 철학과 상황을 반영하여 구성원들의 노력을 담은 포트폴리오 평가 등의 새로운 방법을 통해 자율적이고 의미 있는 방식으로 책무성에 응답하는 대안을 찾을 수 있을 것입니다.

넷째, 교직 전문성(professionalism) 함양입니다. 교육기관은 학습자의 요구를 충족시켜 줄 뿐만 아니라 교사의 전문성 함양과 성장을 지원해 주어야 하므로, 이는 교육기관에서 이루어지는 평가의 주요 기능의 하나입니다. 전문가로서 교사는 자신에게 주어진 교육과정을 기계적으로 이행하는 것이 아니라 스스로 성찰하고 평가하는 과정을 통해 학습자의 흥미와 관심을 녹여내는 가르침을 계획하고 실행합니다. 평가는 교사의 본질적인 업무 중 하나이자 윤리적 책임입니다. 학습자의 흥미와 관심을 발견하고, 교육 목적과 목표를 고려하며 가능한 자원과 기회를 가늠하여 적절한 교수방법을 선택하고 이러한 실천을 평가하여 더욱 의미 있게 실천해 나가는 일은 서로 유기적으로 얽혀 있습니다. 교사는 자기평가에 유용한 도구를 다양하게 제공받고 기관수준의 평가에 주도적으로 참여함으로써 교육과정의 주인, 평가의 주인이 될 수 있을 것입니다.

다섯째, 자격 부여 및 인정(certification) 기능입니다. 교육 분야에서 평가는 일반적으로 학습자에게 졸업 자격을 부여하거나 교사 및 원장(감) 자격을 인정하며, 평가인증제를 비롯한 다양한 학교평가를 통해 교육기관의 적합성이나 우수성을 인정하는 기능도 하고 있습니다. Nevo는 기관수준에서 평가인증의 과정에 참여하기로 하였다면 수동적으로 준거와 지표에 맞추거나 비판으로 일관하기보다는 자체평가의 과정을 능동적인 배움의 과정으로 여기고 적극적으로 임할 것을 제안하고 있습니다.

배호순(2008)은 교육평가의 목적과 역할을 구분하면서, 교육평가의 목적에 따라서 평가의 역할과 기능을 더욱 신중하게 고려하자고 주장한 바 있습니다. 배호순은 교육평가의 목적을 교수-학습 목표 달성도 파악, 교수-학습 활동의 문제점 및 장점(가치)의 파악, 교수효과 및 영향의 파악, 학생의 성장 및 발달 정도의 파악, 수업의 개선, 수업설계, 수업 질 관리, 모니터링, 수업 프로그램에 관한 기술(종합) 및 판단, 수업 프로그램 및 학생에 관한 의사결정에 도움이 되는 정보 제공, 책무성 제고 등으로 열거합니다. 반면, 평가의 역할을 전진적 역할과 소급적 역할, 형성적 역할과 총괄적 역할, 진단적 역할과 예비적 역할 등으로 나누어 이해하여야 한다고 하였는데, 이러한 역할에는 평가의 주된 목적이나 방법론, 절차 등에 따른 구분이 혼재된 것으로 보입니다. 평가이론가 사이에서는 평가의 목적, 역할, 활용 등을 혼용하는 경우가 많습니다. 평가의 목적을 가치판단에만 두던 것에 비하여 시간이 흐르면서 평가의 목적 자체가 다양해지고 이론적 관점이 분화되면서 더더욱 그 구분이 모호해지는 것이 어쩌면 당연해 보입니다. 평가의 목적과 활용이나 평가자의 역할은 지향하는 철학적 관점이나 학문적 배경과도 연계됩니다. 본질적 목적보다 실제적 역할이나 기능, 활용이 더욱 광범위할 테지만, 평가의 실제 장면에서는 결국 서로 얽혀 있는 하나의 실타래로 작동할 것입니다.

교육기관에서의 평가 역시 일반적인 평가의 목적과 같이 교육기관 차원에서 추구하는 목적이나 교육의 효과에 대한 검증, 주요한 의사결정과 책무성, 가르침과 배움을 '살아낸' 과정과 교육실천에 대한 깊이 있는 이해, 교육을 통한 민주주의와 사회정의 구현, 교육에 관련된 지식의 축적 등으로 구분해 볼 수 있습니다. 다만 교육이라는 실천학문 분야의 특성상, 여러 인접 학문과 다양한 이해관계 집단이 복합적으로 관여하기 때문에 그 목적이나 역할 혹은 활용은 더욱 다양하리라 가늠할 수 있습니다.

한편 이 모든 교육평가의 목적과 역할, 활용 안에는 실천학문으로서의 평가가 지금 세대 그리고 자라나는 후세대가 더 살기 좋은 사회에서 살 수 있기를 바라는 염원과 가치가 담겨 있음을 알 수 있습니다. 태생적으로 평가는 삶 속에서의 실제 혹은 실천성(practice 혹은 the practical)을 다루는 학문이기 때문입니다(Schwandt, 1992). 구체적인 실천의 변화를 통해 더 나은 사회를 만들어 가고자 하는 모습을 본질적 정체성으로 가지고 있는 것입니다. 현재 실천하고 있는 가르침과 배움의 행위와 관련된 지금까지의 경험을 되돌아보고 습관적이고 형식적인 틀에 갇히지 않고 더 나은 실천이 가능하도록, 미래에 대한 비전을 나누면서 의사결정을 함께 내리고 열심히 실천해 보고 다시 되돌아보며 진보해 가고자 하는 순환적 노력의 일환입니다. 그렇기에 잠시 걸음을 멈추어 우리의 공동 노력이 어떠한 목적을 위하여 어떠한 과정을 거쳐 어떤 결과를 낳고 있는지 분석해 보고, 구성원의 신념과 열정을 다지는 시간과 구심점을 제공하는 역할을 평가가 해 주리라 기대해 봅니다.

그런데 지금 우리의 교육 장면에서 평가는 본질을 빠뜨린 채, 기계적인 정밀성과 절차적 신뢰성에 치우쳐 교사의 전문성과 자율성을 훼손시킨다는 비판이 누적되고 있습니다. 각종 평가와 이에 연계된 후속조치에 대한 불안으로 인하여 교사의 창의적이고 새로운 아이디어가 주어진 틀을 벗어나는 '틀린' 것으로 간주될까 봐 두려워하고 스스로 위축되는 현상(De Grauwe & Varghese, 2000)이 세계적으로 관찰됩니다. 현재 이루어지고 있는 형태의 학교평가, 기관평가가 종종 '흠집 찾기'라는 소모적 실제로 변질되고, 그러한 평가 과정에서 교육의 자율성이 축소되고 학습자의 삶에 이로움을 줄 수 있는 새로운 시도를 오히려 기피하게 될 수 있음을 경계하여야 할 것입니다.

이에 최근 북미 지역에서는 거시적 정책 차원에서는 진정한 교육개혁이 이루어지지 않음을 깨달으면서 학교단위 경영(school-based management)을 강조하고 있습니다. 또한, 1970년대부터 학교평가에 따른 교육의 자율성 위축문제에 관심을 가졌으며 점차 전국적인 차원에서 의무적으로 실시해야 되는 학교평가의 경직성을 극복하고자 노력하고 있습니다(Sanders & Davidson, 2003). 또한, 유럽에서도 다른 나라에서의 기관평가로부터 어렵게 얻은 교훈들을 토대로 의미 있는 자체평가 시스템(예컨대 Bennett, Madigan, Radulović, & Miškeljin, 2013)을 구축하고 있습니다.

요컨대 평가의 목적과 역할 그리고 궁극적인 활용은 사용자인 우리에게 달려 있다고 할 수 있습니다. 분명 평가는 철학자 들뢰즈와 가타리의 표현대로 우리의 삶과 사회적 행위를 인습적인 '홈 파인(striated)' 공간에 매몰되게 옥죄일 수 있습니다. '프로크루스테스의 침대'에 맞춰 획일화된 하나의 잣대를 들이대어 교육신념과 실천을 그 표준에 맞추기를 요구한다면, 더 바람직한 실천행위와 신념을 끊임없이 고민하여 정진해 나가는 전문가로서 교사의 진지한 고민과 용기 있는 실험정신을 오히려 위축시킬 수 있는 위험성을 가지기 때문입니다. 그러나 우리로 하여금 우리가 해 오고 있는 무엇인가를 왜 하고 있는지, 어떻게 하고 있는지를 반성적으로 되돌아보고 앞으로 어디로 가야 할지에 대한 방향감각을 공유하며 함께 의미를 만들고 실천해 가는 민주적 시민사회의 '포럼(forum)', 그릇된 정보에 호도되지 않고 다양한 정보와 관점을 반영하여 최선의 판단을 내릴 수 있는 시간과 공간을 제공해 주는 유용한 도구로 기능할 수 있는 긍정적 가능성도 평가는 분명히 품고 있습니다.

## 함께 이야기해 보기

❶ 각자의 경험을 바탕으로 지금 생각하는 평가의 정의와 목적에 대해 이야기해 봅시다. 이 책을 읽어 나가는 동안 지금의 관점이 달라지는지 다시 이야기 나누어 보기를 바랍니다.

## 활동해 보기

❶ 평가와 관련된 개인적 기억을 회상해 보고 '평가'라는 단어를 들으면 함께 떠오르는 단어를 3개 이상 열거하고 이유를 설명해 봅시다.

________________, ________________, ________________

❷ 평가와 관련하여 직·간접적으로 경험했던 바를 자유롭게 적어 봅시다.

평가와의 마주침 돌아보기

기억 하나,

기억 둘,

기억 셋,

(…)

기억을 모아 보며 (내게 평가는 무엇으로 기억되는가?)

❸ 다음은 평가와 관련된 저의 단편적 기억 몇 가지를 적어 본 것입니다. 이 책을 쓰게 된 배경이나 학문적 지향을 파악하는 것이 이 책의 내용을 이해하는 데 도움이 될 수 있을 것 같아 개인적인 기억의 단상을 넣어 보았습니다.

### 평가와의 마주침 돌아보기

기억 하나. 교육대학을 갓 졸업하고 초임교사가 되었던 1992년, 생각했던 것보다 훨씬 더 어렵고 복잡하게 얽힌 실제를 마주하였다. 미처 생각하지도 못했던 교육의 복잡한 면면들을 매일 발견하고 순간순간 당황하던 시간이 떠오른다. 서로 싸우고 갈등하는 아이들의 마음을 읽어 풀어 주거나, 흥미와 자신감을 이미 잃어버린 아이들에게 동기를 부여하고 역량을 키워 주는 방법을 찾기도 어려웠고, 동학년 교사 혹은 전체 교사 간의 협의가 필요한 문제에 다다르면 더욱 어쩔 줄 몰라 했다. 공동의 비전 설정과 업무조정이 필요한 문제들을 해결하기 위한 공식적 혹은 비공식적 절차나 의사소통 구조를 몰랐기에 포기하거나 모른 척해 버린 경우가 많았다. 이러한 실천적 고민을 함께 나누고 고민하고 협력할 수 있는 '평가'의 필요성을 처음으로 느낀 시간이었다. 그런데 학년 말에 각 교실로 일종의 '교사 자기평가' 용지가 전달되었다. 스스로에게 비판적이어야 하는지, 너무 낮은 점수를 자신에게 부여하면 어딘가에 불리하게 작용하지는 않는지, 자기평가 결과는 어디에 어떻게 쓰이는 것인지 고민했던 기억이 남아 있다. 그 평가가 무엇을 위한 것이었는지, 평가결과는 어떠했으며 어떻게 활용되었는지에 대한 아무런 보고나 언급이 없었다. 학습자평가를 제외하고 제도적 평가와의 첫 만남은 그렇게 평가의 잠재성을 미지의 공간에 남겨둔 채 잊혀졌다.

기억 둘. 1998년 여름, 일리노이대학교로 유학을 가서 첫 학기에 들었던 질적 연구방법 강좌에서였다. 연구자와 연구 참여자 간의 관계 형성에 관해 토론하는 시간에 지도교수님이신 Daniel Walsh 교수님께서 평가와 관련된 경험을 들려주셨다. 한 학교에서 질적 연구를 실시하고자 학교장의 허락을 구한 후 교사들의 참여 동의를 구하기 위해 교사회의 시간에 함께 들어갔는데 교장선생님께서 당신을 그만 '평가자'로 잘못 소개하시는 바람에 순식간에 선생님들의 표정이 굳어졌고, 바로 정정을 했음에도 의혹은 쉽게 풀리지 않았는지 교사들과 친해지는 데 더 오랜 시간이 걸려 진땀이 났다는 일화였다. 나는 유아교육을 전공하면서 '평가'라는 분야를 함께 공부하고자 하였기에 다른 대학원생들과 같이 웃으면서도 얼굴빛이 어두워졌다.

기억 셋, 평가 관련 수업들을 통해 권한부여 평가의 Fetterman 교수님과 화상인터뷰를 하며 평가와 컨설팅의 차이를 묻던 일, 월드뱅크(World Bank)에서 온 평가자에게 저개발국가 경제지원과 연동된 평가 뒤에 감춰진 경제 논리를 의심하던 일, Robert Stake 교수님과 위스콘신주의 대안적 교사양성 프로그램을 평가하며 다양한 목소리에 귀 기울이는 것의 중요성을 배우던 일도 떠오른다. 무엇보다 Jennifer Greene 교수님을 도와 지역의 저소득층 가정이 밀집해 있는 한 '학습부진' 초등학교의 교육개혁 과정을 지원하는 체제가 어떻게 작동하고 있는지 평가하는 프로젝트를 실시하면서, 과도한 교육개혁과 고부담 평가가 현장을 위축시키는 현상을 들여다본 시간이 기억난다. 교육의 현장에서 반응적 평가와 민주적 평가의 이론과 방법론을 실천하는 과정에서 이해관계자의 참여, 평가결과의 활용, 실천에 내재된 가치의 충돌을 해결해 나가는 민주적 협의 과정의 중요성 등을 접하면서 평가자의 역할에 대한 가능성을 보게 되었던, 참으로 소중한 기회였다. (학습부진으로 꼬리표가 붙었던 이 초등학교는 대학과 연계한 개선 노력을 통하여 이후에 교육개혁 및 향상의 우수사례로 소개되기도 하였다.)

기억 넷, 박사학위논문을 준비하면서 유아교육과 평가라는 두 분야가 겹치는 지점에서 논문주제를 선정하고서, 140여 편의 평가보고서 분석, '좋은' 유아교육에 대한 의미구성과 평가에 대한 인식을 알아보기 위한 유아교사, 원장 면담 및 평가자 설문조사와 함께, NAEYC 평가인증을 준비하던 두 기관의 사례연구로 평가인증이 현장에서 작동하는 모습을 살펴보았다. 평가인증 준비 과정에서 함께했던 정확한 소독제의 비율과 올바른 손 씻기 순서에서부터 학급 유아 전체를 부르는 방식('○○반~'이라고 부르는 것도 유아 개개인을 존중하지 않는 것으로 보일까 봐 우려함)까지 혼란스러워하던 시간, 교사회의 시간에 다른 기관에서 들려오는 소문에 더욱 불안해하던 침묵과 한숨 소리, 환경 정비를 위해 주말에 나와 페인트칠을 같이 하기도 했던 장면이 생생하게 기억난다. 준비 과정이 육체적으로나 정신적으로 교사들을 소진시키기도 하였지만, 평가인증에서 원하는 '정답'에 매몰되게 하고 점차 반성적 실천을 막아 버리는 '기준'의 구조적 문제점을 보았다. 2005년 이후 우리나라에서도 어린이집 평가인증 준비를 위해 불가피하게 휴학하게 되었다는 대학원생들을 종종 보면서 현재의 평가방식이 평가피로도를 높여, 실제로 현장에 도움이 될 수 있는 평가의 잠재성마저 외면하고 아예 마음의 문을 닫지 않을까 걱정하곤 하였다.

기억 다섯, 평가인증 모형 이외에 다양한 평가모형에 대한 탐색과 적용을 활발하게 시도해 볼 수 없는 국내의 학문적, 사회적, 제도적 한계에 자주 부딪혔다. 평가를 교육의 현장에서 의미 있게 활용할 수 있는 통로가 많지 않아, 의무가 아닌 도구, 책무성이 아닌 책임성으로서 평가를 적용해 보겠다는 기관을 찾는 것부터 쉽지 않았다. 개인적으로 평가연구를 겨우 꾸려나가 보기도 하고, 대학과 한국연구재단의 연구비를 지원받아 참여자 중심 평가를 실천할 수 있는 통로를 탐색해 보기도 하였다. 시간이나 재정, 인적 구성 등의 한계 속에서도 더 좋은 교사가 되기 위해, 더 좋은 기관을 운영하기 위해 낯선 평가 시도에 적극적으로 함께해 주신 선생님과 원장님들 덕분에 프로그램 평가를 유용한 도구의 하나로 활용할 수 있는 가능성에 대한 믿음을 잃지 않을 수 있었다. 평가에 참여했던 선생님들이 자발적으로 배움공동체를 구성하여 개인적 삶과 교사로서 전문적 삶의 의미를 함께 만들어 갔을 뿐 아니라, 평가연구가 종료된 이후에도 평가에서 얻은 정보와 경험을 활용하여 새로운 변화를 시도하며 긍정적인 배움의 문화를 다져가고 있다는 소식에 힘을 얻을 수 있었다.

기억을 모아보며, 직 · 간접적인 부정적 경험이나 현재의 구조적 한계에도 불구하고 평가는 여전히 긍정적인 도구로 기여할 수 있는 가능성을 가지고 있다고 믿는다. 많은 선생님이 교육 현장에서 이루어지는 실천 행위나 절차, 제도 중 왜 꼭 그렇게 해야 하는지 의문을 던지면서 더 잘할 수 있는 방법을 다른 선생님들과 함께 찾아보고 싶은 의지를 가지고 있다는 사실이 '바로 여기에서' 의미 있는 변화를 만들어 갈 수 있는 유용한 도구의 필요성을 말해 주기 때문이다. 한 교육기관 안에서, 개별 교실 안에서 성실하게 교육실천 행위를 하고 있는 우리들이 혼자서는 해결하기 힘든 절차나 제도, 인적 구성, 프로그램을 함께 고민하고 실천할 수 있는 민주적 도구로서의 평가가 유용하게 쓰일 수 있는 '가능성'을 가지고 있다고 생각한다.

우리가 스스로 평가라는 도구를 잘 활용해 왔더라면 지금처럼 평가에 일방적으로 끌려가며 소중한 집단 에너지와 시간을 소모하지 않았을 것이라는 한 대학원생의 목소리가 묵직한 울림을 가지며 공명하게 한다. 교육 신념과 실천을 되돌아보고 끊임없는 '운동과 실험'을 해 나가는 과정에서 평가가 의미 있는 도구의 하나가 될 수 있기를 기대해 본다.

# 제2장
# 평가의 영토 이해하기

## 1. 평가의 대상

무엇을 평가할지와 구체적인 평가의 목적을 무엇으로 삼아야 할지는 사실 밀접하게 연결되어 있습니다. 평가의 대상에 대해 결정하는 부분은 평가이론서에서는 상황 속에서 주어진 것으로 여겨 생략되기도 하지만, 평가를 적용하는 현장에서는 중요한 출발점일 것입니다.

### 1) Scriven의 용어 'evaluand'와 6P

명료한 평가준거와 실증적 증거자료에 기초하여 체계적으로 이루어지는 형식적 평가의 대상은 점점 확대되어 왔습니다. 오늘날 형식적 평가는 교육 분야뿐만 아니라 의료서비스, 사회복지, 형사사법제도, 국제개발 협력, 환경운동 등 매우 다양한 분야에서 활발하게 이루어지고 있습니다. 교육평가만 하더라도 광범위한 대상을 포함하는데 학습자평가, 측정, 검사, 프로그램 평가, 교직원 평가, 학교 평가인증, 교육과정 평가 등이 대표적입니다(Kellaghan, Stufflebeam, & Wingate, 2003).

평가이론의 초석을 세운 대표적 원로학자인 Scriven은 복잡해지는 현대사회에서 다루는 평가의 대상이 너무도 폭넓고 다양하기 때문에, 이를 한마디로 아우를 수 있는 용어로 'evaluand'라는, 일반 사전에는 없는 새로운 평가 용어를 창안하였습니다. Scriven(1991)은 평가의 주요 대상을 크게 다음과 같이 6P로 제안하고 있습니다.

- 프로그램(Program)
- 정책(Policy)
- 수행(Performance) 혹은 실제(Practice)
- 제품 등의 산출물(Product)
- 인사(Personnel)
- 계획안(Proposal)

제품 등의 산출물평가는 대체로 소비자단체나 산업체 등에서 주로 관심을 가지는 분야이므로 평가대상으로서 제한성을 가지고 있습니다. 또한, 인사평가는 기업을 비롯한 다양한 조직체 내 개개인의 성취와 수행을 다루는데, 그 자체의 핸드북이 별도로 존재할 정도로 독립성을 가지며 특화된 영역이라 할 수 있습니다. 계획안평가의 경우에도 역시 평가 범위나 시기 등의 측면에서 특수성과 제한성을 가집니다.

## 2) 현대적 평가의 주요 대상

### (1) 3P의 구분

평가 관련 전문서적에서는 주요 평가대상인 6P 중에서 폭넓은 적용 범위를 가진 3P(즉, 프로그램[Program], 정책[Policy], 실제[Practice])에 대한 평가이론과 실제에 집중하고 있습니다. 이렇게 정책, 프로그램, 실제를 묶어서 함께 다루는 이유는 이 세 가지 평가대상이 평가의 목적, 방법론, 활용 측면에서 공통점이 많으며, 이를 다루는 주요 평가이론가나 실천가도 사실상 중첩되어 있어 같이 접근하는 것이 가능하기 때문입니다(Shaw, Greene, & Mark, 2006).

Mark 등(2006)은 3P를 다음과 같이 구분합니다.

- 정책: 정부가 주도하는 법률적, 정치적 의도와 방향성
- 프로그램: 정책이 실현될 수 있게 하는 특정 대상을 위한 활동과 자원
- 실제: 프로그램에서 이루어지는 구체적, 전문적 상호작용

이 구분에 따라 예시해 보면, 헤드스타트는 미국의 저소득층 유아를 대상으로 한 보상교육을 위한 법률적, 정치적 의도와 방향성을 담은 중앙정부의 '정책'에 속하며, 실제로 지역에 설립된 헤드스타트 기관에서 입학기준을 충족하는 저소득층 유아를 대상으로 헤드스타트의 정책 및 수행기준에 부합하는 운영실제, 보상교육을 위한 국가재정(Title I) 운용, 교직원 구성 등을 통해 제공하는 활동 및 자원을 '프로그램'이라고 볼 수 있을 것입니다. 또한, 각 지역의 헤드스타트센터에서 프로그램을 실행하면서 이루어지는 유아, 부모, 교사 간의 구체적, 전문적 상호작용은 '실제'라 볼 수 있을 것입니다.

그림 2-1과 같이 정책, 프로그램, 실제 평가를 규모 측면에서 국가수준, 지역수준, 기관수준으로 구분할 수 있습니다. 적용되는 범위에 따라 지역수준, 기관수준, 교실수준에서 정책, 프로그램, 실제의 평가가 각각 이루어질 수도 있습니다.

일반적으로 국가 혹은 지방자치단체 수준에서는 정책의 중장기적 효과성이나 수혜 대상의 만족도에 대한 평가가 주로 이루어지는 반면, 지역 혹은 기관수준에서

그림 2-1 • 규모와 적용 범위에 따른 3P 평가의 구분

는 정책이 구체화되어 실현된 프로그램의 실행이나 단기효과에 초점을 맞추곤 합니다. 기관 혹은 교실수준에서는 구체적인 교육의 실제와 학습자의 경험을 깊이 있게 성찰하는 평가가 이루어질 수 있습니다.

### (2) '프로그램'의 개념적 대표성

평가이론의 체계화에 가장 주도적인 역할을 해 온 미국에서는 '프로그램 평가(program evaluation)'라는 용어를 실제평가나 정책평가까지 내포하는 대표적인 개념으로서 보편적으로 사용하고 있습니다. 반면, 우리나라나 유럽 일부 국가에서는 '기관평가(institutional evaluation)'라는 용어를 더 일반적으로 사용하고 있습니다. 평가대상을 규정함에 있어서도 평가가 이루어지는 지역의 관습과 가치에 따른 사회문화적 차이가 반영되는 것입니다. 미국에서는 아메리칸드림을 실현해 줄 수 있는 각종 실험적 '프로그램'에 대한 평가에서 학문적으로나 실제적으로 평가가 중요하게 자리매김한 반면, 유럽에서는 역사적으로 '시찰(Inspection)' 제도 등 기관 전반의 수행을 점검하는 형태의 실제가 평가로 발전해 왔기 때문으로 여겨집니다.

미국의 여러 분야 평가전문가로 구성된 교육평가기준합동위원회(Joint Committee on Standards for Educational Evaluation)에서는 1994년 최초의 평가기준 저서에서 정의하였던 '프로그램'을 다시 2010년에 확장하여 새로이 정의한 바 있습니다.

- 1994년의 '프로그램'에 관한 정의: 지속적으로 제공되는 활동
- 2010년의 '프로그램'에 관한 정의: 명시적 혹은 암묵적 신념체제에 따라 특정한 맥락 안에서 구체적으로 확인된 참여자들의 구체적 요구와 관련된 특정한 목적을 달성하기 위하여 관리자원을 활용하여 기록 가능한 결과, 성과, 영향을 가져오고자 일련의 계획하에 이루어지는 체계적인 활동

이렇게 정의된 '프로그램'은 평가의 대상을 대표하는 용어로 보편화되어 왔습니다. 북미 지역을 중심으로 학문적으로 발달해 온 역사성으로 인하여 '프로그램 평가'는 정책평가와 실제평가를 대표하는 용어로 통용되고 있습니다. 예컨대 Fitzpatrick, Sanders 및 Worthen(2011/2014)은 프로그램, 정책, 제품 등에 대한 평가이론과 실제를 공통으로 묶으면서 「프로그램 평가: 대안적 접근법과 실제적 지침(Program Evaluation: Alternative Approaches and Practical Guidelines)」이라는 제목을 달았던 것에서 드러나듯이 프로그램 평가에 대표성을 부여하고 있습니다. Weiss(1972, 1998)는 『평가(*Evaluation*)』라는 제목의 저서에서 '프로그램'을 중심으로 평가를 다룬다고 하면서, 이 '프로그램'이라는 용어 안에 프로젝트, 구성요소, 정책 등도 내포되어 있다고 밝힌 바 있습니다. 이러한 현상은 미국에서 '프로그램 평가'라는 용어가 가지는 개념적 대표성을 잘 보여 줍니다.

그런데 일상생활에서 통용되는 '프로그램'이라는 어휘와 평가 분야에서 학문적으로 사용되는 프로그램의 의미가 다를 수 있습니다. 예컨대 프로그램이라는 언어가 내포하는 선형성과 구조성을 비판하면서, 프로젝트라는 용어를 더 선호하기도 합니다. 학자나 지역, 시대에 따라 프로그램을 다르게 정의하기도 한다는 사실을 주지할 필요가 있습니다.

### (3) 프로그램, 프로젝트, 구성요소의 구분

프로그램은 규모에 따라 프로젝트(project)나 구성요소(component)와 구분하기도 합니다. Weiss(1998)는 헤드스타트의 예를 들어 프로그램, 프로젝트, 구성요소를 구분하여 설명하고 있습니다. 즉, 미국 중앙정부에서 정책적으로 지원하고 있는 헤드스타트가 유아교육·보육 '프로그램'의 대표적인 예라고 한다면, 헤드스타트의 수행지침에 따라 구체적인 지역 운영을 맡고 있는 각 헤드스타트센터, 예컨대 Brigham 지역 헤드스타트센터는 '프로젝트'라 할 수 있으며, Brigham 헤드스타트센터에서 운영하고 있는 부모교육은 헤드스타트 프로그램의 '구성요소'라고 구분할 수 있다고 구체적인 예를 들었습니다.

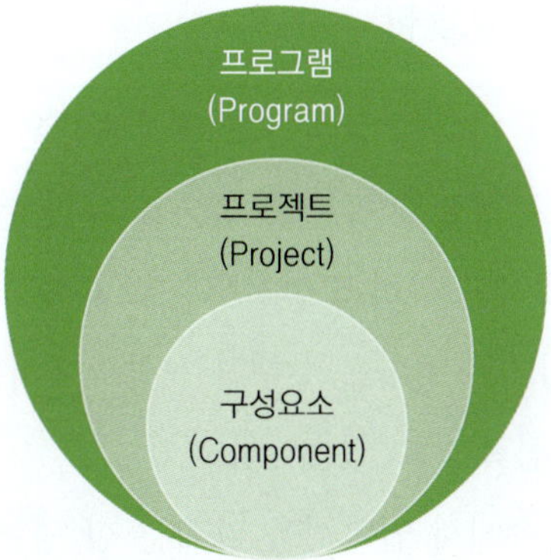


그림 2-2 • 프로그램, 프로젝트, 구성요소의 구분

그림 2-2의 구분이 공간적인 차원에 초점을 두는 반면, 그림 2-3과 같이 시간적인 차원에서 구분하는 관점도 있습니다. 교육평가기준합동위원회(1994)에 따르면 '프로그램'은 지속적으로 서비스를 제공하는 활동으로 정의되는 반면, '프로젝트'는 특정한 과제를 수행하기 위해 한시적인 기간에 이루어지는 활동이라고 구분하여 정의한 바 있습니다. 이 위원회에서는 프로그램의 예로 교육청의 독서 프로그램, 주정부의 특수교육 프로그램, 대학의 평생교육 프로그램, 정부나 기업의 전문기술훈련 프로그램을 들었으며, 프로젝트의 예로는 교육목표에 관한 3일간의 워크숍, 2년간의 개발 프로젝트, 3년간의 취업교육 시범사업 등을 들었습니다.

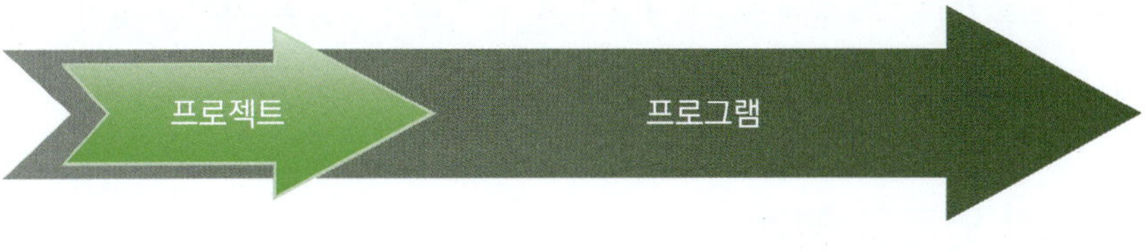


그림 2-3 • 시간적 차원에서의 프로그램과 프로젝트 구분

### (4) 평가대상 경계의 모호함

이렇게 헤드스타트 사례 하나만 보더라도 평가대상은 이론적, 개념적으로는 정책, 프로그램, 프로젝트, 구성요소 등으로 세분될 수 있는 반면, 특정한 시간과 공간, 가치체계 안에서 구체적인 사회적 실천행위로 체화되는 현실에서는 서로 얽히며 중첩됩니다. 따라서 실제로 평가를 수행하는 상황에서는 그 경계가 매우 모호할 수밖에 없으리라는 것을 짐작할 수 있습니다.

복잡하고 역동적인 삶 속에서 연속성을 가지는 한 덩어리로서의 평가대상은 평가의 맥락과 기준에 따라 다른 이름으로 불릴 수 있음을 시사해 줍니다. 실제 현실에서는 평가대상인 정책, 프로그램, 실제를 구분하는 것이 어려운 경우가 상당히 많습니다. 따라서 한 평가자가 '정책'이라고 간주하는 것이 다른 평가자에 의해서는 '프로그램'이라고 불릴 수도 있습니다. 개념적으로나 실제적으로 혼용되어 사용되다 보니 평가 관련 교재나 실제 평가보고서를 읽어 내려갈 때 평가대상의 의미를 문맥 속에서 파악하는 것이 필요합니다.

이 책에서도 때로는 정책, 프로그램, 프로젝트, 실제 등에 대한 평가를 '프로그램 평가'로 통칭할 것입니다. 실제로 이러한 정책, 프로그램, 프로젝트, 실제 등의 요소가 복잡하게 얽혀 있어 선명하게 구분하기가 힘이 들 뿐 아니라 평가 관련 문헌에서 일반적으로 사용되고 있기 때문입니다. '프로그램 평가'로 부르는 것은 교육평가기준합동위원회(1994)의 공식적인 용어 정의를 따르는 것이기도 합니다. 구분이 필요한 경우에는 정책평가, 프로그램평가(학문적인 대표성을 가진 '프로그램 평가'와 구분하기 위해서 '프로그램평가'로 붙여 씀을 밝혀 둡니다), 실제평가 등으로 지칭할 것입니다.

## 2. 평가의 영토와 경계

평가로의 여정을 떠나기 전에 몇 가지 기본 개념을 통해 평가라는 낯선 여행지의 경계와 범위를 알아보고자 합니다.

### 1) 비형식적 평가와 형식적 평가

학문으로서 평가의 영토를 이해하기에 앞서 비형식적 평가(informal evaluation)와 형식적 평가(formal evaluation)를 구분해 둘 필요가 있습니다. 우리는 삶 속에서 평가를 의식하지 못하더라도, 사실상 빈번하고 다양한 비형식적 평가행위를 하고 있습니다. 아침에 일어나 오늘 하루의 일정이나 날씨라든가 만날 사람이나 참가할 행사의 성격 등을 고려하여 어떤 옷을 입고 나갈 것인지를 고민할 때, 점심에 주어진 총 시간, 같이 식사할 사람의 기호, 가격, 전날 먹은 메뉴, 새로 생긴 음식점 등을 생각하며 어떤 음식점으로 갈지 판단할 때, 어떤 길로 가야 출퇴근길 교통체증이 덜한 경로로 더 빨리 이동할 수 있을지 생각할 때 비형식적인 평가와 이에 따른 의사결정을 끊임없이 실행하고 있는 것입니다.

이렇듯 특정한 절차나 형식에 구애되지 않고 우리의 직관이나 제한된 즉각적 경험에 의한 일상적인 평가를 비형식적 평가라고 부릅니다. 반면, 공공선을 추구하거나 많은 사람이 함께 노력하여 개선해 나가야 하거나 중요한 의사결정이 필요한 경우 더 체계화된 형식적 평가가 요구됩니다. 사회가 점차 복잡해지고 문화적 가치의 다양성이 증가함에 따라 형식적 평가에 대한 요구가 높아져 왔고 이에 따른 학문적 정립과 실천적 적용이 확대되어 왔습니다. 이 책에서 다룰 평가는 주로 교육 분야, 특히 유아교육 및 보육 분야의 형식적 평가에 대한 것입니다.

비형식적 평가로 인해 잘못 내려진 판단은 불행한 역사로 이어지곤 했습니다. 예컨대 Fitzpatrick 등(2011/2014)은 영국 군인들이 웨일스 방식의 긴 활이 가진 장점을 제대로 평가함으로써 전통적으로 사용하던 활 대신 웨일스의 긴 활을 개량하여 사용함으로써 백년전쟁 동안 승리를 이어갔던 것에 비하여, 프랑스 군인들은 비체계적이고 서투른 평가로 인하여 질이 낮은 자신들의 활을 계속 사용하였고 이로 인해 전투에서 패배하였던 역사를 예로 든 바 있습니다. 이러한 예는 비형식적 평가가 형식적 평가와 비교하여 자료 수집의 깊이와 폭, 형식성이나 체계성 등의 측면에서 가지는 한계를 지적하며 비형식적 평가의 위험성을 보여 줍니다. 따라서 내려야 할 의사결정의 범위와 중요성, 다양한 관계자의 관점 차이와 갈등, 실제 개선의 요구 등에 따라 더 체계적으로 이루어지는 형식적 평가가 이루어질 필요가 있습니다.

비형식적 평가와 형식적 평가는 다음과 같은 주요 측면에서 구분됩니다(Mark et al., 2006).

첫째, 비형식적 평가에서는 어떻게 하여 특정한 판단을 내렸는지가 다른 사람들이나 자신에게도 명확하지 않은 반면, 형식적 평가는 평가적 판단을 내리는 근거나 증거를 분명하게 밝혀 줍니다.

둘째, 형식적 평가는 비형식적 평가와 마찬가지로 편견으로부터 완전히 자유로울 수 없으나, 편견을 없애고자 하는 의식적 노력을 기울입니다.

셋째, 대체로 개인적으로 이루어지는 비형식적 평가에 비하여 형식적 평가에서는 여러 사람이 공동의 노력을 통해 혼자서 수집하기 힘든 자료를 함께 수집하여 종합적으로 판단을 내립니다.

넷째, 일상에서 이루어지는 비형식적 평가에 비하여 형식적 평가는 평가가 추구하는 다양한 목적에 각각 적합하도록 설계할 수 있는 체계성과 학문성을 갖추고 있습니다.

그러나 비형식적 평가의 가치와 역할을 과소평가해서는 안 된다는 사실을 분명히 할 필요가 있습니다. 교육평가의 발전에 크게 기여한 원로학자 Stake(2004)는 일부 평가 관련 교재에서 비형식적 평가를 편견에 치우쳐 있어 신뢰할 수 없는 것으로 경시하는 경향에 문제를 제기한 바 있습니다. 비록 편견이나 편향성을 내포하고 있다고 할지라도 비형식적 평가가 없었더라면 표면에 떠오르지 않았을 깊이 있고 복잡한 의미에 대한 중요한 성찰과 해석이 담겨 있을 수 있기 때문입니다. Schwandt(2001)가 형식적 평가를 지나치게 구조화된 방법이나 절차, 규정으로 바라보지 말고, 우리의 일상적인 삶을 이해하는 인간의 직관과 영감을 신뢰하여야 한다고 강조한 것도 그와 유사한 맥락입니다.

비형식적 평가가 제공할 수 있는 통찰은 교육 현장에서 중요하고 실질적인 것으로 인정받아야 합니다. 비형식적 평가를 통해서 형식적 평가의 필요성이 드러날 수 있으며, 형식적 평가는 비형식적 평가로부터 중요한 통찰을 얻을 수 있다는 의미입니다. 비형식적 평가와 형식적 평가의 상보적 관계는 우리의 일상 경험을 진지하게 들여다보고 공유하며 열심히 실천하되, 그 실천의 흐름을 멈추고서 체계적인 평가를 함께 힘 모아 실시함으로써 더 생동감 넘치고 의미 있는 실천의 흐름이 다시 이루어지는 역동성을 유념해야 한다는 메시지를 던져줍니다.

### 이론 더 알아보기

**평가 가능성 사정(Evaluability Assessment: EA)**

더 많은 인적, 재정적, 시간적 투입이 요구되는 체계적이고 형식적인 평가가 정말로 필요한지, 해당 기관에 도움을 줄 수 있는지를 가늠해 보는 방안의 하나로 평가 가능성 사정이라는 개념이 있습니다. 평가 가능성 사정[2)]은 Wholey(1979)에 의해 최초로 제안된 개념으로서, 준실험설계나 대규모 조사연구에 따른 성과평가들이 아무런 프로그램 효과나 영향을 발견하지 못하는 결과를 종종 얻었던 1970년대 당시의 시대 상황 속에서 프로그램의 구조를 미리 점검함으로써 성과평가로부터의 결과를 유용하게 활용할 수 있는지를 파악하고 성과평가의 실시 여부를 결정할 필요성을 지각한 데서 출발한 것입니다.

---

2) 평가 가능성 사정은 비용과 시간이 많이 소요되는 프로그램 평가를 실시하기 이전에 과연 평가를 받는 것이 의미 있을지 그 의의를 다각적으로 검토해 보는 것입니다. 그러나 평가 가능성 사정은 처음 제안되었을 때에 비하여 그 기능이나 활용이 약해져 왔습니다. 그러다가 최근에 그 가능성이 다시 주목받으며 재검토되었습니다. 이에 대한 논의는 Trevisan과 Walser(2015)를 참조하기를 바랍니다. 평가 가능성 사정의 예로 저소득층 부모의 취업을 촉진하는 미국 보건복지부의 복지정책과 연계하여 19개 주정부에서 제공하고 있는 자녀 보육 선택지에 대한 평가결과 보고서를 찾아보기를 바랍니다.
https://aspe.hhs.gov/basic-report/evaluability-assessment-child-care-options-work-welfare-programs#execsum

Wholey(1979)의 평가 가능성 사정 8단계는 다음과 같습니다.

1. 평가대상 정의하기
2. 기존 문서분석과 이해관계자 면담을 통하여 관련된 기초정보 수집하기
3. 프로그램의 작동 모형(이론) 검토하기
4. 이해관계자들이 제시한 목적, 목표, 활동 등의 측정 가능성 분석하기
5. 평가 현장방문과 자료검토를 통해 프로그램의 실재에 대한 정보 수집하기
6. 알아낸 사실들을 종합하여 프로그램에서 추구하는 목적들의 가능성 결정하기
7. 평가와 운영의 대안 확인하기
8. 평가 가능성 사정의 결과 및 권고사항 제안하기

실제로 소규모의 형식적 평가에서는 체계적인 평가 가능성 사정을 별도로 실시하는 경우는 드물 것입니다. 하지만, 일반적인 경우에도 비형식적으로나마 평가의 목적, 평가결과를 활용할 사람, 평가대상(예컨대 교육과정 혹은 프로그램)의 구성요소, 자원과 시간, 기타 정책적 요인 등을 검토하여 평가실시의 여부와 규모를 결정하는 것이 도움이 될 것입니다.

## 2) 프로그램 평가[3]와 다른 영토의 구분

프로그램 평가와 유사한 절차나 기능을 가진 영역, 예컨대 연구, 실행연구, 질 보증심사, 모니터링 등과 개념적 구분을 해 보는 것이 평가를 이해하는 데 도움이 될 수 있겠습니다. 그런데 각 개념이 발전해 온 학문적 배경이나 주로 적용되고 있는 분야에 따라 차이가 있는 것은 분명하나, 이러한 차이를 지나치게 단순화시켜 일반화하는 것은 경직된 사고와 지나치게 구조화된 작동기제로 작용할 수 있음을 경계할 필요가 있음을 밝혀 둡니다.

3) 여기에서는 평가 관련 학회나 주요 저서에서 6P 평가를 통칭하는 '프로그램 평가'라는 명칭을 사용하도록 함을 밝혀 둡니다.

### (1) 프로그램 평가와 연구의 구분

사회과학 분야에서 프로그램 평가와 연구는 논리적 과정이나 방법론 측면에서 상당한 공통점을 가집니다. 특히 프로그램 평가의 초기 이론가나 실천가가 사회과학 연구자로 채워졌던 역사성을 고려할 때 그 유사성은 놀랍지 않을 것입니다. 그러나 프로그램 평가와 연구는 추구하는 목적, 즉 평가결과를 어디에 활용하고자 하는가의 측면에서 근원적 차이를 가집니다. 즉, 프로그램 평가와 연구는 기술적인 방법이나 다루는 대상이나 내용이 아니라 이를 통해 무엇을 하고자 하는가라는 목적성에서 본질적으로 구분됩니다.

연구가 순수한 학문적 앎을 추구하며 일반화 가능한 지식을 도출해 내는 것을 목적으로 하는 반면, 프로그램 평가에서 지식발전에의 기여는 부차적인 관심사입니다. 연구가 보편성을 띠는 '결론'으로 마무리된다면 평가는 가치화에 따른 '권고사항'으로 귀결됩니다(Fitzpatrick et al., 2011/2014). 프로그램 평가는 평가대상이 자리잡고 있는 '지금 바로 여기'라는 맥락 속에서 구체화되는 평가결과의 활용에 초점을 두고 이해관계자들이 공유할 수 있는 가치에 기초하여 실천될 수 있는 유용한 평가정보를 제공하는 것을 추구합니다. 일반화된 원리나 법칙이 아니라 해당 프로그램, 정책, 실천에만 적용될 수 있는 구체적인 정보를 제공하는 것이 프로그램 평가의 본질인 것입니다(Royse, Thyer, Padgett, & Logan, 2001).

더 구체적으로 Weiss(1998)는 평가와 연구의 차이점을 일곱 가지 측면에서 제시하고 있습니다. 이를 종합적으로 제시해 보면 다음과 같습니다.

첫째, 활용성에서 차이가 있습니다. 기초연구가 지식의 산출을 강조하면서 상황에 따라 활용을 한다면 평가는 처음부터 실질적인 활용을 염두에 두고 시작된다는 특징을 가집니다. 실제 활용이 상대적으로 덜 직접적·즉각적인 평가의 경우에도 유용성은 평가를 실시해야 하는 근거가 됩니다.

둘째, 문제 혹은 질문의 도출 과정 및 초점이 다릅니다. 연구자의 가설이나 문제의식에서 출발하는 연구와 달리, 평가에서 다루는 질문 혹은 문제는 프로그램에 관련되거나 영향을 받는 관계자들의 관심사를 중심으로 이루어집니다.

셋째, 질에 대한 가치화(valuing)가 포함되는지의 여부에서 차이가 두드러집니다. 연구와 달리 프로그램 평가에서는 현재의 상태를 바람직한 상태, 추구하는 이상적인 상태와 비교하여 판단합니다.

넷째, 실행 상황에 대한 고려에서 우선순위가 다릅니다. 프로그램에 대한 통제나 사전검사 혹은 통제집단을 통한 정보수집이 우선적으로 이루어지는 연구에 비하여 평가에서는 사람들이 필요로 하는 서비스를 제공하는 프로그램이 실제로 작동되는 상황을 더 중요하게 여깁니다. 따라서 평가와 프로그램 실행 간에 충돌이 있을 경우 프로그램이 우선시됩니다.

다섯째, 역할 측면에서 연구와 평가는 차이가 납니다. 평가에는 역할 갈등이 수반되기 마련입니다. 연구자의 독립적인 역할이 인정되는 연구와는 달리 평가는 평가자와 프로그램을 수행하는 사람 간의 갈등이나 마찰이 당연히 이루어질 것으로 예상하고 대비하는 특징을 가집니다.

여섯째, 결과 공개 여부와 출판 통로가 다릅니다. 연구는 학술지나 저서 등에의 출판을 통해 공유되는 것이 본질적이며 당연하게 여기는 반면, 평가보고서의 상당수는 외부에 공개되지 않으며 공식적으로 출판되지 않는 경우가 많습니다.

일곱째, 소속 혹은 책임의 관계에서 차이가 있습니다. 일반적인 연구자에 비하여 평가자는 이중 혹은 삼중으로 소속감이나 책임감을 느끼는 관계를 복합적으로 가집니다. 먼저 평가를 의뢰하고 재정적으로 지원하는 기관이나 조직에 책임감을 가질 것입니다. 또한, 정책입안자, 운영관리자, 프로그램 종사자, 프로그램 참여자 등에게도 도움이 되어야 하며, 더 나아가 자신이 평가해 온 분야의 이론적, 실천적 향상에 기여하고자 하는 책임감을 느낍니다.

좋은 연구와 좋은 평가를 판단하는 기준도 다릅니다. 연구의 패러다임에 따라 의미는 다르지만 순수연구에서는 대체로 신뢰도(성)와 타당도(성)를 중요시하는 반면, 평가에서는 유용성(utility), 실행 가능성(feasibility), 정당성(propriety), 정확성(accuracy),

평가 책무성(evaluation accountability)을 판단의 기준으로 삼고 있습니다.

### 이론 더 알아보기

#### Joint Committee on Standards for Educational Evaluation의 평가기준

- 유용성(Utility)

U1 신뢰할 수 있는 평가자

U2 평가에 의해 영향을 받는 이해관계자에 대한 관심

U3 이해관계자의 요구를 반영한 평가목적에 대한 지속적 협의

U4 평가의 목적, 과정, 판단에 내재된 가치의 명시

U5 이해관계자의 요구에 부합하는 적절한 정보

U6 참여자들이 재발견, 재해석, 개선할 수 있는 유의미한 과정 및 결과

U7 시기적절하고 적합한 형태의 소통 및 보고

U8 평가에 따른 결과 및 영향력에 대한 관심과 책임감

- 실현 가능성(Feasibility)

F1 평가 프로젝트의 효과적 관리

F2 프로그램의 실제 상황을 존중하는 실천적 절차

F3 문화적, 정치적 이해관계 및 개인/집단의 요구를 반영하는 상황적 타당도

F4 효과적이고 효율적인 자원 활용

- 적절성(Propriety)

P1 이해관계자 및 공동체에 민감한 반응성 및 통합 지향

P2 의뢰인 및 이해관계자의 요구, 기대, 상황을 반영한 공식적 합의 절차

P3 참여자 및 이해관계자의 개인적 · 법적 권리 보호 및 존중

P4 이해관계자의 목적과 요구에 따른 평가의 명료성 및 형평성

P5 평가결과의 투명성과 공개성

P6 평가에 영향을 주는 이해관계 충돌이 있을 시 정보 공개

P7 건실한 회계 절차와 예산 집행에 따른 재정적 책임

- 정확성(Accuracy)

  A1 결론 및 의사결정의 문화적 · 상황적 정당성

  A2 의도한 목적에 부합하며 타당하게 해석할 수 있는 평가정보 제공

  A3 신뢰하고 활용할 수 있는 일관된 정보 제공

  A4 프로그램 및 맥락에 대한 명확한 기술

  A5 체계적인 정보 수집, 검토, 확인, 보관을 통한 정보 관리

  A6 평가목적에 부합하는 평가설계 및 분석의 충실성

  A7 평가정보로부터 도출된 추론의 논리 명시

  A8 오해, 편견, 왜곡, 실수 등이 없도록 소통 및 결과 보고

- 평가 책무성(Evaluation Accountability)

  E1 협의된 목적, 설계, 절차, 자료, 결과의 충실한 기록

  E2 평가자의 자체적 내부 메타평가의 실시

  E3 외부 메타평가의 적극적 고려

출처: https://evaluationstandards.org/program.

이러한 평가와 연구 간의 경계가 항상 분명한 것은 아닙니다. 특히 정책연구의 경우 그러한 중첩성이 두드러져, Cronbach와 동료들은 1980년에 이미 평가와 정책 연구 간의 구분이 사라지고 있다는 주장을 평가에 대한 95개의 명제에 포함시킨 바 있습니다.

### (2) 프로그램 평가와 실행연구의 구분

최근 연구자의 개입과 현장 실천가의 능동적 참여를 강조하는 실행연구(action research)는 프로그램의 개선이나 이해관계자의 참여를 강조하는 평가접근법들과 특히 많은 유사성을 가집니다. 실행연구는 원래 Kurt Lewin(1946)이 개념화하였으며, 보다 최근에는 Emily Calhoun(1994)에 의해 발전되어 온 연구방법입니다. 스스로 자신의 실천행위를 향상시키고자 하는 현장전문가, 예컨대 교사, 사회복지사, 회계

사 등이 능동적 주체가 되어 함께 협력하여 연구하며 개선과 발전을 목적으로 삼고 있는 실행연구의 자료 수집 과정은 과정 중심의 형성적 기능을 강조하는 평가와 그 역할이나 과정 등에서 상당히 중첩됩니다.

Fitzpatrick 등(2011/2014)은 실행연구와 프로그램 평가의 차이를 제시하면서 실행연구는 자신의 실제, 실천행위를 개선하고자 하는 목적을 가진 현장전문가가 자신의 일을 스스로 점검하여 실천하고 자료를 수집하여 피드백을 받는 순환적 과정임을 강조합니다. 물론 실행연구의 한 유형으로 외부의 연구자와 함께 노력하여 이루어지는 협력적 실행연구(collaborative action research)도 있으나 일반적으로 현장의 전문가가 주도해야 하는 반면, 평가에서는 관계자의 참여를 중시하지만, 평가자의 역할이 여전히 중요하게 작용한다는 것입니다. 실행연구의 목적은 전문성 함양과 조직문화 변화에 있는 반면, 평가에서는 가치판단이 가장 본질적인 목적이라는 점도 두 가지를 구분하는 중요한 요소라 할 수 있습니다.

그러나 현실적 차원에서 두 가지는 구분되지 않고 사용되어, 학문적 범주화가 큰 의미를 가지지 못할 때가 많습니다(Fitzpatrick et al., 2011/2014). 더구나 학자에 따라서는 실행연구를 프로그램 평가의 하위에 포함시키고 있으며, 특히 참여자 중심 평가접근법의 일부로 강조하고 있습니다(Chaudary & Imran, 2012). 반면, 실행연구의 유형을 소개하면서 권한부여 평가나 강점탐구 평가 등의 평가접근법을 포함시키는 경우(Johnson & Christensen, 2017)도 있습니다. 개념적 구분을 넘어서서, 오늘날 현장의 실천가가 적극적으로 참여하고 평가의 주인이 되어야 하는 과정에서 '실천지식'을 중요하게 다루는 실행연구라는 방법론이 평가에서 유용한 역할을 수행합니다.

### (3) 프로그램 평가와 질 보증심사의 구분

Patton(2002)은 프로그램 평가와 질 보증심사(Quality Assurance: QA)[4]를 구분한 바 있습니다. 두 분야는 서로 다른 목적과 이론, 실천을 기반으로 발전해 왔는데, 현대

4) Quality Assurance는 일반적으로 '품질보증'으로 번역되고 있습니다. 여기에서는 원래의 취지를 반영할 수 있도록 질 보증심사로 명명하였음을 밝혀 둡니다.

적 형태의 프로그램 평가는 1900년대 초기 Thorndike 등의 교육측정운동에서 그 뿌리를 찾을 수 있는 반면, QA는 사실 미국의 1975년 개정 지역정신보건법(Community Mental Health Act Amendments)에서 시작된 것으로 봅니다. 즉, QA는 정신병동에 수용된 환자들이나 정신보건센터 내원환자들이 적절하고 효과적으로 보호 받고 있는지, 지나치게 오랜 기간 혹은 불필요한 약물을 지속적으로 처방받거나 과다한 비용을 청구받고 있지 않은지를 점검하기 위한 자구노력의 시도로, 주로 임상사례 조사와 동료평가로 이루어졌습니다.

프로그램 평가와 QA는 그 출발점이 다른 만큼, 초점이나 접근방법에도 차이가 있습니다. QA는 사례별로 개인을 대상으로 과정과 결과에 초점을 두는 반면, 프로그램 평가는 프로그램 전체에 초점을 둡니다. 프로그램 평가에서는 전체 자료를 총합하여 사용하는 반면, QA에서는 개인별 임상사례를 다룹니다.

그런데 평가와 QA 각각의 폭, 목적, 방법, 응용 분야 등이 점차 확장되면서 중첩 영역이 생기게 되었습니다. 평가는 점점 과정과 실시 측면에 주목하게 되었고, QA는 점차 정신보건 이외의 다양한 상품 및 서비스 분야로 확장되었으며 성과, 총합적 데이터, 시간의 경과에 따른 누적정보 등을 활용하게 되면서 유사성이 증가된 것입니다. 두 가지 영역 모두 책무성의 요구에 대한 대응이라는 대목도 유사합니다. 특히 프로그램 평가 분야에서 질적 방법론을 활용하는 접근법들이 증가하면서 개인의 고유한 사례에 주목하고 질(quality) 측면을 깊이 있게 들여다보는 QA와의 중첩 영역이 더욱 증가하였습니다.

이후 품질통제(Quality Control), 품질감사(Quality Auditing), 종합품질관리(Total Quality Management: TOM) 등의 개념이 파생되었습니다. 이러한 노력은 특히 기업활동 분야에 적극적으로 도입되어 사용자 혹은 소비자에게 만족스러운 서비스 혹은 상품의 질을 제공하는 데 적용되어 왔습니다. 이렇듯 산업체에서 가장 활발하게 적용되면서 'Quality'는 '상품의 질'을 의미하는 품질(品質)이라는 용어로 통용되고 있습니다. 정부기관이나 비영리 분야, 특히 보건서비스나 보육 혹은 교육 활동의 질적 수준을 점검하는 평가에서조차도 '품질'이라는 용어를 아무런 의식이나 비판 없이 그대로 사용하는 것은 사회공동체 속 인간 행위의 역동성과 관계성 속에 스며들어 있는 질이 가지는 의미의 폭과 깊이를 스스로 제한시키는 선택이 아닐지 자성해 볼 필요가 있다는 생각이 듭니다.

### (4) 프로그램 평가와 모니터링의 구분

Schwandt(2015)는 평가와 모니터링(monitoring)을 구분할 필요성을 제시한 바 있습니다. 모니터링은 실시 과정에서의 문제를 진단하기 위하여 프로그램을 지속적, 정기적으로 추적하는 것이며, 특히 진술되어 있는 목적에 비추어 볼 때 수행이 제대로 이루어지고 있는지를 추적하는 경우를 수행 측정(performance measurement) 혹은 수행 모니터링(performance monitoring)이라고 부릅니다. 모니터링은 시의적절한 의사결정을 돕고 책무성을 보장하기 위한 경영 관리의 도구라 할 수 있습니다. 반면, 평가는 산출물이나 과정, 결과 등이 가지는 적절성, 즉 그 가치성의 측면을 독립적으로 판단하는 것입니다. 따라서 어떤 교육기관에서 설정한 목표가 있다면 모니터링에서는 그 목표가 잘 달성되고 있는가를 살펴보는 반면, 평가에서는 이를 넘어서서 달성되고 있는 바가 과연 가치를 가지는가의 본질적인 문제를 다룹니다.

예컨대 부모교육 프로그램의 경우 "몇 명이 참여하였는가?", "목표로 한 참여율을 달성하였는가?", "계획대로 실행되었는가?"라는 질문이 모니터링의 전형적인 질문이라고 한다면, 평가에서는 "사전 공지와 홍보가 적절하게 이루어졌는가?", "참여자의 수가 충분하다고 볼 수 있는가?", "공정성, 문화적 적합성, 전문성, 효율성 등의 측면에서 프로그램이 얼마나 잘 실시되었는가?", "결과가 얼마나 실질적이고 가치 있는가?", "참여자들의 삶에 진정한 변화를 가져왔는가?" 등과 같이 옳고 그름, 적절함과 적합성 등 가치와 관련된 평가적 질문을 던지게 됩니다(Schwandt, 2015).

### 3) 프로그램 평가 영토의 특이성, 그 '열려 있음'

이렇듯 평가가 다루는 영토를 들여다보는 과정에서 경험의 질, 이해관계, 가치 등을 다루는 다른 학문 분야와 중첩되는 부분이 분명 존재한다는 사실을 알게 됩니다. 순수연구, 정책분석, 모니터링, 실행연구 등과의 구분을 지나치게 단순화시켜 과잉 일반화하는 것을 피해야 할 것입니다. 이렇듯 중첩되는 부분들은 실천적 학문으로서의 평가라는 영토가 가지는 특이성으로 인해 더욱 두드러집니다.

Mark 등(2006)이 제시하는 평가의 고유한 영토가 가지는 본질을 눈여겨볼 만합니다. 이들은 평가가 가지는 방법론적인 개방성과 다학제적 접근을 강조하고 있습니다. 인간과 관련된 현상을 더 잘 이해하기 위한 추구 속에서 서로 다른 학문적 뿌리나 패러다임 지향성을 가진 다양한 방법론을 기꺼이 혼합하고자 하는 열린 자세를 본질로 여기고 있습니다. 평가가 다루는 대상의 복잡성과 역동성으로 인하여 다양하고 다층적인 방법론을 환영할 수밖에 없는 다학제적 특성이 두드러집니다. 더구나 평가대상에 대한 이해를 넘어서서 운영관리, 소통, 갈등해결, 결과 활용 등으로 이어지는 평가의 특성으로 인해 학문적 다원성을 본질로 삼게 됩니다. 또한, 사회적 협의 및 협상의 과정을 또 다른 평가의 특성으로 들고 있습니다. 방법론의 측면에서도 특정한 평가방법이 반드시 우세하게 지배하는 것이 아니라 다양한 이해관계자들의 요구와 관심을 경청하며 협상됩니다.

평가에서는 하나의 이론이나 방법을 고집하기보다는 평가대상이 위치해 있는 맥락과 관계성 등에 대한 다각적인 검토와 건설적인 논쟁을 통해 상황에 가장 적합한 평가방법을 도출하고자 합니다. 아울러 평가방법론 자체에 대한 철저한 검토와 메타평가(평가에 대한 평가)를 적극적으로 수용하는 열린 태도를 중요시합니다.

## 3. 프로그램 평가의 기본 유형

이 장에서는 프로그램 평가의 이론적 접근 유형이나 구체적인 방법론적 차이를 살펴보기 이전에 평가의 목적, 초점, 평가자의 위치에 따라 구분되는 기본 유형을 살펴보고자 합니다.

## 1) 평가의 목적성에 따른 구분: 형성평가와 총괄평가

형성평가(formative evaluation)와 총괄평가(summative evaluation)는 평가결과에 따른 판단 또는 의사결정이 어떤 목적성을 가지고 있는가에 따른 구분입니다.

- 형성평가: 평가결과를 바탕으로 하여 프로그램의 향상, 개선을 도모하는 것을 목적으로 하는 평가
- 총괄평가: 프로그램 채택, 중단, 확대 여부 등 프로그램의 미래와 관련된 최종적 결정을 목적으로 하는 평가

형성평가와 총괄평가(총합평가라고도 부름)라는 용어를 처음으로 만들어 사용한 학자는 과학철학이론을 교육연구에 적용시킨 Scriven(1967)입니다('evaluand'라는 용어도 역시 Scriven이 창안해 내었습니다). 그 구분에 대한 이해를 돕기 위하여 Scriven(1991)은 요리사가 자신이 만든 음식을 맛보는 것은 형성평가이고, 손님이 맛보는 것은 총괄평가라고 비유하기도 했습니다. 이때 Scriven은 요리사가 아닌 손님의 입맛과 판단이 궁극적이라고 보아, 사실상 총괄평가를 우선시하고 있음을 알 수 있습니다.

반면, 평가의 정의를 다루면서 잠시 소개한 동시대에 활약하였던 또 다른 영향력 있는 평가이론가 Cronbach는 프로그램 평가의 형성적 기능을 더욱 강조합니다(Roos & Hamilton, 2005). Cronbach 등(1980)이 제시한 평가의 첫 번째 테제, 즉 "사회가 스스로에 대하여 배울 수 있는 과정"(p. 2)을 강조하면서, 평가는 무엇보다 사회적 시스템과 사회적 행위에 필요한 정보를 제공하고 개선할 수 있는 형성적 역할에 중점을 두어야 한다고 주장합니다. 평가가 프로그램의 축소나 폐지 등으로 쉽게 이어지지 않는다는 실제 경험이 누적되는 동시에 과정적인 이해와 개선이 훨씬 더 중요하다는 목소리가 증가함에 따라 현대적 평가에서는 과정 중심의 형성적 역할에

더 주목하고 있습니다.

이러한 형성평가와 총괄평가는 평가, 특히 교육평가에서 많이 사용되는 용어이지만, 개념적 오류와 잘못된 사용도 흔하게 발견됩니다. 시간 측면에서 형성평가는 프로그램의 개발 초기 단계에 많이 이루어지는 반면, 총괄평가는 대체로 프로그램의 최종 단계에서 이루어지는 경우가 많습니다. 하지만, 두 유형의 평가를 이러한 프로그램의 시간 측면에서 구분하는 것은 빈번하게 이루어지는 개념적 오류입니다. 형성평가와 총괄평가를 프로그램의 지속 시간(program life)이라는 틀로 엄격하게 구분할 수 있는 것은 아니기 때문입니다. 즉, 드물지만 프로그램 초기에 총괄평가가 이루어질 수도 있고 프로그램의 성숙기에 형성평가가 이루어질 수도 있습니다.

예컨대 앞에서 든 요리사의 비유처럼 요리를 만드는 과정에서 맛을 보며 개선할 수도 있고, 손님이 많이 남긴 음식의 일부를 나중에 맛보고 문제점을 찾아내는 형성평가도 가능할 것입니다. 그림 2-4는 Fitzpatrick 등(2011/2014)에 기초한 것으로, 프로그램 지속 기간에 따라 형성평가와 총괄평가가 상대적으로 강조, 활용되는 정도에는 차이가 있지만 프로그램의 초기에 총괄평가, 완숙기에 형성평가를 실시하는 것이 모두 가능함을 보여 줍니다.

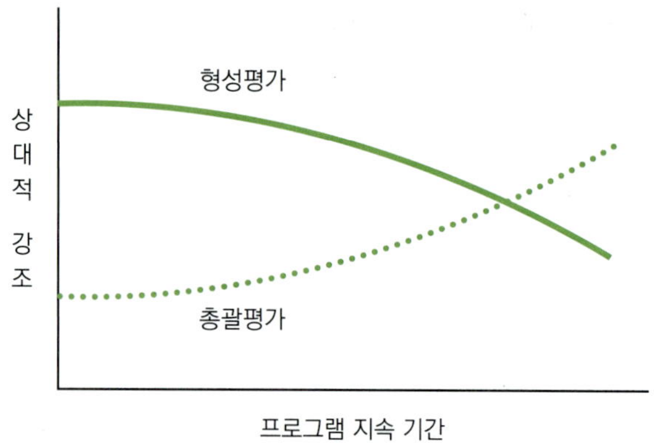


그림 2-4 • 형성평가와 총괄평가의 관계

한편 형성평가와 총괄평가는 개념적으로는 구분이 되지만, 실질적으로도 이루어지는 구체적 평가 장면에서 강조점이나 비중에서 차이가 있더라도 두 가지의 평가는 서로 얽히게 되곤 합니다. 목적 측면에서 개념적으로 구분하는 것이 도움이 되는 반면, 평가를 실천함에 있어서 형성평가와 총괄평가를 이분법적으로 구분하기에는 때로 경계가 겹쳐진다는 사실(Fitzpatrik et al., 2011/2014)을 염두에 둘 필요가 있습니다.

## 2) 평가의 초점에 따른 구분: 요구, 실시 과정, 결과에 대한 평가

평가의 초점, 즉 평가에서 주요하게 다루는 평가의 내용적 성격에 따라서는 흔히 과정평가(process evaluation)와 성과평가(outcome evaluation)로 구분해 왔습니다.

- 과정평가: 프로그램에서 어떤 일이 어떻게 이루어지고 있는지 과정적 측면을 조명하는 평가
- 성과평가: 프로그램의 최종적 성과를 밝히고자 하는 평가

과정평가는 프로그램의 실시 과정과 관련된 쟁점과 실제 활동을 살펴보는 반면, 성과평가는 프로그램의 직접 수혜자나 이차적 관계자 혹은 지역사회에 이루어진 변화를 살펴보는 것입니다. 성과 대신 '결과(results)'나 '효과(effects)'라는 용어가 사용되기도 하며, 의도된 효과와 함께 의도하지 않았던 부수효과(side effects)도 포함될 수 있어, 성과평가에서는 단기 효과나 장기 영향력, 의도된 효과나 의도하지 않았던 효과 등을 살펴볼 수 있습니다.

많은 사람이 형성평가를 과정평가와 같은 개념으로, 총괄평가를 성과평가와 동일한 것으로 혼동하기도 합니다(Fitzpatrick et al., 2011/2014). 그러나 과정평가와 성과평가는 각각 프로그램의 변화와 향상을 위한 형성평가나 프로그램의 지속, 확대 등의 판단을 위한 총괄평가에 모두 사용될 수 있습니다. 즉, 과정평가의 결과를 바탕으로 프로그램의 지속이나 확대 혹은 폐지 여부에 대한 의사결정을 내릴 수도 있고

성과평가를 통해 프로그램의 질적 향상을 도모할 수도 있다는 것입니다. 물론 형성평가의 목적을 위하여 과정평가가, 총괄평가를 위하여 성과평가가 사용되는 경우가 주류를 이루기는 하지만, 개념적인 구분은 확실하게 존재합니다. 즉, 평가의 목적이 아니라 평가의 초점이 되는 내용이 무엇인가에 따라 구분하는 것이 과정평가와 성과평가인 것입니다. 형성평가와 총괄평가는 프로그램 평가의 실시 목적, 의도와 의사결정 형태에 따른 구분인 반면, 과정평가와 결과평가는 평가하는 프로그램의 단계와 대상 측면에 관련된 구분입니다(Weiss, 1998).

이러한 과정평가와 성과평가가 형성평가 및 총괄평가와 혼동이 되는 것은 방법론적으로 실험법을 중심으로 발전해 온 평가의 역사와 관련이 깊습니다. 역사적으로 볼 때 프로그램 평가가 발전해 온 초기에는 프로그램이 원래 의도하였던 목표를 제대로 달성하고 있는지를 알아보는 성과평가를 통하여 프로그램의 유지, 중단, 확장 여부를 판단하여 결정하기 위한 총괄평가를 진행하는 경우가 평가의 주축을 이루었습니다. 하지만, 실제로 평가의 결과에 따라 프로그램이 중단되는 경우가 거의 없는 데다가, 성과평가의 결과가 왜 그렇게 나타난 것인지, 프로그램의 투입(독립) 변인이 성과(종속) 변인으로 나타나기까지 그 사이에 있었을 과정적 변인들에 대하여 아무런 설명도 제시하지 못하는 '암흑상자'로서 성과평가의 한계가 드러납니다.

예컨대 헤드스타트의 성과평가에서 헤드스타트를 다녔던 저소득층 유아들이 초등학교 3학년에 이르렀을 때 비교집단 유아들과 비교하여 학업성취도나 IQ 점수가 통계적으로 유의미하게 높지 않다는 결과만으로 헤드스타트에 대한 예산지원을 중단하고 프로그램을 폐지하겠다는 정책적 결정을 내릴 수 있을까요? 헤드스타트가 유아들이나 학부모들의 삶에서 실제로 어떻게 경험되었는지, 헤드스타트 운영에서의 지역적 다양성은 어떻게 나타났는지, 초등학교로 전이하는 경험은 어떻게 이루어졌는지 등에 대한 과정적 차원의 평가정보가 없는 상황에서 정책적 결정을 내린다면 저항과 비판을 받을 수밖에 없을 것입니다. 따라서 총괄평가의 기능을 위해서도 프로그램의 내용과 실제에 대한 이해를 도울 과정평가가 필요하다는 사실을 깨닫게 됩니다.

평가이론가 Weiss(1998) 역시 프로그램의 결과 혹은 효과를 정확한 해석 측면에서 과정평가의 필요성을 강조한 바 있습니다. 복잡한 사회문화적 맥락 속에서 많은 사람이 얽혀 다양하고 역동적으로 운영되는 프로그램의 실제 과정을 암흑상자에 남겨둘 것이 아니라 제대로 이해하여야 프로그램의 결과에 대한 정확한 해석이 가능할 것입니다. 또한, 프로그램이 실제 어떻게 이루어지고 있는지에 대한 이해를 기반으로 의미 있는 실천적 개선도 가능할 것입니다. 점차 과정 자체가 프로그램 평가의 주된 초점이 되면서 과정과 관련된 평가 개념이 세분화되면서 발전하여 왔습니다.

Schwandt(2015)는 평가 내용의 초점에 따른 이러한 구분을 더욱 세분화하여 제시합니다. 먼저 실제의 과정적 측면에 초점을 둔 평가를 실시평가, 모니터링, 과정평가로 구분합니다.

- 실시평가(implementation evaluation): 프로그램에서 무엇이 일어나고 있는지, 즉 프로그램의 특징, 참여자, 활동 등에 초점을 맞추어 어떻게 작동하고 있는지 혹은 제대로 작동하고 있는지, 계획이나 설계대로 이루어지고 있는지를 살펴보는 평가임. 이러한 의미에서 작동평가(operational evaluation)라고 부르기도 함.
- 프로그램 모니터링(program monitoring): 프로그램의 주요 요소(예컨대 참여수준, 프로그램 이수자 비율, 비용 등)를 중심으로 프로그램 실시와 관련된 데이터를 지속적으로 수집하는 것으로, 종종 경영정보시스템의 일부로 활용됨. 실시평가의 한 유형이라 할 수도 있음.
- 과정평가(process evaluation): 실험방법론에 따라 도출된 프로그램의 성공이나 실패에 관해 구체적으로 설명할 수 있도록 프로그램이 어떻게 성과를 산출했는지, 특히 프로그램 제공자와 참여자들이 프로그램을 어떻게 이해하고 경험하고 있는지를 검토하는 것. 즉, 양적 결과와 연동된 과정을 들여다보고 인과관계를 설명하고자 하는 데 목적을 두는 평가유형임.

한편 결과를 중심으로 평가하는 유형은 성과평가, 영향평가, 사회적 영향평가, 효율성 평가로 나누어 설명하고 있습니다.

- 성과평가(outcome evaluation): 프로그램 참여자들에게 나타나는 프로그램의 성과, 예컨대 신분, 행동, 태도, 기능 등을 살펴보는 데 중점을 두며, 성과의 달성 여부를 측정할 수 있는 지표를 개발하고 상세하게 명시하는 것을 필요로 하는 평가를 말함.
- 영향평가(impact evaluation)[5]: 프로그램이나 정책의 결과가 실제로 그러한 프로그램이나 정책으로 인한 것인지를 살펴보고자 함. 프로그램이나 정책이 참여자와 수혜자에게 줄 것으로 기대했던 효과와 기대하지 못했던 평가까지 다루면서 무엇보다 더 장기적인 차원에서의 결과 혹은 더 넓은 공동체에 미치는 효과를 살펴보는 평가를 말함.
- 사회적 영향평가(social impact evaluation): 정책, 프로젝트, 프로그램, 사회적 개입 등에 따라서 영향을 미치게 된 보다 폭넓은 사회적 혹은 공공적 가치를 중점적으로 알아보는 평가를 말함.
- 효율성 평가(efficiency evaluation): 프로그램의 경제적 효율성을 분석하는 평가로, 비용-편익 분석(cost-benefit analysis), 비용-효과 분석(cost-effectiveness analysis) 등을 통해 프로그램에서 산출되는 혜택이 과연 소요되는 비용을 정당화하는지를 결정함.

또한, 평가의 초점이 되는 내용을 중심으로 볼 때 요구사정도 빼놓을 수 없습니다. 이는 사회적 요구에 따라 프로그램이나 정책을 검토, 개발하는 상황에서 주로 활용되는 평가유형입니다.

---

5) 영향평가는 더 넓은 범위에서 더 장기적인 결과를 살펴보는 평가로 정의되기도 하지만, 이론가에 따라 성과평가와 동의어로 사용되기도 하여, 아직까지 정의에 대한 합의가 이루어지지 않고 있습니다.

- 요구사정(need assessment): 평가의 초점에 따른 구분에 포함되기도 하는데 이해관계자들이 경험하는 문제나 요구가 존재하는지, 구체적으로 어떤 문제 혹은 요구인지를 살펴보고서, 그 문제를 줄이거나 요구를 충족시킬 수 있는 프로그램이나 정책 혹은 실천 방안을 찾아보는 데 초점을 두는 평가유형임.

이렇게 평가의 초점을 세분화하여 평가유형을 개념화하기도 하지만, 학자에 따라 그 정의가 다르기도 하고 평가 실제에 있어서는 혼용되어 사용되는 경우도 상당히 많습니다.

### 3) 평가자의 위치에 따른 구분: 내부평가와 외부평가

평가를 실시하는 평가자의 소속, 위치에 따라 내부평가(internal evaluation)와 외부평가(external evaluation)로 구분할 수 있습니다. 내부평가와 외부평가 역시 평가의 목적과 대상을 고려하여 선택되기 때문에 이 절에서 소개합니다.

- 내부평가: 평가받는 조직, 기관이나 프로그램과의 관계에 있어서 평가자가 내부 구성원으로서 소속되어 있는 평가를 지칭하며, 외부평가자가 쉽게 구하기 힘든 정보의 수집이나 평가정보의 공유 및 활용 측면에서 장점을 지니는 반면, 평가자로서의 객관성이나 전문성 측면에서 구조적 한계를 가짐.
- 외부평가: 평가자가 평가받는 조직, 기관, 프로그램의 외부로부터 한시적 계약을 통해 참여하는 평가로 객관성과 전문성 측면에서 장점이 있지만 내부 정보의 수집이나 의사결정 구조의 파악, 평가정보의 활용 측면에서 제한점을 가짐.

예를 들어 시교육청의 유치원 지원체계에 대한 평가 혹은 감사 업무를 맡고 있는 담당부서에 속한 내부자가 평가를 실시한다면 내부평가가 되는 반면, 대학의 관련 분야 교수진이나 평가전문가를 통해 평가를 실시한다면 외부평가에 해당합니다. 대학의 성과관리 및 평가업무를 맡고 있는 구성원이 대학 전체, 단과대학 혹은 학과의 연간 운영과 성과를 평가한다면 내부평가에 해당하고, 한국대학교육협의회나 교육부에서 평가자가 나와서 실시하는 평가는 외부평가에 해당할 것입니다.

평가자의 위치에 따른 두 가지 유형의 평가는 장점과 단점이 서로 대응되는 관계에 있음을 알 수 있습니다(Fitzpatrick et al., 2011/2014). 즉, 내부평가자는 조직의 역사와 구성원 등에 대하여 잘 알고 있다는 장점을 가지는 대신에 가치판단의 공정성과 평가결과의 신뢰도 측면에서 불리할 수 있습니다. 역으로 외부평가자는 객관적이고 공평할 것이라는 기대 속에서 평가결과의 신뢰도를 얻을 수 있는 반면, 조직구성의 특성과 의사결정의 과정 및 역동성을 깊이 있게 이해하기에는 한계를 가질 수밖에 없습니다.

또한, 내부평가자는 평가결과에 대하여 더 빈번하고 설득력 있게 소통할 수 있으며 평가결과의 활용 과정을 지속해서 적극적으로 지원할 수 있는 반면에 평가자의 지위와 권한에 따라 평가 과정에서의 독립성이 상당히 제한될 수 있습니다. 외부평가자가 가지는 독립성이나 객관성이 과대평가되는 측면도 분명 있으나 상대적으로 누리는 자율성과 독립성의 범위는 넓을 것이며 전문적인 지식과 기술뿐만 아니라 다른 유사한 평가 사례로부터 누적한 정보의 활용 측면에서 장점을 가질 수 있습니다. 그러나 외부평가자는 평가결과를 지속적으로 상기시키고 개선에 활용할 수 있게 지원하는 측면에서는 제한되는 단점을 가질 것입니다.

내부평가와 외부평가의 장점이나 한계의 비중을 고려하여 그림 2-5와 같이 비교해 볼 수 있습니다. 가치판단의 공정성에 대한 사람들의 인식을 비롯하여 실제 평가결과에 대한 신뢰 측면에서는 외부평가가 더 우세한 위치에 있다고 볼 수 있습니다. 반면, 내부자만이 알 수 있는 평가정보를 손쉽게 구하거나 실제 의사결정 구조를 이해하여 평가결과를 적절하게 활용하는 측면에서는 내부평가가 우세합니다.

최근 조직의 규모가 큰 경우에는 내부평가자의 전문성을 함양시키는 방식을 통하여 조직의 자체적 평가역량을 구축하려는 노력이 이루어지고 있습니다. 또한, 내부평가와 외부평가를 결합하는 평가모형을 통해 각각의 장점을 활용하려는 시도도 있습니다. 그런데 내부평가와 외부평가를 함께 시도하면서 결합하는 것에는 단점

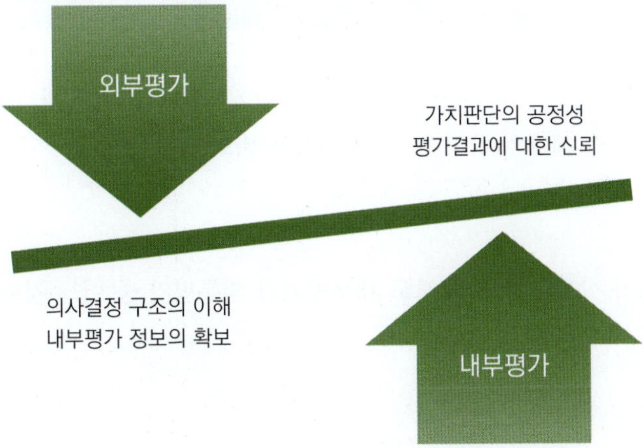


그림 2-5 • **내부평가와 외부평가의 상대적 우세**

과 한계 역시 같이 포함된다는 것을 명심할 필요가 있습니다. 예컨대 전문가 중심 평가의 하나인 평가인증 모형은 내부평가와 외부평가를 결합함으로써 그 장점들의 혜택을 다 누리면서도 정부의 획일적 통제로부터 프로그램이나 기관의 고유한 자율성과 전문성을 확보하는 방안으로 처음에는 도모되었으나, 실질적으로 평가 과정의 전문성이나 구성원의 능동성과 실질적 활용 측면에서 상당히 제한적이며 프로그램 제공자의 전문성과 자율성 침해 등 예기치 못했던 부작용을 낳기도 했습니다(Lee & Stake, 2014; Stake & Lee, 2014).

따라서 평가의 정의와 목적이나 역할 등을 제대로 구현해 내기 위해서는, 평가의 이론과 실제에 대한 이해에 기초하여 자체적인 내부평가를 적절하게 실시하거나 신선하고 신뢰할 수 있는 관점을 나눠 줄 수 있는 전문가로부터의 외부평가에 따른 결과를 주도적으로 해석하고 활용하여 합리적이고 당당한 '평가의 주인'이 되어야 할 것입니다. 평가라는 도구의 활용에 대하여 능동적이고 주체적인 사유를 하는 것이 점진적으로 구성원들이 평가역량을 함양하고 평가에 필요한 체제를 갖추어 가는 것만큼 중요할 것입니다.

## 함께 이야기해 보기

❶ 순수연구 논문과 프로그램 평가보고서를 하나씩 선정하여 봅시다. 어떤 차이가 있는지, 목차 구성 체계와 글의 형식, 내용 등을 비교해 봅시다.

❷ 한 가지 평가 상황을 생각해 보고 내부평가와 외부평가 중 어느 것이 더 유용할지 논의해 봅시다.

## 활동해 보기

❶ 지금까지 제1~2장을 통해 살펴본 평가의 가치, 목적, 대상, 기본 유형 등을 토대로, 자신이 평가해 보고 싶은 평가대상을 정해 봅시다. 평가대상(Scriven의 용어로 evaluand)의 구체적인 모습을 떠올려 보면서, 무엇을 가장 중요한 평가의 목적으로 삼고 싶은지 적어 봅시다.

- 평가대상:

- 평가목적:

❷ 앞으로 제3~5장을 읽으면서 평가의 역사와 이론, 다양한 접근법 등에 대한 이해를 토대로, 평가계획을 조금씩 구체화해 보기를 바랍니다.

# 제3장

# 평가의 역사[6)]

## 1. 평가 역사의 주요 사건

평가가 체계성을 갖춘 학문으로서 자리 잡은 역사는 그리 길지 않지만, 평가의 역사를 다루는 일은 쉽지 않습니다. 평가의 주요 대상, 관련 학문 분야, 지리적 위치 등에 따라 관점에서의 차이가 클 수밖에 없기 때문입니다. 평가에 대한 기존의 자료가 북미와 유럽을 중심으로 기록되어 있는 것도 한계로 작용합니다. 이러한 어려움이나 한계에도 불구하고 평가의 패러다임, 접근법, 절차, 활용 등에 영향을 미친 주요 사건을 살펴보는 것은 평가의 이론과 실제를 이해하는 데 도움이 되리라 생각됩니다. 이 장에서는 현대 이전의 평가, 현대적 의미의 평가로 나누어 살펴보고자 합니다.

현대적 의미의 평가는 북미 지역과 유럽에서, 특히 미국이라는 국가를 중심으로 신대륙에서 새로운 사회를 건설하려던 에너지를 근간으로 하여, 세계적인 경제 대공황과 세계대전 이후의 사회 재건 과정에 필요한 새로운 구심력을 제공하는 역할을 하며 괄목할 만한 성장을 하였습니다. 당시의 고유한 시대적 변화의 흐름에 부응하며 사회발전이라는 요구에 응답하면서 보다 체계적이고 형식적인 형태로 프로

---

6) 제3장에 제시된 내용의 일부는 어린이교육문화비평학회에서 발표한 「기관평가와 교육의 자율성: 그 긴장적 관계」의 원고 내용에 기초하였음을 밝혀 둡니다.

그램 평가라는 학문을 발전시킴으로써, 이상향 추구의 도구이자 하나의 상징으로서 평가가 기능하게 했던 역사를 중심으로 살펴보고자 합니다.

여기에서는 1800년대부터 평가의 발전 역사를 구분해 온 이론들을 종합하여 제시하고자 합니다. 시간적 흐름에 따른 주요 역사를 도식화해 보면 다음의 그림 3-1과 같습니다.

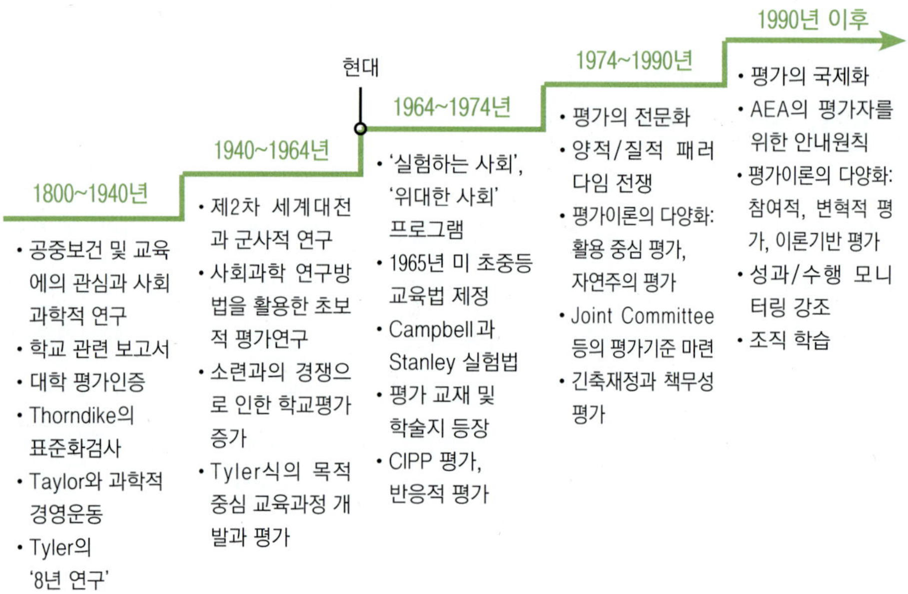


그림 3-1 • **평가의 역사**

현대 이전의 평가를 두 시기, 즉 1800~1940년, 1940~1964년으로, 평가라는 학문이 독립적으로 발전하게 된 현대의 평가는 세 시기, 즉 1964~1974년, 1974~1990년, 1990년 이후로 나누어 살펴보고자 합니다.

## 1) 현대 이전의 평가 역사

### (1) 초기 형태

자연발생적·비형식적 차원의 지혜로운 인간 행위이자 생존을 위한 도구의 하나로서 평가는 아마 인류의 출현과 함께 시작되어 늘 함께해 왔을 것입니다. 공공 분야에 있어서의 평가에 관한 기록의 시작을 기원전 2000년경 중국에서 관리를 선발, 채용하기 위하여 실시했던 과거제에서 찾기도 하고, 소크라테스의 산파술에서 교수학습의 일부분으로서 대화를 매개로 하는 평가가 언급되기도 합니다(Fitzpatrick et al., 2011/2014).

그러나 보다 일반적인 의미에서 평가의 전조 단계는 자연과학의 방법론과 실증주의, 경험주의에 기초한 초보적 조사연구나 관찰연구 등이 발전하던 17세기로 언급되고 있습니다. Weiss(1998) 역시 대영제국을 중심으로 사회문제를 자연과학의 원리에 대응시켜 경험주의적으로 연구하려 시도했던 1660년대, 즉 17세기를 평가의 전조 단계로 보고 있습니다. 물론 아직은 간헐적이고 비체계화된 방식으로 이루어지고 있어 '평가'라고 부를 수는 없는 배아 형태라 할 수 있을 것입니다. 실제로 평가적 연구라고 이름 붙일 만한 것은 2세기가량 지난 1800년대에 시작되었다고 보고 있습니다.

### (2) 1800~1940년

1800년대에 이루어진 두 가지 '평가적' 성격을 가진 연구는 1833년 Guerry라는 프랑스 학자가 교육이 범죄를 감소시키지 않았음을 보여 주고자 실시했던 통계적 연구 그리고 1844년 또 다른 프랑스 학자인 Depuit이 도로와 운하 같은 공공사업의 유용성을 평가한 결과를 출간하여 '경제적 계산(calcul économique)' 기법을 통해 재화 가치를 평가한 연구입니다(Weiss, 1998). 초보적인 사회과학 연구법을 활용하여 특히 공중보건 및 교육 분야를 중심으로 일종의 평가적 연구가 이루어지게 됩니다.

이 시기에 영국에서는 교육 및 사회복지 프로그램의 실망스러운 운영에 정부 차원에서 다소 비형식적인 기관평가를 실시하기 시작하였고 현재까지도 학교 시찰관(inspectorates)을 통한 평가 체제를 유지하고 있습니다(Fitzpatrick et al., 2011/2014). 스웨덴에서도 1860년대에 학교 시찰(inspection은 '장학평가'라고 순화하여 부르기도 합니다)이 이루어졌으며(Karlsson, 2003), 나아가 1800년대 후반 미국에서는 대학 및 중등학교의 평가인증 노력이 시작되었습니다. 1900년대 초반 Flexner가 단 하루 동안의 현장방문에 근거하여 시카고 지역의 15개 의과대학을 '의학 교육에 관한 역병의 근원지'로 부르면서 결국 문을 닫게 하였던 사건이 유명합니다. 실제로 평가인증이 체계화되고 활발하게 이루어지게 된 것은 1930년대 몇몇 대학인증 관련 협회가 설립되면서부터입니다.

또한, 1840년대에 미국에서는 새로운 시도가 이루어졌는데, 학교 체제의 질을 평가하기 위하여 학습자의 학업성취를 객관적으로 측정하고 비교하려는 시도가 매사추세츠주에서 처음으로 이루어졌던 것입니다. Fitzpatrick 등(2011/2014)에 따르면 이는 학교의 질을 판단하는 데 학생들의 시험점수를 사용하는 현재의 성취기준 중심 교육운동의 전신으로 볼 수 있습니다. 이후 1900년대 초기에 이르러서는 Thorndike 영향으로 교육측정운동이 일어나면서 표준화된 규준참조검사가 급성장하게 되었으며, 이때 측정과 평가를 동의어로 오해하고 점수화하거나 등급을 매기는 것이 평가라고 잘못 생각하는 현상이 나타나게 되었습니다.

1900년대 초반, Taylor의 '과학적 경영 운동(scientific management movement)'의 영향으로 산업과 경제 분야에서 도입되었던 시스템화를 통한 효율적인 과학적 경영이 사회 각 분야에서 강조되기 시작했으며 이는 교육 분야 전반과 특히 교육평가에 큰 영향을 미치게 되었습니다. Formosinho와 Formosinho(2016)는 효과적인 대량생산, 효율성 증진, 최고 실제(best practices)의 표준화를 추구하는 Taylor식의 과학적 경영을 교육에 도입한 것은 이후 작업 속도, 정밀도 및 조작의 간편화에 맞추어 설계된 전문화된 대량생산 체제를 강조하는 포디즘(Fordism)과 결합하면서, 더욱더 교육을 공장 조립라인으로 동질화시키는 현상을 야기하였다고 비판합니다.

1900년대에도 공중보건 분야와 교육 분야를 중심으로 더욱 체계화된 평가적 연구가 이루어졌습니다. 1912년 Cabot이 시체 부검보고서를 분석하여 의학적 진단과 실제 사망원인을 비교한 연구나, 1914년 Codman이라는 외과의사가 상당한 자료 수집을 통해 퇴원 후 환자상태를 측정함으로써 외과의사의 수행을 평가하여야 한다고 주장한 연구가 보고되고 있습니다(Weiss, 1998). 교육 분야에서는 진보교육협회(Progressive Education Association)에서 후원하여 Tyler를 중심으로 1933년부터 1941년까지 진보적 학교와 전통적 학교의 성취결과를 비교하기 위하여 실시했던 '8년 연구'가 가장 대표적이라 할 수 있습니다.

그러나 이러한 평가연구들은 여전히 큰 영향을 미치지 못하였으며 산발적으로 이루어질 뿐이었습니다. 이후 미국의 경제 대공황과 뉴딜정책으로 중앙정부의 역할 및 영향이 확대되고 이러한 활동들을 관리·감독할 필요가 생기면서 평가에 대한 관심이 증가하게 됩니다.

### (3) 1940~1964년

제2차 세계대전 동안 군인들을 지원하기 위한 프로그램을 중심으로 응용 사회과학 연구가 적용되었습니다. 또한, 전후 복구 시기에 정부 차원에서 다양한 사회복지 및 교육 프로그램을 개발, 지원하면서 연구자의 관심에 따라 프로그램의 특정한 부분에 초점을 맞추어 연구하는 현상이 나타났습니다. 1940년대에는 사회복지 재단에서 지원하는 혁신적인 사회 프로그램의 평가에 대한 지원이 이루어지기도 하였습니다. 이러한 일련의 연구를 '평가연구'라 부르기도 하는데, 이러한 연구는 기존 행동과학, 사회과학 분야의 연구방법을 차용할 뿐 이를 넘어선 평가 자체의 방법론이나 개념을 정립하지는 못하였습니다(Fitzpatrick et al., 2011/2014).

특히 1950년대와 1960년대 초기의 교육 분야에서는 평가의 준거로 삼을 수 있도록 목표를 측정 가능하며 정확하고 조작적인 용어로 진술하고자 하는 많은 시도가 이루어졌습니다. 관찰 가능하고 측정 가능한 목표를 명세화하는 데서 출발하는 Tyler식의 사고는 교육과정 설계와 학습자평가를 중심으로 발전하였고 지금까지도 교육 현장을 지배하고 있습니다. Tyler(1949)는 네 가지 질문, 즉 i) 학교가 달성하고자 하는 교육의 목적이 무엇인가, ii) 이러한 목적을 달성할 수 있을 만한 어떤 교육적 경험을 제공할 수 있는가, iii) 이러한 교육 경험을 어떻게 효과적으로 조직할 수 있는가, iv) 이러한 목적이 달성되었는지를 어떻게 판단할 수 있는가를 중심으로 교육과정을 설계하고 운영하고 평가하는 선형적 과정을 제시합니다. 이는 너무도 합리적이고 당연하며 중립적인 사실로 여겼기에, 당시의 과학적 경영 운동과 연계되어 목적에 따른 과학적 교육 경영이라는 현상이 심화하게 됩니다(Hurkins & Hammill, 1994).

그러나 목표 중심 평가접근법에서 더 자세하게 알아보겠지만 이렇듯 한정된 목표에서 출발하여 내용, 교수방법, 평가로 이어지는 경직된 구조는 교육이라는 현상의 복잡성과 예측 불가능한 측면을 제대로 파악하지 못하여 실질적인 도움을 주지 못한다는 사실을 점차 깨닫게 됩니다. 예정된, 더구나 관찰 가능하고 측정 가능한 명세적 목표만을 중심으로 인과적, 선형적으로 사고하는 것은 학습자평가와 수업 측면에서뿐만 아니라 프로그램 평가 영역에 있어서도 제한된 사고를 벗어나서 진정한 배움을 위한 평가로 기능하기 힘들게 한다는 지적을 받게 된 것입니다. 그러나 이러한 비판이 학문적 경계를 넘어서 교육 현장에 적용하는 데는 매우 오랜 시간이 걸렸으며 목표 중심의 사유는 교육의 실제에 여전히 강력한 힘을 발휘하고 있습니다.

한편 1957년의 소련 인공위성 발사 성공으로 인한 소위 '스푸트니크 쇼크'는 미국 교육에서 '기초로의 회귀'와 수학 및 과학을 중심으로 한 새로운 교육과정 개발 프로젝트에의 투자를 이끌었으며, 하버드 물리학 프로젝트 등이 대표적인 예로 소개되고 있습니다(Weiss, 1998). 소련과의 경쟁으로 인한 학교 평가가 증가하게 됩니다. 이렇듯 새로운 교육과정에 대한 관심이 증가하고 교육 개혁이 시도되면서 이 당시의 일반적인 사회과학 연구 혹은 평가연구의 방법론으로는 복잡하게 얽혀 있고 다양한 이해관계자의 관점이 충돌할 수밖에 없는 교육 프로그램의 평가를 제대로 실시할 수 없다는 사실이 드러나게 됩니다.

## 2) 현대적 평가의 역사

현대적 의미의 제도화되고 이론화된 프로그램 평가의 시작은 1960년대라고 할 수 있습니다. 특히 1965년 미국의 초중등교육법에 따른 평가의 제도화는 현대적 의미의 평가의 탄생을 알리는 분수령이 되었던 것으로 평가됩니다. 선행연구들을 토대로 하여 현대적인 평가의 역사를 1964~1974년, 1974년~1990년, 1990년대 이후로 나누어 살펴보고자 합니다.

### (1) 1964~1974년, 현대적 평가의 출발

미국 사회에서는 1960년대부터 빈곤정책과 관련된 각종 프로그램이 본격적으로 개발되기 시작하였으며, 1962년 미 국회에서 청소년범죄와 관련된 연방정부의 프로그램을 평가할 것을 최초로 요구한 바 있습니다(Weiss, 1987). 1964년 경제기회균등법(Economic Opportunity Act)이 제정되고 이어서 1965년 마련된 초중등교육법을 통해 빈곤층 대상 교육 프로그램의 한 부분으로서 평가를 필수화하도록 법제화함에 따라 현대적 평가가 출발합니다.

#### ① 미국의 이상향과 '실험하는 사회' 풍토에서 움튼 평가

1960-70년대 미국에서는 이상적인 국가를 건설하기 위하여 케네디 대통령과 존슨 대통령, 닉슨 대통령 등으로 이어 오면서 1964년에 출발한 '위대한 사회(Great Society)'로부터 시작하여 '빈곤과의 전쟁(War on Poverty)'까지 다양한 사회적 실험(social experimentation)을 지속적으로 해 나갔고, 이는 현대적 의미의 프로그램 평가가 출범하게 된 토양이 되었습니다. 자유로운 신대륙에서 더 나은 세계, 새로운 유토피아를 만들고자 대규모의 사회복지 시스템을 갖추어 나갔으며 교육, 특히 헤드스타트로 대표되는 저소득층 대상 사회복지 및 교육 프로그램을 통해 당시 사회가 가지고 있던 문제해결의 열쇠를 얻고자 하였습니다(이진희, 2006; Lee & Walsh, 2004). 수백만 달러의 예산이 교육, 건강, 주택, 범죄예방, 고용, 도시개혁 등에 쓰였으며 이

를 위해 여러 정부 부처 및 공공기관에서 지속적인 평가피드백을 제공할 필요가 발생하였습니다(Fitzpatrick et al., 2011/2014). 참으로 역동적이고 희망에 가득 찼던 시기, 많은 사람이 더 살기 좋은 세상을 만들기 위해 함께 노력을 기울였던 사건이었다고 회고되는 헤드스타트 평가에 대해서는 제2부에서 더 자세히 알아볼 것입니다.

이 시기의 미국 사회에서 가장 두드러지게 활동했던 학자 중 한 명은 Donald T. Campbell입니다. 실험설계를 통한 사회현상의 설명 기능을 강조하며 Julian C. Stanley와 함께 1963년에 출간한 『실험연구 및 준실험연구 설계(*Experimental and Quasi-Experimental Designs for Research*)』라는 제목의 책은 8년 만에 100만 권 이상 판매될 정도로 사회과학 연구와 평가에 지대한 영향을 미쳤습니다. Campbell은 1960년대 미국 사회의 분위기를 '실험하는 사회(experimenting society)'로 묘사하였는데, "미국을 비롯한 현대 국가들은 사회개혁, 즉 특정한 사회문제를 해결하기 위하여 설계된 새로운 프로그램들에 대하여 실험할 준비가 되어 있어야 한다."(1969, p. 409)고 보았던 그 당시의 시대정신을 반영하는 것입니다.

Campbell의 실험설계에 따른 프로그램의 실증주의적 효과 검증에 대한 강조는 이후 1980년대 질적 연구방법과의 패러다임 전쟁까지 상당히 오랫동안 평가의 이론과 실제를 단편화시키는 평가의 역사를 만들었던 근거로 작용해 왔다는 비판을 받기도 합니다. 하지만, 더 살기 좋은 사회, 더 이상적인 사회를 만들어 가기 위하여 효과적인 프로그램에 대한 증거를 찾고 이러한 연구결과에 기초하여 실험하는 사회에 대한 열망은 미국을 중심으로 프로그램 평가가 학문적으로나 실제적으로 발아하여 성장하게 하는 사회적 분위기를 만들어 주었다는 측면에서 크게 기여하였다는 사실은 인정하여야 할 것입니다.

#### ② 1965년 초중등교육법 제정으로 본격화된 현대적 평가

이러한 사회적 분위기와 정치적 상황과 함께 국가 재원의 확대 및 사회복지 및 교육 프로그램의 효과에 대한 철저한 검증이 요구되게 되었습니다. 이 과정에서 프로그램 평가의 영역이 점차 확장되었고, 특히 존슨 대통령의 '빈곤과의 전쟁'이라는 정책하에 미국 제89대 의회에서 1965년 4월 11일 통과시킨 초중등교육법(Elementary and Secondary Education Act: ESEA)에 따라 평가가 제도적으로 법제화되기에 이르렀습니다. 실제로 현대적 의미의 프로그램 평가가 출발한 데에는 ESEA의 제정이라는 사건이 결정적인 역할을 하였습니다.

존슨행정부에서 연방정부의 교육 재정을 획기적으로 증대시키는 법안인 ESEA가 발의되어 의회에서 심의하는 과정에서 이렇게 전대미문의 규모로 공적 재원을 교육에 투자하려면 그 공적 재원이 진정한 교육개선으로 이어졌는지에 대한 증거를 요구해야 한다는 의견이 당시 상원의원이었던 로버트 케네디를 중심으로 강력하게 제기되었던 것입니다(Weiss, 1998; Worthen, Sanders, & Fitzpatrick, 1997). 이에 따라 공적 재원이 투입되는 모든 보상교육(Title I 재정)이나 혁신적 교육개혁 프로젝트(Title III 재정) 등에 대해서 평가를 반드시 의무적으로 실시하여 보고하도록 하는 법적 조치가 마련되었습니다. 즉, 연방정부의 재정지원을 받는 모든 학교와 공공기관에서 구태의연한 방식을 버리고 새로운 자세로 저소득층 학생들을 위해 재정을 집행할 것을 요구하는 장치로 평가의무화를 강력하게 요구하였던 것입니다. 요컨대 제2차 세계대전 이후 미국의 경제적 급성장과 1960년대 정부 주도의 대규모 사회복지 및 교육 사업 등은 국가 재정지원과 평가의무화를 연계시킨 1965년의 초중등교육법을 촉매로 하여 현대적 의미의 프로그램 평가가 활성화되도록 이끌었다고 할 수 있습니다.

### (2) 1974~1990년, 긴축재정 및 책무성 요구에 따른 평가의 다양화와 전문화

#### ① 프로그램 평가의 전문직화 및 이론적 다양화

법적, 제도적으로 공적 재원을 받는 모든 교육기관의 프로그램 평가 실시를 의무화한 것은 전문적인 평가자의 양성과 이론적 체계화 및 실질적인 평가제도의 구축을 위한 실질적인 촉매제가 되었습니다(Fitzpatrick et al., 2011/2014). 1950년에서 1979년 사이에 연방정부의 빈곤척결을 위한 다양한 사회적 프로그램에 대한 투자는 600% 급증하였으며, 이에 따라 평가를 위한 지원금 및 보조금도 상당히 증가하게 되었다고 합니다(Shadish, Cook, & Leviton, 1995).

앞서 제시한 1965년 ESEA에 따른 평가의 법제화에 따라서, 당장 각종 프로그램의 효과를 평가하여 보고해야 할 책임에 직면한 관계자들은 사회과학 연구자들에게 도움을 구하게 되었으며, 당시의 사회과학 연구자들은 앞에서 언급한 바대로 자연과학 연구의 진실험설계(true experimental design)에 최대한 가까운 연구 모형에 의하여 프로그램의 효과를 증명하고자 하였습니다. 아직 프로그램 평가가 학문적으로 체계화되거나 평가자의 양성이 활성화되기 전이었기 때문에, 기존 사회과학 방법론에 익숙한 연구자들이 실험연구 모형에 의존하여 프로그램이 과연 기대했던 효과를 거두고 있느냐는 질문에 답하는 데 초점을 맞출 수밖에 없었던 것입니다. 그러나 곧 그 현실적 한계 및 본질적 문제에 부딪히면서 보다 적합하고 다양한 평가접근법에 대한 사회적 요구와 학문적 대응이 이루어지게 되었고, Scriven, Stake, Stufflebeam, Guba와 Lincoln, Cronbach, Wholey, Weiss 등이 프로그램 평가에 고유한 이론과 접근법을 정립하기 시작하였습니다. 특히 1980년대를 전후하여 시작된 양적 연구와 질적 연구 간의 패러다임 전쟁을 통해 평가접근법이 더욱 다양하게 발달합니다.

또한, 대학원 과정에서 프로그램 평가 석·박사 과정이 만들어지게 됩니다. 평가에 대한 수요는 갑작스러운 것이었고 프로그램을 관리하거나 평가한다는 것은 기존의 사회과학 연구자들에게는 낯설고 새로운 일이었습니다. 의회에서는 정책적·사회적 요구에 대응할 수 있도록, 대학에서 평가를 다루는 대학원 수업을 개설하도록 지원하고 유도하게 됩니다(Fitzpatrick et al., 2011/2014). 이에 따라 프로그램의 고유한 내용, 맥락, 상황에 적합한 방법과 도구를 개발하고 활성화하는 데 중요한 인프라가 갖춰지게 됩니다.

평가에 관련된 전문 학술지나 교재도 이 시기에 급증하였습니다. 미국교육학회(American Educational Research Association: AERA)의 한 분과로 프로그램 평가가 세분화되기도 하였고, 평가에 초점을 맞춘 전문학회로 1976년 평가연구학회(Evaluation

Research Society)와 평가네트워크(Evaluation Network)가 각각 설립되었습니다. 1985년에는 평가연구학회와 평가네트워크가 합쳐져 미국평가학회(American Evaluation Association: AEA)로 명칭을 변경하고 규모를 더욱 확장하게 됩니다. 미국평가학회는 평가이론의 학술적 교류뿐만 아니라 학교, 지방자치기관, 정부 부처, 산업체 등의 실무자를 위한 다양한 평가 워크숍과 방법론 특강 등을 제공하면서 평가의 저변 확대에 큰 역할을 해 오고 있습니다. 평가와 관련된 크고 작은 규모의 회사나 센터가 설립되었고 대학부설기관으로 평가에 집중하는 연구소도 생겨나 영리 혹은 비영리 형태로 다양한 평가와 컨설팅 서비스를 제공하게 됩니다.

또한, 1975년, 평가자들은 평가의 질적 수준을 스스로 판단하고 제고할 수 있게 하는 기준을 마련하기 위하여 교육과 심리학 분야에서 평가 영역을 다루는 12개의 전문학회를 연합하여 교육평가기준합동위원회(Joint Committee on Standards for Educational Evaluation)를 조직하였고, 1981년 『교육 프로그램, 프로젝트, 교재 평가기준(*Standards for Evaluations of Educational Programs, Projects, and Materials*)』을 출판하여 이후 평가자에게 유용한 지침을 제공해 주는 역할을 합니다(이는 이후 1994년과 2010년 개정됩니다). 유사한 취지로, 평가연구학회기준위원회(Evaluation Research Society Standards Committee, 1982)에서도 프로그램 평가자를 위한 윤리 규정이라 할 수 있는 안내지침을 마련한 바 있습니다(이는 이후 통합된 미국평가학회에 의해서 확장되어 1995년 『평가자를 위한 안내원칙(*Guiding Principles for Evaluators*)』으로 개발되고 2003년 개정됩니다).

이렇게 미국의 고유한 역사적 배경을 토대로 평가가 법제화, 제도화함으로써 전문 평가자를 양성하는 과정이 생기고 다수의 평가학회 및 단체가 구성되면서 전문직화가 이루어졌습니다. 이제 더 이상 기존 사회과학 분야의 연구방법을 단순히 차용하는 것이 아니라 고유의 목적과 개념을 중심으로 다양한 프로그램 평가의 모형이 개발되는 토양이 마련된 것입니다. 프로그램 평가는 이렇게 구조적으로 체계를 잡아나가면서 하나의 독립된 학문으로서 자리매김하게 되었습니다.

### ② 긴축재정과 책무성 요구로 발전하게 된 평가

1980년대 레이건 정부가 들어서면서 재정적 곤란을 겪게 되어 긴축재정의 시대로 들어서게 됩니다. 국가 전반의 긴축재정 분위기는 책무성에 대한 요구와 관리로 평가의 초점이 옮겨 가게 하였으며, 이에 따라 각종 규제가 마련되고 기준을 강화하는 교육정책을 펼치게 됩니다(House, 1998). 프로그램 평가의 한 부분으로서 수행지표의 이행 여부를 살펴보는 모니터링을 중시하게 된 것도 이때부터라 할 수 있습니다. 연방정부의 평가 예산이 감소되었음에도 불구하고 긴축재정은 역설적으로 평가의 중요성 인식을 제고하는 방향으로 이어졌습니다. 연방정부의 긴축재정은 재정지원의 기준이나 절차가 더욱 까다롭고 엄격해짐을 의미하며, 이는 곧 평가가 예산지원이나 프로그램 중단 등의 의사결정과 연계하여 중요한 작용을 한다는 사실을 주정부와 지역 기관에서 절실하게 인지하게 되는 계기가 되었기 때문입니다(Fitzpatrick et al., 2011/2014; Weiss, 1998). 이제 연방정부에서뿐만 아니라 주정부, 지방정부의 여러 부처에서도 평가를 필요로 하게 됨에 따라 평가자의 취업 경로는 세층으로 두터워지게 됩니다.

한편 국민의 세금과 정부의 재정지원이라는 화폐가치 측면의 '책무성' 논리를 중심으로 한 평가의 역사는 사실상 너무나도 복잡한 교육 실제의 의미를 환원주의식으로 단순화시키고 정해진 하나의 정답, 외부에서 만들어 놓은 일련의 평가지표를 철저한 비판이나 재구성 과정 없이 일방적으로 따르도록 만들어 왔습니다. 많은 이론가는 현대화와 더불어 지방분권화와 자율성, 시장경제 구조가 증대하면서 프로그램 평가를 통한 통제와 관리에 대한 요구가 함께 증가한 것(Dahlberg et al., 1999; Miron, 2003)으로 분석하고 있습니다. 모든 분야에서 전문가에 대한 신뢰를 철회하고, 표준화된 절차와 지표의 이행 여부와 성과에 대한 '객관적인' 증거를 요구하며 평가를 통한 통제의 도구로 사용하는 현상은 우리의 삶을 둘러싼 '회계감사 문화(audit culture)'(Segerholm, 2003; Stronach et al., 2002)를 여실히 보여 줍니다.

점점 더 스스로를 구조화시키고 통제 논리를 미시정치적으로 내면화하여 엄격하게 관리하면서 원래의 의도와 목적이 제대로 보이지 않을 만큼 홈이 깊게 파이고 있음에도 이를 '발전'이라 자부해 왔습니다. 통제의 논리가 평가를 통해 고도로 견고화되어 가는 지금, "측정할 수 없는 것을 의미 없는 것으로 대체하는 것은 발전이라 할 수 없다."라고 한 Achen(1977)의 경고에 더 진지하게 귀 기울여야 할 것입니다.

### (3) 1990년대 이후: 평가의 최근 경향

#### ① 평가의 국제화와 저변 확대

미국을 주축으로 학문적, 실제적으로 발전해 온 평가는 점차 세계 여러 국가로 '수출'됩니다(Kellaghan et al., 2003). 다양한 경로를 통하여 1980년대에는 유럽의 많은 국가에서 평가를 실행하게 되었으며, 1990년대를 전후하여 개발도상국이나 제3세계에서도 프로그램 평가가 가진 가능성에 주목하며 평가 시스템을 도입해 왔습니다. 2019년을 기준으로 할 때, 미국평가학회(AEA)에는 미국뿐만 아니라 80여 개국에서 7,300명 정도의 회원이 활동하고 있어 프로그램 평가가 북미 이외의 국가로 저변을 넓혀 왔음을 알 수 있습니다.

이렇게 최근에 평가 시스템을 도입하고 있는 국가들은 북미 지역의 시행착오로부터 어렵게 얻은 교훈과 지혜를 활용할 수 있는 유리한 이점을 가질 수 있지만, 국가별로 주요 쟁점이나 상황에서의 차이가 상당하기에 철저한 검토와 섬세한 반영이 없을 경우 경직된 평가로 흐를 위험이 큽니다(Chelimsky & Shadish, 1997; Karlsoon, 2003). 많은 국가에서 평가의 이론과 실제적 방법론에 익숙한 전문적 프로그램 평가자가 양성되어 있지 않으며 고등교육기관에서 프로그램 평가를 전공으로 다루는 과정도 많지 않습니다. 많은 국가의 경우 평가라는 이름이 들어간 학회 역시 프로그램 평가보다는 학습자평가를 위한 표준화검사 혹은 각종 척도 개발에 편중된 경우가 많습니다. 다양한 형태의 평가가 활성화될 수 있는 제도적, 행정적 지원체제도 제대로 갖추어지지 않은 상황에서는 상대적으로 손쉽고 획일적으로 적용할 수 있는 방법을 선택하게 되어 사실상 평가가 단편적이거나 왜곡된 형태로 자리 잡을 가능성이 있어 평가에 더욱 세심하게 접근하여야 할 것입니다.

② 책무성의 목적을 위한 성과 측정과 영향평가

1990년대에 들어서면서 책무성의 논리가 전 세계를 휩싸면서 평가에서는 성과가 강조되고 수행 모니터링이나 영향평가가 주목받게 됩니다. 많은 서구 국가에서 경제성장이 둔화되고 예산 삭감의 폭이 더욱 커지면서 공적 영역의 활동을 관리하기 위한 성과 측정의 필요성이 제기되었습니다. '신공공관리(New Public Management: NPM)' 체제가 도입되고, 점차 '회계감사'의 사회로 바뀌어 가게 되었습니다. 정부의 모든 부처가 총괄적 품질관리(Total Quality Management: TQM) 체제에 들어가 수행을 평가받고 통제받게 되었습니다.

Fitzpatrick 등(2011/2014)에 따르면 이 시기 교육 분야에서는 1965년의 초중등교육법안을 개정한 미국학교개선법(Improving America's Schools Act: IASA)과 교육목표 2000(Goals 2000) 등의 법안에서 각 주정부에서 학업 성취에 대한 기준을 개발하고, 기준 성취 정도를 모니터하며 재정지원과 인센티브 제공을 연계하였습니다. 또한, 2001년에 조지 부시 정부의 의회에서는 교육 개혁의 실질적 성과에 초점을 맞춘 낙오학생방지법(No Child Left Behind: NCLB)이라는 법안을 통과시키면서 학생의 수행, 시험성적, 교사 전문성 개발에 대한 더 많은 요구사항을 담으며 연방정부의 역할을 전면 확대하였습니다. 시험 결과에 따른 책무성이 강조되면서 미국의 공립학교에서 평가의 역할은 크게 변화되었습니다.

일련의 강화된 법으로 인하여 오늘날 미국 K-12 교육에서의 평가는 성취기준에 따라 적절한 평가도구를 개발하는 것, 성공한 학교와 실패한 학교를 구별하는 것, 기준에 맞게 학생들의 수행 능력을 이끌어 낼 수 있는 방법을 찾는 것에 초점을 맞추고 있습니다. 기준에 맞지 않는 학교를 폐교하거나 교사 또는 행정가를 바꿀 수 있기 때문에, 실로 고(高)부담 평가(high-stake evaluation)가 이루어지고 있으며 이는 교사의 자율성, 전문성, 윤리성을 훼손시킬 위험 요소를 가지고 있습니다. 미국평가학회(AEA)를 비롯하여 많은 평가이론가가 이에 대한 우려를 표명하였지만 책무성을 입증하기 위한 성과평가가 여전히 힘을 발휘하고 있습니다.

③ 평가이론의 다양화와 내부평가의 강조

1990년대에는 질적 연구의 장점과 정당성에 대하여 점차 폭넓은 수용이 이루어졌습니다(Weiss, 1998). 많은 평가자가 질적인 요소를 통합하여 평가를 실시하였으며 특히 교육평가에서 질적인 접근이 두드러졌습니다. 이어서 혼합연구방법을 통하여 패러다임의 충돌을 넘어선 '더 나은 이해(better understandings)'(Greene, 2007/2011)를 추구하기도 하였으며, 포스트모더니즘과 후기구조주의 등의 새로운 철학에 기초하여 평가이론의 다양화에 힘이 실렸습니다. 또한, 평가결과의 의미 있는 '활용(utilization)'과 '이해관계자 참여(stakeholder involvement)'가 학문적으로나 실천적으로 매우 중요한 화두가 되었습니다(Datta, 2006). 더 나아가 민주적인 참여적 평가를 넘어서, 사회변혁을 이끄는 평가접근법에 대한 고민도 진지하게 이루어지는 한편 한층 발전된 통계기법을 활용한 이론기반 평가모형이 각광받기도 하였습니다.

평가이론의 다양화와 저변 확대 과정에서 조직학습(organizational learning)의 중요성이 강조되면서 내부평가를 실시할 수 있는 조직의 역량 구축이 주목받게 됩니다. 공공 분야뿐만 아니라, 비영리단체나 민간기업 등 다양한 분야에 속한 사람들이 조직학습에 대해 고민하게 되었으며 조직에 있어서 평가의 역할과 평가자들이 수행해야 할 임무에 대해 생각해 보게 되었습니다(Fitzpatrick et al., 2011/2014). 내부평가의 미래에 대해서는 제11장에서 더 살펴보겠습니다.

## 2. 하나의 역사가 아닌 다원적 역사

이론가에 따라 평가의 역사적 흐름을 구분하는 이정표가 되는 주요 사건이나 사조를 다양한 관점에서 바라봅니다. 예컨대 Stufflebeam과 Coryn(2014)은 1930년까지를 타일러 이전(pre-Tylerian) 시대, 1930~1945년을 타일러 시대, 1946~1957년을 순수의 시대, 1958~1972년을 현실주의(realism) 시대, 1973~2004년을 전문직화 시대, 2005년~현재를 글로벌화와 다학제적 확장의 시대로 구분합니다. 그러나 사실상 교육자인 Tyler를 중심으로 평가의 역사를 구분하는 것은 교육평가 분야에서만 두드러지고 다른 분야에서 평가의 역사를 다룰 때는 강조되지 않습니다. Weiss(1998)는 평가의 역사를 사회문제에 대한 실증적 연구가 이루어진 1660년대에서 시작된 것으로 제시하면서도 이를 출발점으로 삼는 것이 적절하지 않다고 지적합니다. Weiss는 1800년대에 더욱 사회과학적인 방법에 가까워진 평가 전 단계의 연구들이 이루어진 것으로 보며, 다양한 역사적 사건을 언급합니다.

프로그램 평가 혹은 교육평가 관련 저서들에서 소개하는 평가의 역사는 사실상 북미 지역에 제한된 발자취를 다룹니다. 누가 들려주느냐에 따라 역사적으로 부각되는 사건과 그에 대한 해석이 달라지듯이, 평가의 역사 역시 어디서 어떤 시점에서 바라보느냐에 따라 중요하게 여기는 사건과 해석이 다를 수 있습니다. Mark 등(2006)은 평가의 역사에 '하나'의 역사(a history)가 존재한다고 믿는 것은 잘못된 신화라며 평가의 대상 분야 그리고 그 근원이 되는 기저학문의 특성 등에 따라 다원적 역사들(multiple histories)이 공존한다는 사실을 강조한 바 있습니다. 아직까지 평가의 다원적 역사에 관한 연구가 드물어, 이 절에서는 간략하게만 제시합니다.

관련 교재나 연구 문헌에서는 흔히 평가의 역사를 미국의 교육 분야에서의 발달 과정을 중점으로 다루고 있습니다. 현대적 평가는 심리측정이론에 영향을 받은 학습자평가 및 측정에 뿌리를 두고 있으며 1960-70년대에 이르러서야 비로소 다양한 분야에서 평가에 대한 요구가 증가하고 제도화되면서 평가의 성격과 규모가 급변하였다고 말하곤 합니다(Kellaghan et al., 2003). 그러나 Mark 등(2006)은, 평가의 역사를 교육자 Ralph Tyler의 기여에서 시작된 목표 중심 평가로부터 출발하여 당시 린든 존슨 대통령이 이끌던 1960년대 미국의 '위대한 사회(Great Society)'[7] 시기에 폭

7) 린든 존슨(1908~1973)은 케네디 암살 이후 미국의 제36대 대통령이 되어 케네디가 계획하거나 추진 중이던 개혁 아이디어들을 계승하는 동시에 자신의 관점을 더하여 '위대한 사회'라는 슬로건 하에 다양한 사회개혁 및 복지정책을 추구하였습니다. 특히 존슨 대통령의 부인은 교사 출신으로 교육 분야의 개혁에 영향력을 미친 것으로 평가되고 있으며 케네디의 개혁에는 포함되어 있지 않았던 '헤드스타트' 프로그램의 출발에도 영향을 주었습니다.

발적으로 성장하였다고 보는 기존의 관점은 지나치게 편향되어 있다고 비판합니다. 이들은 평가의 역사에 대한 이러한 단선적 관점이 미국 중심, 백인 중심의 사고를 반영한다고 지적하는데, 이는 사실상 타당한 지적일 것입니다.

미국 이외의 다른 나라들은 어떠했을까요? 미국에서 위대한 사회라는 슬로건 하에 이루어졌던 일련의 정치적, 사회적 개혁의 노력이 프로그램 평가의 학문적 정립과 실질적 발전에 중요한 기촉제가 된 반면, 영국의 경우에는 제2차 세계대전 이후 중요한 정책의 방향성 결정에 큰 영향을 미친 진보적 사회주의 단체, 페이비언 소사이어티(Fabian Society)[8]와 이에 수반된 정책연구의 전통을 평가의 역사적 기반으로 볼 수 있습니다(Mark et al., 2006). 영국 이외에 유럽 대륙의 여러 국가에서도 평가의 노력이 점진적으로 발달되어 왔으며, 1990년대를 넘어서면서 평가는 그 저변이 더욱 확대되어 점차 아시아, 라틴아메리카나 아프리카 등의 국가에서도 적극적으로 도입하게 됩니다(Bhola, 2003). 이렇게 이론적, 실천적 측면에서 프로그램 평가의 기반이 마련되지 않았던 많은 국가에서도 사회가 점점 더 복잡해지고 다양한 이해관계 집단의 의견이 서로 충돌하며 공적 기관의 책무성에 대한 요구가 높아지면서 프로그램 평가의 역할과 가능성에 주목하고 이를 도입해 온 것입니다.

일부 개발도상국에서는 비판적 교육사상가인 Paolo Freire의 해방이데올로기에 지대한 영향을 받아 사회적 약자에게 귀 기울이고 힘을 실어 주는 데 적합한 평가 접근법이 발달하는 역사를 보여 줍니다. 국가별로 고유한 역사와 사회문화적 맥락에 따라 다양한 버전의 평가 역사가 가능함을 알 수 있습니다.

---

8) 페이비언 소사이어티는 1984년 1월 4일 런던에서 설립된 단체로, 급진적인 혁명보다는 점진적 개혁을 통한 사회변혁을 주장하며 이후 영국의 사회민주주의 정책에 큰 영향을 미쳐 왔습니다.

### 이론 더 알아보기

#### 국가별 평가의 발전 물결

Rist(1990)는 북미와 유럽의 일부 국가를 포함시킨 총 8개의 국가를 대상으로 평가의 발전 시기를 비교하면서 그 흐름을 '물결(wave)'로 비유한 바 있습니다.

첫 번째 물결은 미국에서 시작하여 1960-70년대의 새로운 사회적 실험정신이 구현된 평가 이론과 실제를 이어받은 캐나다, 독일, 영국, 스웨덴 등이 대표적입니다. 이 국가들은 공공 분야를 시작으로 평가를 적용해 온 역사가 길어, 결과보다는 과정을 들여다보는 평가를 더 중시하며 활성화하면서 평가의 문화를 구축하고 전파시킨 국가로 분류됩니다.

두 번째 물결은 1980년대에 주로 이루어지는데, 여기에는 네덜란드, 덴마크, 스위스, 노르웨이 등 국가의 긴축재정과 예산 통제에 따라 책무성과 효율성 측면에 초점을 맞추어 평가에 관심을 가진 유럽 국가들이 상당수 포함됩니다. 따라서 효과성의 측정과 질의 통제 등에 평가의 초점이 집중되는 경향을 보인다고 분석합니다.

한편 더 이후에 평가의 문화가 보급된 국가에서는 자발적으로 원하여 도입했다기보다는 유럽연합, 세계은행, OECD 등의 국제기구가 제안하는 바에 따라 평가의 국제화 경향을 받아들이면서 실시하게 되었다고 봅니다(Furubo, Rist, & Sandahl, 2002). 이렇듯 평가가 도입된 시기와 맥락에 따라 그 초점이 달라지며 서로 다른 역사성을 가지게 된 것을 알 수 있습니다. 더 다양한 국가를 포함하여 평가의 물결을 살펴보는 후속 연구들이 기대됩니다.

평가가 다양하고 전문적으로 이루어질 수 있게 해 주는 사회적, 제도적 기반이 오랜 시간 수많은 시행착오를 거치며 조금씩 수정되고 발전되어 온 북미 지역이나 유럽의 일부 국가에서는 경직된 평가의 문제점에 대한 인식이 깊어지면서 이를 개선하려는 노력이 다양하게 지속되어 왔습니다. 반면에 북미 지역이나 유럽의 평가 시스템을 단기간에 도입한 국가들은 구조적인 한계를 안고 있는 경우가 많습니다. 단적으로 평가이론과 다양한 방법론에 익숙한 전문적인 평가자가 양성되어 있지 않으며, 고등교육기관에 프로그램 평가를 전공으로 다루는 과정도 체계화되지 않고 프로그램 평가가 다양하게 활성화될 수 있는 제도적, 행정적 지원체제도 제대로 갖추어지지 않은 상황에서 실시되게 된 프로그램 평가는 제대로 꽃피우지 못하고 메마르거나 왜곡된 형태로 틀어져 버릴 가능성이 더 크기 때문입니다. 프로그램의 질 개선, 공공의 선 추구, 더 살기 좋은 사회의 지향 등의 긍정적 가능성을 가진 프로그램 평가가 필수적인 제 기반이 마련되지 않은 상태에서 정책적 결정에 따라 대규모로 실시하게 되면, 정부 주도 방식의 효율적이지만 일방적이고 제한적인 기관평가의 형태로 구현되는 경우가 많을 수밖에 없을 것입니다.

여기에는 세계화의 영향 속에서 모든 교육사상과 실제가 점차 한 가지로 수렴되는 '동질화' 현상도 물론 있지만, 외국의 교육사상이나 실제는 각 국가의 정책 개혁의 의제(agenda)에 맞추어 정당화(혹은 거부)된다는 사실 역시 간과할 수 없습니다(Tobin, Hsueh, & Karasawa, 2009/2013). 우리는 프로그램 평가를 어떤 의제에 따라 활용하고 있을까요? 그 의제가 과연 미래 지향적이며 사회적 합의를 도출하고자 하는 노력에 기초하는지, 어떤 평가의 미래, 어떤 얼굴을 만들어 가고 있는지 되돌아볼 필요가 있습니다.

한편 학문적 뿌리에 따라서도 평가의 역사는 다르게 조명될 수 있습니다. 즉, 학문적 다양성도 평가의 역사에 내재되어 있다는 의미입니다. 평가이론가 및 실천가의 상당수는 심리학 및 교육학 분야에 뿌리를 두고 있습니다. 평가의 역사를 되돌아보면서 Cook(1997)은 미국에서 가장 큰 평가학회인 미국평가학회(AEA)는 대부분 심리학과 교육학 분야의 학자들이 회원으로 구성된 반면, 평가에 관심을 가진 경제학자와 정치학자는 공공정책연구및운영관리학회(Association for Public Policy Analysis and Management: APPAM)에 소속되어 활동하고, 보건의료 분야에서 프로그램 및 정책의 평가를 연구하는 이들은 미국공중보건학회(American Public Health Association: APHA)에서 활동하는 등 학문별 분리 현상을 지적한 바 있습니다.

이러한 평가의 역사가 가지는 다원성은 특정한 문화권이나 평가자의 학문적 기초가 되는 모(母)학문에 따라 사유하는 분리주의, 분파주의를 넘어설 필요성을 가리킵니다. 다양한 관점을 환영하고 평가의 경계를 확장하면서 연대하고 협력하여 평가의 영토를 확장할 수 있는 잠재성을 평가의 역사는 말해 줍니다.

## 함께 이야기해 보기

❶ 평가의 역사는 여러분에게 어떤 메시지를 전해 주고 있습니까? 평가의 역사를 통해 평가의 정의와 목적, 가치 등에 대하여 어떤 새로움이 더해졌는지 이야기 나누어 봅시다.

## 활동해 보기

❶ 다음의 주요 평가학회 웹사이트를 방문해 보고 어떤 학술 활동 및 교육적 지원이 이루어지고 있는지 찾아봅시다.

- 미국평가학회(American Educational Research Association)
  - 1985년(1974년 설립된 두 학회, 평가연구학회와 평가네트워크의 합병)
  - 웹사이트: https://www.eval.org
- 캐나다평가학회(Canadian Evaluation Society)
  - 설립: 1981년
  - 웹사이트: https://evaluationcanada.ca
- 영국평가학회(UK Evaluation Society)
  - 설립: 1994년
  - 웹사이트: https://www.evaluation.org.uk
- 유럽평가학회(European Evaluation Society)
  - 설립: 1992년(비영리단체로의 등록은 1996년)
  - 웹사이트: https://www.europeanevaluation.org

❷ 다음은 평가학회와 관련되어 평가 관련 연구물을 출간할 수 있는 주요 학술지입니다. 해당 학술지의 최근 권(호)를 검색해 보고 어떤 제목의 평가 논문이 실려 있는지 살펴보기를 바랍니다.

- 『New Directions for Evaluation』
  - 1978년 창간, (현) 미국평가학회(AEA)의 학술지
  - https://onlinelibrary.wiley.com/journal/1534875x
- 『American Journal of Evaluation』
  - 1980년 창간, (현) 미국평가학회(AEA)의 학술지
  - https://journals.sagepub.com/home/aje
- 『Evaluation and Program Planning』
  - 1978년 창간
  - https://www.sciencedirect.com/journal/evaluation-and-program-planning
- 『Canadian Journal of Program Evaluation』
  - 1986년 창간, 캐나다평가학회의 학술지
  - https://evaluationcanada.ca/cjpe-introduction
- 『Evaluation: The International Journal of Theory, Research and Practice』
  - 1995년 창간, 영국평가학회의 학술지
  - https://uk.sagepub.com/en-gb/asi/journal/evaluation#description

그 외의 주요 평가 관련 학술지는 다음과 같습니다. 최근 호를 찾아 평가이론 및 실제의 경향성을 살펴볼 것을 제안합니다.

- Evaluation Exchange
- Evaluation Practice
- Evaluation Review
- Evaluation Quarterly
- Evaluation Studies Review Annal
- Educational Evaluation and Policy Analysis
- Studies in Educational Evaluation
- ITEA Journal of Tests and Evaluation
- Performance Improvement Quarterly

제4장

# 평가의 이론적 토대 다지기

평가이론가들은 다양한 학문적 훈련을 배경으로 서로 다른 세계관과 방법론을 가져와 평가의 발전에 기여해 왔습니다. 시대마다 고유한 정치사회적 상황이나 문화적 가치의 흐름에 따라 새로운 이론이 요구되기도 하였습니다. 이론은 실제와 유리된 공허한 주장이 아니라 서로 밀접하게 얽혀 평가의 본질과 방향성을 정합니다. Shadish(1998)는 미국평가학회 기조연설을 통해서 평가이론이야말로 평가자의 전문가적 정체성, 곧 우리가 누구인가를 규정하며, 서로 평가에 관하여 이야기 나눌 수 있도록 해 주는 지식의 바탕이 된다고 말한 바 있습니다. 이 장에서는 철학적 토대와 사회문화적 맥락 속에서 평가이론들이 어떻게 서로 접속하여 충돌하거나 조율하며 영향을 주고받아 왔는지 살펴보고자 합니다.

## 1. 평가이론의 철학적 토대: 존재론, 인식론, 방법론

평가대상의 가치를 어떻게 정의하고 평가할 것인가라는 문제의 근저에는 바로 실재(reality)를 어떻게 바라보는지의 존재론(ontology), 앎의 성격, 근원과 한계를 어떻게 규정하는지의 인식론(epistemology), 인간이 어떻게 앎을 구성할 수 있는지와 관련된 방법론(methodology)에 관한 철학적 토대가 자리하고 있습니다. 즉, 실재의 본질이 도대체 무엇이며 이를 우리가 과연 어떻게 인식할 수 있는가, 앎을 구성할 수 있는 방법론은 어떠하여야 하는가에 대한 근본적인 철학적 관점에서의 차이가 다양한 평가이론이 발달하도록 하였습니다.

## 1) 실증주의와 객관주의적 관점

실증주의는 존재론적으로 절대적 진리를 가정하며, 관찰이나 실험 등의 객관적 방법을 통해 검증 가능한 지식만을 인정하는 철학적 지향입니다. 이는 근대 자연과학에 대한 탐구에서 출발하여 교육학과 심리학을 포함하여 사회현상이나 인간의 정신까지 설명하는 법칙을 밝히는 것을 추구해 왔습니다. 실증주의 철학은 자연과학의 비약적 발달과 함께 19세기부터 크나큰 영향을 미쳐 왔으며, 1920년대부터는 더욱 엄격한 논리실증주의 혹은 신(neo)실증주의로 변화하였다가 제2차 세계대전 전후로 점차 그 영향력이 축소되게 됩니다(Fitzpatrick et al., 2011/2014). 1980년대 이후에는 후기실증주의라는 이름으로 관점을 이어 오고 있습니다. 실증주의적 평가연구를 이끌어 왔던 Campbell이 고백하였듯이, 더 이상 전통적인 의미에서의 실증주의를 고집하는 사회과학자는 찾아보기 힘든 것이 사실입니다.

실증주의는 '저기 어딘가에' 진리가 존재한다는 플라톤식 존재론에 근거하며, 이러한 분명하고 절대적인 진리를 알아가는 과정과 방법은 객관주의적 인식론과 방법론으로 이어집니다. 단 하나의 실재만이 진리로 존재한다고 보는 실증주의적 평가자들은 프로그램 자체나 참가자들과 거리를 유지함으로써 객관성을 유지하려고 하였으며 이러한 목적에 적합한 방법이 양적 접근인 것입니다. 즉, 평가자들은 평가대상과 일정한 거리를 두고서 객관성을 인정받고자 하였으며 통계적 이론에 기초한 양적 연구방법론을 중심으로 인과관계를 설명하는 데 중점을 두었습니다. 사실과 가치를 분리하고 '객관적'이라고 믿는 사실에만 초점을 둡니다(House & Howe, 1999).

평가자가 객관주의적 인식론을 갖고 있을 경우 절대적 진리라고 가정하는 기준 및 준거를 가지고 실재를 측정할 수 있다고 여깁니다. 평가대상의 질을 쉽게 관찰할 수 있고 측정 가능한 변인에 제한된 '객관적인' 통계적 효과나 경제적 효율성 등으로 치환하여 평가함으로써 지나치게 단순화시키거나 나아가 왜곡시킬 수 있는 위험성을 가지고 있습니다(House, 1980).

### 2) 구성주의와 다원주의적 관점

급속도로 발전해 온 프로그램 평가 분야의 많은 이론가와 실천가가 좋은 프로그램을 정의하고 평가하는 데 하나의 정답, 하나의 진리가 있다고 가정하는 객관주의적 인식론의 한계를 벗어나, 직관주의/다원주의적 인식론으로 눈을 돌리면서 새로운 평가 패러다임이 출현하였습니다. 직관주의/다원주의적 인식론을 가진 구성주의 평가이론가들은 다양한 가치와 실제가 얽혀 있는 복잡하고 역동적인 프로그램을 평가하는 데에다 자연과학의 탐구모형을 적용하는 것이 적절하지 못하다고 비판합니다(Fitzpatrick et al., 2011/2014). 1980년대를 '해석적 전환(interpretive turn)'이 이루어진 시기라고들 말합니다. 이 시기를 전후하여, 후기실증주의에 대한 문제 제기와 도전이 끊임없이 이루어지면서 해석주의, 구성주의, 현상학 등을 포함하여 질적 방법론에 더 적합한 패러다임에 대한 관심과 탐색이 활발하게 이루어졌습니다(Schwandt, 2001).

구성주의 평가이론가들은 하나의 생명체와 마찬가지로 역동적인 생명력을 가지며 다양한 가치관과 경험을 가진 사람들이 관련되는 복잡다단한 교육적, 사회적, 경제적 프로그램에는 다양한 실재, 다원적인 진리가 공존한다고 봅니다. 따라서 프로그램과 관계를 맺고 있는 개개인의 독특한 경험과 욕구에서부터 구성되고 해석된 세계로서의 프로그램 경험에 대한 인식과 판단을 중시합니다. 질적 연구방법의 토대를 쌓았던 Guba와 Lincoln(1994)에 따르면, 사람은 각자의 고유한 경험에 의해 형성되어 온 시선에서 세상을 바라보고 해석하므로 객관성이란 사실상 불가능합니다. House와 Howe(1999) 역시 사실과 가치를 이항 대립적으로 양분하는 사유를 비판하면서 사실과 가치는 연속체라고 주장합니다. 우리의 가치가 우리가 사실이라고 인지하는 것에 영향을 미치기 때문입니다.

구성주의 평가이론가들은 평가대상의 맥락적 특수성과 고유성에 맞게 평가접근법을 다양화하려는 작업을 지속적으로 펼쳐 왔습니다(이진희, 2006; House, 1980). 구성주의 패러다임에 기초한 평가에서는 고유한 맥락과 가치가 중요한 역할을 하기에, 평가자는 가치화에 개입하여야 하며 이해관계자들이 자신의 가치를 분명히 하도록 돕는 역할을 하여야 함을 제안합니다. 프로그램의 맥락과 가치를 중시하는 구성주의라는 하나의 큰 우산 아래에 평가이론가에 따라 평가의 역할과 접근법에 다양한 차이가 공존합니다.

## 3) 비판이론과 변혁적 패러다임 그리고 더 새로운 관점들

양적, 질적 패러다임의 이분법을 넘어서서 더욱 다양한 관점에서 평가에 접근하고자 하는 노력이 이루어지고 있습니다. 질적 방법론을 중심으로 이루어졌던 폭발적인 이론 발달에는 비할 바 못 되지만, 이데올로기적인 철학 패러다임, 예컨대 비판적 사회과학 이론이나 다양한 형태의 페미니즘 이론에 대한 관심이 증가하고 있습니다. 또한, 보다 최근에는 포스트모더니즘과 후기구조주의 이론 등이 종전의 모든 "거대담론(meta-narratives)"(Lyotard, 1979/1984)에 도전하면서 철학적 가정 간의 논쟁은 더욱 복잡해졌습니다.

먼저 비판적 평가이론가 사이에서는 가치와 맥락의 질적 이해만으로는 사회적 형평성과 민주주의의 발전이나 프로그램의 진정한 개선이 이루어지지 않는다는 문제점이 제기되었습니다(Schwandt, 2006). 평가의 과정에서 이해관계자의 참여를 설문지나 면담 정도로 의견을 수렴하는 데 머물러서는 안 되며 더 심층적인 가치와 경험을 조명해야 한다고 제안합니다. 일부 평가이론가들은 사회과학의 비판이론을 적극적으로 반영하여, 프로그램이나 평가와 관련된 이론 및 실제가 누구의 이익을 중심으로 편향되어 있는지를 비판적으로 분석하고 새로운 가치를 생성하며 대안을 적극적으로 모색할 것을 요구하는 변혁적인 평가접근이 이루어지게 됩니다.

다양한 이해관계 집단 중에서도 스스로 자신의 목소리를 낼 기회나 여건을 가지지 못하는 사회적 약자 집단에 목소리를 찾아주고자 적극적으로 노력하는 Fetterman의 권한부여 평가(empowerment evaluation)가 제3세계를 중심으로 주목받게 됩니다. 페미니즘의 영향을 받은 견해인식론(standpoint epistemology)에 기초한 평가도 시도됩니다. 변혁적 패러다임을 가진 이론가들은 사회적 힘이 미약한 집단, 예컨대 빈곤층, 인종적 소수민족들, 여성, 장애를 가진 사람들의 권리주창에 관심이 있으며(Freire, 1970, 1982), 이러한 패러다임에 기초한 평가는 사회적 약자 집단에 속하는 사람들이 스스로 지식을 쌓아 가면서 평가의 중심적 역할을 할 수 있도록 권한을 강화시키는 데 역점을 둡니다.

한편 Schwandt(2004)는 평가의 해석적 전환을 넘어서 이제 '실천적 전환(practical turn)'을 강조합니다. Schwandt는 실천 혹은 실제(practice)라는 단어로 그 의미를 제대로 담기 힘들다고 말하며, 어원이 되는 그리스어 '프락시스(praxis)'를 사용하여 우리가 무엇을 어떻게 실천하고 있는지, 그저 잘하고 있는지가 아니라 과연 옳은 일을 하고 있는지, 즉 윤리적 실천행위로서 인식하고 깊이 있게 들여다볼 수 있는 평가를 강조합니다. 이러한 관점은 평가가 다원적인 가치를 수용하고 해석할 뿐만 아니라 가치의 윤리적 정당성을 더 적극적으로 비판하고 성찰하여야 한다는 입장에 속한다고 볼 수 있습니다.

이러한 흐름을 반영하며 평가에서도 후기구조주의 철학을 비롯하여 포스트모더니즘, 포스트휴머니즘 등의 사유에 기초하여 평가를 재개념화하려는 노력이 아직 드물기는 하지만, 조금씩 목격되고 있습니다. 다음의 '이론 더 알아보기'에서는 다양한 철학적 토대를 가진 주요 평가이론가들의 특징을 간략하게 살펴봅니다. 더 많은 이론가가 있지만 여기에 제시된 이론가들에서 시작하여 각각의 철학에 기반한 평가이론들을 더 검토하여 철학적 이해와 실천적 적용을 확장해 갈 수 있기를 기대합니다.

## 이론 더 알아보기

### 철학, 평가 그리고 유아교육 · 보육 읽기

앞에서 살펴본 바와 같이 평가는 철학적 존재론, 인식론, 방법론의 패러다임에 따라 매우 상이한 얼굴을 가집니다. 초기의 평가는 교육학과 심리학을 중심으로 기틀을 마련하였습니다. 그래서 당시 이 학문들에서 지배적인 패러다임이었던 실증주의에 의존하면서 매우 딱딱하고 엄격한 얼굴을 가지게 되었던 것입니다. 시간이 흐르면서 실증주의 그리고 실증주의의 문제를 부분적으로 개선하고자 했던 후기실증주의에 기초한 평가접근법의 한계를 깨닫게 됩니다. 더 다양한 학문 분야의 이론적 틀이나 방법론이 평가에 접목되면서, 가치와 맥락에 대한 새로운 인식을 통해 구성주의 패러다임이 대두하였고, 사회적 약자의 목소리에 귀 기울이며 공정사회를 만들어 가려는 변혁적 패러다임도 시도되고 있습니다(Fitzpatrick et al., 2011/2014). 이렇듯 객관적, 인과적 '설명' 일변도에서 벗어나, 우리의 삶이 가지는 복잡성과 역동성에 대한 깊이 있는 '이해'로 눈길을 옮기게 되면서 평가는 다양한 얼굴을 가지게 되었습니다.

### 실증주의 철학에 기초한 대표적 이론가

- Ralph Tyler: 1940년대에 목표의 상세화(specification)와 성취결과의 측정을 강조함으로써 목표 중심 평가의 초석을 마련하여 이후 평가 및 교육 전반에 지대한 영향을 미쳤습니다. 교육목표의 설정, 주요 유형으로의 범주화, 각 목표에 대한 행동적 정의, 학생들이 이 유형의 행동을 보일 상황의 확인, 증거 수집방법의 고려 및 시도, 더 좋은 평가방법의 선정, 결과의 해석 및 활용방법 고안으로 교육의 과정을 개념화하였습니다. 그러나 이렇게 선형화된 순서대로 교육을 바라보게 함으로써 오히려 교육의 가능성을 제한시켰다는 비판을 받게 됩니다.

- Donald Campbell과 Julian Stanley: '실험하는 사회(experimenting society)'라는 개념을 강조하였으며, 사회과학 연구 분야의 고전이라 할 수 있는 『실험 및 준실험 연구설계(*Experimental and Quasi-experimental Designs for Research*)』(1966)라는 책을 출간하여 이후 사회과학 분야에서 실험법에 의한 인과관계 설명이 가장 우선시되도록 하였습니다. 사회과학자 Campbell과 Stanley의 실험설계 방법론은 이후 Edward Suchman에 의해 평가 분야에 접목되기 시작하였습니다.

• Thomas Cook: 전통적 과학철학의 논리에 충실한 무작위 배정을 통한 진실험설계를 강조했던 Robert Boruch와는 달리, 교육 및 사회 프로그램 평가에서 실제적으로 가능한 준실험설계를 중시하며 확장, 발전시킵니다. 사람들을 대상으로 하는 프로그램에서는 인위적으로 특정한 처치를 받는 실험집단과 그렇지 못하는 통제집단을 나누어 배정하는 것이 불가능하거나 비윤리적이기 때문입니다. 그러나 준(quasi)실험설계 역시 진(true)실험설계에 대한 여러 비판에서 온전히 자유롭지 않으며 인과관계 설명이 어려운 한계를 가집니다.

• Peter Rossi, Carol Weiss, Henry T. Chen: 단순한 실험설계의 논리에서 벗어나서, 대상 프로그램의 성장 단계에 평가를 맞추고자 하였으며 평가하려는 프로그램의 고유한 작동 이론에 주목합니다. 프로그램에 관련된 폭넓은 관련 변인 간의 복잡한 관계를 검토하는 이론기반 평가(theory-driven evaluation)를 발전시킵니다. 한두 개의 실험 변인으로 프로그램의 효과를 알아보려 하던 기존 실험설계보다는 프로그램에 관련된 여러 변인에 주목하지만, 실제로 관련되는 모든 변인을 파악하기도, 그 변인 간의 복잡하게 얽힌 관계를 설명하기도 쉽지 않습니다.

### 구성주의/해석주의 철학에 기초한 대표적 이론가

• Robert Stake: 기존의 선형적인 기준 중심(standards-based) 평가와 대립하는 반응적 평가(responsive evaluation)이론을 구축하였습니다. 사회문화적 상황과 맥락에 따라 다양한 앎과 가치, 실재가 존재함을 반영하여 관계자들의 목소리에 귀 기울여 평가에 반영하는 역동적인 평가의 과정을 제안하였습니다. 인간의 삶 속에서 이루어지는 주요 에피소드, 사건, 활동을 시간과 맥락 속에서 이해하고자 하며 이해관계자의 경험과 관점을 평가에서 중시합니다.

• Elliott Eisner: 실제로 중요한 것들은 양적으로 측정될 수 없는 것이기에 평가에서 테크놀로지에 기초한 과학지상주의를 거부하고 심미적이고 예술적인 접근, 즉 교육적 감식안과 교육비평을 대안적 접근법으로 제시하였습니다. 구체적 사건, 미묘한 반응과 상호작용 등을 감지하고 참여자의 입장에서 감각과 경험을 생생하게 상상하고 표현하고자 합니다.

- Ernest House와 Kenneth Howe: 평가는 가치중립적인 행위가 아니라 정치적 행위임을 강조하며, 사회정의 이론에 기초하여 공정성을 지향하는 숙의민주주의 평가(deliberate democratic evaluation) 접근법을 제시하였습니다. 이는 평가에 다양한 이해관계자를 참여시키고 진솔한 대화와 진지한 숙의를 통해 사회의 구조와 권력관계를 바꿔 나가며 정의를 실현하여 숙의민주주의 사회를 만들어 가고자 하는 평가이론입니다.

### 후기구조주의 철학과 평가, 유아교육 · 보육

최근에는 실증주의, 인간 중심주의, 구조주의 등 기존의 철학적 사유가 가진 이분법적 한계에 대한 비판을 바탕으로, 후기구조주의 철학이 주목받고 있습니다. 서로의 차이를 인정할 뿐만 아니라 이러한 차이를 환영하는 긍정성의 토양 위에서 더 다양한 차이를 발견하고 생성하는 후기구조주의 철학을 이끈 철학자로 니체, 푸코, 들뢰즈 등이 조명되고 있습니다.

- 평가 분야에서도 후기구조주의 철학에의 접속이 이루어지고 있습니다. 예컨대 Tineke Abma, Ian Stronach, Thomas Schwandt 등이 사회적 구성주의나 비판적 이론을 뛰어넘어야 한다고 제안합니다. 평가가 사회과학적 접근을 넘어서 인문학적 접근을 통합해야 한다고 강조하며(Schwandt, 1989), 후기구조주의적 철학의 시선에서 바라본 평가의 역할과 새로운 차이를 생성하는 '되기(becoming)'로서의 평가자 정체성 등을 탐색하며(Abma, 2002), 기존의 틀에서 벗어나 평가의 이론적 뿌리를 더 넓게 뻗어 가려는 노력이 새롭게 이루어지고 있습니다.

- 한편 유아교육 · 보육 분야에서는 영국의 Peter Moss, 호주의 Bronwyn Davies나 Marg Sellers, 스웨덴의 Liselott Olsson이나 Hillevi Lenz Taguchi 등이 후기구조주의 철학을 유아들의 삶과 배움의 과정에 접목하려는 시도를 활발하게 하고 있습니다. 유아교육 · 보육 분야의 평가에서 아직까지 후기구조주의나 포스트모더니즘, 포스트휴머니즘 등에 기초한 평가는 낯설지만, 실증주의 일변도에서 벗어나 새롭고 다양한 평가접근법을 활용하고자 하는 시도가 조금씩이나마 이루어져 왔습니다(Lee & Walsh, 2004).

## 2. 평가이론의 발전과 상호연관성

### 1) 평가이론의 요소

제3장에서 평가의 역사를 다루면서 평가의 발전 과정을 다룬 바 있습니다. 여기에서는 평가의 기저를 이루는 이론의 측면에서 들여다보고자 합니다. 평가라는 한 덩어리의 실체를 시간적 측면에서 바라보기(제3장)와 철학적 이론을 토대로 다시 들여다보기(제4장), 이어서 구체적 평가의 접근방식과 절차 측면에서 살펴보기(제5장)에는 당연히 중복되는 부분이 많을 것입니다. 초점에 따른 차이를 중심으로 설명됨을 고려하여 종합적으로 이해할 필요가 있습니다.

제1절에서 살펴본 다양한 철학적 토대에 따라 발달된 평가이론들 역시 다양하며, 이를 구분하는 방식도 다양할 것입니다. Shadish 등(1995)은 평가이론의 경향성에 따라 다음과 같이 평가이론의 발전을 3단계로 구분하고 주요 평가이론가를 열거한 바 있습니다.

- 1단계: 사회적 문제해결을 위한 진리 추구의 시기입니다. 가치화의 과학을 이끈 Michael S. Scriven과 '실험하는 사회(experimenting society)'의 구현을 위해 G. Stanley와 함께 실험연구방법론을 발전시킨 Donald T. Campbell로 대표됩니다.
- 2단계: 활용과 실용주의를 강조하며 기존 평가이론의 대안을 추구하던 시기입니다. 평가와 정책연구를 연계시킨 Carol H. Weiss, 프로그램 개선을 강조한 Joseph S. Wholey, 질적 연구방법론과 반응적 평가를 도입한 Robert E. Stake가 이 시기의 대표적인 평가이론가입니다.
- 3단계: 통합을 시도한 시기가 이어집니다. 정치적인 세계에서의 기능적 평가설계를 제안한 Lee J. Cronbach와 이론기반(theory-driven) 맞춤형 평가를 주장한 Peter H. Rossi를 이 시기의 대표 이론가로 들고 있습니다.

사회공학(social engineering)의 논리에 따라 사회적 문제해결을 도모하고자, 자연과학 이론을 차용하여 객관적 진리를 추구하며 양적 방법을 중심으로 측정하고 설명하던 평가이론의 1단계는 실증주의 철학과 밀접한 관계를 가집니다. 반면, 프로그램의 실제를 들여다보며 다양한 대안을 탐색하며 평가이론을 확장하던 2단계는 구성주의와 해석주의 철학에 토대하고 있음을 알 수 있습니다. 3단계의 통합적 시도에 대해서는 더 많은 검토가 필요하며, 통합을 시도한 것만으로 과연 '발전'으로 볼 수 있는지는 논란의 여지를 가집니다. Shadish 등(1995)이 요약하여 구분한 평가이론의 흐름이나 시기별 대표 이론가에 대한 주장에도 이견이 있을 수 있습니다. 평가이론의 발달 단계를 제시한 이들이 가진 이론적 지향으로 인해 질적 패러다임에 기초한 평가의 발전에 대하여 제대로 담아내지 못하는 점이 눈에 띄며, 특히 이들이 제안한 3단계의 통합시기 이후 더욱 다양화되어 온 평가이론을 품지 못하고 있음을 유념할 필요가 있습니다.

그러나 이들이 각 이론가를 분석할 때 활용한 평가이론의 다섯 요소는 눈여겨볼 만합니다. 철학적 관점 차이를 포함하되 이를 넘어서는 평가이론의 근본적인 쟁점을 보여 주는 요소를 Shadish 등(1995)은 i) 사회적 프로그램화(programming), ii) 지식 구성, iii) 가치화, iv) 지식 활용, v) 평가 실제로 확장함으로써 다양한 평가이론가나 평가접근법을 분석할 수 있는 틀을 마련하여 주었습니다.

첫째, 사회적 프로그래밍은 사회에서 다양한 프로그램과 정책이 발전, 개선, 변화하는 방식, 특히 사회문제에 접근하여 해결하는 방식과 그 역할에 대한 관점의 차이에 관한 것입니다.

둘째, 지식 구성은 평가자가 사회적 행위, 프로그램이나 정책에 대하여 이해하는 방식에서의 차이, 즉 인식론, 존재론, 방법론 등 철학적 차이를 보여 줍니다.

셋째, 가치화는 프로그램을 평가함에 있어서 가치를 어떻게 바라보고 다루는지에 관련된 차이를 말합니다.

넷째, 지식 활용은 평가를 통해 얻은 정보가 프로그램이나 정책 등을 수정하는 데 활용되는 방식에 대한 관점을 다룹니다.

다섯째, 평가 실제는 평가자들이 따르는 구체적인 평가방법과 전략, 평가자의 역할 등을 말합니다.

여러 평가이론과 접근모형 혹은 구체적 평가보고서를 검토, 분석함에 있어서, 각각의 평가에서 프로그램을 어떻게 개념화하고 있는가, 지식의 본질은 무엇이며 어떻게 인식하여야 한다고 바라보는가, 가치와 맥락을 어떻게 다루고 있는가, 평가결과의 활용에 대해 어떤 태도를 취하고 있는가, 실제적인 평가 장면에서 어떤 절차와 방법 등을 선호하고 있는가 등의 측면에서 살펴볼 수 있습니다. 물론 평가이론이나 접근법에서 구체적으로 이러한 요소에 관한 관점을 일일이 제시하지 않은 경우가 많지만, 각 평가의 특성을 이해하는 데 있어 하나의 참조 틀로 유용하게 활용할 수 있을 것입니다.

〈표 4-1〉 **평가이론의 요소별 주요 내용**

| 평가이론 요소 | 주요 내용 |
|---|---|
| 사회적 프로그래밍<br>(프로그램 모형의 속성,<br>사회문제 해결에서의 역할) | • 사회적 프로그래밍을 바라보는 시선과 정의<br>• 내부적 구조와 기능<br>• 외부적 제한요소(사회, 정치, 경제적 맥락 등)<br>• 사회변화의 기제, 프로그램 변화의 기제, 그 둘의 관계<br>• 이해관계 집단 및 개인의 특성 |
| 지식 구성<br>(수용될 수 있는 지식의<br>획득방법) | • 존재론<br>• 인식론<br>• 방법론<br>• 앎의 표상과 타당성 |

| 평가이론 요소 | 주요 내용 |
|---|---|
| 가치화<br>(평가에서 가치가 가지는 역할과 작동 과정) | • 메타이론: 사회적 프로그램의 가치판단 및 구성방법<br>• 어떤 가치를 표현할지의 문제<br>• 윤리성<br>• 평가의 질적 수준을 판단할 준거<br>• 옹호하고자 하는 주된 가치 |
| 지식 활용<br>(정책, 프로그램화를 위한 평가정보의 활용) | • 활용/오용 유형<br>• 활용 시기의 틀<br>• 각 활용 유형의 상대적 비중<br>• 활용 증진을 위한 평가자의 역할<br>• 평가결과를 활용하는 사람이 누구인가에 대한 인식 |
| 평가 실제<br>(평가자들이 실제로 행하는 바) | • 평가 실시의 필요성과 가능성<br>• 평가의 목적, 평가를 이끄는 주된 질문<br>• 이해관계자에게 있어 평가의 역할<br>• 평가질문, 설계, 실시 활동, 보고 및 배포<br>• 평가기준<br>• 시간, 자원, 전문기술<br>• 일반적 맥락<br>• 청중 특성 |

출처: Shadish et al.(1995).

## 2) 주요 평가이론의 관계성

Christie와 Alkin(2013)은 평가이론의 체계화와 역사적 발전 과정에 주된 기여를 해 온 이론가들을 분류하여 한 그루의 '나무'로 상징하여 요약한 바 있습니다. 처음 2004년에 소개한 후 몇 차례 수정을 통하여(Christie & Alkin, 2008) 발전시켰습니다. 이들은 평가라는 나무를 지지해 온 이론적 근간을 사회적 책무성, 사회탐구, 인식론 세 갈래로 구분하고, 각각의 형성에 기여한 줄기와 잎에 해당하는 이론가들을 분류하였습니다.

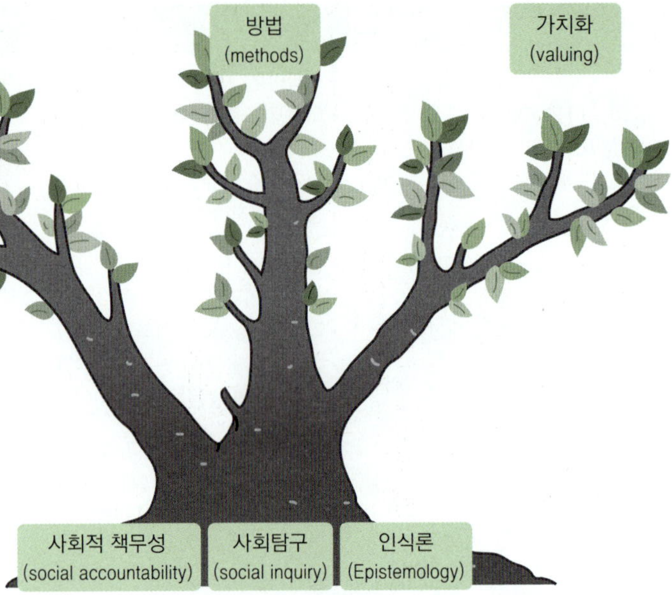


그림 4-1 • Christie와 Alkin(2013)의 평가나무

출처: Christie & Alkin(2013). An evaluation theory tree. In M. C. Alkin (Ed.), *Evaluation roots: A wider perspective of theorists' views and influences*.에서 저자의 허가를 얻어 기본요소만 재구성함.

먼저 정책, 프로그램, 실제, 궁극적으로는 우리 사회 전반의 개선을 도모하는 '사회 책무성(social accountability)' 근간은 평가의 목적이나 활용에 대한 이론으로 뻗어 나갑니다. 사회적 책무성에서 나오는 줄기는 '활용(use)'에 가장 큰 초점을 두는 Stufflebeam과 Patton을 중심으로 뻗어 나가며, 인식론에 더 가까이 위치한 Alkin, Fetterman, Preskill, King 그리고 사회탐구에 더 가까이 위치한 Cousins, Chelmisky, Wholey 등도 활용이라는 큰 줄기에 달려 있는 나뭇잎에 포함됩니다.

평가라는 나무의 가운데에 위치한 '사회탐구(social inquiry)' 근간은 책무성을 판단하는 절차로서의 방법론을 중시하는 이론가들로 구성됩니다. 사회탐구는 과학적 사고 과정과 절차에 따르는 '방법(methods)'에 초점을 두는 큰 줄기로 뻗어 가며 Campbell과 Rossi를 중심으로 하여 사회 책무성에 더 가까운 쪽에 Tyler, Boruch, Cook, Cronbach, Weiss 등이, 인식론에 더 가까운 쪽에 Chen, Henry와 Mark 등이 있습니다.

마지막으로 평가나무의 오른쪽에는 지식의 본질과 타당성을 다루는 '인식론'의 근간이 있는데, 평가에서 가치주장의 정당성에 대한 관점을 주요하게 여기는 이론으로 뻗어 나갑니다. 인식론은 평가에서 '가치화(valuing)' 문제를 중시한 Scriven, Stake, House, Lincoln과 Guba를 중심으로 출발하여 Levin, Eisner, Greene, Mertens 등으로 이어집니다.

이들은 이론적 관계의 시각화를 위해 자신들이 사용한 나무의 형상을 실은 2차원이 아닌 3차원 입체로 보아야 한다고 강조합니다. 즉, 3차원으로 입체화하여 보면, 인식론 뿌리에서 출발한 가치화라는 가지는 바로 왼편에 위치한 사회탐구라는 뿌리 및 방법이라는 가지만이 아니라, 빙 둘러서 그림 4-1의 제일 왼편에 위치한 활용 뿌리 및 활용 가지와도 바로 인접하여 있는 것으로 이해해야 한다는 것입니다. 잎으로 상징화된 이론가들 역시 상호연관되어 있으면서, 이론적으로 조금 더 유사한 방향에 가까이 있다고 설명합니다. 예컨대 나무의 가장 오른편에 위치한 인식론은 크게 객관주의와 주관주의로 나뉘는데 객관주의에 속하는 이론가들은 방법론 줄기에 가까운 왼편에 위치시키고, 주관주의 진영의 평가이론가들은 활용 쪽에 가까운 오른편에 두었습니다.

평가이론의 '나무'를 활용한 은유는 아직까지 수목형 사고의 한계를 담고 있기는 하나, 다양한 평가이론의 상대적 자리매김을 확인할 수 있는 유용한 시각적 틀로 작용할 수 있을 것입니다. 또한, 완연하게 다른 출발점을 가진 하나의 평가이론이 상이한 출발점을 가진 다른 평가이론과 어떤 측면에서 유사한 문제의식과 해결방식으로 평가에 접근하게 되는지의 복잡한 상호관련성도 생각해 볼 수 있게 해 줍니다.

## 3) 평가접근법의 분류

평가의 정의나 기저이론이 다양한 만큼 실제 평가접근법의 유형도 상당히 다양하리라 예측할 수 있습니다. 일반적으로 평가 문헌에서는 또 다른 범주로 평가이론 혹은 평가접근법을 분류하여 왔습니다. 평가접근법을 구분하는 다양한 방식 중 몇 가지를 아래에서 제시하고자 합니다.

### (1) 평가정보 제공방식에 따른 분류

Scriven(1993)은 평가접근법이 가치에 대한 정보를 제공하는 방식에 따라 다섯 가지로 구분하였습니다. 즉, 강한 의사결정 지원 관점, 약한 의사결정 지원 관점, 상대주의적 관점, 사회적 과정 관점, 구성주의 관점으로 나누고 있습니다.

- 강한 의사결정 지원 관점(strong decision support view): 합리적인 프로그램 운영 과정의 일부로서 프로그램 평가를 바라보는 관점으로, 경영과 관리의 세계에서 오랫동안 내재되어 온 접근방식임. 이 관점을 택하는 평가자는 주요 의사결정자인 경영자를 지원하기 위해 평가적 결론을 도출하고자 하며, 프로그램이 목적에 도달했는지에 특별히 주목하되, 그 목적이 경영자의 요구에 부합하는지도 고려함.
- 약한 의사결정 지원 관점(weak decision support view): 의사결정을 지원하되 평가자가 평가적 결론을 직접적으로 제시하거나 프로그램의 목적에 대해 비판하는 것은 피하는 관점의 접근방식임. 객관적 사실에 기초한 평가정보를 제공함으로써 의사결정자가 스스로 판단하여 결론을 내리도록 함.
- 상대주의적 관점(relativistic view): 상대적인 가치의 판단을 중시하는 관점임. 따라서 어느 특정한 가치가 우월한지에 대한 판단을 표명하는 것을 피하고 각각의 고유성과 장단점을 그려 내고자 함.

- 사회적 과정 관점(social process view): 평가정보를 통한 사회현상에 대한 통찰이나 이해를 우선시하는 관점의 평가접근법임.
- 구성주의 관점(constructivist view): 평가정보가 가지는 배타적 정당성을 거부하며, 다른 모든 주장과 동등하게 다루어야 한다고 보는 평가접근법임.

### (2) 평가의 초점에 따른 분류

Stufflebeam(2001b)은 20여 개의 평가접근법을 분석하여 평가의 초점을 맞추는 방식에 따라 더 단순하게 세 가지 접근법으로 구분하였습니다. 즉, 평가모형을 평가문제/방법론에 초점을 둔 접근법, 개선/책무성에 초점을 둔 접근법, 사회변화/권리주창에 초점을 둔 접근법으로 구분합니다.

- 평가질문/방법론에 초점을 둔 접근법: 무엇을 평가의 변인으로 정하여 평가할지에 초점을 맞추는 목적 중심 평가접근법과 이론기반 접근법이 포함됨. 이러한 평가접근법에서는 표준화검사, 비용-편익 분석, 과제분석, 양적 사례연구, 실험법 등을 강조함.
- 개선/책무성에 초점을 둔 접근법: 프로그램의 가치와 장점을 판단하여 개선하는 데 초점을 두는 평가모형이 포함됨. 평가인증으로 대표되는 전문가 중심 평가접근법이나 Scriven의 소비자 중심 평가접근법이 대표적임.
- 사회변화/권리주창(advocacy)에 초점을 둔 접근법: 프로그램 평가를 통하여 사회적 변화를 직접 만들어 내고 사회적 약자 집단에 힘을 실어 주고 그들의 목소리를 포함시키는 데 초점을 두는 접근법임. Stake의 반응적 평가나 House의 숙의민주주의 평가 등을 세 번째 범주에 포함시키고 있음.

### (3) 평가의 지향점에 따른 분류

Worthen과 Sanders(1987)는 평가이론이 발전하던 초기에는 평가의 지향점에 따라서 평가접근법을 목표 중심 접근법, 경영 중심 접근법, 소비자 중심 접근법, 전문가 중심 접근법, 찬반 대립 접근법, 참여자 중심 접근법으로 구분하였습니다.

- 목표 중심(objectives-oriented) 접근법: 프로그램의 목적과 목표가 어느 정도 달성되었는지 결정하는 접근법임.
- 경영 중심(management-oriented) 접근법: 프로그램의 경영을 책임지는 의사결정자의 정보 요구를 확인하고 충족시키는 것을 지향하는 접근법임.
- 소비자 중심(consumer-oriented) 접근법: 소비자가 경쟁적인 여러 상품이나 서비스 등을 선택하는 데 활용하도록 '상품(products)'에 대한 평가정보를 제공하는 것이 핵심적인 쟁점임.
- 전문가 중심(expertise-oriented) 접근법: 평가대상의 질을 판단하기 위해 전문가의 지식을 직접 적용하는 것을 중시하는 접근법임.
- 찬반 대립(adversary-oriented) 접근법: 서로 다른 평가자가 의도적으로 상반된 관점에서 찬반을 제시하는 것이 중심인 평가접근법임.
- 참여자 중심(participant-oriented) 접근법: 참여자의 참여를 통해 평가의 가치, 준거, 요구, 자료를 정하는 접근법임.

이러한 분류는 이후 Fitzpatrick 등(2011/2014)의 평가이론서, 4판 개정에 이르러서 재조직화됩니다. 종전의 분류를 재구조화하여 종합판단 중심 접근법(전문가 및 소비자 중심 접근법을 한 범주로 묶어 제시), 프로그램 중심 접근법, 의사결정 중심 접근법, 참여자 중심 접근법으로 범주화하고 있습니다(Fitzpatrick et al., 2011/2014). 이에 대하여서는 제5장에서 더 자세히 다룰 것입니다.

### (4) 주요 이해관계자에 따른 분류

평가의 주요 이해관계자 혹은 이해당사자가 누구인가의 관점을 중심으로 구분하고 있는 경우도 있습니다. 교육평가를 중심으로 김혜숙(2014)은 백순근(2006: 김혜숙, 2014에서 재인용)의 분류기준을 중심으로 이해관계자 집단을 구분하여 i) 공급자 중심 평가모형, ii) 수요자·참여자 중심 평가모형, iii) 전문가 중심 평가모형, iv) 교육당국 중심 평가모형으로 범주화한 바 있습니다.

- 공급자 중심 평가모형: 교육 프로그램을 제공하는 공급자(예컨대 교사, 교수, 강사, 개발자, 운영자)를 위하여 프로그램의 운영과 관련된 평가정보를 제공하는 모형임. 의사결정 중심 평가, 활용 중심 평가모형과 조직교육 관련 평가 등을 포함함.
- 수요자·참여자 중심 평가모형: 교육 프로그램을 소비하는 수요자(예컨대 학생과 학부모)와 다양한 참여자를 한 범주로 묶음. 수요자 중심 평가로 평가 체크리스트를 소개하고 참여자 중심 평가모형으로 종합실상 모형(혹은 안모 평가)과 반응적 평가, 제4세대 평가, 권한부여 평가모형 등을 포함함.
- 전문가 중심 평가모형: 교육 프로그램에 관련된 전문적 판단을 제공하는 관련 분야의 전문가가 프로그램에 대한 판단을 내리기 위해 전문적 평가정보에 기대는 평가모형임. 학교인증, 교육비평 및 감식안, 논리기반 평가모형 등을 포함함.
- 교육당국 중심 평가모형: 교육 프로그램에 대한 관리와 감독을 맡고 있는 교육당국(예컨대 교육청 및 교육부 담당자)에서 프로그램의 관리와 감독에 필요한 평가정보를 제공하는 데 초점을 둔 평가모형임. Tyler식의 목표 중심 평가, 비용관련 분석, 성과관리 기법 등을 포함함.

이 분류에서 김혜숙(2014)은 수요자와 참여자를 같은 범주로 묶으면서 참여자의 유형이나 정의는 밝히지 않고 있습니다. 수요자 중심 평가모형과 참여자 중심 평가모형의 패러다임, 방법론, 지향점이나 활용 등에서의 차이를 고려할 때, 하나의 범주로 묶는 것이 과연 적합한지를 재고해 볼 필요가 있습니다. 그러나 이해관계자에 따른 분류는 평가에서 누구의 관점과 가치, 이해관계를 우선하고 있는지, 그러한 접근이 과연 필요하고 유용한지를 반성적으로 짚어 보는 데 도움이 될 수 있을 것입니다.

### (5) 평가의 사유방식에 따른 구분

프로그램 평가의 학문적 체계화에 큰 기여를 해 온 원로 평가학자인 Stake(2004)는 다양한 평가접근법의 모형과 이론을 근원적인 관점 차이를 토대로 크게 기준 중심 평가와 반응적 평가로 구분하였습니다.

- 기준 중심 평가(standards-based evaluation) 혹은 준거적 평가(criterial evaluation): 인간의 사유방식 중 준거 중심 사고(criterial thinking)에 기초하는 평가로, 복잡한 현상을 몇 가지 제한된 변인으로 단순화시켜 양적으로 측정하고 점수화하여 통제, 관리하고자 하는 평가로서 객관성을 가정하고 생산성과 효율성을 강조하는 특징을 가짐.
- 반응적 평가(responsive evaluation) 혹은 해석적 평가(interpretive evaluation): 인간의 사유방식 중 에피소드 중심 사고(episodic thinking)를 토대로 하는 평가로, 인간의 삶 속에서 이루어지는 주요 에피소드, 사건, 활동을 시간과 맥락 속에서 이해하고자 함. 진짜 사람들과 진짜 공간, 진짜 시간 속에서 개인이 경험하는 앎을 중시하고 평가에 관련된 사람들의 목소리에 귀를 기울이며, 참여자들의 주관성과 다원성을 가정하고 서로 다른 가치와 실제가 뒤얽혀 있는 현상 속에서 어떤 일이 왜, 어떻게 일어나고 있는지를 더 깊이 있게 이해하고 소통하고자 함.

이렇듯 평가에 접근하는 두 가지 근본적인 방식은 평가방법론의 측면에서 측정지향(measurements-oriented) 평가와 경험지향(experience-oriented) 평가로도 불립니다. 기준 중심 평가가 일정한 기준(예컨대, 특정 표준화검사로부터의 점수기준 혹은 좋은 프로그램이 갖추어야 할 일련의 준거)을 중심으로 프로그램의 질을 정의하고 객관적으로 측정하고자 하는 반면, 반응적 평가는 복잡하고 다양한 사회문화적 가치와 독특한 개인적 경험을 존중하며 프로그램의 역동성, 복합성, 변화를 깊이 있게 이해하며 해석하고자 하는 입장을 취하는 평가를 총칭한다고 할 수 있습니다. 측정을 중시하는 기준 중심 평가에서는 기준, 준거, 지표가 핵심 개념이라면, 경험을 강조하는 반응적 평가에서는 평가대상에 대한 평가자의 반응성과 해석이 강조됩니다.

오늘날 우리가 정한 평가의 '기준'에 어느새 스스로 갇혀서 오히려 새로운 차이 생성을 해내지 못하고 있지 않은지 되돌아보아야 함을 제안해 주는 Stake(2004)의 평가이론 구분은 개인적으로는 평가접근법의 근본적인 차이를 가장 잘 드러내어 주는 분류라고 생각합니다. Stake(2004)는 기준 중심 평가가 객관적이며 편견에서 자유로울 수 있다고 보는 관점은 지나치게 단순하고 안일한 생각임을 지적하면서 평가자가 평가의 과정 전반에 가지는 편견을 직면하고 비판적으로 점검할 것을 요구합니다. 이는 미리 정해 둔 기준과 준거, 지표에 따라 객관적이고 합리적으로 평가할 수 있으리라는 허상으로 인해 복잡하고 역동적인 교육 실제를 획일화하고 실질적으로 교사의 전문성과 교직윤리가 심각하게 훼손될 수 있음을 경계할 필요성을 제기하는 것입니다. 여전히 지배적인 기준 중심, 지표 중심 평가에서 공감할 수 있는 평가기준과 지표를 선정하고 이에 대해 관계자와 소통하는 과정이 매우 중요한데 이는 결코 쉽지 않은 과제일 것입니다. 동일한 평가지표로 평가대상의 다양성과 역동성을 담아내는 일 역시 불가능하거나 최소한 매우 어렵습니다.

### (6) 평가접근법 분류의 종합

지금까지 살펴본 이러한 평가접근법의 구분은 결코 명확하게 나뉘거나 절대적인 것이 아니라 임의적인 성격의 범주화라 할 수 있습니다. 학자에 따라 동일한 평가이론을 다른 범주에 포함시키기도 하고, 몇몇 접근법들은 다면적인 특성을 지니고 있어 한 가지 이상의 범주에 분류될 수도 있습니다. 다양한 평가접근법의 분류 기준과 범주에 대한 이해를 돕기 위하여 도표화하여 제시하면 표 4-2와 같습니다.

〈표 4-2〉 평가접근법의 분류 기준 및 범주

| 분류 기준 | 제안 학자 | 평가접근법의 범주 |
|---|---|---|
| 평가정보 제공방식 | Scriven(1993) | • 강한 의사결정 지원 관점<br>• 약한 의사결정 지원 관점<br>• 상대주의적 관점<br>• 사회적 과정 관점<br>• 구성주의 관점 |
| 평가의 초점 | Stufflebeam(2001b) | • 평가질문/방법론 중심 접근법<br>• 개선/책무성 접근법<br>• 사회변화/권리주창 접근법 |
| | Stufflebeam & Coryn(2014) | • 의사(pseudo)평가<br>• 준(quasi)평가 접근법<br>• 개선/책무성 중심 접근법<br>• 사회변화/권리주창 평가접근법<br>• 절충적 평가접근법 |
| 평가 지향점 | Worthen & Sanders(1987), Worthen, Sanders, & Fitzpatrick(1997) | • 목표 중심 접근법<br>• 경영 중심 접근법<br>• 소비자 중심 접근법<br>• 전문가 중심 접근법<br>• 찬반 대립 접근법(법정 모형 접근법)<br>• 참여자 중심 접근법 |
| | Fitzpatrick et al. (2011/2014) | • 종합판단 중심 접근법(전문가 중심, 소비자 중심)<br>• 프로그램 중심 접근법(목표 중심, 기준 중심, 이론 중심)<br>• 의사결정 중심 접근법(경영 중심, 활용 중심)<br>• 참여자 중심 접근법 |
| 평가의 이해당사자 | 백순근(2006), 김혜숙(2014) | • 공급자 중심 평가모형<br>• 수요자 · 참여자 중심 평가모형<br>• 전문가 중심 평가모형<br>• 교육당국 중심 평가모형 |
| 평가의 사유방식 | Stake(2004) | • 기준 중심 평가<br>• 반응적 평가 |

지금까지 제안된 이러한 범주에 여전히 제대로 포함되지 못하는 평가접근법들도 있을 것입니다. 전반적 경향성을 파악하되, 경직된 범주화의 사유를 벗어남으로써 더 새로운 평가접근법을 생성해 내고 실천해 볼 수 있는 유연한 태도가 중요하다고 생각합니다.

기준 중심 평가접근법이 평가체제를 도입해 온 세계의 많은 곳에서 매우 큰 영향력을 발휘하고 있는 오늘날의 상황 속에서 기준 중심 평가에 대한 Lee와 Walsh(2004)의 우려에 귀 기울일 필요가 있습니다. Lee와 Walsh는 i) 연속적으로 흘러가며 변화하는 프로그램의 삶을 하나의 '스냅사진'으로밖에 제시하지 못함으로써 평가자나 프로그램 관계자가 프로그램을 깊이 있게 이해하고 판단하도록 도울 수 없는 한계, ii) 개별 프로그램의 고유한 철학이나 맥락적 특성을 무시하고 동일한 기준이나 지표를 지나치게 엄격하게 적용하는 경향, iii) 기준이나 지표에 대하여 평가자와 프로그램 이해관계자 간에 혹은 평가자 간에 실제로 상당히 다르게 해석되는 경우가 많음에도 불구하고 정당한 하나의 해석이 있는 것으로 가정하는 오류, iv) 원래 취지와는 달리 질적 수준 제고라는 형성적인 목적보다는 오히려 총괄적인 목적으로 사용되어 현장을 점점 더 위축시키고 길들이는 현상 등이 관찰된다고 지적하면서 기준 중심 평가에 대한 우려를 표명한 바 있습니다.

물론 평가의 목적이나 평가대상의 특성에 따라서 기준 중심 평가가 유용한 경우도 분명 있을 것입니다. 특히 제한된 시간 안에 신속하게 많은 의사결정을 내려야 하는 정책결정자들에게 선호되는 평가방법으로 알려져 있습니다. 각각의 평가 목적, 기능이나 평가대상의 특징에 따라 공적으로 객관성을 인정받는 기준 중심 평가가 제 역할을 하는 상황이 있을 것이며, 반면 실천적인 상황에는 반응적 혹은 해석적 평가가 더 의미 있는 역할을 하는 경우가 많을 것입니다. 다만 여전히 기준 중심 평가가 중요한 정책적 결정이나 지원체계를 좌우하는 경우가 지배적인 만큼, 평가의 맥락에 기초하여 기준이 가지는 의미와 구체적 역할, 예측되는 역작용 등에 대하여 비판적으로 성찰하고 새로운 가능성을 열어 두는 것은 참으로 필요하고 중요한 과제입니다.

### 4) 평가이론과 평가 실제의 얽힘

평가자가 평가이론 혹은 평가접근법 중 어떤 것을 선택하였는지에 대해서 평가보고서에서 직접적으로 구체화하여 명시하는 경우는 그리 많지 않을 것입니다. 하지만, 평가자가 평가의 주요 문제를 도출하는 절차나 중점을 두는 문제의 성격, 평가의 설계나 방법을 결정하는 과정이나 선호하는 평가자료 수집방법, 평가의 결과를 해석하고 보고하는 방식 등에서 평가이론의 지향점이 드러나곤 합니다.

방법론적 선호에서 특히 그 차이를 두드러지게 찾아볼 수 있습니다. 논리실증주의 혹은 후기실증주의 패러다임을 가진 평가자는 양적 조사방법 혹은 실험, 준실험설계 혹은 다변량 통계방법 등을 통하여 변인 사이의 관계에 대한 '객관적' 정보를 얻을 수 있는 방법으로 수량 데이터를 산출해 낼 것입니다. 반면, 구성주의, 해석주의적 패러다임을 가진 평가자들은 단순화된 인과관계의 도출보다는 수량으로 환원될 수 없는 프로그램의 다양하고 깊이 있는 이해를 추구하며 새로운 관점과 해석을 탐구하고자 할 것이며, 깊이 있는 이해와 기술을 위하여 질적 관찰, 개별면담이나 포커스집단, 기존 문건의 분석 등을 선호할 것입니다(Fitzpatrick et al., 2011/2014).

해석주의나 구성주의에 토대한 평가에서는 지역에 근거한 지식, 현장 종사자들이 가진 지식을 정당한 것으로 수용하면서 깊이 있는 상황적 이해를 목적으로 하는 특징을 가진 반면, 비판적 패러다임을 가진 평가에서는 더 근원적이고 변혁적인 질문을 던지게 됩니다. 사회적 정의나 평등을 위해서 사회비평을 추구하며, 평가 상황 전반을 더 정의롭고 평등하게 만드는 데 기여하기 위한 평가의 절차와 방법을 고민할 것입니다(Greene, 2007/2011).

이렇게 철학적 패러다임과 평가의 목적에 대한 '시선'에서의 차이는 분명히 존재합니다. 평가자마다 자신의 철학이나 주로 다루는 내용 영역 등에 따라 더욱 잘 맞는 패러다임이 있으며, 그에 따른 이론적 사유와 실천적 방법론을 선호하고 더욱 개발시켜 심화해 가는 것이 당연할 것입니다. 다만 많은 사람의 이해관계가 복잡하게 얽힌 프로그램을 평가하는 책임을 져야 하는 평가자는 하나의 이론만을 정답으로 고정해 두고 다른 가능성을 외면한 채 자신의 관점에 맞는 사람들하고만 작업하기보다는 구체적 평가 장면에서 선택할 수 있는 대안을 잘 알고 다양한 도구상자에서 적절하게 선택하여 적용할 수 있어야 할 것입니다.

Fitzpatrick 등(2011/2014)은 평가의 초기에는 심리학, 교육학, 사회학 분야 등의 평가자 대부분이 양적 방법으로 훈련받아 실증주의에 기초한 평가에 익숙해져 있었기에 새로운 질적 방법론의 등장에 강하게 저항하였음을 지적합니다. 오늘날에는 대부분의 평가자가 혼합연구방법론의 가치를 인지하고 있으며 대부분의 대학원 과정에서도 양적 방법과 질적 방법, 실증주의와 구성주의 등에 대하여 모두 가르치고 있습니다. 평가자들은 많은 종류의 프로그램과 정책, 실제를 다루므로, 다양한 방법론적 기법을 습득하여 평가하고자 하는 프로그램과 맥락에 가장 적절한 방법을 선택하고자 하며, 나아가 서로 다른 철학적 패러다임, 사유방식, 방법론을 넘나들며 혼합하여 '더 나은 이해'를 추구하고 있습니다(Greene, 2007/2011). 이러한 서로의 다름에 대하여 방관하거나 적대시하지 않고 의미 있게 관여하고 협의하여 합의안을 도출해 내고 실천하는 과정을 돕는 것이 바로 평가의 역할이지 않을까 하는 생각을 하게 됩니다. 이에 대해서는 다음의 '이론 더 알아보기'에서 살펴보고자 합니다.

### 이론 더 알아보기

**공공선과 더 나은 이해를 위한 '다름에의 관여'**

이러한 맥락에서 평가에 있어 혼합연구방법의 사유방식, '다름에의 관여(engagement with difference)'를 통해 현상에 관한 더 나은 이해, 나아가 공공의 선을 추구하자는 Greene (2007/2011)의 목소리에 귀 기울여 보고자 합니다. 혼합연구방법의 사유방식이란 어떤 문제든 항상 논쟁의 여지가 있다는 것, 서로 생각이 다르다는 것을 인정하며, 어떤 특정한 관점의 우위를 주장하기보다는 타자(others)와의 대화에 적극적으로 참여하여, 서로의 차이를 못 본 척하거나 배타시하는 것이 아니라 다름에 의미 있게 관여함으로써 더 생성적인 이해를 향해 나아가야 한다는 것입니다. 방법론적으로만 양적 방법과 질적 방법을 혼합하는 것이 아니라, 더 근본적으로 철학적 측면에서 인식론상의 차이에 적극적으로 관여할 것을 요구합니다.

혼합연구방법의 사유방식은 i) 후기실증주의 입장에서부터 마르크스주의, 페미니즘, 사회비판 이론까지 다양한 앎의 방식을 존중하며, ii) 서로 다른 인식론적 전통으로 인한 상호반박의 역사를 이해하고 차이를 존중하되, iii) 이러한 반박논리에 사로잡히거나 어느 한쪽, 즉 한 가지 앎의 방식을 선택하여 편을 들어야 한다고 느끼지 않고, iv) 하나의 평가 속에 다양한 앎의 방식을 초대함으로써 이해가 더 깊이 있고 생성적이며 풍부해지도록 하자고 제안합니다 (Greene & Caracelli, 1997).

물론 다원적이고 다양한 앎의 방식이 의견충돌이나 갈등을 유발할 것이지만, 혼합연구방법을 활용한 평가의 생성적 역할이 가장 잘 실현될 수 있는 잠재성이 바로 이러한 긴장관계에 있다고 봅니다. 서로 다른 패러다임에서 출발하는 연구방법들을 혼합하는 것은 삼각측정을 통해 동일한 결과를 확인하며 수렴, 일치, 합의를 강조하는 것이 아니라, 오히려 복잡한 퍼즐과 패러독스, 충돌과 갈등을 통해 우리 사회를 지속적으로 괴롭히고 있는 문제들에 대한 새로운 관점과 이해, 종전에는 상상치 못했던 통찰을 추구하는 것입니다(Greene, 2007/2011; Greene & Caracelli, 1997).

Greene(2007/2011)은 9.11 테러 이후 미국 사회가 인종, 계급, 종교, 문화, 장애 여부를 비롯한 여러 다양성 측면에서 심각하게 분절되고 파열되고 있으며, 접근 및 기회에 있어서의 수많은 불평등과 불공평성은 그 근거가 없음에도 불구하고 여전히 지속되고 있다고 우려하였습니다. 이러한 가치관과 경험, 실제에서의 차이로 인한 갈등과 사회적 파열이라는 문제는 미국뿐만 아니라 전 세계에서 공통적으로 경험되고 있습니다. 따라서 오늘날 우리 사회에 공존하는 다양성, 다원성에 관여하여 서로의 다름을 받아들이고 이해하며 인정하는 법을 배우는 것보다 중요한 과제는 없을 것이며, 이러한 의미에서 평가가 구체적인 현실 맥락 속에서 나타나는 다름을 찾아내어 더 주의를 기울이고 의미 있게 관여함으로써 공공의 선에 기여할 수 있는 가능성에 주목하고 있는 것입니다.

(참조) 혼합연구방법에 기초한 사회과학 연구 및 평가에 관한 더 깊이 있는 이해를 위해서는 Greene (2007/2011)을 참조하기를 바랍니다.

요컨대 평가자는 다양한 이론이 가진 가능성을 숙지하고 자신의 평가에서 어떤 접근법을 선택할지, 어떤 목적을 가질지 혹은 누구의 이익을 위할 것인지에 대하여 신중하게 생각하고 결정을 정당화할 수 있어야 합니다. 극단적인 결정주의 사고방식이나 극단적 상대주의에 빠지지 않고 지혜롭게 현상을 바라보고 접근할 수 있는 열린 사유와 실천이 필요합니다.

## 3. 교육에서의 평가접근법과 패러다임 변화

Stake(1974)는 목적을 중심으로 교육에서 주로 활용되는 평가접근법을 아홉 가지로 구분하고 그 장단점을 제시한 바 있습니다.

- 학습자 검사에서의 점수 증가
  - 목적: 학습자 수행 측정을 통해 목표 달성 여부 및 정도를 판단하고자 함.
  - 장점: 학습자의 진보 상황을 확인할 수 있음.
  - 단점: 교육의 목적을 과도하게 단순화시키고 과정을 간과할 수 있음.

- 학교의 자체평가
  - 목적: 교직원의 효과성 검토 및 향상을 위하여 자체적으로 평가위원회를 구성하여 평가기준과 방법을 정하여 검토하고자 함.
  - 장점: 책임감을 높이고 전문성을 함양할 수 있음.
  - 단점: 일부 교직원이 소외될 수 있으며 외부인들의 가치를 무시할 수 있음.

- 블루리본 패널
  - 목적: 전문성을 인정받는 평가단의 문서검토 및 현장방문을 통한 학교 위기관리 및 명성 유지 측면의 목적을 가짐.
  - 장점: 전문성 있는 통찰과 판단을 구할 수 있음.
  - 단점: 교육 활동을 지연시킬 수 있으며 직관에 과도하게 의존함.

- 교호작용(transaction) 관찰
  - 목적: 교실관찰, 사례연구 등을 통해 교육적 쟁점을 다루고 다원성을 기반으로 교육 활동과 가치에 관한 이해를 제공하고자 함.
  - 장점: 프로그램에 대한 폭넓고 깊이 있는 그림을 제공하며 가치충돌 등을 포착하여 함께 고민하고 새로운 시도를 해 볼 수 있음.
  - 단점: 주관적 인식에 의존하여 원인을 놓칠 수 있음.

- 경영 분석
  - 목적: 선택 가능한 방안, 추정, 피드백, 환류, 비용, 효율성 등에 초점을 두고 매일 이루어지는 경영 의사결정의 합리성을 높이고자 함.
  - 장점: 의사결정을 위한 피드백을 제공해 줄 수 있음.
  - 단점: 효율성을 과도하게 중시하고 교육의 미묘하고 세부적인 부분이 가지는 가치를 과소평가함.

- 수업연구
  - 목적: 실험조건 통제, 다변량 분석 등을 통하여 일반화할 수 있는 설명을 도출하고 수업의 기법을 발전시키고자 함.
  - 장점: 교수학습, 교재개발 등에서 새로운 원칙을 발견할 수 있음.
  - 단점: 인위적 상황에서 이루어지며 인간적인 요소를 간과하게 됨.

- 사회정책 분석
  - 목적: 사회적 상황과 관리 측면의 실행을 평가하여 기관 차원의 정책개발을 돕고자 함.
  - 장점: 사회에 필요한 선택을 하고 제한요소를 명료하게 할 수 있음.
  - 단점: 교육에 중요한 쟁점을 무시하고 세부사항을 제대로 이해하지 못함.

- 탈목표(goal-free) 평가
  - 목적: 프로그램 옹호자들의 주장에 좌우되지 않고 점검할 항목에 따라 프로그램의 효과를 평가할 수 있음.
  - 장점: 효과에 대하여 편향되거나 오염되지 않은 데이터를 얻을 수 있음.
  - 단점: 문서와 기록을 과도하게 중시함.

- 찬반 대립(adversary) 평가
  - 목적: 하나의 상황에 두 가지 선택지가 있을 때 법정 모형을 따라 각 선택지에 대하여 찬성하거나 반대하는 대립된 관점을 가진 사람들이 서로의 주장을 상호 검토하여 대립과 갈등을 해결하고 합의하도록 돕고자 함.
  - 장점: 일방적인 주장을 멈추고 각각의 선택이 미치게 될 영향에 대한 정보를 나눌 수 있음.
  - 단점: 피상적, 개인적 의견에 치우칠 수 있으며 합의를 이끌어 내는 데 시간적 한계가 있고 갈등이 심화될 수 있음.

이렇게 교육 분야에서 주로 사용되어 온 아홉 가지의 평가접근법마다 목적, 장점, 단점이 다르기에, 평가 장면에서 상당히 다른 형태로 구현될 것입니다. 평가가 요구되는 상황에 따라 그리고 추구하는 목적에 따라 적절히 선택하되, 각각의 평가접근법이 가진 장단점에 대한 인식이 필요할 것입니다.

한편 일반적 평가이론의 유형과 전체적 변화 동향에 따라 교육평가의 패러다임이 어떻게 발맞추어 변화해 왔는지를 알아볼 필요가 있겠습니다. 배호순(2008)은 최근 20여 년간 이루어져 온 교육평가 패러다임의 전환을 다음과 같이 일곱 가지로 정리한 바 있습니다.

- 학업성취도 평가로부터 프로그램(기관 및 정책) 평가 중심으로 전환되어 옴.
- 학습목표와 직접적 학습결과를 중시하던 것으로부터 학습의 과정과 영향(효과)을 중시하는 것으로 전환되어 옴.

- 지식 위주의 인지 활동만을 강조하던 것으로부터 반응 위주의 감성 및 가치판단을 강조하는 것으로 전환되어 옴.
- 지필검사 중심의 제한된 반응으로부터 과제 중심의 수행에 대한 판단 강조로 전환되어 옴.
- 도구 중심의 간접적 측정으로부터 직접적 관찰 중심의 판단(평가적 판단) 강조로 전환되어 옴.
- 수량화 위주의 측정으로부터 학습 과정 및 결과에 관한 질적 속성의 기술 강조로 전환되어 옴.
- 객관도 및 신뢰도를 강조하던 측정으로부터 타당도 및 유용도를 강조하는 평가를 중시하는 활동으로 전환되어 옴.

여기에서는 학습자평가에 관련된 내용이 주로 다루어져 있지만, 1980년대 '해석학적 전환'을 통하여 양적 측정에서부터 질적 이해로 패러다임을 전환하게 된 전반적인 교육평가의 동향을 요약해 주고 있습니다. 학습목표 달성 여부나 성취결과를 중심으로 하던 '배움에 대한 평가'에서 벗어나 배움의 과정을 깊이 있게 살펴보고서 적절하게 지원할 수 있는 '배움을 위한 평가'로의 전환이 두드러지며(Gipps & Stobart, 2003), 이러한 패러다임의 전환은 전 세계적인 교육평가의 동향이라고 할 수 있습니다.

한편 교육 현장에서 이루어져 온 평가의 유형을 분석한 Sanders와 Davidson (2003)은 다음과 같이 분류하였습니다.

- 자체평가와 현장방문평가를 결합한 학교평가: 자체평가의 요소를 가지고 있는 평가인증(미국에서 주로 활용)과 시찰제도(유럽과 호주에서 주로 활용) 모형을 포함하는 학교평가임. 평가인증은 교육 전문가들의 자발적 참여 체제로 이루어지는 반면, 시찰제도는 정부 차원에서 실시되는 차이를 가짐.

- 지표기반(indicator-based) 평가: 1960년대 미국의 학교 책무성 요구로 이루어진 학교평가의 유형으로 점차 세계적으로 영향력을 미쳐 다양한 형태의 지표 자료(예컨대 졸업률, 국가수준 성취도 검사에서의 점수 등)를 수집하고 있음. 학습자의 성취결과, 특히 시험점수를 중시하던 데서 점차 다양한 지표를 포함시키고 있는데, 투입지표(교육과정, 예산, 교사진 등), 과정지표(학교 의사결정, 계획 과정, 행·재정적 절차 등)와 결과지표(시험점수, 수행 보고서 등)로 구분됨.
- 단위학교 혹은 교육청에서 주도하는 자율적 학교평가: 책무성에 대한 요구에 반응하여 정부 차원의 학교평가를 보완 혹은 대체할 수 있는 지역 차원의 노력으로, 1970년대부터 발전하기 시작한 평가임. 특히 북유럽과 같이 국가수준이 아닌 지역수준의 자율성과 책임감을 강조하는 국가에서 중시하는 평가로, 실행연구 모형이나 조직학습 모형 등을 활용하여 교육의 질을 개선하고자 함.
- 특별목적성(ad hoc) 학교평가: 학교와 관련된 정보를 요구하는 시민사회의 목소리에 반응하여 1970년대에 나타나기 시작한 평가로, 시민단체나 비영리재단 등에서 외부 전문가 집단이나 개인을 구성하여 학교를 평가함으로써 학교평가에 시민의 관점을 추가하게 됨.

Sanders와 Davidson(2003)은 의미 있는 교육평가가 이루어지기 위해서는 이제 더 이상 정부가 주도하는 '위에서 아래로'의 평가가 아니라, 단위학교가 평가의 당당한 주체가 되는 '아래에서 위로의' 평가 시스템을 갖춤으로써 하나의 학습공동체로서 성장해 나갈 수 있도록 지원해야 한다고 강조하고 있습니다. 하나의 잣대로 재단하여 교육기관을 서열화하거나 획일적이고 표준화된 방식으로 교육의 질을 관리하고 통제하는 방식의 평가가 이제는 변해야 한다는 시대적 요청에 부응해야 한다는 의미입니다. 민주적이고 자율적인 평가의 과정을 통해 교사진을 비롯하여 이해관계를 가진 다양한 구성원이 교육과정의 편성·운영과 교수·학습의 경험을 되돌아보며 실질적으로 교육 실제를 향상시키는 '배워 가는 조직(learning organization)'이 될 수 있기 때문입니다.

위에서 아래로 이루어지고 있는 지금의 교육평가, 특히 학교평가에 내재된 암묵적인 가정은 현재의 교육체제가 개선되어야 한다는 가정과 '전문가'들이 마련한 확실하고 표준화된 지침이 교육 현장에 제공되어야 제대로 된 교육이 이루어지리라는 가정입니다(Lee & Stake, 2014). 하나의 잣대로 각기 다른 교육철학과 교육과정, 기관운영 방식을 가지고 있는 교육기관을 평가하는 것은 적절하지도, 실질적으로 유의미한 도움이 되지도 않을 때가 많습니다. 이제 교사의 전문성과 자율성을 신뢰하는 사회적 지지 기반을 바탕으로 하여, 교육적인 판단을 도울 수 있는 민주적이고 참여적인 과정, 교육적 행위의 일부로서 평가를 의미 있게 활용할 필요가 있을 것입니다.

## 함께 이야기해 보기

❶ 평가의 기저를 이루는 존재론, 인식론, 방법론에 따라 구체적인 평가가 어떻게 다르게 설계되고 실시, 활용될지 이야기 나누어 봅시다.

❷ 각자의 이론적 토대가 어떤 장단점, 가능성과 한계를 가질지 토론해 봅시다.

## 활동해 보기

❶ 영화 「라쇼몽」은 헤이안 시대 어느 산골에서 어떤 사무라이가 죽은 하나의 사건에 대하여 사무라이의 아내, 도적, 사무라이 자신 등 직접 관계된 사람뿐만 아니라 지켜보던 나무꾼과 이 이야기를 전해 듣는 사람이 각자 어떻게, 왜, 얼마나 다르게 해석하는지, 즉 사람마다의 '살아낸 경험(lived experiences)'이 가지는 특이성과 삶을 바라보는 시선의 차이를 생생하게 그려 낸 바 있습니다. 라쇼몽에 등장하는 인물에 따라 이전의 어떠한 경험과 가치가 상황 인식과 대처에 영향을 주었을지 비교해 봅시다.

❷ 조별로 구성원들이 각기 다른 철학적 지향, 예컨대 후기실증주의, 현상학적 인식론, 후기구조주의 철학 등과 관련된 인터넷 강의 동영상이나 책을 찾아보고, 각자 맡은 철학자의 주장을 설명하고 정당화해 봅시다. 이 활동을 통해 전체적으로 어떤 퍼즐이 맞추어지는지, 무엇을 더 알아보고 싶은지 정리해 봅시다.

# 제5장

# 평가의 접근법 알아보기

이 장에서는 가장 일반적으로 언급되는 평가접근법의 분류를 따르되, 3P 평가에 초점을 맞추어 전문가 중심 평가접근법, 프로그램 중심 평가접근법, 의사결정 중심 평가접근법, 참여자 중심 평가접근법으로 나누어 특징, 대표적 유형, 장단점 등을 살펴보고자 합니다.

## 1. 전문가 중심 평가접근법

### 1) 전문가 중심 평가접근법의 특징

전문가 중심(expert-oriented 또는 expertise-oriented) 접근법은 판단 중심 접근법으로 불리기도 하며, 형식적 평가로는 가장 오래된 유형이라 할 수 있습니다. 이 접근법의 명칭에서 직관적으로 파악되듯이 기관, 프로그램, 활동 등의 질적 수준에 대하여 해당 분야 '전문가'의 지식과 경험에 기초한 종합적인 판단을 활용하여 평가하는 접근법입니다. 물론 모든 평가접근법에서 전문가의 판단이 작용하지만, 전문가 중심 접근법은 가장 직접적이고 공공연하게 전문가에게 의존합니다. 여기서 전문가란 프로그램 평가의 이론과 방법론에 있어서의 전문가가 아니라, 평가대상의 내용적 측면에서 고도의 지식과 누적된 경험을 갖춘 전문가를 주로 의미합니다.

전문가를 중심에 두는 평가접근법은 아래와 같이 전문가 집단 혹은 개인, 평가를 위한 구조/체제의 유무, 기준의 유무 등에 따라 크게 네 가지 유형, 즉 공식적 검토 시스템, 비공식적 검토 시스템, 특별목적성 패널 검토, 특별목적성 개인 검토로 범주화될 수 있습니다.

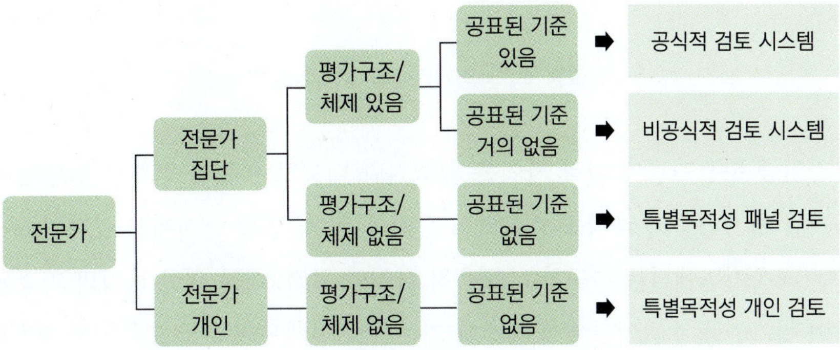


그림 5-1 • **전문가 중심 평가접근법의 네 가지 유형**

## 2) 전문가 중심 평가접근법의 대표적 유형

### (1) 공식적 검토 시스템

전문가 중심 평가접근법을 대표하는 공식적 검토 시스템(formal review system)은 전 세계적으로 광범위하게 활용되고 있어 가장 보편적이고 많은 사람에게 익숙한 형태의 평가접근법입니다. 전문가 집단으로 이루어진 단체나 학회 등이 평가를 위한 구조 및 체제를 갖추고서 공표된 기준에 따라 학교, 대학, 병원과 같은 기관을 평가하여 인증하는 방식이 가장 대표적입니다. 이러한 평가인증(accreditation)의 과정은 일반적으로 자체평가, 현장방문, 최종 판단의 순서로 이루어집니다.

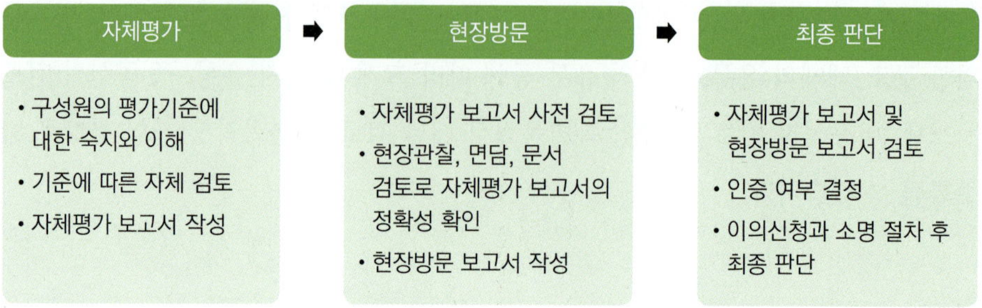


그림 5-2 ● **평가인증의 일반적 절차**

평가인증 주관기관에 따라 차이는 있겠지만 대체로 비슷한 절차로 진행됩니다. 교육기관 평가인증의 과정을 중심으로 설명하면, 첫 번째 단계에서 평가인증에 참여하는 교육기관에서는 추구하는 교육적 가치와 목적, 이를 위한 노력의 과정을 검토하여 평가인증 주관기관에서 제시한 기준을 어떻게 충족하고 있는지를 분석하고 자체평가 보고서를 준비합니다. 두 번째 단계에서는 동일 분야에 종사하는 다른 지역의 동료, 교수단, 행정가 등으로 이루어진 현장평가팀에서 자체평가 보고서를 검토한 후 현장방문을 실시합니다. 현장방문 기간에 교사진, 행정가, 직원, 학생 등을 면담하고, 각종 기록 자료와 문서를 검토하며, 공용시설과 교실을 관찰하여 자체평가 보고서의 내용을 확인하고 자신들의 관점과 개선을 위한 제안을 포함시킨 현장방문 보고서를 작성합니다. 그 후에 평가인증을 담당하는 주관기관의 상설 위원회에서 현장방문 보고서를 검토하고 일련의 절차를 거쳐서 해당 기관에 최종 결과를 알리게 됩니다.

전문가 중심 평가접근법의 기원이 어디에서 출발하였는지를 정확하게 짚어내기는 쉽지 않지만, 평가인증이 형식화된 평가접근법으로서 발전한 배경과 역사를 되돌아보면 그 중심을 이루는 분야는 대체로 고등교육 분야라는 데 의견이 모이고 있습니다. Fitzpatrick 등(2011/2014)은 비공식적 활용에 대한 역사적 기록은 찾을 수 없지만 공식적 측면에서는 대학들이 입학요건을 표준화하기 시작한 1800년대부터 전문가 중심 평가접근법이 사용되기 시작했다고 봅니다. 1800년대 후반부터 고등교육기관의 평가인증이 도입되었고 점차 대학 전체에 대한 평가인증뿐만 아니라 대학 내의 특정 전공(의과대학이나 법과대학, 사범대학 등), 나아가 초·중등학교, 병원 등 다양한 기관을 대상으로 한 평가인증 모형이 개발되어 광범위하게 적용되고 있습니다.

전문가 중심 평가접근법을 대표하는 평가인증의 가장 역사적인 사례로 손꼽히는 것은 1900년대 초반 미국과 캐나다에서 이루어진 Flexner(1910)의 의과대학 평가입니다. 의과대학의 비위생적인 환경과 열악한 교육에 대한 생생한 묘사는 대중적인 관심을 받게 되었으며 상당수의 의과대학을 폐교하게 만들 정도로 엄청난 영향력을 발휘하였다고 합니다.

> 소위 의료기구라는 것들은 형언할 수 없을 정도로 더럽고 무질서하다. 해부 수업을 위한 준비물이라고는 고작 작은 상자에 담긴 뼈들과 말라붙고 불결한 시신 한 구의 조각난 덩어리들이었다. 차갑고 녹슨 인큐베이터와 현미경 한 대 (중략) 이 학교는 국가에 대한 불명예이며 법률적으로 존재하게 해서는 안 된다. (Flexner, 1910, p. 190)

그러나 Flexner의 의과대학 평가는 진정한 의미에서 평가인증이라 볼 수 없는데, 무엇보다 전문가 중심 접근법에서 전제하는 것과 달리 Flexner는 의학 혹은 의학교육 분야에 구체화된 지식과 경험을 가진 '전문가'라 할 수 없었기 때문입니다. Flexner는 교육학자이기는 하였지만 의학 분야에서는 일반인과 다름없기에 상식 수준에서 의학교육의 질을 재단하는 한계를 가졌습니다(Fitzpatrick et al., 2011/2014). 또한, 평가이론이나 방법론 측면에서 평가자에게 요구되는 전문성 역시 결핍했기에 의학교육의 질적 수준을 평가하기 위한 준거나 과정이 경험적 체계를 갖추는 데 제대로 된 관심을 기울이지도 않았습니다. 치명적인 상처를 입히는 원색적 비난으로 일관한 평가는 전문성에 기초한 정확한 분석과 건설적 비판을 통해 실질적인 개선이 이루어지도록 하기보다는 프로그램이나 기관의 존폐를 비합리적으로 좌지우지하면서 일방적 무기로 기능할 수 있음을 보여 준 사례라 할 수 있습니다.

사실 평가인증의 본격적인 역사를 되돌아보면 지역 자치의 독립성을 존중하는 시민들의 '작은 정부(small government)'에 대한 소망에서 그 근원적 정체성을 찾습니다. 즉, 평가인증은 중앙정부의 간섭과 통제에서 벗어나 각 기관의 구성원들이 통제권을 가지고 기관의 질을 관리하고 향상시키기 위한 전문적인 판단과 결정을 행할 수 있도록 하는 목적을 갖고 출발하였던 것입니다(Fitzpatrick et al., 2011/2014). 시간이 흐르면서 각 지역 혹은 기관이 가졌던 권한이 점차 중앙집권적 체제로 넘어가게 되면서 현장 실천가들의 가치와 경험에 대한 신뢰보다는 공식적 기준과 지표를 중심으로 평가가 이루어지게 됩니다(Lee & Stake, 2014). 교육기관의 평가인증은 표준화된 내용과 전문가가 제시하는 기준 없이는 교사가 유능하게 가르칠 수 없다는 암시와 함께, 평가인증은 일련의 '가장 좋은 실제(best practices)'가 보편적 진리로 존재하며 모든 사람이 이를 수용하고 실천해야 한다고 암묵적으로 가정하고 관리와 통제를 통한 '개선'을 유도하고자 합니다.

특히 미국정부에서 대학의 평가인증 여부와 제2차 세계대전 이후 퇴역군인을 위한 교육 및 사회적응 지원법(GI bill)이나 학자금 대출을 연계시키면서, 평가인증에 대한 중앙 통제가 심화되고, 이에 따른 정치적 논쟁도 뜨거워집니다. 즉, 제대군인이 대학에 진학하여 교육비를 지원받거나 저소득층 대학생들이 학자금 대출을 받으려면 평가인증을 받은 대학에 가야 한다는 조건을 제시함으로써 대학들은 평가인증이라는 제도를 자율적인 질 향상이 아니라 타율적인 질 관리로 경험할 수밖에 없게 된 것입니다. 평가인증의 목적성(형성 대 총괄), 평가자나 전문가의 중립성과 독립성, 판단의 근거가 되는 평가인증 준거, 수집되는 평가정보, 과정의 투명성(대중에게 공개되는 평가결과의 범위 등)에 대하여 서로 다른 관점과 이해관계가 충돌하였습니다.

평가인증제와 현장시찰제도가 결합된 방식으로 점차 자리 잡고 있음을 알 수 있습니다. 엄격하게 구분하면 평가인증은 자율적인 관련 전문가 단체에서 주관하는 자발적인 평가접근법인 반면, 시찰제도는 정부에서 주도하여 의무적으로 실시하는 평가입니다. 그러나 종전에는 이 시찰제도가 일방적인 감독과 점검을 중심으로 이루어졌던 반면, 오늘날에는 점차 자체점검 혹은 자체평가를 포함하는 방향으로 발전하고 있기 때문에 사실상 평가인증과 거의 동일한 형태로 바뀌고 있습니다(Sanders & Davidson, 2003). 우리나라를 비롯하여 평가인증제도를 도입하게 된 여러 국가에서 실시하고 있는 각종 평가인증은 전문가 단체에서 주관하는 경우도 있지만, 정부에서 주도하여 실시되는 경우가 많습니다.

### (2) 비공식적 검토 시스템

비공식적 검토 시스템(informal review system)은 평가를 위한 전문가 집단과 형식화된 특정 구조 혹은 체제는 있지만 공식적 검토 시스템에서처럼 구체적으로 규정해 두고 공표하는 기준이나 사전에 명시화된 검토 일정이 없는 경우입니다. 학위논문심사나 전문학술지 논문심사가 대표 유형이라 할 수 있습니다.

예컨대 박사학위논문을 위한 심사위원회의 경우 대학원생이 선택한 전공 분야의 전문가들로 구성되며 대학 내의 구조화된 절차와 시스템에 따라 논문의 질적 수준을 평가하게 되지만, 논문의 질을 판단할 때 적용해야 하는 별도의 기준이나 준거는 없습니다. 평가절차 측면에서도 대학원생이 논문을 준비하는 시점에 따라 이루어지며, 논문의 수준에 따라 검토 횟수, 절차와 시기 등이 유동적으로 운영될 수 있습니다.

### (3) 특별목적성 패널 검토

특별목적성 패널 검토(ad hoc panel review)는 특별한 사안이 발생할 때 특정 기간 한시적으로 전문가 집단을 구성하여 불규칙적으로 실시하는 검토 방식입니다. 민감한 문제나 사회적 논쟁이 야기된 상황에서 정부가 직접 해결책을 내놓기보다는 전문가 집단을 구성하여 객관적, 독립적, 비당파적 검토에 따라 제안을 받고자 할 경우에 주로 활용되는 유형입니다. 또한, 각종 기준을 제정하거나 재정지원이 연계되어 있는 제안서 평가를 위하여 구성되는 검토 패널을 비롯하여, 우수 교육기관을 선정하는 블루리본 패널(blue ribbon panel)도 이 유형에 포함됩니다.

예컨대 미국의 블루리본 학교 프로그램(National Blue Ribbon Schools Program)은 공·사립 초·중등학교를 대상으로 i) 학생들이 뛰어난 학업성취도를 보이거나, ii) 하위집단 학생 간 성취도 격차를 줄이는 데 좋은 성과를 보인 학교를 선정하는 제도입니다. 1982년 레이건행정부에서 당시 Terrel Bell 교육부 장관이 만든 '우수학교 표창제도'에서 시작하였다가, 부시행정부에 들어서면서 2001년 제정된 아동낙오방지법(NCLB)과 맞물려 발달하였다고 합니다(주삼환, 이석열, 정일화, 2009). 2019년을 기준으로 하여 현재까지 8,500개 이상의 학교가 블루리본 학교로 선정되어 왔습니다.

그림 5-3 • 미국 블루리본 학교의 로고

블루리본 학교의 선정을 위해서는 우선 선정 기준을 충족해야 하고 자체평가 보고서와 전문가의 현장평가 보고서를 심사하게 되어 있습니다. 자체평가를 통해 교사, 학생, 학부모 및 지역사회 대표들이 학교의 강점, 약점, 기회, 위험 요소에 대한 SWOT 분석을 실시해야 합니다. 이어서 국가에서 제정한 교육목표 성취를 위한 학교 개선의 정보를 작성한 신청서를 평가위원회에 제출하면, 평가위원회에서는 경험이 풍부한 교육 전문가들을 파견하여 현장을 관찰하고 평가보고서를 제출하게 합니다. 평가위원회에서 보고서 검토에 따라 선정학교를 추천하면 교육부 장관이 최종적으로 블루리본 학교를 발표하는 절차로 이루어집니다. 더 자세한 내용은 다음의 홈페이지를 참조하기를 바랍니다.

- 미 교육부 블루리본 프로그램
  https://www2.ed.gov/programs/nclbbrs/index.html

### (4) 특별목적성 개인 검토

특별목적성 개인 검토(ad hoc individual review)는 평가 요구가 발생함에 따라 특정한 평가대상의 가치를 판단하고 변화나 개선을 위한 권고를 할 수 있는 전문성을 가진 개인이 자문형식으로 한시적 검토를 수행하는 방식의 평가입니다. 평가대상의 가치와 장점을 평가하는 데 있어 과학이 아닌 예술의 패러다임을 제안한 Eisner(1976)의 교육적 감식안(educational connoisseurship)과 비평(criticism)을 활용한 평가 모형이 대표적입니다.

감식안은 소설, 교향곡, 미술작품, 연극, 춤 등을 해당 분야의 전문가가 접했을 때와 같이 어떤 과정이나 사물이 가진 질적 속성에 주목하여 인식하고 그 의미를 포착하는 것으로 정의됩니다(Eisner, 2003). 이때 인식이란 일반적 수준에서 이루어지는 것이 아니라 전문적으로 길러진 주의집중(cultivated attention)의 산물이라고 할 수 있습니다. 예컨대 스트라빈스키의 음악을 제대로 감상하기 위해서는 그 음악이 나오게 된 음악사적 배경과 작곡가의 삶 등과 관련된 전후 사건을 폭넓게 이해하는 동시에 음악 자체의 복잡하고 미묘한 주요 특질에 섬세하게 귀 기울이고 인지할 수 있어야 합니다. 교육적 감식안은 교실 혹은 학교 등에서 이루어지는 교육현상을 교육 전문가가 민감하고 섬세하게 읽어 내는 것입니다. 이렇듯 심미안을 가진 전문가가 음미한 바를 대중이 이해하는 방식으로 공유하도록 옮기는 것이 비평입니다.

이렇듯 Eisner는 교육평가도 Arnheim이 말하는 '시각적 사고'가 포함되는 예술감상(art appreciation)과 마찬가지로 결코 미리 결정하거나 수량화할 수 없는 매우 섬세하며 역동적이고 복잡한 과정과 현상 속에서 의미를 가지는 질적 요소에 대한 전문가의 감식 능력이 중요하다고 봅니다. 교실에서 이루어지는 모든 것, 교육 실제에 대한 모든 평가는 우리가 주목하고 감지한 것을 이해하는 예술적 행위이어야 함을 강조합니다. 그런데 Eisner 자신이 평가 분야에서 지속적인 활동을 하지 않게 되고 주로 제자들에 의해 간헐적으로만 활용되면서 교육적 감식안 및 비평 모형은 그 실제적 영향력이 크지는 않습니다(Fitzpatrick et al. 2011/2014). 하지만, 실증주의를 넘어서 평가의 대안적 관점을 생각해 보도록 하는 데 중요한 마중물의 역할을 하였던 것으로 평가받고 있습니다.

이론 더 알아보기

### 교육적 감식안과 교육비평

Eisner(2003)는 뛰어난 교육비평의 사례로 미국 사회의 심각한 교육 불평등 현상을 생생하게 그려 낸 Kozol(1991)의 『*Savage Inequalities: Children in America's Schools*』 등을 들고 있습니다. 우리나라에서도 번역되어 『야만적 불평등: 미국의 공교육은 왜 실패했는가』라는 제목으로 소개되었습니다. Kozol의 글은 지역별 재산세의 불균형, 인종주의와 중앙정부와 지방자치단체 간의 반목 등으로 인하여 다리 하나를 사이에 두고 얼마나 큰 교육환경의 격차가 존재하는지를 눈으로 직접 보는 듯이 느끼고 함께 아파하며 분노하게 합니다. 예술적으로 표현된 교육비평의 힘을 직접 목격해 보시기를 바랍니다.

우리나라에서는 Eisner의 교육적 감식안과 교육비평을 교육평가와 관련지어 다루기도 했지만 교육과정 연구나 질적 연구방법론과 연계하여 더 활발하게 적용되고 있는 듯합니다. 특히 수업에 초점을 맞춘 '수업비평'에 대한 연구 및 관련 논문이 상당수 있습니다. 다양한 측면에서 실증주의의 한계를 극복하기 위한 대안의 하나로서 예술적 패러다임을 접목한 Eisner의 관점에서 새로운 출구를 여는 가능성을 발견하고 있는 것입니다. 관심 있는 독자들은 국내에서 소개된 다음의 논문 등을 참조하기를 바랍니다.

◎ 더 읽어 보기

강현석(2007). 교사의 실천적 지식으로서의 내러티브에 의한 수업비평의 지평과 가치 탐색. **교육과정연구, 25**(2), 1-35.

김대현(2002). 교육비평의 인식론 탐구. **아시아교육연구, 3**(2), 153-174.

남상화(1993). 교육과정 평가방법으로서의 교육적 비평의 가능성. 이화여자대학교 석사학위논문.

박승배(2006). **교육비평: 엘리어트 아이즈너의 질적연구방법론**. 서울: 교육과학사.

이혁규(2007). 수업 비평의 필요성과 방법에 대한 탐색적 논의. **교육인류학연구, 10**(1), 155-185.

### 3) 전문가 중심 평가접근법의 장단점

전문가 중심 평가접근법은 가장 오래되었으며 세계적으로 가장 광범위하게 사용되고 있는 방법입니다. 학교, 대학, 병원을 비롯하여 공공 분야, 비영리단체, 다양한 조직체와 산업체 등에서 널리 활용되고 있습니다. 전문가 중심 평가접근법은 전문가의 지식과 경험 등에 따라 종합적으로 프로그램의 질을 판단하는 방법이지만, 판단에 이르는 절차와 방식에서 상당한 차이를 보이는 유형들로 구성되어 있습니다. 하지만, 무엇보다 해당 프로그램 영역에 대한 전문가의 경험과 지식이 축적된 판단 역량과 지혜를 활용하여 프로그램의 이해와 실천, 개선 측면에서 의미 있는 변화를 촉매할 수 있는 잠재성을 공통적인 장점으로 가집니다.

평가접근법으로서 평가인증은 장단점을 모두 가집니다. Lee와 Stake(2014)는 평가인증의 장점으로 i) 평가지표라는 제한된 범위 내에서이기는 하지만, 프로그램의 장점과 약점을 드러내어 준다는 것, ii) 지원을 필요로 하는 기관에 필요한 지렛대 역할을 해 줄 수 있는 것, iii) 교육과정과 페다고지 측면에서 지속적인 변화를 추구해 가도록 도울 수 있는 가능성, iv) 교사, 운영관리자, 학부모, 기타 이해관계자에게 기관의 가치를 알릴 수 있다는 점 등을 들었습니다. 단점으로는 i) 평가기준이 외부로부터 결정되어 일방적으로 제시된다는 것, ii) 현장평가가 부분적으로만 적합하기에 진정한 진단 능력을 가지지 못한다는 것, iii) 변화를 지속할 수 있는 기제를 결여하고 있다는 것, iv) 평가에 대한 주인의식이나 차이 존중이 결여되는 것을 들었습니다.

여러 이론가에 의하여 전문가 중심 평가접근법의 문제점으로 전문가의 부족과 전문성에서의 편차, 전문가 판단의 객관성 및 중립성 문제, 평가절차의 투명성과 깊이에서의 한계 등이 제기되어 왔습니다(Fitzpatrick et al. 2011/2014). 전문가에 의존하는 평가접근법은 전문가 개인 혹은 집단이 가지고 있는 편향성에 따라 개혁적이거나 새로운 시도를 객관적으로 읽어 내지 못하고, 개인적 혹은 공유된 편견을 벗어나기 힘들다는 비판을 받기도 합니다(Scrvien, 1991). 평가인증기관의 이해관계나 학문적 지향 등에 따라 전문가를 어떻게 정의하고 선정하는가에 있어 정치적 요소가 개입할 수 있습니다.

이러한 문제점에도 불구하고 전문가 중심 평가접근법 중에서 공식적 검토 시스템을 대표하는 평가인증 모형은 대규모로 동시적으로 실시할 수 있기에 가장 쉽고 효율적일 수 있기 때문에 다양한 분야에 적용되어 활용되고 있습니다. 어린이집에서 대학까지 교육기관에 대한 평가인증을 비롯하여 의료기관 평가인증, 농산물을 비롯한 각종 식품의 평가인증, 스포츠계의 퍼스널 트레이너 평가인증 등 평가인증의 유형이 다채롭습니다. 프로그램 평가모형의 하나로서 평가인증의 가장 큰 장점은 내부평가와 외부평가가 가지는 각각의 장점을 모두 가질 수 있다는 측면이지만, 동시에 두 가지 모두 제대로 실시되기 힘들다는 구조적 한계도 있습니다. 제한된 시간 안에 내부평가와 외부평가를 모두 활용하다 보니, 모두 충실하게 이루어지기 어려울 수 있으며 점점 더 경직화되고 관료화되는 문제를 드러내고 있습니다.

평가인증 모형에서 전문가가 관여하는 부분은 두 가지입니다(Fitzpatrick et al. 2011/2014). 먼저 가장 중요하게 작동하는 측면은 평가인증의 기준과 절차를 마련하는 데 있을 것입니다. 그 분야에서 전문성을 인정받고 있는 사람들이 모여 '좋은' 프로그램의 의미를 정의하고 이를 구체화할 수 있는 준거, 기준, 지표 등을 마련하는 과정은 전문가 중심 평가접근법의 특성을 대표해 줍니다. 아울러 현장방문도 전문가 중심 평가접근법의 특성을 반영할 수 있는 핵심적인 요소입니다. 그러나 사실상 전문 인력의 부족과 현장방문의 일회성 등으로 인하여 전문성을 발휘하기 힘든 구조적 문제점을 가지고 있다는 비판을 받고 있습니다(Scriven, 1991). 평가인증 모형의 문제점을 Scriven(1991)은 다음과 같이 지적한 바 있습니다.

> 전문적이지 않은 현장방문 관찰자, 즉 체계적인 프로그램 평가를 실시하기 위해 필요하다고 인정되는 평가기준의 측면에서 훈련이 충분히 되지 않은 사람을 활용하는 것. (중략) 각 기관의 고유한 목적을 수용한다는 주장과 불일치하는 평가 실제, 공유된 편견이라는 문제, 방문관찰 기간이 짧다는 것. 전체적으로 익숙하지 않다는 이유만으로 새로운 개혁적 시도를 거부하는 경향 그리고 타당도가 인정되지 않은 이차적 지표(indicators)를 가지고 질을 평가하려는 경향이 강하다는 것. (Scriven, 1991, p. 47)

평가인증 단체에서는 평가인증을 위한 현장관찰 인력의 전문성이 문제시되었을 때 이들은 '평가자'가 아니라 자체평가의 정확성을 다루는 '확인점검자(validator)'일 뿐이라고 표현하며 문제를 피해 가기도 하지만, 확인점검자가 가지는 실질적 영향력과 평가적 해석 행위는 그러한 변명을 옹색하게 만듭니다. 평가자의 전문성에 대한 문제 제기와 한계 속에서 평가인증 주관 기관들은 평가기준을 더욱더 구조화하고 상세하게 지표화하는 방식으로 대응하게 되고, 이는 다시 평가대상 기관의 복잡하고 역동적인 가치와 실제를 더더욱 담아내지 못하게 되는 문제로 이어지게 됩니다. 특히 어린이집과 유치원에서 대학까지 적용되고 있는 교육기관의 평가인증의 경우, 지나치게 구조화되고 경직된 기준 혹은 지표로는 고유한 교육철학과 맥락적 실제나 지역적 요구를 존중할 수도, 적절하게 판단할 수도 없습니다. 교사들이 점점 더 외부 '전문가'의 기준에 의존하게 되고 평가에서 기대하는 '정답'을 찾으려 하면서, 오히려 더 참신하고 의미 있는 '바로 여기에서'의 교육적 실험과 시도를 두려워하게 함으로써 교직전문성을 위축시키는 부작용을 가져올 수 있습니다(Lee & Stake, 2014).

한편 Eisner의 교육적 감식안 및 교육비평 모형은 평가인증 모형과는 상당히 다른 절차와 구조로 진행이 됩니다. 교육적 감식안 및 교육비평 모형은 기존의 실증주의적 평가접근법이 가진 한계를 넘어서서 진정으로 전문적인 시선에서 교육 현상을 깊이 있게 총체적으로 이해하고 비판적으로 성찰하여 평가할 수 있는 심오한 전문성을 가장 큰 장점으로 가질 것입니다. 그러나 이렇게 조예 깊은 심미안으로 교육의 실제 현상을 다층적으로 해석하고 더 나아가 깊은 울림을 가질 수 있도록 예술적으로 표현할 수 있는 전문가는 매우 드물다는 사실이 중요한 한계로 작용합니다.

안타깝게도 전문가 중심 평가접근법은 현실적으로는 널리 활용되는 평가 실제인 반면, 학문적으로는 비중 있게 다루어지지 않아 왔고 평가이론가 사이에서 활발한 토론이나 연구의 주제가 되지 못해 왔습니다(Fitzpatrick et al., 2011/2014). 전 세계적으로 여러 분야에서 많은 사람의 구체적 일상에 지대한 영향을 미치고 있는 평가인증의 기준이나 절차를 비롯한 전반적 접근방식을 개선할 수 있는 이론과 실제에 대한 더 많은 관심이 요구됩니다.

## 2. 프로그램 중심 평가접근법 : 목표 중심 평가접근법과 이론기반 평가

### 1) 프로그램 중심 평가접근법의 특징

프로그램 중심 평가접근법에는 일반적인 목표 중심(objectives-oriented) 평가접근법과 최근에 급속하게 발전하고 있는 이론기반(theory-driven 혹은 theory-based) 평가접근법 혹은 논리적 모형(logic models)이 포함됩니다(Fitzpatrick et al., 2011/2014). 목표 중심 평가접근법은 사실상 1930년대 이래로 체계적인 형식적 프로그램 평가에서 가장 지배적인 영향력을 발휘해 왔습니다. '목표 중심 평가접근법'이라는 용어에서 함의하듯이, 이는 한 기관이나 프로그램, 정책 등에서 추구하는 목적이나 목표의 달성 여부나 성취 정도에 초점을 맞추는 접근법입니다.

한편 '암흑상자(black box)'와 같은 목표 중심 평가접근법의 단순성을 극복하고, 프로그램이 목표를 어떻게 성취했는지에 대하여 설명하기 위한 논리적 모형과 이론기반 평가모형이 점차 발전하게 됩니다. 그러나 인간을 대상으로 하는 교육 및 복지 프로그램 등에서는 변인 간의 논리적 인과관계의 경로를 설정하고 측정하기 힘들다는 현실적 한계 등으로 인하여 대규모의 평가를 제외한 일반적 평가에서는 목표 중심 평가접근법이 여전히 훨씬 더 많이 이루어지고 있습니다. 프로그램 중심 평가접근법에서 다루는 목표 혹은 목표의 달성경로 논리는 모두 결국 프로그램에서 의도하는 효과, 성과, 영향 등의 결과로 이어지므로 사실상 결과 중심 평가방법과 동일시되기도 합니다.

## 2) 프로그램 중심 평가접근법의 대표적 유형

### (1) 목표 중심 평가접근법

목표 중심 평가접근법의 개념을 창안하고 이를 교육 분야의 평가에 널리 적용한 이론가는 앞에서도 소개되었던 교육학자 Ralph W. Tyler(1902~1994)입니다. Tyler는 1933년부터 1941년까지 함께 참여했던 8년 연구의 경험을 바탕으로 교육과정과 프로그램을 분석, 해석하는 작업에 대한 이론화를 시도하여 교육목표에 따른 달성 여부를 측정하는 목표성취 모형을 제안하였습니다. Tyler는 '평가(evaluation)'라는 단어를 찾아낸 학자이기도 하며, 무엇보다 명시적 교육목표에 기초하여 교육과정을 구성하고 연계성 있게 실행하여 평가하는 순차적 개념을 통하여 교육학 및 평가 전반에 지대한 영향을 미쳐 왔으며 지금까지도 그 영향력은 여전히 강력하게 지속되고 있습니다.

Tyler(1949)는 모든 교육과정 이론가가 익히 알고 있듯이 교육목표에서 출발하는 교육과정과 수업의 모형을 제시하였으며, 목표 중심 평가를 위한 7단계를 다음과 같이 제안하였습니다.

- 광범위한 목적 혹은 목표 설정하기
- 목적이나 목표 분류하기
- 행동적 용어로 목표 정의하기
- 목표 달성을 확인할 수 있는 상황 파악하기
- 측정방법 개발 혹은 선정하기
- 수행 자료(performance data) 수집하기
- 행동적으로 진술된 목표와 수행 자료 비교하기

Tyler의 평가는 사실상 교육과정에 대한 특정한 가정으로부터 출발한 이론이라 할 수 있습니다. 목표 중심 평가의 단계에서도 드러나듯이, Tyler는 대부분의 교육목표가 모호하여 교사나 학생들에게 실질적인 도움을 주지 못한다고 보았기에 목

표에 담긴 의미를 명료하게 하기 위하여 학습자의 구체적인 행동으로 진술할 것을 강조하였습니다(Maudus, 2013). 이러한 행동적 목표의 강조는 Tyler의 원래 의도와는 달리, 이후 교육과정 평가에 대한 편협한 접근법으로 이어졌다는 비판을 받게 됩니다.

하지만, 이후 기존의 평가가 표준화도구에 의한 측정을 중심으로 통계적 규준에 따라 판단하였던 것에 비하여, Tyler는 고유한 상황에 맞게 개발된 교육목표를 평가의 준거로 삼아 평가하고자 하였다는 점에서는 분명 긍정적인 기여를 하였다고 볼 수 있습니다(Wraga, 2017). 목표에 기초한 평가를 통하여 교육과정의 목표와 실행, 학습자의 성취 간 불일치를 파악함으로써 교육 개선을 위한 아이디어를 구체화하고자 하는 선한 의도를 가졌던 것으로 평가할 수 있을 것입니다. Tyler가 제안했던 목표 중심 평가접근법의 구조는 당시 프로그램 평가자들에게 이미 익숙하던 사전검사-사후검사 실험설계와 양립 가능하였기에 큰 파급효과를 빠르고 쉽게 얻을 수 있었습니다.

Tyler 이후에도 동일한 논리에 따라 평가를 실시하는 모형들이 개발되었습니다. 예컨대 Provus(1971)의 불일치 평가모형(discrepancy evaluation model) 역시 Tyler의 전통에 기초하여 개발된 것입니다. 평가를 i) 성취기준 정하기, ii) 프로그램 성과와 성취기준 간의 불일치 파악하기, iii) 불일치 정보를 활용하여 프로그램의 개선, 유지, 종결 결정하기로 이루어지는 과정으로 보았습니다. Provus는 불일치가 발생한 이유를 파악하고 이를 해결하기 위한 대처방안을 탐색하여 그중 가장 적합한 방안을 선정하는 문제해결의 과정을 중시합니다. 그 외에도 Hammond(1973)가 프로그램의 관련 차원들을 포괄적으로 포함시키기 위하여 개발한 3차원의 평가 큐브도 Tyler의 목표 중심 평가접근법을 기초로 하여 발전시킨 사례로 소개됩니다.

### (2) 이론기반 평가

목표의 성취 여부나 정도만 알려 주어 '암흑상자'라는 비판을 받아 온 목표 중심 평가의 한계를 극복하고, 프로그램이 목표를 어떻게 성취했는지를 구체화하여 파악하려는 시도가 이루어져 왔습니다. 이론기반 평가(theory-based evaluation)가 대표적이라 할 수 있는데, 이 평가접근법은 1972년에 Carol Weiss가 프로그램의 성공 혹은 실패의 원인이 무엇인지, 이론적 혹은 실천적 요소 중 무엇으로 설명할 수 있는지에 주목하기를 제안하면서 발달하였습니다. Weiss가 프로그램 평가가 프로그램의 이론에 기초하여야 할 필요성을 언급한 이래로, Huey Chen, Peter Rossi, Leonard Bickman과 같은 평가이론가들도 이론기반 평가접근법에 대하여 다루었습니다. 평가자들이 방법론에만 초점을 맞추기보다는 사회과학 지식과 이론을 검토하여 구체적인 프로그램의 이론 혹은 논리적 토대를 고려해야 한다고 제안한 것입니다. 이론기반 평가접근법은 초기에는 변인 간의 경로분석이나 구조방정식 등의 양적 방법론을 중심으로 이루어졌으나, 프로그램에 대하여 더 나은 이해를 추구하는 평가자들에 의해서도 활용되고 있습니다.

이론기반 평가의 경우 '프로그램 이론(program theory)'이라는 용어와 '논리적 모형(logic models)'이라는 용어를 호환하여 사용하는 경우가 많습니다. 시간이 흐르면서 이론기반 평가와 관련되는 용어는 더욱 다양해졌지만(예컨대 theory-based, theory-driven, theory-oriented, theory anchored, theory-of-change, intervention theory, outcomes hierarchies, program theory, program logic 등), 실제적으로는 서로 명확하게 의미를 구분하지 않고 맥락에 따라 혼용하고 있습니다(Rogers, 2007).

일반적으로 많이 사용되는 '논리적 모형'은 프로그램의 설계자 혹은 평가자가 프로그램의 투입, 실행, 산출, 성과 간의 논리적 관계를 구체화하도록 합니다. 비슷한 맥락에서 Fitzpatrick 등(2011/2014)은 전형적인 논리적 모형에 의하여 관계가 설명되는 요인으로 다음의 내용이 포함된다고 설명합니다.

- 투입(inputs): 연간 예산, 시설, 장비, 프로그램 운영에 필요한 재료
- 활동(activities): 주별 업무, 교육과정, 워크숍, 협의회, 신규채용, 실무 서비스, 안내장, 직원교육 등 프로그램의 모든 주요 구성요소

- 산출(outputs): 주별 참여자 또는 의뢰인의 수, 학급 모임 횟수, 참여자별로 제공된 서비스 시간, 안내장 등 여타 즉각적 프로그램 결과물
- 단기적, 중기적, 장기적, 궁극적 성취결과(outcomes): 참여자의 변화(성장 발달)를 위한 목표

반면, '프로그램 이론' 역시 논리적 모형과 유사한 개념이지만 투입, 활동, 산출, 성취결과의 구성요소들을 일일이 열거하기보다는 프로그램의 성공 혹은 실패 이면에 존재하는 이론적 근거와 논리를 설명하고자 합니다. 이론기반 평가접근법을 실제적으로 발전시키고 실천한 사람은 Donaldson(2007)입니다. Donaldson은 'theory-driven'이라는 용어를 주로 사용했지만 theory-oriented, theory-based, program logic, logic modeling 등을 교차하여 사용하고 있는데, 프로그램의 이론을 개발하기 위한 단계를 다음과 같이 제시합니다.

- 주요 이해관계자 참여시키기
- 프로그램 이론의 최초 밑그림 개발하기
- 논의를 통해 추가 의견 구하기
- 논리적 개연성 확인하기
- 주요 이해관계자와 공유하고 필요시 프로그램 이론 수정하기
- 프로그램 이론 모형을 명세화하기 위해 흐름도 확인하기
- 최종적 프로그램 이론 규정하기

### 3) 프로그램 중심 평가접근법의 장단점

먼저 소개했던 목표 중심 평가접근법의 장점은 단순명료함에 있습니다(Fitzpatrick et al., 2011/2014). 그러나 이는 곧 단점이 되기도 하는데, 즉 교육목표에 지나치게 몰두하여 목표의 달성 여부에 대한 측정과 평가에만 집중함으로써 프로그램에 대한 이해를 제대로 해내지 못하고 환원주의에 빠지게 하는 중요한 문제점을 가지고 있

다는 비판을 받아 왔습니다(Hunkins & Hammill, 1994). 명시적으로 진술된 목표 이외에 예측하거나 측정하기 힘들지만 실질적으로 중요하게 작용하는 교육의 효과들을 간과하게 함으로써 섬세하게 이루어지는 교육의 역동적인 과정을 도외시하게 되는 부작용을 낳은 것입니다. 실제로 규정해 둔 목표에 기초하여 실천하는 경우는 드물어서, Tyler가 이끈 8년 연구에서 프로그램 계획서에 적혀 있는 대로 운영하는 고등학교는 30개 중에 2~3개밖에 되지 않았던 사실이 지적되면서 목표 중심 사유의 한계가 확연하게 드러납니다.

사실상 오늘날의 전문적 평가자들은 대부분 관습적으로 이루어져 온 단순하게 선형화된 논리의 목표 중심 평가접근법에 대하여 긍정적으로 바라보지 않습니다. 그러나 평가를 요청하고 재정적 지원을 하는 기관에서는 목표 중심 평가접근법을 여전히 선호하고 있어 갈등의 원인이 되거나, 최근에 발전해 온 다양한 평가접근법을 제대로 활용하지 못하는 경우가 많습니다(Fitzpatrick et al., 2011/2014). 오늘날 정부와 여러 기관에서 많이 이루어지고 있는 성과 모니터링 시스템 역시 결국은 목표와 결과에 초점을 맞춥니다.

한편 이론기반 평가접근법은 목표 중심 평가접근법의 문제점을 해결하고자 프로그램에 대한 설명의 폭을 넓힌 장점을 가집니다. 그러나 실제로 프로그램의 이론을 특정 짓기가 매우 힘들다는 현실적 문제점에 부딪히고 있습니다. Weiss(1997)는 이론기반 평가를 실시했다고 하는 평가보고서들을 분석해 본 결과, 실제적으로 변화의 기제를 설명하는 이론이 아니라 그저 프로그램에서 수행하는 활동과 성취결과를 열거하고 관계를 살펴보는 정도에 그치고 있었다고 비판한 바 있습니다. 또한, 프로그램이 어떻게 작동하는지에 대한 이론을 구하는 과정에서 일반적으로 관계자들의 가정이나 추론에 기초하는 경우가 많아, 단순하고 분절적이거나 심지어 완전히 그릇된 경우도 있었다고 지적합니다. 어쩌면 이것은 절차적 문제라기보다는 복잡하고 역동적인 프로그램의 질을 환원주의적으로 규정짓는 데에서 오는 근원적 문제일 수 있을 것입니다.

Stufflebeam(2001b)은 "이론기반 평가를 추천할 만한 근거가 사실상 없는데, 이를 제대로 하는 것은 대개 가능하지 않으며, 제대로 이론화하지 못하거나 잘못 이론화할 경우 오히려 역효과를 낳을 것이다."(p. 80)라고 비판합니다. 목표 중심 평가접근법보다는 확장하여 다양한 측면을 살펴본다고 할지라도 여전히 프로그램의 실행이나 상황적 맥락의 복잡성을 지나치게 단순화시키고 환원주의로 흐르게 하는 한계가 목격되고 있습니다(Fitzpatrick et al., 2011/2014).

### 이론 더 알아보기

#### Scriven의 탈목표 평가(Goal-Free Evaluation: GFE)

Scriven(1972)은 프로그램의 목표에서 평가를 시작하는 관행이 자연스럽게 이루어지고 있으나, 의도하거나 예상하지 않았던 실제 효과를 파악하는 것이 중요함을 강조하면서, 목표 중심 평가접근법이 평가자의 초점을 목표에만 편향되게 하여 눈을 가리는 문제를 지적합니다. 이에 미사여구로 적힌 프로그램의 목적이나 목표를 그대로 받아들여서는 안 된다고 역설하면서, 프로그램의 실제 목표나 의도하는 변화는 좀처럼 관찰되지 않으며 실제 중요한 성과는 목표에 포함되어 있지 않은 경우가 많다고 말합니다. 이에 다음과 같은 특징을 가지는 탈목표 평가(GFE)를 제안한 바 있습니다.

- 평가자는 프로그램의 목적이나 목표를 알게 되는 것을 의도적으로 피한다.
- 사전에 결정된 목적이나 목표가 평가의 초점을 편협하게 좁히지 않도록 유의한다.
- 탈목표 평가는 프로그램에서 의도하는 성취결과보다는 실제 성취결과에 초점을 둔다.
- 탈목표 평가자는 프로그램 관리자나 종사자와의 접촉을 최소화한다.
- 탈목표 평가는 의도하지 않은 부수적 효과 혹은 이차적 결과를 발견할 수 있는 가능성을 증가시킨다.

# 3. 의사결정 중심 평가접근법

## 1) 의사결정 중심 평가접근법의 특징

의사결정 중심 평가접근법은 1970년대에 이루어졌던 평가의 결과가 형식적으로만 받아들여지고 실제적으로는 프로그램을 개선하는 데 거의 영향을 주지 못하고 있다는 비판에 직면하면서 평가의 활용도를 높이기 위하여 제안되었습니다. 의사결정 중심 평가접근법을 주장하는 평가자들은 평가와 관련된 정보를 가장 잘 활용할 수 있는 관계자로서 평가결과에 따라 필요한 주요 의사결정을 내릴 수 있는 사람, 즉 프로그램의 운영관리자, 책임자, 주요 위원 등에 초점을 맞추는 접근을 통하여 평가의 활용도를 높이고 프로그램을 개선하고자 합니다.

가장 초기에 의사결정 중심 평가접근법을 제안한 평가이론가는 Daniel L. Stufflebeam(1971)입니다. 1970년대에 접어들면서 빈곤과의 전쟁 등으로 인하여 늘어난 평가의 수요와 함께, 평가를 제대로 실시할 수 있는 방안에 대한 고민이 시작됩니다. 목표 중심 평가접근법의 제한점, 특히 표준화검사의 타당도 및 신뢰도에서의 문제를 느끼게 되면서, 평가의 실제적인 활용에 영향력을 미칠 수 있는 의사결정 구조에 주목하며 책무성과 개선을 위한 평가로의 새로운 접근을 하게 됩니다(Stufflebeam & Zhang, 2017). 의사결정 중심 평가접근법은 '증명하기(prove)'가 아니라 '개선하기(improve)'에 평가의 역점을 두는 특징을 가집니다(Mathison, 2005). 또한, '되돌아보는(retrospective)' 방식으로 프로그램의 가치를 판단하는 것이 아니라 프로그램의 향상, 개선을 위해 '앞으로 나아가는(proactive)' 방식으로 평가를 활용하고자 하였습니다.

## 2) 의사결정 중심 평가접근법의 대표적 유형

### (1) CIPP 모형

가장 대표적인 의사결정 중심 접근법은 앞에서 언급한 바와 같이 공립학교 교사 출신인 평가이론가 Daniel L. Stufflebeam이 미국의 공립학교 책무성 향상을 위하여 개발한 CIPP 평가모형입니다. 이 평가모형은 이제 빈곤과의 전쟁 프로젝트나 학교의 교육개혁에 관련한 평가를 넘어서서, 다양한 분야에서 전 세계적으로 적용되고 있습니다.

CIPP란 상황(Context), 투입(Input), 과정(Process), 산출(Product)의 머리글자로 구성된 약어입니다. CIPP 모형에서는 평가란 의사결정을 안내하고 책무성을 지원하며 효과적인 실제를 보급하고 관련 현상에 대한 이해도를 제고하기 위하여 평가정보를 제공하는 과정이라고 정의하며, 네 가지 요소를 다음과 같이 제시합니다.

- 상황평가: 프로그램에서 다루어야 할 요구가 무엇인지, 이와 관련하여 어떤 프로그램들이 이미 존재하는지 등을 파악함으로써 프로그램의 목적과 목표를 결정하는 데 도움을 주기 위한 것으로 계획에 관련된 의사결정을 다룸.
- 투입평가: 상황평가에서 파악한 요구, 조직적 이점과 잠재적 중재방안을 바탕으로 하여 관리자가 프로그램을 실행하는 방법, 실시 과정에서 부딪칠 수 있는 문제해결을 위한 전략을 결정하도록 돕는 것으로, 프로그램의 조직화와 관련된 계획과 의사결정을 돕는 데 초점을 둠.
- 과정평가: 프로그램이 시작되고 난 후의 중요한 의사결정은 프로그램의 실시를 어떻게 수정할 것인가와 관련되기에 프로그램은 계획대로 실시되고 있는가, 변경이 이루어졌는가, 어떤 장애요인이 프로그램의 성공을 위협하는가, 수정이 필요한가 등에 대한 답을 찾으면서, 프로그램 실시 절차를 점검, 수정, 정련함.

- 산출평가: 어떤 결과가 나왔는가, 요구가 얼마나 잘 충족되었는가, 프로그램이 모두 실시된 이후 무엇을 해야 하는가, 수정되어야 하는가, 확장되어야 할 것인가, 중지되어야 할 것인가 등 프로그램이 이룬 바를 판단하여 이후의 의사결정을 돕고자 함.

### 이론 더 알아보기

**Stufflebeam의 평가센터와 CIPP 평가모형 체크리스트(2001a)**

Stufflebeam이 1963년 오하이오주립대학교(Ohio State University)에 처음 설립하여 1973년에 웨스턴미시간대학교(Western Michigan University)로 옮긴 평가센터(Evaluation Center)에서는 CIPP 평가모형을 비롯한 프로그램 평가의 이론 및 실제를 발전시키고자 노력하고 있습니다. 웨스턴미시간대학교 평가센터 홈페이지에는 다양한 평가이론에 기초하여 프로그램 평가를 실시할 경우 평가자에게 도움이 될 수 있는 체크리스트를 소개하고 있습니다(https://wmich.edu/evaluation/checklists 참조 바람). 그중 하나로 CIPP 평가모형 체크리스트도 포함되어 있습니다.

CIPP 평가모형 체크리스트는 총 12개의 구성요소로 이루어져 있습니다. 앞의 두 요소는 평가에 착수하기 이전에 점검할 요소이며, 상황평가, 투입평가, 과정평가, 산출평가(하위 평가 네 가지로 세분화) 그리고 마지막 세 요소는 평가보고서에 관련되는 요소로, 평가에 대한 평가인 메타평가, 의뢰인과 평가자 간의 평가보고서 초안에 대한 피드백 워크숍 내용, 최종 평가보고서와 관련된 요소로 나뉩니다. 구체적으로 제안된 구성요소는 다음과 같습니다.

① 평가계약 합의
② 예산평가
③ 상황평가
④ 투입평가
⑤ 과정평가

⑥ 영향(impact) 평가

⑦ 효과성(effectiveness) 평가

⑧ 지속성(sustainability) 평가

⑨ 다른 프로그램에의 적용 가능성(tranportability)

⑩ 메타평가

⑪ 피드백 워크숍

⑫ 최종 평가보고서

CIPP 평가자는 이 모든 요소를 활용하거나 필요에 따라 선택적으로 평가에 적용함으로써 중요하게 점검해야 할 사항을 놓치지 않는 데 도움을 받을 수 있을 것입니다.

CIPP 평가는 프로그램의 각 단계별로 시스템적으로 접근하며 필요한 평가정보를 수집하여 의사결정을 돕고자 합니다. 초창기의 CIPP 평가모형에서는 가장 기본적인 이해관계자인 관리자에게 매우 많은 초점을 두었지만, 오늘날의 CIPP 평가모형은 의사결정에 관심을 두고 있는 다양한 이해관계자를 포함시켜야 한다고 보고 있으며, 평가방법으로도 양적인 방법뿐만 아니라 질적인 방법도 포괄하여 프로그램을 개선하는 데 복합적으로 활용하는 방향으로 발전하기 위해 노력하여 왔습니다(Fitzpatrick et al., 2011/2014). CIPP 평가는 이론적인 토대로 인간의 감정과 무관하게 독립되어 있는 객관적 실재와 보편적 진리를 추구하는 객관주의 지향 특성을 보입니다(Mathison, 2005).

한편 UCLA의 평가연구센터장을 역임한 Alkin(1969)은 CIPP 평가모형과 유사한 평가모형을 개발하였는데, 이는 UCLA 평가모형이라고 불립니다. Alkin의 모형은 i) 시스템 사정(CIPP의 상황평가와 유사하며, 시스템의 상태에 관련된 정보 제공), ii) 프로그램 계획(CIPP의 투입평가와 유사하며, 특정 요구를 충족하는 데 효과적인 프로그램 선정 지원), iii) 프로그램 실시(프로그램이 의도한 방식으로 적절한 집단에 실시되었는지에 관련된 정보), iv) 프로그램 개선(CIPP의 과정평가와 유사하며, 프로그램의 실제 기능, 중간목표의 달성 여부,

예상치 않았던 결과 발생 여부에 대한 정보 제공), v) 프로그램 인정(CIPP의 산출평가와 유사하며, 프로그램의 가치 및 다른 지역에서 활용될 수 있는 잠재성에 대한 정보 제공)으로 구성됩니다.

### (2) 활용 중심 평가(UFE)

Patton(1997)이 개발한 활용 중심 평가(Utilization-Focused Evaluation: UFE)는 평가의 가치는 무엇보다 평가결과의 잠재적 활용성(utility)과 실제 사용(use)에 의해 결정된다는 전제에서 시작합니다. 활용 중심 평가는 사람들이 평가에서 알아낸 결과를 실제로 어떻게 적용하며 평가의 과정을 어떻게 경험하는지에 관심을 두고, 처음부터 끝까지 평가결과를 활용할 사람들과 긴밀하게 작업하고자 합니다. 평가결과를 활용할 지위에 있는 사람이 누구인지를 명료화할 수 있다면 성공적으로 활용할 수 있을 것으로 보기 때문에, 이를 활용 중심 평가의 인적 요인(personal factor)으로 봅니다.

Patton(2012)이 구체화하여 제안한 활용 중심 평가의 17단계는 다음과 같습니다.

- 1단계: UFE에 대한 프로그램과 조직 차원에서의 준비 정도를 평가하고 분위기를 조성함.
- 2단계: UFE를 실시할 수 있는 평가자의 준비도와 역량을 점검하고 조정함.
- 3단계: 평가결과의 활용 의도를 가진 주된 사용자[9]를 찾고 조직하여 참여시킴.
- 4단계: 주된 사용자와 함께 상황분석을 공동으로 실시하여 평가 활용을 촉진하거나 저해할 요소를 파악하여 대처함.
- 5단계: 주된 사용자들과 함께 평가 목적을 분명히 하여 평가결과를 활용할 수 있도록 검토하고 목적의 우선순위를 정함.

9) 활용 의도를 가진 주된 사용자(primary intended users)란 "평가의 전 과정에서 평가자와 협력하여 평가의 초점을 정하고 평가 설계와 방법 결정, 결과 해석에 함께 참여하여 평가가 유용하고 의미 있고 적절하며 신뢰할 수 있는 것이 되도록 도울 수 있는 이해관계자"(Patton, 2012: 67)로 정의됨.

- 6단계: 필요한 경우 조직문화 구축, 프로그램 중재 지원, 프로그램 및 조직 개발 등의 측면에서 과정적 활용이 필요한지 고려하여 적용함.
- 7단계: 우선적인 평가질문에 초점을 맞춤.
- 8단계: 평가연구의 근원적 영역인 프로그램 목표에 따른 실시와 성취결과 그리고 그 관계에 대한 질문이 적절하게 다루고 있는지 점검함.
- 9단계: 어떠한 중재 모형 혹은 변화 이론을 평가하고 있는지 결정함.
- 10단계: 주된 사용자가 의도한 활용을 돕기 위하여 신뢰할 수 있는 결과를 생성하는 데 적절한 방법을 협상함.
- 11단계: 주된 사용자가 평가방법에 따른 장단점, 논쟁거리와 함의 등을 이해하도록 도움.
- 12단계: 평가결과의 활용이 어떠할지 예측해 봄.
- 13단계: 활용에 대하여 지속적으로 주목하면서 데이터를 수집함.
- 14단계: 주된 사용자가 해석하고 활용할 수 있도록 평가자료를 조직하여 제시함.
- 15단계: 평가보고서를 통해 활용을 촉진할 수 있도록 준비하며 영향력을 넓히기 위하여 중요한 평가결과를 널리 보급함.
- 16단계: 주된 사용자의 활용을 촉진, 향상시킬 수 있도록 평가 이후에도 지원함.
- 17단계: 책무성, 배움, 개선을 위한 활용 측면에서 메타평가를 실시함.

Patton은 다양한 이해관계자의 참여를 강조하지만, 이러한 17단계의 평가 과정은 주된 사용자에게 모든 초점이 맞추어져 있기 때문에 UFE는 참여자 중심 평가접근법보다는 의사결정 중심 평가접근법으로 분류됩니다(Fitzpatrick et al., 2011/2014). 즉, 평가의 결과를 활용하는 주축이 되어 프로그램을 개선할 의사결정자를 평가의 초기 단계에서부터 선정하고 평가의 전반적인 과정 내내 이들의 관심사와 의도된 활용에 초점을 맞춘다는 특징을 가집니다.

### 3) 의사결정 중심 평가접근법의 장단점

의사결정 중심 평가접근법이 실용적인 측면에서 평가의 유용성에 주목하고 평가 결과 활용의 중요성에 주의를 환기시킨 점은 평가 분야에 긍정적인 기여를 했습니다. CIPP나 UFE 등의 의사결정 중심 평가접근법은 관리자 혹은 정책결정자들이 의사결정을 적절하게 할 수 있도록 돕는 정보를 제공하는 데 적합한 방법이라 볼 수 있습니다. 조직 전반의 변화를 가져올 수 있는 정도의 의사결정 권한을 가지고 있는 주요 의사결정자를 대상으로 함으로써 평가결과가 의미 있게 사용될 수 있기를 기대할 수 있을 것입니다. CIPP 평가는 상황, 투입, 과정, 산출된 결과를 아우르며 종합적이고 체계적으로 프로그램의 전반을 점검하여 개선할 수 있게 하는 장점을 가지고, UFE는 의사결정자에게 필요한 측면에 초점을 둘 수 있다는 장점을 가집니다. 이후 조직 구조에 대한 이해와 실제를 개선하기 위한 다양한 방법론과 다학제적 접근에 대한 고민이 이어지고 있습니다.

그러나 의사결정 중심 평가접근법은 의미 있는 변화와 개선을 도모하기 위한 이해관계자의 범위나 프로그램에 대한 깊이 있는 이해 측면에서 한계를 가집니다. 공통적인 한계는 무엇보다도 관리자에 평가자의 관심이 집중되어 있다는 것입니다. 의사결정 중심 평가접근법은 현대사회에서 복잡하고 역동적으로 이루어지는 조직의 의사결정 구조나 다양하게 얽혀 있는 변화의 과정을 지나치게 단순하게 바라보는 시대착오적 발상이라는 비판을 받고 있습니다(Weiss & Mark, 2006). 의사결정 중심 평가접근법에 해당되는 평가모형을 발전시켜 온 Stufflebeam이나 Patton 등은 이러한 한계를 극복하기 위하여 점차 더 많은 이해관계자의 참여를 강조하면서 평가모형을 확장시키려는 노력을 하고 있습니다. 하지만, 여전히 개념적으로나 실제적으로 소수 집단의 목소리, 권력을 가지지 못한 이해관계자들의 목소리를 무시하는 경향이 크다는 비판(House & Howe, 1999)에서 자유로울 수 없습니다.

CIPP 평가모형의 경우에는 종합적으로 프로그램에 관련된 의사결정을 훑어볼 수는 있으나, 평가에서 다루는 내용이 포괄적이고 많다 보니 실질적으로 의사결정에 필요한 깊이 있는 이해를 하기에는 부족함이 발생할 수 있다는 한계가 있을 것입니다. 또한, 평가의 초기부터 주된 사용자에 초점을 맞추는 UFE의 경우에는 특히 프로그램이나 조직의 의사결정 구조가 바뀌는 경우, 예컨대 평가의 의도된 주된 사용자가 교체되는 경우 등의 상황이 발생할 때 전체 평가가 방향성을 잃게 된다는 것이 결정적인 아킬레스건으로 지적됩니다(Fitzpatrick et al., 2011/2014; Mathison, 2005). 직위 변동, 조직정비, 재배치, 선출 등의 다양한 요인으로 의도된 사용자가 상실될 경우 매우 큰 타격을 받을 수 있기 때문에 평가팀에 여러 명의 주된 사용자를 포함시킴으로써 한두 명이 이탈되더라도 영향을 덜 받을 수 있도록 하는 것이 최선의 예방책이지만, 여전히 평가설계 및 활용 등에서의 변경이 불가피할 것입니다. 또한, 새로운 사용자와의 관계 형성 등에 시간이 걸리므로 원래 예정되었던 평가 기간이 지연되기 마련일 것입니다.

## 4. 참여자 중심 평가접근법

### 1) 참여자 중심 평가접근법의 특징

1960년대 말부터 일부 평가이론가를 중심으로 당시 기계적으로 실시되던 목표중심 평가나 소위 '과학적 평가', 즉 목적을 구체적으로 진술하고 객관적인 도구를 개발 혹은 선정하고 측정하여 기술적 보고서를 작성하는 보편적 평가방식으로는 교육을 비롯하여 사람들의 신념과 실천, 사회문화적 가치 등이 복잡하게 얽혀 있는 프로그램의 질을 제대로 이해할 수도, 의미 있게 개선할 수도 없다는 비판이 제기됩니다. 관습적 평가로는 일상적 실재가 내포하고 있는 복잡성과 다원성을 담아내지 못한다는 비판의식 속에, 프로그램에 대한 '살아낸 경험'을 조명하여 인간 행위의 의미 발견 및 해석을 중시하는 새로운 접근법이 제안되었습니다(Mathison, 2005; Schwandt & Burgon, 2006). 객관적인 하나의 지식과 진리가 아니라 사회적으로 구성되고 해석되어 다원적으로 존재함을 인식하고 존중하며, 따라서 평가대상 자체와 평가에 대한 관점도 다양하다는 사실을 평가의 과정에 반영하고자 하며 대체로 자연주의적 평가방법을 선호하는 특징을 가집니다.

새로운 평가접근법을 제안한 이론가들은 직관주의/다원주의, 구성주의, 해석주의 등에 토대하여 이해관계자의 다양한 관점과 경험을 자연스럽게 맥락 속에서 이해하고자 노력하게 됩니다. 이렇듯 상호주관성과 다원성에 대한 철학적 지향을 바탕으로 하는 이 평가접근법은 프로그램 참여자의 고유한 경험, 다양한 가치와 가정, 행위의 의미, 맥락과 기대 등을 중시하는 전반적 흐름을 반영하여 '참여자 중심 평가접근법'으로 통칭하고 있으며, 때로는 '협력적(collaborative) 평가' 혹은 '참여적(participatory) 평가'라고도 부릅니다(Fitzpatrick et al., 2011/2014; Mathison, 2005). 양적 방법론과 질적 방법론의 패러다임 전쟁이 시작되었던 1970년대에는 질적 방법을 강조하는 방법론적 선호에 초점을 두어 '자연주의적(naturalistic) 평가접근법'이라 부르기도 하였습니다. Worthen 등(1997)은 자연주의적 평가접근법과 참여자 중심 평가접근법이 완전히 동일한 개념은 아니지만, 평가 실제의 측면에서는 상당히 중첩되기 때문에 이 두 가지 개념을 통합하는 방안으로 더욱 포괄적인 용어인 '참여자 중심(participant-oriented) 평가접근법'으로 총칭하는 것을 제안하였습니다.

진리란 결코 저기 어딘가에 독립적으로 존재하는 것이 아니라, 바로 여기에서 사람들이 서로 영향을 주고받으며 수용, 변형, 도전, 창조하며 사회문화적으로 구성해 가는 것이라고 인식하는 평가접근법은 점차 자연주의적 평가접근법 외에도 구성주의적 평가접근법, 해석주의적 평가접근법 등으로 불리게 됩니다(Mathison, 2005). 자연주의적 평가접근법, 구성주의적 평가접근법, 해석주의적 평가접근법, 참여자 중심 평가접근법 등은 강조하는 측면에서 조금씩 차이가 있지만, 일반적으로는 맥락에 따라 혼용하고 있습니다. 미국의 Stake, Guba와 Lincoln, 영국의 MacDonald 등이 참여자 중심 평가접근법을 발전시킨 대표적인 초창기 평가이론가들이라 할 수 있습니다.

그런데 1980년대에 양적 연구방법과 질적 연구방법을 주창하는 평가자 간에 대화와 협상이 시작되고, 여전히 관점 차이는 명백하지만, 평가설계에 두 가지 방법론을 혼합하여 활용하는 것의 장점을 논의하게 됩니다(Worthen et al., 1997). 1990년대에도 실증주의/후기실증주의에 기초한 양적 방법론을 선호하는 이론가들과 구성주의/사회구성주의를 선호하는 이론가 사이에 신랄한 비판과 논쟁이 오갔지만, 점차 이러한 평가자 간의 불화가 비생산적이고 소모적이라는 데 공감대가 형성되기 시작합니다(예컨대 Datta, 1994). 현재로는 대부분의 평가자가 평가의 목적에 따라 질적 방법론과 양적 방법론을 유연하게 활용하는 동시에, 모든 평가에서 이해관계자의 참여와 평가결과의 활용이 보편적으로 강조되게 됩니다(Fitzpatrick et al., 2011/2014). 아울러 참여자 중심 평가접근법에 포함되는 평가모형들이 더 많아지고 다양해집니다.

한편으로는 이러한 발전 과정에서 참여자 중심 평가접근법이 초기에 강조했던 참여자의 살아낸 경험, 사회적 의미의 공동 구성이나 인간의 해석 행위에 대한 강조가 희석되는 현상을 관찰하게 됩니다. 참여자 중심 평가접근법에 포함되는 구체적인 평가모형이 세분화되고 다양해지면서, 평가에 관련된 의사결정에서의 통제권, 참여할 이해관계자의 선정, 참여의 깊이 등의 차원에 따라서 상당한 차이를 보인다는 사실(Cousin & Whitmore, 1998; Fitzpatrick et al., 2011/2014)을 주지할 필요가 있습니다.

예컨대 평가결과의 활용도와 유용성을 높이고자 하는 실용적인 이유로 이해관계자를 참여시키는 Cousin 등의 실용적 참여 평가(Practical Participatory Evaluation: P-PE)는 참여자 중심 평가접근법의 초기 이론가들이 추구하였던 평가의 근원적 지향성, 철학적 고민이나 방법론적 선호와는 상당한 차이를 나타냅니다. 오히려 앞에서 제시하였던 평가결과를 활용할 잠재력을 가진 주요 사용자의 의사결정 지원에 방점을 두는 Patton의 활용 중심 평가(UFE) 모형처럼, 실용적 참여 평가 역시 관리자 등 평가결과를 실제로 활용할 이해관계자를 강조함으로써 의사결정 중심 모형에 가까워집니다(Fitzpatrick et al., 2011/2014).

## 2) 참여자 중심 평가접근법의 대표적 유형

참여자 중심 평가접근법의 대표적인 유형으로 처음으로 교육평가 분야에 참여자 중심 평가접근법을 도입한 Stake의 종합실상 평가(countenance evaluation)와 이를 더욱 발전된 형태로 제안한 반응적 평가(responsive evaluation)와 함께, 해석학적 전환 및 질적 연구방법의 등장과 함께 개발된 Guba와 Lincoln의 자연주의적 평가와 제4세대 평가를 소개하고자 합니다. 또한, 더욱 다양해진 참여자 중심 평가접근법 중 몇 가지만 개관하고자 합니다. 최근 주목받는 실행연구 평가는 제8장에서 상당히 자세히 소개하므로 여기에서는 생략합니다.

### (1) Stake의 종합실상 평가와 반응적 평가

Stake는 1967년 '교육평가의 종합실상(The countenance of educational evaluation)'이라는 제목의 학술논문을 통해 기존에 객관주의적이고 기계적으로 이루어지던 프로그램 평가를 되돌아보고 참여자의 판단을 이해할 필요성을 각성하게 함으로써 평가자들에게 획기적인 시선의 변화를 가져오게 해 주었습니다. 교육의 종합실상 혹은 전체 얼굴을 제대로 들여다보기 위해서는 Scriven이 강조하는 것처럼 가치판단만으로는 부족하며 프로그램에 대한 깊이 있는 이해를 위한 자세한 기술(description)이 요구된다고 강조하였던 점에서 큰 의의를 찾을 수 있습니다.

Stake(1967)는 당시에 일반적으로 활용되던 평가도구인 구조화된 체크리스트, 전형적인 교실방문 관찰, 통제된 실험, 표준화검사 등에 의한 형식적 평가가 교육의 전체 얼굴을 제대로 그려 내지 못하고 있다고 비판합니다. 때에 따라서는 일상적인 관찰, 암묵적 목적과 사회문화적 기대에 대한 직관적 이해, 주관적 판단 등에 의한 비형식적 평가가 교육의 질을 오히려 더 잘 보여 주기도 한다는 것입니다. 교사들이 신뢰하고 쉽게 이해할 수 있는 평가보고서를 찾아보기 힘들며, 평가인증 형태의 현장방문 평가는 전문성을 결여하고 있고, 체크리스트는 교육기관의 물리적 특성에만 집중하고 있으며, 학습자의 행동이나 심리를 측정하는 검사도구의 비용에 비하여 제공되는 답이 미미하며, 교육의 과정을 다루지 못하여 교사들이 가지고 있는 질문에 유용한 답을 제시하지 못한다고 비판합니다.

이를 극복하기 위하여 평가자는 교육적 의도와 관찰된 실제 모습 사이의 일치 정도와 함께, 교육이 이루어지는 맥락이 되는 선행조건과 실제 교호작용, 이에 따른 결과 간의 논리적/경험적 일관성을 이해할 수 있도록 관찰하고 기술하여야 제대로 된 판단이 가능함을 제안합니다(Stake, 1967). 이는 평가자로 하여금 평가나 프로그램의 목적에만 제한하여 보고자 하는 것만 보지 않고, 교육의 생김새를 두루 살필 수 있어야 함을 시사하며, 이해관계자들의 실제 경험에 대한 깊이 있는 이해와 해석을 위한 개념틀(framework)이 됩니다.

곧이어 종합실상 평가라는 개념 틀로 충분히 다루지 못했던 평가대상에 대한 기술 과정을 보완하기 위하여 1973년 Stake는 '반응적 평가(responsive evaluation)'를 소개하였는데, 이는 더욱 유연하고 다원적, 과정 중심적이며 덜 형식적인 성격을 가집니다(Fitzpatrick et al., 2011/2014). 반응적 평가는 무엇인가를 평가할 때 사람들이 자연스럽게 하는 행위, 곧 관찰을 중심으로 평가자가 반응할 것을 제안하며, 예정해 놓은 기준과 절차 등에 갇힌 평가를 벗어날 것, 프로그램을 축소하거나 단순화하지 않고 그 복잡성과 역동성에 대한 온전한 이해를 추구할 것을 요구합니다.

반응적 평가에서는 다음과 같은 열두 가지 평가 활동을 직선 형태가 아니라 원형으로 시각화합니다(Stake, 1975). 그러나 12시에서 출발하여 한 방향으로 돌아가는 시계와 달리 반응적 평가에서는 프로그램의 진정한 이해에 도움이 될 수 있도록 어떤 순서로든, 예컨대 시계 반대 방향으로 돌아가거나 건너뛰어 유연하게 평가 활동을 실시하는 것이 중요함을 강조합니다. 또한, 동시에 여러 평가 활동이 이루어질 수도 있고 어떤 활동은 평가의 과정에서 여러 번 이루어질 수도 있는 반응성을 부각하였습니다.

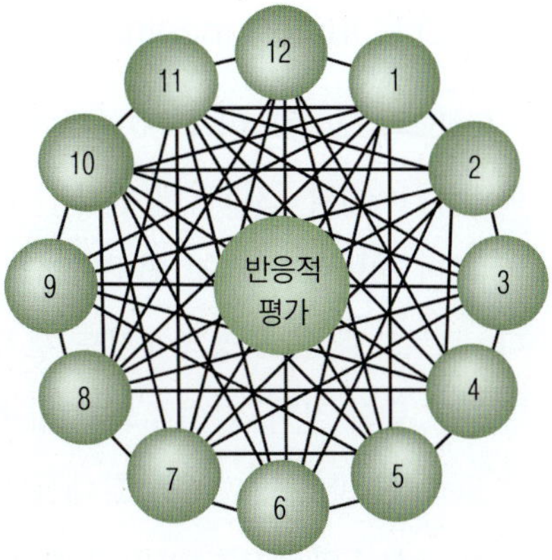


1. 평가의뢰인, 프로그램 종사자 등과 협의하기
2. 프로그램의 범위 확인하기
3. 프로그램의 활동 검토하기
4. 목적 및 우려사항 파악하기
5. 쟁점 및 문제점 개념화하기
6. 쟁점에 따라 평가 요구 확인하기
7. 관찰자, 필요한 도구 등을 결정하기
8. 선행조건, 교호작용, 결과 관찰하기
9. 주요 주제 파악하기, 프로그램 기술하기, 사례연구 준비하기
10. 타당화하기, 반증 시도하기, 확증하기
11. 청중이 활용할 만한 것을 택하여 적절히 변환시키기
12. 공식적 보고서 구성하기

즉, 시계에 비유되어 그려진 1에서 12까지의 평가 활동은 순차적, 독립적으로 진행되는 것이 아니라 상황에 반응하여 서로 복잡하게 얽히며 언제든 반대 방향으로 가거나 건너뛸 수 있습니다. 시계처럼 정해진 좌표를 향해 경직되게 움직이는 평가를 '예정(preordinate) 평가'라 부르며, 프로그램에 대한 이해를 깊게 할 수 있는 반응적 평가와 대비하여 구분하고 있습니다.

Stake의 평가이론은 다양한 이해관계자의 관점을 파악하기 위하여 지역성과 구체성을 강조합니다. 프로그램에 선행하는 상황적 조건과 교호작용의 과정에 대하여 질적 방법을 활용하여 기술하며 유연하게 반응하고 깊이 있게 이해할 것을 주장한 것만으로도 프로그램 평가자들의 생각에 엄청난 변화를 가져왔다고 할 수 있습니다.

### (2) Guba와 Lincoln의 자연주의적 평가 및 제4세대 평가

Guba와 Lincoln이 1980년대에 출간한 두 권의 저서 『자연주의적 탐구(*Naturalistic Inquiry*)』(1985)와 『제4세대 평가(*Fourth-Generation Evaluation*)』(1989)는 이후 다양한 사회과학 분야 전반에서 질적 연구방법론에 주목하게 하는 매우 중요한 역할을 하였습니다. 프로그램 평가 영역에서도 평가자들이 양적 자료 수집을 벗어나 면담, 관찰, 사례연구 등의 질적, 자연주의적 방법을 고려하도록 해 주었습니다. Guba와 Lincoln은 Stake의 반응적 평가에 토대를 두고 출발하여 철학적인 측면에서 더욱 보완함으로써 구성주의 패러다임의 평가를 발달시키는 데 기여하였습니다(Fitzpatrick et al., 2011/2014).

자연주의적 평가는 자연스럽게 일어나는 삶의 맥락 속에서 이러한 맥락과 연관지어 현상을 연구하려는 문화인류학, 사회학, 심리학, 인문학 등의 학문적 동향에서 뻗어 나왔다고 할 수 있으며, 세계란 재현이나 증명 가능한 것이 아니라는 철학적 사유에 기초한 새로운 평가 패러다임의 등장이라 볼 수 있습니다(Mathison, 2005). 상황에 따라 양적 방법을 사용하기도 하지만, 자연스러운 맥락 속에서 구성원들의 가치를 드러내는 다양한 관점을 조명할 수 있는 평가방법을 지향합니다. 특정 변인을 중심으로 인위적으로 조작하거나 통제하거나 제한하지 않고, 자연스럽게 이루어지는 그대로를 직관적으로 감지하고 이해하고자 하는 철학적 지향성을 반영하여 초기에는 '자연주의적' 평가라고 불렀습니다.

Guba와 Lincoln은 구성주의, 해석주의 패러다임이 더 포괄적으로 자신들의 생각을 대표한다고 여기면서 점차 '자연주의적'이라는 용어를 사용하지 않게 됩니다. 그리고 곧 상대주의적 존재론과 주관주의적 인식론, 해석학적(hermeneutic) 방법론을 엮어서 제4세대 평가를 제안합니다(Mathison, 2005). 이들은 제1세대에서 제4세대까지의 평가를 다음과 같이 구분합니다.

① 제1세대 평가 – 측정(measurement)

1900년대 초반에 심리측정 모형에 근거하여 다양한 표준화검사가 개발되고 학교에서도 학업성취도 검사를 비롯한 각종 시험이 널리 활용되게 되면서 측정과 평가가 거의 동의어로 사용되던 시기를 평가의 1세대라 봅니다. 이 시기의 평가자가 갖추어야 할 역량은 기존의 검사도구들에 대하여 숙지하고, 적절한 검사를 선택하거나 필요시 직접 검사도구를 개발할 수 있는 기술적인 측면이었습니다. 제1세대 평가의 강력한 영향력은 오늘날에도 남아, 학습자평가뿐만 아니라 교사나 학교의 효과성을 평가할 때 학습자에 대한 측정으로 대체하는 경우를 여전히 자주 목격하게 됩니다.

② 제2세대 평가 – 기술(description)

교육평가에서 학습자에게 초점을 맞춘 제1세대 평가의 한계와 문제점이 드러났을 뿐만 아니라, 제1차 세계대전 이후 중등교육과정의 개혁이 요구되고 Tyler를 주축으로 한 8년 연구를 통해 대안적인 교육과정의 적합성을 증명할 필요성이 생기면서 목표한 대로 작동하고 있는지를 기술하는 평가가 필요하게 되었습니다. 제2세대 평가는 프로그램에서 진술한 목표에 근거하여 강점과 약점의 패턴을 기술하는 특징을 가지는 것으로 구분합니다.

③ 제3세대 평가 – 판단(judgment)

소련의 스푸트니크 인공위성 발사의 충격과 함께 제2세대 평가에서 목표를 중심으로 기술하던 평가접근법으로는 국가 차원에서 교육정책을 수립하고 구체화하는데 충분한 정보를 제공하지 못한다는 문제점이 주목받게 됩니다. 제2세대 평가에 따르면 프로그램에서 추구하는 목표가 뚜렷하기 전에는 평가를 실시하는 것 자체가 무의미하거나 불가능하기 때문에, 전미과학재단(National Science Foundation)이 우주 탐색에 필요한 과학교육 과정을 개발하는 과정에서 평가가 제 기능을 할 수 없는 등의 실제적 한계가 드러났습니다. 이에 따라 평가에는 목표를 중심으로 한 기술과 더불어 가치판단이 중요하다는 사실을 인식하면서, 목표 자체의 적합성을 평가하거나 의사결정을 돕기 위하여 목표와 실제 간의 간격을 판단하는 등의 새로운 평가접근법들이 발달하였으나, 여전히 Tyler식 사유를 벗어나지 못하는 한계를 가졌습니다. 제3세대 평가를 '신(neo)타일러주의'에 따른 또 다른 측정주의 평가모형이라고 비판하기도 합니다.

④ 제4세대 평가 – 참여(involvement)

제1, 2, 3세대 평가가 모두 절대적 진리와 합리성을 강조하는 실증주의 및 후기 실증주의 이론에 기초한 반면, 이들 모두와 극명하게 구분되는 제4세대 평가는 다음과 같은 해석학적이자 변증법적인 특성을 가집니다.

첫째, 제4세대 평가는 사회심리학적 구성(constructions)에 대한 전제, 즉 인간이 삶 속에서 일어나는 사건, 상황, 활동, 상황으로부터 영향을 주고받으며 만들어 가는 의미, 가치, 신념, 이해로 이루어진다는 가정에서 출발합니다.

둘째, 평가자와 이해관계자는 양측이 서로 정보를 교환하며 함께 배워 가는 상호작용적 인식론에 기초하여 관계를 맺어야 한다고 봅니다. 따라서 앞의 평가들과는 달리, 프로그램의 원래 목표가 평가의 초점이 아니라, 사람들이 경험하고 있는 관심사, 우려사항, 쟁점이나 비판적 관점 등에 주목하여 함께 자료를 모으고 토론하며 협상하는 과정에서 진정한 앎이 이루어진다고 보는 것입니다.

셋째, 제4세대 평가는 방법론적으로 확장하여 통계측정 모형을 넘어서서 당면한 문제에 가장 적합한 방법을 혼합하여 설계하고자 합니다.

넷째, 평가에서 가치를 주변적, 지엽적인 것으로 간과하지 않고, 인간의 인지적 이해 과정에서 떼어낼 수 없는 본질적인 일부로 여깁니다. 따라서 이해관계자 간에 서로 충돌하기도 하고 조화되기도 하는 가치의 다원성을 중요하게 다루며 가치에 대한 논의의 장으로 이끌고자 합니다.

### 3) 그 외의 참여자 중심 평가접근법

Stake에서 시작하여 Guba와 Lincoln 등의 선구적 노력 이래로 철학적 패러다임 변화와 시대적 요구에 발맞추어 참여자 중심 평가접근법이 괄목할 만한 성장을 하며 참으로 다양한 평가이론과 방법론이 제안되어 왔습니다. 여기에서는 그중 숙의민주주의 평가와 권한부여 평가, 강점탐구 평가를 소개하도록 하겠습니다.

### (1) 숙의민주주의 평가

먼저 House와 Howe(1999)는 미국 철학자 Rawls의 평등주의적 정의이론에 기초하여 숙의민주주의 평가(deliberate democratic evaluation)를 제안하였습니다. 이들은 평가에서 가치의 문제를 전면에 내세웁니다. 평가자에 따라 가치문제를 회피할지 혹은 전면에 드러낼지, 중립적일지, 특정한 가치 지향성을 보일지, 모두의 관점을 동등하게 다룰지, 특정 집단의 권익을 주창하여야 할지, 평가결과에 따라 가치가 내재된 결론을 직접 내릴지 혹은 관계자에게 결론을 내리게 할지, 가치가 객관적이라고 보는지 혹은 주관적이라고 보는지에 있어 상당히 다른 관점을 가집니다. 이들은 1960년대 사실이나 가치를 주어진 것으로 보던 관점(received view), 즉 중립성과 객관성으로 무장하고서 가치문제를 도외시하는 실증주의와 후기실증주의에 반대하는 동시에, 모든 가치를 동일하게 다루는 급진적 포스트모더니즘에도 반대합니다. House와 Howe는 자신들의 관점을 숙의민주주의 관점이라고 부르면서, 가치와 사실은 연속선상에 있기에 가치를 최소화시키는 것을 문제 삼는 동시에 모든 가치가 동질하다고 보는 극단적 평등주의(hyper-egalitarianism)나 표현의 자유와 다양성만이 최상의 가치가 되어 버리는 극단적 다원주의(hyper-pluralism)도 반대합니다. 이들은 공정성, 정의, 민주주의를 사회적인 협상의 대상이 아니라 사회의 근원적 가치로 바라보며 사회적 약자의 요구를 반영하는 데 노력을 기울이고자 합니다.

숙의민주주의 관점을 가진 평가자는 평가를 계획, 실시, 해석하는 과정에서 삶의 공공성에 기여하는 민주적 가치에 따라 포용(inclusion), 대화(dialogue), 숙의(deliberation)라는 세 가지 준거를 지키고자 합니다.

첫째, 내부자와 외부자 등 모든 정당한 이해관계자의 관심사와 관점을 포용하고자 노력합니다. 이때 평가자는 권력의 불균형을 인지하고 모든 사람이 고유한 목소리를 내도록 돕습니다.

둘째, 이해관계자들이 심도 있는 대화를 통해 쟁점을 논하고 상호작용하도록 함으로써 더 진정성 있고 깊이 있는 관점을 평가에 반영시키고자 합니다. 이해관계자 각자가 스스로 자신의 입장을 규명하는 것은 쉽지 않기 때문에, 대화를 통하여 사람들의 진정한 관심사와 가치, 관점이 드러날 수 있다고 봅니다.

셋째, 평가자의 전문성을 활용할 수 있는 숙의 과정을 충분히 거침으로써 성찰을 통한 결론에 도달할 수 있도록 돕습니다. 즉, 모든 가치와 의견이 그 자체로서 옳은 것이 아니며 충분한 대화와 숙의를 거쳤을 때 정말로 의미 있는 관점이 도출될 수 있다고 본다는 측면에서 숙의민주주의 평가를 통하여 민주주의가 그저 일시적인 대중적 인기에 영합하여 감정적으로 출렁이거나 편향되지 않도록 하는 역할을 하도록 합니다.

House와 Howe(1999)는 평가가 사람 사이의 갈등을 제거할 수 없으며, 오히려 주어진 갈등 상황 속에서 포용, 대화, 숙의 과정을 통해 최선의 판단을 함께 이끌어 낼 수 있는 기능을 하기를 기대합니다. 우리 사회에서 평가는 결국 '선택' 개념과 연관됩니다. 어떤 선택을 할지, 누가 선택할지, 어떤 근거로 선택할지가 평가에서 중요한 쟁점이 됩니다. 공공성을 가진 정책, 프로그램, 실제를 다루는 평가라면 장단점에 대한 분석을 통한 공동 선택(collective choice)이 요구되므로 포용, 대화와 숙의를 통한 합의 과정이 필요할 것입니다. 그러나 민주주의를 촉진하는 것이 과연 평가의 주된 목적이어야 하는가에 대한 비판(Stake, 2000)도 존재합니다.

### (2) 권한부여 평가

Fetterman(1994)의 평가모형은 권한부여(empowerment)와 자기결정(self-determination) 이론에 기초하여 개발되었습니다. 권한부여 평가는 프로그램 관계자들이 평가의 개념, 기법, 결과를 익히고 활용하여 스스로 평가하고 성찰하여 개선해 가는 것을 강조하며 진실과 정직성을 추구합니다. 따라서 구성원들이 스스로 프로그램을 계획, 실시, 평가할 수 있는 역량 개발(capacity building)을 중시합니다(Fetterman, 2013).

권한부여 평가는 크게 3단계로 이루어집니다(Fetterman, 2013).

- 1단계: 미션 합의(mission)

  먼저 구성원들이 미션 혹은 가치에 대한 합의에 이르게 하는 과정입니다. 자신들에게 무엇이 중요하며 어디로 가고자 하는지에 대하여 비전을 공유합니다. 큰 종이에다가 합의된 미션을 적은 후 함께 살펴보며 수정하여 최종화합니다.

- 2단계: 현재 평가(taking stock)

  공유된 가치의 맥락 안에서 구성원들이 자신들의 노력을 평가하는 과정입니다. 먼저 조직 혹은 프로그램의 목표 달성에 가장 중요하다고 생각되는 활동을 모두 나열하게 한 뒤 각자 5개씩 골라서(예컨대 각자 선택한 활동 옆에 스티커 1개씩 총 5개를 붙이는 방식으로) 가장 많은 선택을 받은 10개의 활동을 선별하게 합니다. 이어서 선택된 10개의 활동에 대하여 우리가 얼마나 잘하고 있는가에 대하여 각각 1점(낮음)~10점(높음)으로 평정하게 하고 가로, 세로로 평균을 냅니다. 점수를 파악하는 것보다 더 중요한 것은 각 평정에 대하여 대화를 나누는 과정입니다. 근거와 증거를 구체화하는 과정을 통해 낮은 평정을 받은 활동에 관한 우려사항을 파악하여 미래의 개선을 위한 계획에 반영할 수 있게 됩니다.

- 3단계: 미래 계획(planning for the future)

  2단계의 결과를 발판으로 삼아 목표와 방법, 증빙자료(실시 여부와 효과 등에 대한 근거자료)를 선정합니다. 논의되었던 것 중 중요한 쟁점(예컨대 2단계에서 의사소통이 낮은 평정을 받았다면 의사소통 증진을 목표로 삼을 수 있을 것임)을 중심으로 구성원의 역량과 자원, 일정 등을 고려하여 실현 가능한 구체적 목표를 정하고 이를 달성할 수 있는 방법, 수집할 증빙자료의 유형(온라인 설문조사, 포커스집단, 면담 등)을 정합니다. 기저선, 목적, 벤치마크를 도표화하여 실시 과정을 기록하고 평가결과를 요약합니다.

이러한 과정에서 권한부여 평가자는 구성원보다 우월하거나 열등하지 않은 동등한 권한을 가지고 의견을 제시할 수 있습니다. 평가자의 역할은 코치, 조정자, 비판해 줄 수 있는 진정한 친구로서, 구성원들과 참여자들의 목소리가 골고루 들릴 수 있도록 촉진합니다. 한편 권한부여 평가자는 이해관계자에게 평가의 책임을 전가하고 자신은 기술적 측면만 책임지는 컨설턴트로 역할을 축소시킨다는 비판을 받기도 합니다(Fitzpatrick, 2011/2014).

### (3) 강점탐구와 조직학습을 위한 AI 평가

강점탐구(Appreciative Inquiry: AI) 개념에 주목한 평가접근법(Preskill & Catsambas, 2006; Whitney & Trosten-Bloom, 2010)은 평가의 활용과 참여를 중시하는 평가방법의 하나로서, 강점에 기반하여 조직의 문화를 더욱 긍정적으로 만들어 가는 고유한 특징을 가집니다. 이는 쉽게 해결하기 힘든 구조적 문제점이나 한계에 초점을 맞추기보다는 개인의 강점과 가능성에 주목하는 긍정심리학이나 학습공동체로서의 조직개발 패러다임 등에 기초하며, 강점기반 평가(strengths-based evaluation 혹은 asset-based evaluation)의 가능성이 주목받기 시작한 것(Simmons & Lehmann, 2012)과 맥을 같이합니다. 늘 해 오던 방식대로 혹은 다른 기관에서 했던 방식대로 기계적, 반응적으로 움직이는 조직이 아니라 반성적 사고와 성취동기, 체계적 사고, 공통의 비전, 팀워크를 바탕으로 능동적으로 배우고 즐겁게 개선하고자 하는 '학습하는 조직'의 문화가 형성되도록 조직의 변화를 가져오는 것이 중요하다는 인식에서 출발한 것입니다.

강점탐구(AI)는 1980년대 중반 David Cooperider가 박사학위논문을 위한 연구에서 원래 계획과 달리 구성원들이 자신들의 문제점보다는 긍정적인 노력에 대하여 말할 때 훨씬 열정적이었던 데 주목하게 되면서 병원의 조직문화를 긍정적으로 변화시켰던 것에서 시작합니다(Preskill & Catsambas, 2006; Preskill & Coghlan, 2003). 이는 조직개발 분야를 넘어서서 다양한 분야로 뻗어 나갔으며 프로그램 평가에도 적용되게 되었습니다. Cooperrider와 Whitney(2005)가 제안했던 AI의 4D(여기서 4D는 발견[Discovery], 상상[Dream], 설계[Design], 결행[Destiny]을 의미함) 순환 과정을 평가의 맥락에 맞게 수정하여 Preskill와 Catsambas(2006)는 4I 순환 과정을 제안합니다. 이는 강점 탐구하기(Inquire), 비전 그리기(Imagine), 변화 계획하기(Innovate), 변화 실천하기(Implement)로 이루어집니다.

- 1단계 '강점 탐구하기'에서는 구성원들이 2인 1조 혹은 소집단 등의 형태로 현재 자신이 몸담은 기관에서 일한다는 사실이 가장 자랑스럽게 느껴졌고 생생한 에너지가 넘쳤던 최고의 경험을 떠올려 보고, 상대의 이야기를 전체 혹은 소집단으로(전체 인원수가 많을 경우) 나누는 것으로 시작합니다. 이때 가장 중요하게 여기는 가치가 무엇인지, 그러한 최고의 순간을 더 많이 가지기 위해 바라는 세 가지 소원은 무엇인지 공유합니다.
- 2단계 '비전 그리기'는 대화가 강조되는 과정으로, 전체 구성원이 최고의 성공적 경험, 가치, 소원을 함께 검토하여 더욱 명료하게 하면서 공유할 수 있는 지점을 찾아갑니다. 공통의 비전과 가치를 성찰하는 시간을 통해 이후 함께 노력해 나갈 변화의 기초가 될 공동 비전 진술문(shared vision statement)을 함께 작성하여 공유합니다.
- 3단계 '변화 계획하기'에서는 이러한 공동의 비전을 성취할 수 있도록 성취목표, 기간, 내용 등 구체적인 변화를 위해 계획합니다. 세부항목을 고민하면서 시스템 차원에서 필요한 것과 각자의 실천에서 필요한 것을 구체화합니다.
- 4단계 '변화 실천하기'에서는 함께 추구하는 변화를 위하여 계획한 바를 구체적으로 실천하면서 과정을 성찰하고 평가한 다음, 그 결과를 반영하여 비전이나 계획을 다시 조정하여 실천하는 순환적 과정이 이루어집니다.

이는 계획, 실행, 관찰, 성찰, 수정의 과정으로 이루어지는 참여적 실행연구나 앞에서 소개한 권한부여 평가와 유사한 흐름을 보이지만, 조직과 구성원의 강점에 기초하여 이를 더 확장하는 데 초점을 맞춘다는 차이를 가집니다. 한편 강점을 중심으로 한 평가의 과정에서 능동적으로 비판적 성찰과 개선 노력이 이루어질 수 있도록 돕는 평가자의 역할이나 조직 운영관리자의 지원 등에 대한 탐색이 더욱 요구됩니다(Lee, 2016).

## 4) 참여자 중심 평가접근법의 장단점

평가라는 학문의 본질이라 할 수 있는 실천적이고 실용적인 특성으로 인하여, 참여자 중심 평가접근법은 이론과 실제 모두에서 점점 더 그 중요성이 강조되어 왔습니다. 이에 따라 참여자 중심 평가접근법을 취하는 다양한 모형과 절차가 개발되고 세분화되고 있기에, 그 장단점을 일괄적으로 평가하기는 어렵습니다.

Stake의 종합실상 평가는 평가자가 프로그램의 단면만 파고들 것이 아니라 총체적인 양상에 대한 이해를 추구하여야 한다는 중요한 사실을 환기시켰으며, 반응적 평가는 사전 계획에 따라 예정된 순서대로 순차적으로 평가 활동을 실시하던 경직된 선형성을 극복하게 해 주었습니다. Stake의 평가이론은 일반성이 아닌 구체적 지역성을 중시하고 다원적 실재와 다원주의 가치를 존중하며 이해관계자의 경험과 관점을 선구적으로 반영하고자 하였다는 점에서 높이 평가받고 있습니다. Stake는 평가자가 이해관계자의 목소리에 반응하고 반영하여야 하지만, 평가의 책임과 전체적인 통제의 권한은 평가자에게 귀속되어야 한다고 봅니다(Abma & Stake, 2001). 따라서 더 사회변혁적인 평가를 지향하는 이론가들로부터는 이해관계자, 특히 소외된 집단들로 하여금 평가자료 수집이나 해석 과정에서 주도적인 역할을 하게 하는 측면에서는 제한적이라는 비판을 받기도 합니다(Fitzpatrick et al., 2011/2014). 역으로 권한부여 모형이나 AI 평가에서처럼 이해관계자들이 주도하여 스스로를 점검하고 변화를 계획하고 실천하면서 평가자료를 수집하고 해석하는 것이 평가의 책임을 지나치게 구성원들에게 전가함으로써 평가자의 역할이 컨설팅 중심으로 축소되고 더 유용한 정보나 기술을 제공하지 못하고 편향될 수 있다고 비판하는 목소리도 존재합니다.

Stake 이후에 개발된 다양한 참여자 중심 평가접근법에서는 참여자의 정의나 참여방식에서 상당한 차이를 보이며 서로 장단점이 교차하는 특성을 가집니다. 의사결정 중심 평가접근법과도 상당한 연관성을 보이는 Patton이 초점을 맞추는 이해관계자는 의사결정권, 즉 권력을 가지고 있는 경우가 대부분인 반면, House와 Howe의 숙의민주주의 평가에서는 모든 참여자가 대화와 숙의 과정을 통해 충분한 정보를 갖고 공동의 선택을 할 수 있도록 돕습니다. 한발 더 나아가 Fetterman이 제안한 권한부여 평가나 이후의 변혁적 참여평가에서는 사회적 약자, 자신의 목소리를 내기 힘든 집단의 사람들(예컨대 남아프리카, 아마존 지역 등의 프로그램에서 권한부여 평가가 실시됨)이 참여할 수 있는 방안을 적극적으로 찾아 자신의 권리와 힘을 찾도록 함으로써 궁극적인 사회변화를 추구한다는 특징을 가집니다.

이해관계자의 참여방식에도 상당한 차이가 있습니다. 어떤 참여자 중심 접근법에서는 주로 평가의 시작과 끝 단계에 참여시켜 처음에는 평가문제를 결정하는 데 도움을 얻고 평가 후반부에는 결과를 해석하고 권고안을 만드는 데 도움을 얻는 방식으로 활용하는 반면, 평가 과정 전반에 걸쳐 이해관계자들의 관점과 경험을 적극적으로 활용하거나 이해관계자들이 스스로 평가 역량을 기르도록 지원하는 데 초점을 두는 접근법도 있습니다. 후자의 경우에는 이해관계자들이 주된 의사결정자 혹은 정보 수집자 역할을 하고, 평가자는 필요에 따라 전문 컨설턴트 역할을 하게 됩니다.

사실상 오늘날 거의 모든 평가에서 이해관계자의 참여를 중시하고 있기 때문에 전자의 방식을 참여적 평가로 포함시켜야 할지에 대해서는 부정적인 목소리도 있습니다(Mathison, 2005). 현재 대부분의 프로그램 평가자는 오랫동안 모색해 왔던 평가의 실제적 활용, 즉 평가가 평가 자체로 끝나는 것이 아니라 현실에 반영되어 실질적으로 활용될 수 있도록 어떤 방식으로든 이해관계자를 평가에 참여시키고 있기에 Cousin 등이 제안하는 실용주의 차원의 참여적 평가를 비롯하여 단순히 이해관계자의 참여만 포함시키는 것으로는 Stake, Lincoln과 Guba 등이 원래 주목하였던 참여자 중심 평가의 쟁점에 대한 고민과 성찰을 반영한다고 말하기 힘듭니다.

전반적으로 볼 때 참여자 중심 평가접근법은 하나의 잣대에 모든 평가대상이 일률적으로 순응하며 맞출 것을 강요하는 것이 아니라, 고유한 가치와 맥락적 상황에 따라 구성원들이 참여하여 함께 성찰하고 인식과 관점을 공유하며 협력함으로써 속도는 느리지만 진정 의미 있는 변화 과정이 이루어지는 평가의 가능성을 보여 줍니다. 비록 변화의 속도가 느리겠지만, 이해관계자들이 능동적으로 평가에 참여하는 과정을 통하여 긍정적인 성취동기를 가지고 비전을 공유하고 개선방안을 모색하며 실천하여 다시 평가할 때 차이생성과 진정한 개선으로 이어질 수 있을 것으로 기대할 수 있을 것입니다.

그러나 평가자가 충분한 시간을 들여 현장에 집중하여 가치와 실제를 드러내고 조율해 가는 데 있어서 비용과 시간이 상당히 들 수 있다는 것이 참여자 중심 평가접근법의 약점입니다. 다양한 가치와 관점이 충돌하는 갈등 상황에서 우수한 경청 기술이나 대인관계 기술, 중재 기술이 요구되는 반면, 그러한 역량을 갖춘 평가자가 현실적으로 부족하다는 것도 한계일 것입니다. 더 나아가 명확하고 빠른 해결 방안을 요구하는 정부관계자나 정치인 등에게 진지하게 받아들여지지 않을 가능성(Worthen et al., 1997)이 여전히 큽니다.

이러한 한계와 약점에도 불구하고 실제로 중요한 통찰을 얻을 수 있고 상황과 맥락에 적합한 정책을 구현하기 위해서는 참여자 중심의 평가접근법이 기여할 수 있는 바를 이해하고 알리는 작업이 필요합니다. 참여자 중심 평가접근법을 정책 차원의 평가에서 활용하기 위해서는 평가의 이론과 방법론을 다듬어 나갈 뿐만 아니라, 새로운 평가접근법의 필요성에 대하여 주요 의뢰인과 이해관계자를 이해시키고 설득하는 과정에서 더 깊은 고민과 노력이 이루어져야 할 것입니다.

## 함께 이야기해 보기

❶ 개인적인 경험과 가치, 관점 등에 비추어 가장 마음에 와닿는 평가접근법이 무엇인지 함께 이야기를 나누어 봅시다.

❷ 제2장의 '활동해 보기'에서 생각했던 평가 상황과 질문으로 돌아가, 어떤 평가접근법이 가장 적합할지에 대한 각자의 생각을 이야기해 봅시다.

## 활동해 보기

❶ 제5장에서 다룬 네 가지 주요 평가접근법의 특징을 비교, 분석하여 봅시다. 자신만의 방식으로 표, 그림, 개념지도 등을 활용하여 정리해 봅시다.

- 주요 이론가
  각 평가이론가의 생애를 살펴보고 제안한 평가접근법이나 모형에 관해 이해할 수 있을 것입니다.
- 평가의 정의와 초점
  각 평가접근법/모형에서 평가를 어떻게 정의하고 어떤 목적과 역할에 초점을 맞추는지 분석해 봅시다.
- 주된 활용과 기여
  주로 어떤 분야에서 어떻게 활용되고 있는지, 어떤 학문적·실제적 기여를 하고 있는지 알아봅시다.
- 장단점
  각 평가접근법의 장점과 단점, 고유한 강점과 한계에 대해 자세히 살펴봅시다.

# 제2부

# 유아교육·보육 3P 평가의 실제 살펴보기

이제 유아교육 및 보육과 관련하여 구체적인 평가를 적용한 실제로 여행을 떠나려 합니다. 제2부는 모두 5개의 장으로 구성되어 있습니다.

- 제6장에서는 유아교육 3P 평가를 실시하기 이전에 현재의 가치를 찾고 새로운 가치를 생성하기 위하여 반드시 필요한 질문, 유아교육과 보육의 '질(quality)'이 과연 무엇을 의미하는가를 살펴봅니다. 질의 의미가 지금까지 어떻게 정의되어 왔는지의 동향을 살펴보고, 앞으로 어떤 새로운 시선으로 의미를 만들어 가야 할지에 대한 고민을 나누고자 합니다.

- 제7장에서는 유아교육·보육 정책평가를 살펴보고자 합니다. 헤드스타트의 목표/결과 중심 평가와 보편무상 유아교육(Pre-K) 정책에 대한 과정 중심 실시평가의 사례를 분석해 보고자 합니다.

- 제8장에서는 유아교육·보육 프로그램 평가를 살펴보고자 합니다. 하이스코프 프로그램의 종단설계 평가 및 비용-편익 분석과 레지오 에밀리아 접근법에 대한 교육적 감식안 및 교육비평 적용 사례, 프로젝트 접근법에 대한 실행연구 평가를 소개하고자 합니다.

▬ 제9장에서는 유아교육·보육 실제평가를 살펴보고자 합니다. NAEYC의 평가인증과 강점탐구기반 평가의 실제를 통하여 유아교육과 보육의 구체적인 실제를 들여다볼 수 있는 평가에 대하여 고민해 보고자 합니다.

▬ 제10장에서는 유아교육·보육에 대한 일방적 평가가 아니라 유아교육·보육을 위해 함께 만들어 가는 평가를 어떻게 준비하고 계획할지 살펴보고자 합니다. 3P의 평가 모두에 적용할 수 있지만, 유치원과 어린이집 현장에서 프로그램이나 실제를 평가하는 데 필요한 계획 과정을 염두에 두고서 소개합니다.

# 제6장

# 유아교육·보육의 질 : 개념 및 새로운 동향[10)]

유아교육과 보육의 가치실현을 위하여 시간과 열정을 쏟고 있는 사람이라면 누구든 과거, 현재와 미래의 삶이라는 연속성 상에 우리 아이들에게 가장 도움이 될 것으로 기대되는 좋은 유아교육·보육을 제공하고 싶어 합니다. Zigler, Gilliam과 Barnett(2011/2014)가 표현한 바와 같이 "가치 있는 일이라면 잘해야 할 가치가 있는 것"입니다. 이 장에서는 이러한 가치 추구와 실현의 과정 속에서 과연 유아교육·보육의 '질(quality)'을 어떻게 개념화되는지를 고민하고 논쟁해 온 선행연구와 이론을 먼저 살펴보고자 합니다.

일상적으로 사용되고 있기는 하지만, 유아교육과 보육의 질은 이론적으로나 실증적으로 정의하기 힘들며, 더구나 이를 측정하거나 평가하기란 더욱 어렵습니다. 유아교육과 보육에서 이루어져 온 '질 담론'을 어디에 서서 어떻게 바라볼지, 스스로 시선의 방향과 위치를 정하는 것이 평가에 중요한 기초가 될 것입니다. 이 장에서 소개되는 다양한 관점은 앞에서 소개한 객관주의적 인식론과 직관주의/다원주의적 인식론에 따른 패러다임의 차이를 분명하게 드러낼 것입니다.

10) 제6장의 일부 내용은 2006년에 「유아교육연구」의 26권 4호에 게재된 논문, '유아교육 프로그램 평가의 다양성과 깊이에 대한 탐색'에 기초함을 밝혀 둡니다.

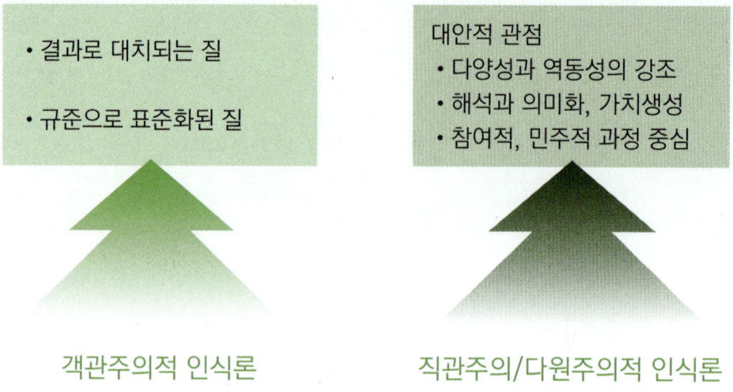


그림 6-1 • 인식론적 토대에 따른 질 담론 패러다임

## 1. 유아교육 · 보육의 질을 바라보는 관점의 변화

유아교육과 보육을 잘한다는 것이 무엇인지, 좋은 유치원과 어린이집이란 어떠해야 하는지에 대한 질문이 평가에서 가장 본질적인 질문임을 알 수 있습니다. 따라서 유아교육·보육의 3P 평가에서도 가장 우선적이고 핵심적인 과제는 좋은 유아교육·보육이란 과연 무엇인지 그 가치를 탐색하고 정의하며, 이를 실질적으로 평가하기 위한 준거는 어떻게 정할 것인지를 협의하는 과정일 것입니다. 여기에서는 유아교육과 보육의 질에 관련된 이론 및 평가와 연구가 어떻게 이루어져 왔으며 어떤 담론이 구성되어 왔는지를 살펴보고자 합니다.

### 1) 시기별 관점과 연구 동향

유아를 위한 교육과정, 프로그램, 기관, 환경, 상호작용 등의 질에 관련된 연구 혹은 평가를 시기별로 구분하여 비교, 종합하고자 하는 시도들이 이루어졌습니다. 사실상 유아교육과 보육은 중첩되는 기능과 효과를 가지므로 엄격하게 구분하기는 힘들며, 가정양육과 비교하거나 가정 변인을 통제하는 측면에서 유아교육·보육의 질을 살펴보는 연구동향을 범주화한 시기별 관점과 유아교육·보육의 질적 수준에 따른 교육과정이나 프로그램의 효과에 초점을 둔 평가연구를 범주화한 시도로 나누어 살펴보고자 합니다.

### (1) 유아교육 · 보육의 질에 대한 시기별 관점

Hayes, Palmer 및 Zaslow(1990)는 1970년대부터 1990년대까지의 경향을 분석하여 유아교육·보육의 질에 관련된 연구를 세 시기로 나눈 바 있습니다. 이들의 분류는 가정에서의 양육과 기관에서의 보육을 비교하거나 두 가지 경험의 관련성이 영유아에게 미치는 영향을 살펴보는 데 초점을 두고 이루어졌음을 알 수 있습니다.

첫 번째 시기는 1970년대 초반으로, 주로 "유아기의 교육/보육이 좋은 것인가, 나쁜 것인가?", 더 적나라하게 표현하자면 "유아교육·보육이 과연 해로운 것은 아닌가?"라는 질문에 답하고자 하였다고 합니다. 이를 경종 시기(alarm phase)로도 부르는데 가족 중심의 육아가 더 보편적이던 당시에 가정에서부터 격리하여 집단으로 영유아를 보육하고 교육시킬 경우 모성결핍(maternal deprivation)에 따른 부작용이 있지 않을까 우려하며 이러한 사회적 현상에 경종을 울리고자 했던 시대적 분위기를 반영한다고 할 수 있습니다.

이 시기의 평가연구는 가정에서 어머니의 보살핌을 전적으로 받는 영유아와 유아교육·보육 기관을 다니는 영유아가 애착형성, 지적 능력, 사회성 등에서 보이는 차이를 비교하는 설계를 통하여 그 질문에 답하고자 하였습니다. 그러나 이 두 집단은 무작위성(randomization)의 원칙에 따라 배치하여 비교할 수 없으며 결과에 영향을 줄 수 있는 수많은 변인이 존재합니다. 준실험(quasi-experimental)설계는 확실한 인과적 결론을 내릴 수 없다는 방법론적인 한계를 가질 수밖에 없기 때문입니다. 또한, 이 시기의 연구는 대부분 대학부설의 질 높은 유아교육과 보육 기관만을 대상으로 선정하여 가정에서만 양육된 영유아를 비교하였기 때문에 그 결과를 일반화할 수 없다는 지적도 받고 있습니다.

두 번째 시기인 1970년대 후반에 이르면서부터는 점차 대학과 연계된 유아교육 및 보육 기관을 넘어서서 다양한 수준과 형태의 기관을 포함시키게 되면서 기관의 질적 수준 차이에 따른 효과에 주목하게 됩니다. 가정환경에 따른 차이를 통제하고서 유아교육·보육의 질적 수준에 따라 기관을 다닐 때의 효과를 비롯하여 초등학교에 들어가게 되었을 때의 종단적 효과까지 알아보고자 하였습니다. 대표적으로 유아교육환경평정척도(Early Childhood Environment Rating Scale: ECERS) 등과 같이 유아교육·보육의 질을 측정하는 척도를 활용하여 총합 점수를 기준으로 삼아서, 높은 질적 수준의 기관과 낮은 기관 혹은 높은 수준, 중간 수준, 낮은 수준의 기관으로 나누어서 비교, 평가하는 연구들이 이루어집니다. 이 시기의 연구들은 실험설계보다는 그대로의 상황을 활용하여 횡단적으로 혹은 시간의 흐름에 따른 장기적 영향을 종단적으로 조사한 경우가 대부분이었습니다. 또한, 프로그램의 구체적 요소, 예컨대 유아 대 교사 비율이나 물리적 환경 등의 요소가 영유아에게 어떠한 영향을 주는지를 살펴보는 평가연구도 이루어졌습니다.

그러나 두 번째 시기에서 이루어진 평가연구에서 사용된 척도들이 복잡하고 역동적인 유아교육·보육의 총합적 질을 과연 제대로 측정하였는가의 문제, 영유아의 발달과 학습을 측정하는 도구의 타당도와 신뢰도 등의 문제를 비롯하여, 방법론적 적절성 문제가 제기됩니다. 표준화 작업을 거쳤다고 하더라도 여전히 한계를 가지는 질 평가척도에 따라 우수한 기관과 열악한 기관으로 단순하게 범주화하기보다는 실제 유아교육 및 보육 기관에서 이루어지고 있는 구체적인 상호작용과 과정적 측면에 주목하여야 한다는 목소리가 높아집니다.

세 번째 시기는 1980년대 후반부터로, 두 번째 시기에서 문제점으로 드러난 것, 새로이 통찰하게 된 것을 중심으로 더 진일보한 모습을 보이게 됩니다. 아무리 통계적으로 통제하였다고 하더라도 통제되지 않은 가정 변인이 유아에게 여전히 매우 큰 영향을 주며, 유아의 경험이란 결코 가정 변인과 프로그램 변인으로 나뉘지 않는다는 사실을 인식하게 된 것입니다(Hayes et al., 1990). 이에 따라 유아교육·보육의 질과 가정 변인을 함께 살펴보는 평가연구가 활발하게 이루어졌습니다.

유아교육·보육 기관의 질과 가정의 사회경제적 지위나 가족구성원의 특성과 관련된 변인이 어떻게 영유아에게 영향을 주는지를 함께 살펴보고자 하였던 이 시기에는 가정 변인의 다양한 영향력을 통계적으로 통제한 상태에서 변인 간의 상관관계를 알아보는 연구, 무작위 배정(random assignment)을 포함시킨 진실험설계를 활용하는 연구, 유아교육·보육 프로그램이 부모에게 미친 직접적 영향이 다시 자녀에게 간접적 영향을 줄 수 있음에 주목한 연구도 이루어졌습니다.

가정과 기관의 변인을 함께 살펴봄으로써 새로운 측면을 발견하기도 하였는데, 예컨대 부모가 어떤 질적 수준을 가진 유아교육·보육 기관에 자녀를 보내는지가 가정의 변인과 밀접한 관계를 보인다는 사실과 영유아가 경험하는 프로그램의 강도가 중요한 영향을 미친다는 결과가 주목할 만합니다. 하지만, 사회경제적 지위 등과 같은 가정의 구조적 변인뿐만 아니라 실제 부모-자녀 상호작용, 가족의 스트레스 수준, 양육의 질과 같은 과정적 변인을 자기보고(self-report) 형식의 조사가 아니라 실제 관찰을 통해 평가할 필요가 있다는 지적이 제기되고 있어 더욱 발전된 연구 및 평가 설계가 요구되고 있음을 알 수 있습니다.

### (2) 영유아를 위한 교육과정과 프로그램의 효과에 대한 연구 동향

교육과정이나 프로그램의 유형 또는 질적 수준에 따라 영유아에게 미치는 효과 혹은 성취결과에 관련된 평가연구의 유형을 구분한 학자도 있습니다. Frede(1995)는 다음과 같이 세 시기로 구분하고 있습니다.

첫 번째 시기는 1960년대 후반에 시작되었으며, 심리학적 이론에 기초하여 개발된 유아의 발달과 학습을 위해 개발된 교육과정 혹은 유아교육·보육 프로그램 중 어떤 모형이 더 우수한지 그 효과성을 서로 견주어 보는 데 초점을 둔 비교연구(comparison studies)로, '경마(horse race)' 모형이라 불리기도 합니다. 이 시기에는 주로 저소득층 유아들을 대상으로 평가결과에 영향을 미칠 수 있는 변인들(예컨대 교사 대 유아 비율, 학급 크기, 교사 학력 등)을 통제한 상태에서 다양한 교육과정 혹은 프로그램에 무작위 배정하여 교육과정/프로그램에 따른 효과가 어떻게 다른지를 비교하고자 하였습니다. 예컨대 교사 중심의 직접 교수법 교육과정, 놀이 중심의 전통적인 개방형 교육과정, 교사를 비롯한 환경과 유아 간의 상호작용을 강조하는 인지 발달 교육과정으로 구분하여 유아의 발달과 학습에 미치는 단기 혹은 중장기 효과를 비교한 연구 등이 대표적입니다.

그러나 청소년기의 탈선 예방 등 일부 변인에서 교사 중심 교육과정이 상대적으로 가장 덜 효과적이라는 등의 부분적 차이는 발견하였지만, 대체로 교육과정이나 프로그램에 따른 일관된 차이를 발견하기란 쉽지 않았습니다. 이러한 경마 모형을 통해 모든 유아에게 가장 좋은, 소위 '완벽한(perfect)' 교육과정을 찾거나 우위를 가린다는 것은 사실상 불가능하거나 무의미한 일이라는 비판을 받게 됩니다(Consortium for Longitudinal Studies, 1983).

두 번째 시기에는 대체로 실험설계가 아니라 자연스러운 유아교육 및 보육 기관의 상황 속에서 관찰되는 프로그램의 특성으로부터 어떤 요인들이 유아 성취결과에 영향을 주는지를 살펴보는 데 초점을 두게 됩니다. 프로그램의 효과는 프로그램의 유형이 아니라 실제로 교실에서 이루어지는 실제, 프로그램의 구체적인 특성에 좌우된다고 보았기 때문입니다. 예컨대 교실에서 유아교사의 행동을 관찰하여 유아의 이후 학습성취도 등에 어떤 측면이 영향을 주는지를 살펴보았습니다. 유아의 성취결과 측면에서 더 효과적인 것으로 나타난 교실의 교사는 유아의 관심사, 선택, 능력 등을 고려한 '가르침에 최적인 순간(teachable moments)'의 활용, 유아들을 관찰하여 배움을 증진시키기에 적절한 시간을 찾아내어 구체적인 제안이나 확산적 질문을 하는 등의 상호작용, 유아의 감정을 존중하며 긍정적으로 사유하며 갈등을 스스로 해결해 보도록 하는 정서적 지지 등의 요소를 발견하였습니다(Frede, 1995).

또한, 대규모 평가연구에서 실험설계를 사용할 경우에는 유아교육과 보육이 점차 보편화되면서 유아들을 실험집단과 통제집단에 무작위로 배정하는 것은 불가능해졌기 때문에, 대기명단에 있는 저소득층 유아를 비교집단으로 활용하는 방법 등으로 준실험설계를 활용하되 인과적 설명력을 높이려는 노력을 기울였습니다. 유아 대 교사의 비율이나 학급의 크기, 교사의 학력과 근무여건 등이 미치는 영향에 대한 연구나 프로그램 질의 총합 점수를 활용하는 연구도 이루어졌습니다.

세 번째 시기의 연구는 두 번째 시기의 연구와 유사한 방향성을 가지지만, '발달에 적합한 실제(Developmentally Appropriate Practices: DAP)' 등 특정한 평가 준거, 기준, 더 나아가 지표 등을 가지고 프로그램의 질적 수준과 효과를 평가하는 방식으로 이루어집니다. 전미유아교육협회(NAEYC)가 규정한 DAP는 전 세계적으로 강력한 영향력을 발휘하면서 좋은 유아교육과 보육의 의미를 결정하게 되었던 것입니다.

그러나 이렇듯 이러한 준거 혹은 기준은 사실상 백인 중심, 중산층 중심의 가치와 생활양식을 중심으로 하여 문화적으로 편향되어 있으며 유아교육·보육 프로그램이 가지는 다양성과 역동성을 존중하지 못하고 획일적으로 표준화시키는 역기능을 한다는 지적을 받게 됩니다(Woodhead, 1996). 또한, 발달심리학에 의존하던 학문적 경향을 넘어서서 인류학, 철학, 사회학, 보건의학 등으로 시선을 확장하여 유아교육·보육의 질을 이해해야 한다는 목소리 역시 높아집니다(Dahlberg et al., 1999). 이러한 비판에 따라 점점 경직화된 질 담론을 해체하고 새로운 의미를 구성해 가려는 노력이 이루어져 왔으며, 이에 따라 평가에서도 더욱 다양한 시선을 이해하고 포괄하려는 시도가 이루어지고 있습니다.

### 이론 더 알아보기

**'발달에 적합한 실제'와 유아교육 · 보육의 질 표준화**

전미유아교육협회(National Association for the Education of Young Children: NAEYC)는 1980년대에 미국 사회에서 일었던 유아교육 및 보육의 질적 수준에 대한 우려에 대처하면서, 초등학교 저학년의 교육과정을 유아교육과정으로 밀어 넣는 학문적 압력에 대해서도 저항하기 위하여 유아교육 · 보육계의 관점을 담은 일관된 기준이나 질에 대한 합의된 정의에 관심을 가지게 되었습니다. 원래 대학평가에 주로 사용되던 평가인증제도를 유아교육과 보육 분야로 도입하기로 하면서 그 지표 개발 과정에서 '발달에 적합한 실제(Developmentally Appropriate Practices:

DAP)'(Bredekamp, 1987; Bredekamp & Copple, 1997)가 도출됩니다. DAP는 한때는 '초록색 성경(Green Bible)'이라고 불릴 만큼 모두가 반드시 따라야 하는 것으로 믿었던 '가장 좋은 실제'에 대한 진리의 레짐이 되면서(Lee, 2003) 좋은 유아교육 · 보육의 실제와 나쁜 실제를 이분법적으로 구분했습니다.

사실상 역사적 맥락과 사회적 요구, 문화적 실제 등에 따라 매우 큰 차이를 보일 수 있음에도, NAEYC의 유아교육 · 보육에 대한 하나의 관점이 초월적 존재자처럼 세력화되면서 전 세계의 유아교육 · 보육과 평가를 좌우하게 되었습니다. 좋은 유아교육 · 보육이 무엇인가에 대한 질 담론은 어느새 하나의 정답만을 향해 왔습니다. 그 결과, 새로운 유아교육 · 보육을 꿈꾸며 스스로 평가하고 새로운 실천을 생성하고자 하는 의지는 길들여지고 통제되었습니다. 지배 담론이 하나의 당연하고도 자명한 진리가 되었기 때문입니다. 이러한 부작용에 직면하면서 많은 학자로부터 깊은 우려와 비판의 목소리가 나오게 되었습니다.

예컨대 「*Early Education and Development*」라는 학술지의 1991년 특별호(Swadener & Kessler, 1991) 전체에서 DAP에 대한 이러한 우려와 비판의 목소리를 듣는 장을 제공하였던 바가 있습니다. 전문가 중심 평가접근법의 하나인 평가인증이라는 강력한 제도와 연결되어 있는 DAP는 좋은 유아교육 · 보육에 하나의 정답, 하나의 바람직한 실제가 있다고 주장하면서 실제적으로는 다양한 목소리를 잠재우는 역기능을 하였기 때문입니다(Lee & Walsh, 2005b).

DAP는 이후 유아교육 · 보육의 담론과 실제에 큰 영향을 미치게 되어, Spodek(1991)이 '유아교육계의 새로운 보수주의'라고 부르기까지 합니다. DAP 개념이나 이에 기초한 NAEYC 평가인증제도가 긍정적인 역할을 하기도 하지만, 많은 학자로부터 유아교육 · 보육을 불필요하게 표준화하고 다양한 관점을 과도하게 억압한다고 비판받아 왔습니다. 특히 DAP가 아이들의 삶과 앎에 있어서 작은 한 부분만을 설명해 주는 발달심리학만을 지나치게 강조함으로써 유아들의 호기심과 배움에의 욕구를 읽어 내어 지원해 주는 교사의 역할을 오히려 제한하고 있다는 문제점을 깨닫게 되었습니다. 이에 따라 유아교육과 보육의 질을 다시 생각해 보고 재개념화하기 위한 깊이 있는 반성적 성찰과 새로운 담론의 시대가 열리게 되었습니다.

## 2) 유아교육·보육의 질에 대한 범주화

### (1) 전통적 범주: 구조적 질, 과정적 질, 총합적 질의 구분

유아교육·보육의 질에 관련된 전통적 연구에서는 총합적 질, 구조적 질, 과정적 질로 구분하여 살펴보곤 합니다.

첫째, 구조적 질(structural quality)은 '원거리 질(distal quality)'이라고도 합니다(Dunn, 1993). 전형적으로 교실의 특성, 즉 학급당 유아 수, 유아 대 교사의 비율, 교사 학력 및 경력, 물리적 환경 등을 유아교육·보육의 질적 수준을 대표하는 요소로 포함시킵니다.

둘째, 과정적 질(process quality)은 '근거리 질(proximal quality)'이라고도 합니다(Dunn, 1993). 실제 유아-교사, 유아-유아, 유아-환경 간의 상호작용 등을 가까이에서 지켜보고 이해하고자 합니다.

셋째, 총합적 질(global quality)은 구조적 질과 과정적 질을 모두 합하여 전체적으로 질적 수준이 높거나 낮다고 요약하거나 유아교육환경평정척도(ECERS)와 같이 하나의 총점으로 제시하는 방식을 택합니다(Zaslow, 1991).

실제 가르침과 배움의 순간, 유아와 유아 혹은 유아와 교사 간의 상호작용에서 드러나는 구체적인 과정적 질이야말로 유아교육과 보육의 질이라는 문제에서 가장 본질적이고 중요한 것임은 자명합니다. 그러나 이를 이해하고 평가하는 데는 시간과 노력이 소요되어 평가에서 총합적 질이나 구조적 질로 프로그램의 질을 대체하는 일이 흔하게 발생합니다. 실로 복잡하고 역동적인 유아교육·보육의 질을 평가하는 데 하나의 총점을 사용하거나 몇 가지 구조적 변인으로 얼버무리는 것은 조악한 방법이라는 비판(Waite, Leibowitz, & Witsberger, 1991)에도 불구하고 현실적으로는 과정 변인에 비하여 훨씬 더 관찰, 측정하여 수량화하고 통계적으로 비교하기 쉽기 때문에 많이 활용되고 있습니다.

Powell(1995)이 "좋은 것들은 같이 가게 마련이다."라고 표현하였듯이 구조적 변인이 과정적 질에 상당히 영향을 미친다는 연구결과를 근거로 들기도 하지만, 연구에 따라서는 대부분의 구조적 변인과 과정 변인의 상관관계가 그다지 높지 않다고 밝히고 있습니다(예컨대 Scarr, Eisenberg, & Deater-Deckard, 1994 참조). 또한, 총합적 질을 평가하기 위하여 가장 널리 사용되고 있는 유아교육환경평정척도를 예로 들어 보아도, 유아교육·보육의 구조와 과정 측면을 모두 반영한다는 측정도구 개발자의 주장과는 달리 실제로는 구조적 변인을 중심으로 이루어지고 있다는 비판을 받고 있습니다(Cassidy et al., 2005). Cassidy 등(2005)은 이 평정척도가 유아교육·보육의 질을 제대로 반영할 수 있을지에 의문을 제기하는데, 예컨대 교수학습이나 상호작용의 내용이나 방법은 조금도 바꾸지 않은 채 단순히 책이나 포스터, 적절한 교재교구 몇 개만 첨가함으로써 총점을 상당히 올리는 것이 가능하기 때문입니다.

나아가 이러한 구조적 질이나 총합적 질의 정의와 측정이 문화적인 편견을 내포하고 있다는 비판도 누적되고 있습니다. Dahlberg 등(1999)은 낮은 교사 대 유아의 비율과 같은 대표적인 구조적 질의 변인이 실은 서구에서 이상적으로 바라보는 모성애(motherhood)의 개념과 깊은 연관성을 가진다고 말합니다. 즉, 어머니가 자녀를 양육하는 방식이 유아를 보육, 교육하는 데 가장 좋은 방법이므로, 어머니가 직접 자녀를 기를 수 없는 경제적 여건에서는 가정양육의 대체(substitute) 방식으로 이루어져야 한다고 가정한다는 것입니다. Tobin(2005) 역시 유아교육·보육의 질에 대한 지금까지의 정의는 서구의 개인주의와 독립심에 대한 가치를 반영하며 제한적인 가족 중심의 일대일 상호작용을 중시하기에, 다양한 문화적 가치와 더 다원화된 상호작용의 방식을 존중하지 못하는 한계를 가진다고 지적합니다. 문화적 적절성뿐만 아니라 한 문화권 내에서도 상이한 관점과 가치, 실제가 공존한다는 측면에서 유아교육·보육 프로그램의 질을 바라보는 전통적인 관점을 벗어날 필요성이 진지하게 제기됩니다.

### (2) 누구의 관점인가에 따른 질의 구분

유아교육·보육의 질을 논할 때 과연 누구의 정의를 따라야 할지도 쟁점이 되어 왔으며, 점차 학계 전문가나 정책결정자뿐만 아니라 실제로 유아교육·보육과 관계를 맺고 있는 다양한 사람의 관점과 경험을 존중해야 한다는 데 의견이 모이고 있습니다. Katz(1993)는 유아교육·보육의 질을 바라보는 다섯 가지 관점을 구분한 바 있습니다.

첫째, '위에서-아래로의 관점'으로 유아교육·보육의 질을 규제하는 데 흔히 사용되는 학급당 유아 수, 유아 대 교사의 비율, 교사의 학력수준, 교재교구와 공간, 안전관리 등 미리 정해진 일련의 준거를 말합니다.

둘째, '아래에서-위로의 관점'은 실제로 프로그램에 참여하고 있는 영유아가 실제로 일상적으로 경험하는 삶의 질을 반영하고자 합니다.

셋째, '외부에서-내부로의 관점'입니다. 학부모와 교사가 관계를 맺고 상호작용하는 과정을 통해 학부모들이 경험하고 있는 서비스의 질을 조명하고자 합니다.

넷째, '내부의 관점'은 유아교육·보육을 제공하고 있는 교직원의 관점입니다. 동료 관계, 교사-부모 관계, 관할기관과의 관계 측면에서 질을 바라보는 것입니다.

다섯째, '외부의 관점'은 지역사회의 시민, 나아가서는 전체 사회 구성원의 입장에서 유아교육·보육의 질을 바라보는 관점 역시 고려되어야 한다고 봅니다.

이렇게 유아교육·보육에 관련된 이해관계 집단에 따라 좋은 유아교육 혹은 보육의 의미에 대한 다양한 시선이 공존할 것입니다. 아울러 Moss(1994)는 유아교육과 보육에 관련되는 여러 이해관계 집단 간에 서로 다른 관점이 있을 뿐만 아니라 같은 집단 내에서도 다양한 생각이 동시에 있을 수 있다는 중요한 사실을 지적한 바 있습니다. 예컨대 표미숙과 이진희(2017)는 '좋은' 어린이집의 의미에 대하여 어머니 집단과 보육교사 집단 간에 공유되거나 대립되는 관점이 존재하는 반면, 예컨대 어머니 집단 내에서도 각자의 경험과 가족 상황에 따라 '좋은' 어린이집의 기준이나 의미가 다를 수 있으며 더구나 새로운 경험과 공유를 통해 변할 수 있다는 다양성과 역동성을 지적하였습니다(표미숙, 이진희, 2009).

Moss와 Pence(1994)가 강조한 바와 같이 좋은 유아교육·보육에 대한 표준화되고 보편화된 정의를 고수하기보다는 구체적 맥락 속에서 함께하는 지속적인 '의미생성(meaning-making)'의 과정, 실험과 운동을 통해 유아, 교사, 부모, 지역사회 관계자들이 적극적으로 소통하고 협력하는 여정을 통해 우리 아이들에게 더 풍부하고 다채로운 경험을 제공할 수 있을 것입니다. 교사와 부모를 비롯하여 사람마다 각자 영유아가 어떠한 모습으로 자라나기를 원하는지에 대한 가치가 공존하는 장에서 서로의 경험과 관점을 존중하며, 때로는 관점의 차이를 줄여나가거나 새로운 사유가 가능할 수 있도록 협력하고 소통할 기회를 제공하는 것이 어쩌면 바로 '평가'의 역할이리라 기대해 봅니다.

## 2. 유아교육 · 보육에 대한 질 담론과 평가접근법의 관계성

여기에서는 유아교육·보육의 질을 어떻게 바라보는가에 따라 중점적으로 선택, 활용된 평가접근법들을 살펴보고자 합니다. 아울러 전통적인 질 담론을 넘어서서 새로운 의미를 생성해 가는 과정에서 평가접근법이 어떻게 변화되고 다양해져 왔는지를 조명해 보려 합니다.

### 1) '효과 = 질'의 동일시 관점과 목표/결과 중심 평가

여성의 사회진출과 더불어 유아교육 및 보육을 담당할 기관에 대한 요구가 증가하기 시작한 이래로 유아교육·보육의 질을 논할 때 가장 먼저 그리고 가장 빈번하게 제기되어 온 질문은 바로 "과연 유아교육·보육이 영유아에게 효과가 있는가?" 입니다. 이러한 질문에 답하기 위해서 영유아의 성장과 배움에 도움이 될 것이라고 프로그램에서 명시한 목표를 중심으로 한 목표 중심 평가를 비롯하여 목표로 제시되지는 않았지만, 일반적인 성취결과를 중심으로 한 결과 중심 평가가 주로 이루어지게 됩니다.

Lee와 Walsh(2004)는 1970년대에서 2000년대 초반 사이에 보고된 미국 유아교육 프로그램 평가보고서 140개를 분석하여 그 접근방법과 경향을 분석한 바 있습니다. 그 결과 그림 6-2에서와 같이 실험설계에 의한 결과 중심 평가가 압도적으로 많았습니다. 실험설계를 구체적으로 살펴보면 종단설계가 48.0%로 가장 많았으며 단일집단 사전사후검사 설계(29.6%), 비동질 비교집단 설계(15.3%), 횡단설계(9.2%), 기타(5.1%) 등의 순으로 이루어졌으며 두 가지 이상의 실험설계를 이용한 경우도

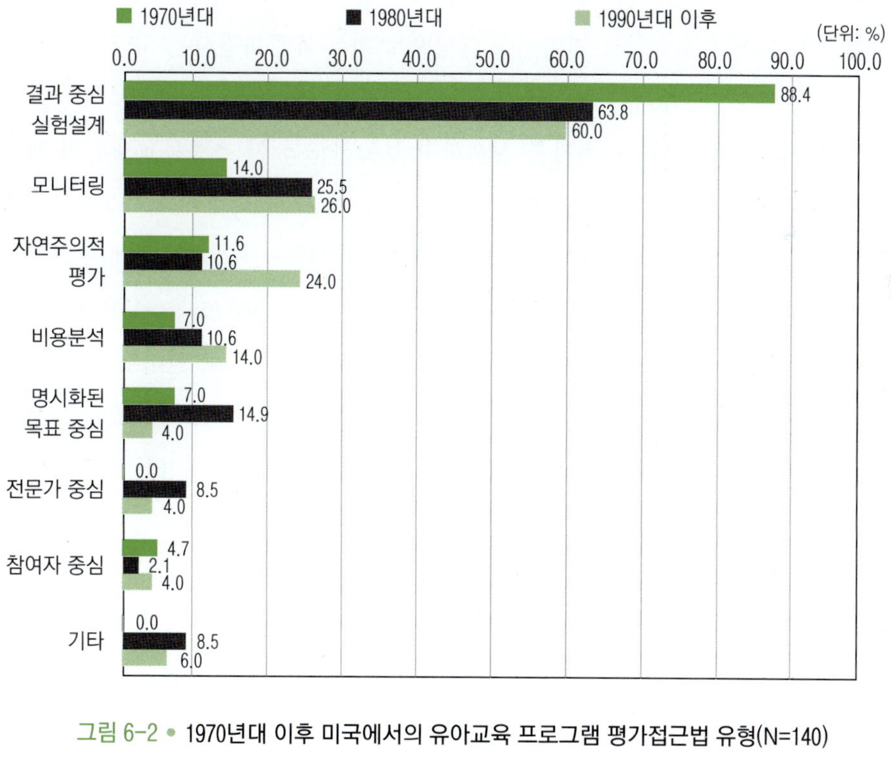


그림 6-2 • 1970년대 이후 미국에서의 유아교육 프로그램 평가접근법 유형(N=140)

출처: Lee, J-H., & Walsh, D. J. (2004). Quality in early childhood programs: Reflections from program evaluation practices. *American Journal of Evaluation, 25*, 351-373.

있었습니다. 명시적인 목표를 중심으로 평가가 이루어진 사례도 적지 않았습니다. 이러한 목표 혹은 결과 중심의 평가방법이 1970년대에 비하여 1980년대 이후에는 어느 정도 감소하면서 더 다양한 프로그램 평가방법이 시도되기는 하였으나, 부시 행정부 이후 책무성이 강조되면서 다시금 강조되었으며, 여전히 미국의 대규모 유아교육 프로그램 평가를 지배하고 있습니다. 이는 현대적 의미의 유아교육과 보육이 발달한 1960년대 이후 이루어진 프로그램 평가에서 과연 유아교육·보육이 효과가 있는가, 따라서 공적 재원을 받을 가치가 있는가 하는 질문에 끊임없이 대답할 것을 요구받아 왔다는 사실(Travers & Light, 1982)을 증명해 줍니다.

Perrone(1991)에 따르면 학교에서 활용되기 시작한 최초의 표준화검사는 1909년에 발표된 손다이크글씨척도(Thorndike Handwriting Scale)라고 하며, 그 이후로 오랫동안, 특히 유아나 초등학교 저학년을 대상으로 하는 표준화검사는 적극적으로 개발되지 않았습니다. 그러나 1965년 미국에서 연방정부의 지원금을 받는 어떠한 교육 프로그램이든 프로그램 평가를 실시하여 보고하도록 한 초중등교육법의 제정 이래로 유아를 대상으로 한 표준화검사와 각종 측정도구들도 적극적으로 사용되기 시작하였습니다. 더욱이 1980년대 실시된 미국 전반의 교육개혁운동에서 표준화검사가 유아교육·보육에서 널리 사용되었습니다(Perrone, 1991; Shepard, 1991). 그러나 유아를 대상으로 하는 표준화검사는 유아의 발달적 특성으로 인하여 의미 있는 결과를 얻기 힘들며 검사도구 자체의 타당도와 신뢰도, 민감도와 적절성이 의문시될 뿐만 아니라 다루고 있는 교육의 목표 및 내용이 협소하고 부작용도 상당합니다(이진희, 2004).

이러한 각종 영유아 대상 표준화검사를 활용하여 통계적으로 검증 가능한 프로그램 효과만이 유일하게 '과학적인' 해답을 줄 수 있다고 여기며, 프로그램의 맥락, 투입, 운영체제 및 실시 과정 등은 암흑상자 안에 넣어둔 채 목적과 결과에만 초점을 두는 것은 평가의 명백한 한계점입니다. 표준화검사의 결과로 유아교육·보육의 질을 쉽게 판단하고 마는 평가는 복잡하고 역동적인 질의 의미와 가치를 지극히 제한된 유아 성취결과로 한정 짓는 우를 범했다는 비판을 받아 왔습니다(Lee & Walsh,

2004; Spodek & Saracho, 1997; Travers & Light, 1982). 실험법을 토대로 한 목적 중심 혹은 결과 중심의 평가접근법은 특정 프로그램이 특정한 측면(주로 유아의 인지 발달 및 학업성취도)에서 효과가 있는지에 대해서만 부분적으로 대답해 줄 수 있으나 실제로 왜 효과가 있었는지 혹은 없었는지, 같은 효과를 얻고 싶다면 구체적으로 어떻게 프로그램을 운영하고 어떠한 교수학습 활동과 교육과정이 전개되어야 하는지에 대해서는 어떤 설명도 제대로 해 주지 못합니다. 몇몇 표준화검사를 활용하여 프로그램의 효과를 증명하는 데만 집중할 때 프로그램의 효과를 지나치게 단순화하게 되며 아울러 프로그램의 과정을 제대로 이해하고 평가하지 못하게 되고 맙니다.

나아가 측정하기 쉬운 성취결과를 유아교육·보육의 질로 대치하는 것은 교육과정의 왜곡과 아울러 교사의 사기 저하로 이어질 수 있습니다. Lee와 Walsh(2004)는 표준화검사를 중심으로 하는 유아교육 프로그램 평가가 국가적으로 혹은 지방정부 차원에서 강조되기 이전에는 유아들의 발현적인 흥미와 관심사를 중심으로 교사들이 정말로 원하는 교육과정을 운영할 수 있었던 반면, 성취결과가 강조되고 그것이 곧 유아교육·보육 및 교사의 질과 동일시되자 그러한 표준화검사에서 주로 다루어지는 단순한 개념(예컨대 숫자, 도형, 색깔 등)을 중심으로 교육과정을 왜곡하게 되었다는 교사들의 목소리를 전한 바 있습니다. 이러한 과정에서 유아들의 현재나 미래의 삶에서 훨씬 더 중요하지만, 측정하기 힘든 능력(예컨대 문제해결, 창의성 등)이나 정서적 측면은 상대적으로 도외시하게 됩니다.

유아용 표준화검사를 사용하는 프로그램 평가자들 역시 표준화검사에서 다루는 심리특성의 범위가 지나치게 좁다는 것을 비롯하여 대부분 발달 지연이나 지체가 있는 유아의 판별을 중심으로 개발되었기 때문에 발달 지연이나 지체가 없는 유아들의 발달 및 학업성취의 정도를 측정하기에는 민감성이 떨어지는 도구가 많다는 문제점을 지적하곤 합니다(Lee & Walsh, 2004). 유아의 역동적인 발달적 특성 등으로 인하여 유아용 검사도구의 타당성과 신뢰도를 확보하기 어려운 여러 가지 요인이 있기 때문입니다. 특정한 표준화검사가 측정하는 일부의 발달 요소에 대한 효과를 유아교육과 보육의 질을 평가하는 기준으로 삼는 것은 지나친 환원주의의 폐해로 이어질 수 있는 위험이 상당히 큽니다.

그런데도 유아교육·보육의 질이 이렇듯 발달적 목적 혹은 성취결과로 동일시되고 있는 미국 사회의 지배적 분위기로 인하여, 프로그램 평가자가 실제로는 유아교육·보육의 실시 과정에 대한 깊이 있는 과정평가가 더 적절하다고 판단하는 경우에도 결과 중심으로 평가를 실시해 달라는 요구를 어쩔 수 없이 수락하게 된다는 상황을 Lee와 Walsh(2004)는 제시한 바 있습니다. 이렇듯 유아교육·보육에서의 평가는 전통적으로 남성에 의해 지배되어 왔으며, 통계적 방법론 지향으로 흘러와 McCrea(1996)의 음양의 비유를 다시 한번 가져오면, 경직되고 엄격한 양(Yang)의 모습에 치우쳐 왔다고 할 수 있습니다. 이제 새로운 가치의 생성을 부드럽고 온화하게 품어 주는 음(Yin)의 평가가 보완될 것을 요구하는 목소리가 높아지고 있습니다.

### 2) 전문가가 정의하는 '표준화된 질'에 대한 관점과 전문가 중심 평가

제3장에서 다룬 평가의 역사에서 살펴본 바와 같이, 케네디와 존슨 대통령 시대의 경제적 여유와 당시의 이상향을 반영한 사회적 실험정신은 교육을 통하여 제반 사회문제를 해결할 수 있을 것으로 기대하였던 것에 비하여, 레이건 대통령 시대로 넘어와 재정적 곤란을 겪으면서 비판의 화살이 교육을 향하게 되었습니다. 이에 따라 책무성에 대한 요구와 규제로 초점이 옮겨 갔습니다(House, 1998). 연방정부, 주정부, 지방자치정부 모두 각종 규제와 기준을 강화하는 교육정책을 펼치게 되었으며 유아교육·보육 분야에서도 마찬가지 현상을 보였습니다. 보육기관 설립허가 기준(licensing standards)의 강화와 준수 여부에 대한 정기적인 감독, 교육청과 주교육부에 의한 현장시찰과 장학지도 그리고 프로그램 평가의 한 부분으로서의 모니터링이 활발하게 이루어지기 시작했습니다.

특히 1980년대부터는 고등교육기관의 평가에 주로 사용되어 왔던 평가인증 모형이 유아교육·보육 분야에 도입되어, 1990년대에는 규제와 관리를 위한 표준화된 질(standardized quality)이라는 개념이 한층 확대, 보편화되었습니다(Lee & Walsh, 2004). 일반적으로 체크리스트 혹은 평정척도 형식으로 평가되는 각종 프로그램 준거나 기준에서는 '좋은' 유아교육·보육이 갖추어야 할 요소들을 나열하고 있는데, 그 저변에는 무엇이 좋은 유아교육·보육인지는 과학적으로 규명할 수 있으며 이견이 있을 수 없다는 가정(예컨대 Dodge, 1995)이 깔려 있습니다.

Lee와 Walsh(2004)의 유아교육·보육 분야에서 이루어진 프로그램 평가보고서 분석(그림 6-2 참조)에서 실험설계에 의한 결과 중심의 평가 다음으로 모니터링 평가(22.1%)가 많았으며, 이는 1980년대 이후 더욱 증가세를 보이고 있습니다. 관리기관이나 재정지원기관에서 개발하거나 채택한 특정 기준을 제대로 준수하는지를 점검하는 데는 주로 현장방문(site-visits)과 관찰척도나 체크리스트를 중심으로 한 평가방법이 활용됩니다. 평가의 규준이 되는 도구에는 모든 기관이나 프로그램에 포괄적으로 적용할 수 있는 연구기반 평가척도(예컨대 유아대상의 ECERS와 영아대상의 ECERS-IT, APECP 등), 특정 프로그램에 적합하게 개발된 기준(예컨대 몬테소리 프로그램 체크리스트, 헤드스타트 프로그램 수행기준 등)이나 주정부에서 정한 기준 그리고 앞에서 말한 NAEYC의 평가인증 기준 등이 포함됩니다(Lee & Walsh, 2004).

그런데 앞에서 구조적 질이나 총합적 질의 문제를 다룰 때도 언급하였듯이, 어떤 한 나라에서 규정한 질의 정의와 평가기준을 그대로 적용하여 상이한 역사와 사회문화적 토대 위에 서 있는 다른 나라의 유아교육·보육의 질을 평가하는 것이 합당치 않은 상황이 발생하는 것은 당연합니다. 예컨대 Calder(1996)는 유아교육환경평정척도(ECERS)를 스웨덴에서 적용할 때 생기는 여러 문제점을 분석한 바 있습니다. 예를 들어 평가항목 23번 모래/물놀이에서 만점인 7점을 받으려면 실내와 실외 모두에서 모래/물놀이가 가능해야 합니다. Calder는 실내용 모래/물놀이 테이블은 미국의 유아교육·보육 기관의 환경에서는 보편적으로 활용되고 있으나, 신체발달과 실외에서의 놀이 및 활동이 미국에서보다 훨씬 강조되는 스웨덴에서는 그렇지 않으며 굳이 그렇게 할 필요도 없다고 지적하였습니다. "나쁜 날씨란 없으며 다만 날씨에 적합하지 못한 옷과 신발이 있을 뿐이다."(Calder, 1996, p. 32)라는 문화적 가치를 공유하는 스웨덴의 경우 비가 오나 눈이 오나 기후에 상관없이 유아들이 적절한 옷과 신발을 갖추고서 매일 실외의 더 넓고 풍부한 공간에서 모래놀이와 물놀이를 훨씬 적극적으로 함에도 불구하고 유아교육환경평정척도에서는 높은 점수를 받지 못하는 아이러니가 있다고 예시합니다.

특정 집단을 중심으로 한 소위 전문가의 질 담론에는 문화적 민감성 결여 이외에도 본질적인 존재론, 인식론, 방법론적인 문제가 연계되어 있습니다. 전문가가 규정한 기준 중심의 평가는 유아교육·보육에 대한 하나의 '스냅사진'밖에 제시하지 못하기 때문에 평가자나 프로그램 관계자가 특정 프로그램을 깊이 있게 이해하고 판단하도록 도울 수 없다는 것, 개별 프로그램의 특성을 무시하고 규준을 지나치게 엄격하게 적용하는 경향이 있으며, 같은 평가기준에 대하여 서로 다른 해석이 가능하다는 것, 원래 취지와는 달리 프로그램 향상을 위한 형성적인 목적보다는 오히려 총괄적인 목적으로 사용되고 있다는 것 등의 문제점과 한계가 드러납니다(Lee & Walsh, 2004). 체크리스트나 평정척도 방식으로 점검하도록 하는 평가기준을 중심으로 짧은 현장관찰로부터 얻을 수 있는 평가정보나 제안, 권고사항 등은 지극히 피상적일 수밖에 없으며 문서 점검 위주로 치우치게 됩니다.

사실 근대화의 과정에서 자연과학과 합리적 이성은 우리의 삶을 자유롭고 풍요롭게 해 주는 긍정적인 영향을 미치기도 했지만, 과학과 보편적 진리에 대한 맹신은 점차 우리 스스로의 해석이나 판단, 의미구성을 믿지 못하게 만드는 역기능을 가져왔습니다. 유아교육과 보육 분야에서도 그러한 현상은 마찬가지로 여실히 드러났습니다. 전 세계적으로 시장의 논리와 신자유주의의 영향력 속에서 글로벌 무한경쟁에 이기기 위해서는 전문가들이 개발해 준 표준이나 매뉴얼, 특히 전미유아교육협회(NAEYC)의 발달에 적합한 실제(DAP) 개념과 이에 기초한 평가인증 기준 등 제반 평가기준을 따르는 것이 '가장 좋은 실제(best practices)'라고 여기게 되면서 본질적 한계와 현실적 문제점이 여실히 드러났습니다. 소위 전문가들이 합의해 둔 가장 좋은 실제가 존재한다고 여긴다면, 아직 낯설지만 새로운 가능성을 가진 교육적 아이디어를 구태여 착안해 내고 부정적인 평가를 받을 수 있다는 위험을 감수하고서 용기 내어 실험해 보는 것은 참으로 어렵게 됩니다.

교육과정을 의미 있게 실행하기 위해서는 교사에게 자율성과 권한이 필요하다는 여러 이론(예컨대 Apple, 1986; Herbst, 1989)은 유아교육·보육의 질에 대한 새로운 가치발견과 의미생성에 교사가 누구보다 적극적으로 참여할 수 있어야 함을 시사해 줍니다. 어쩌면 자율적으로 평가의 기준이나 절차, 방법을 계획하기보다는 국가수준에서 정해 주는 '기준'과 절차를 따르는 것이 편리하고 심리적 안도감을 줄 수 있습니다. 그러나 반드시 의견이 일치되어 일사불란하게 움직이는 것만이 좋은 것은 아니며, 의견불일치가 더욱 건강하고 새로운 아이디어로 이어질 수 있으며 가르침과 배움의 실제를 의미 있게 향상시킬 수 있는 긍정적 잠재성을 품고 있는 것입니다(Mabry, 2001).

### 3) 질 담론의 해체와 평가접근법의 다양화에 대한 요구

유아교육과 보육에서 이루어져 온 전통적인 질 담론에 대한 비판의 핵심은 바로 유아교육·보육의 질이 전 세계 어느 곳에서든 시간을 초월하여 모두에게 보편적으로 정의될 수 있는 성격의 것이 아니며 실로 역동적이고 다양하며 고유한 사회문화적 가치에 토대를 둔다는 것입니다(Dahlberg et al., 1999; Lee & Walsh, 2005a, 2005b; Moss, 2005; Moss & Pence, 1994; Tobin, 2005). Tobin(2005)은 교육인류학적으로 질의 담론에 접근하면서, 극히 미국적인 가치를 대표하는, 미국의 기준을 마치 어디서든 적용될 수 있는 보편타당성을 가진 것처럼 간주하는 것은 식민주의적 사고라고 비판한 바 있습니다. Moss(2005)는 프랑스 철학자 푸코의 이론을 토대로 하여, '질'이라는 용어 자체가 지배적 담론, 진리 레짐(regime of truth)의 한 부분이자 근대성의 산물이며 통제와 규제의 수단으로 사용되어 왔음을 지적하였습니다. Moss는 현재 질이라는 용어가 하나의 유일한 진리로 개념화되어 가고 있는 현상을 바로잡기 위해서 '의미생성(meaning-making)'이라는 용어로 대체하여 사용할 것을 제안하기도 하였습니다. 이에 대하여 New(2005)는 '질'이라는 용어와 질을 향상시키고자 하는 정치적, 사회경제적, 교육적 노력에 긍정적인 측면도 있다면서, 용어 자체를 폐기하는 것보다는 이익집단들이 자신들의 고유한 목적을 위하여 이용하고 있는 지배적인 담론의 구조를 바꾸어 나가는 노력을 해 나가는 것이 더 중요하다고 강조한 바 있습니다.

다행히 유아교육과 보육 분야에서 진리 레짐이 되어 버린 질 담론을 해체하고 더 다양한 시선을 담으려고 하는 노력이 점점 더 활발하게 이루어지고 있습니다. 국제전문학술지「*Early Education and Development*」의 특별호(Lee & Walsh, 2005a)에서는 여러 학자가 참여하여 유아교육·보육의 질이라는 개념을 철학, 인류학, 문화심리학, 비고츠키 이론 등의 렌즈를 통하여 다각적으로 분석하고, 아울러 유아교육·보육의 실제, 연구 및 평가 등에 있어서 질을 보다 역동적으로 바라보고 다양한 경험과 관점을 반영할 수 있는 방안에 대하여 논한 바 있습니다. 앞의 그림 6-2에서처럼 지금까지의 평가보고서 유형에서 아직은 상대적으로 매우 작은 비중을 차지하고 있지만, 유아교육·보육 평가에서도 질적 방법론을 활용한 평가접근법이나 참여적 평가접근법이 시도되고 있음(Lee & Walsh, 2004)은 고무적입니다.

우리가 유아가 사회문화적 맥락 속에서 상호작용하며 능동적으로 지식을 구성해 가는 과정이 중요하다고 생각한다면, 이러한 원리를 유아교육과 보육의 질에 대한 개념을 이해하고 평가하는 데도 마찬가지로 적용하여 함께 의미를 만들어 가는 과정을 소중하게 여겨야 할 필요가 있습니다. 누군가가 정해 주는 하나의 '정답'에 정주하기보다는 유아교사, 행정가, 학부모 사이의 지속적인 대화와 협의를 바탕으로 하여 각 지역과 기관, 프로그램에 적합한 정의와 기준을 구성하고, 또 수정하여 재구성해 갈 필요성이 제기되어 왔습니다(Dahlberg et al., 1999; Lee & Walsh, 2004, 2006). 기존의 기준이나 개념을 참고로 하되, 구체적인 맥락과 상황 속에서 관련된 사람들의 생각을 모으고 서로 열린 마음으로 논의하면서 고유한 가치관, 지역의 특성, 프로그램의 역동성을 반영한 평가기준과 절차, 접근방식을 구성하고 거듭 재구성해 가는 것이 중요함을 시사합니다.

1960년대 중반부터 프로그램 평가가 사회발전에 유용한 도구로서 활성화된 평가 제1세대(Furubo et al., 2002; Rist, 1990)에 속하는 국가들에 비하여 평가제도를 최근에 도입하고 있는 국가들에서는 객관주의적 인식론에 기초한 기준 중심의 평가모형에만 의존하여 일방적이고 획일화된 평가 체제를 채택하는 현상을 쉽게 찾아볼 수 있습니다. 더구나 북미 지역에서조차도 특히 유아교육 및 보육 분야에서는 프로그램 평가 분야의 다양화된 평가이론과 접근법들을 제대로 활용하지 못하고 있다는 비판을 지속적으로 받아 왔습니다(Lee & Stake, 2014; Lee & Walsh, 2004; Spodek & Saracho, 1997; Travers & Light, 1982). 외부에서 정해 놓은 규준 혹은 평가지표의 준수 여부를 점검하는 방식의 평가모형이 지배적으로 사용되어 오다 보니, 각종 '교육개혁 피로'로 힘든 교사들은 이제 '평가피로(evaluation fatigue)'증후군까지 참아내며 살아가게 되었습니다(Greene & Lee, 2006; Stronach et al., 2002).

다행히 최근 민주적, 참여적 평가에 대한 관심이 높아지고 있습니다. 예컨대 유럽유아교육학회를 중심으로 한 학자들은 유아교육에서의 평가는 무엇보다 민주적이고 참여적일 것, 유아를 적극적으로 참여시킬 것, 학부모 등의 주요 관계자의 참여를 구할 것, 유아와 교사 모두의 배움의 여정을 지원할 것 등의 열두 가지 신조(Formosinho, Formosinho, Pascal, & Bertram, 2016)를 발표하기도 하였습니다. 지식전수 중심의 전통적 페다고지에서의 환원주의적(reductionist) 평가와 민주적·참여적 페다고지에서의 총체적(holistic) 평가를 대조시키면서 결과만이 아니라 과정을, 개인만이 아니라 공동체의 배움을 이해하는 평가로 나아갈 것을 강조합니다. 배움이란 결코 조각내어 선택적으로 전수할 수 있는 것이 아니라 통합적이고 역동적이고 복잡미묘하게 전개되는 것이므로 평가 역시 제한된 영역이나 요소로 축소시켜서는 안 되며, 참여적 과정을 통하여 배움의 특성을 총체적으로 포괄하여 드러낼 수 있어야 한다는 것입니다. 평가는 단순하고 분절된 것을 주기적으로 살펴보는 것이 아니라 복잡하고 통합적인 삶과 앎의 과정을 지속적으로 살펴보면서 예측 불가능성과 다원성을 인정하고 존중하여야 한다는 의미입니다. 이에 대해서는 제12장에서 다시 살펴보도록 하겠습니다.

이렇듯 유아교육과 보육의 질에 대한 보다 다양하고 역동적인 정의를 요구하는 목소리는 그 시대에 통용되어 진리라고 생각되는 이론과 실제에 대해서도 질문을 던지고 다양한 관점에서 되짚어 봄으로써 우리가 믿음을 가지고 실천하는 것이 과연 우리 아이들에게 여전히 최선의 방법인지 고민해야 한다는 것을 지적해 줍니다. 프로그램 평가의 영역에서 구성주의, 해석주의, 포스트모더니즘, 후기구조주의 등에 기반하여 프로그램의 질을 재개념화하고 다양한 접근을 시도하려는 노력(예컨대 Rallis & Rossman, 2001; Schwandt & Burgon, 2006)이 유아교육·보육의 평가에도 더 많은 공명을 이루며 의미 있는 역할을 해 나갈 수 있게 되기를 기대합니다.

## 함께 이야기해 보기

❶ 각자가 정의하는 유아교육 혹은 보육의 질에 대한 의미를 나누어 봅시다.

❷ 두드러진 공통점과 차이점이 있다면 어떤 경험이나 인식의 차이를 반영하는 것인지 알아봅시다.

## 활동해 보기

❶ 새로 이사 온 이웃이 좋은 유치원 혹은 어린이집을 찾고 있다고 말한다면, 무엇을 눈여겨보거나 알아보아야 한다고 들려주고 싶은지 아래에 적어 봅시다.

❷ 유아교육·보육의 질에 대한 논문들을 다양하게 찾아보고, 시대적 흐름에 따라 글의 내용이나 톤에서 어떤 변화가 나타나는지 살펴봅시다.

# 제7장

# 유아교육·보육 정책평가의 실제

이 장에서는 3P 중에서 첫 번째 P인 정책(Policy)에 대한 평가가 유아교육 및 보육 분야에서 이루어진 실제를 살펴보고자 합니다. 1960년대 미국에서 저소득층 유아를 대상으로 전국 규모의 보상교육으로 실시되면서 유아교육의 국가적 지원뿐만 아니라 평가방법론에도 큰 영향을 준 헤드스타트 평가와 최근 더 어린 연령을 대상으로 하여 보편무상 유아교육을 실천하고자 한 지방정부 차원의 Pre-K 정책과 관련된 평가의 사례입니다. 전자는 목표에 비추어본 결과적인 효과에 초점을 두고 후자는 과정적 이해 및 개선에 중점을 두고 이루어집니다.

## 1. 헤드스타트와 목표/결과 중심 평가

### 1) 배경과 특징

헤드스타트는 사회개혁이 매우 활발하게 이루어지던 1960년대 중반 미국에서 저소득층 유아의 발달과 학습 성과에 초점을 두어 사회적 빈곤문제를 해결하고자 한 프로그램입니다. 1964년 시범 프로젝트에서 시작하여 1965년 미국 전역으로 전격 시행된 저소득층 유아를 대상으로 한 조기중재 프로그램인 헤드스타트는 "20세기 후반에 이루어진 가장 중요한 사회적·교육적 실험"(Zigler & Muenchow, 1992, p. 2)

이라고 불립니다. 1960년대의 미국 사회는 인간의 지능에 관련된 일련의 심리학적 발견이나 당시의 시대정신 및 정치적 의제 등에 고무되어 '빈곤과의 전쟁'에 헌신하였으며 여기에서 승리하기 위해서는 그 무엇보다도 교육, 특히 유아기의 교육이 가장 효과적이면서 근본적인 열쇠라고 믿었습니다. 경제기회균등법과 최대한의 참여 원칙이라는 정치적·사회적 맥락과 함께, Hunt, Bloom, Bronfenbrenner 등의 심리학자들 역시 영유아기의 환경과 교육의 중요성을 강조하면서 빈곤이 영유아에게 미치는 부정적 효과를 상쇄할 수 있는 '보상교육(compensatory education)'에 거는 기대가 급격하게 높아지게 되었던 것입니다(Lubeck, DeVries, Nicholson, & Post, 1997).

사실상 1963년 케네디 대통령의 승인을 눈앞에 두었던 빈곤과의 전쟁 원안에는 헤드스타트와 관련된 정책은 없었다고 전해집니다. 케네디 대통령이 암살된 직후 업무를 승계받은 존슨 대통령은 1964년 2월 Robert Sargent Shriver에게 빈곤과의 전쟁에 대한 계획을 다시 맡겼는데, Shriver는 가난한 이의 절반 이상이 어린이라는 사실과 케네디재단에서 지원하였던 유아교육 프로그램의 효과에 대한 연구결과(Susan Gray의 연구 포함) 등에 착안하여 이를 정책에 포함시키고자 하였으며, 1964년 여름 프로그램(summer program)을 시범적으로 실시하였습니다(Powell, 2009/2010).

1964년 소규모, 단기적으로 이루어졌던 헤드스타트 시범사업에 대한 반응에 고무되어, 존슨 대통령은 1965년 5월에 헤드스타트 계획을 공표하는 로즈가든 연설에서 그 해에 당장 약 2천 개의 헤드스타트센터를 마련하여 50만 명의 유아들에게 제공하겠다는 대규모의 계획을 발표하였습니다.

> 유아들은 가난이라는 저주를 부모로부터 물려받은 것이지, 결코 스스로 초래한 것이 아닙니다. 우리가 어떤 행동을 취하지 않는 한, 이 아이들은 가족에게 찍혀 있는 선천적인 모반(birthmark)을 다음 세대로 물려주어 또다시 가난이 되풀이될 것입니다. 헤드스타트 프로그램을 올 한 해 동안 실시하는 것은 이 유아들의 일생을 모두 합친 3천만 년이 생산적이고 만족스러우리라는 것 그리고 이 아이들이 자라면서 국민의 세금으로 운영되는 여러 기관이나 사회복지정책에 의존하며 살아가는 무기력함으로 삶을 낭비하지 않을 것을 의미합니다. (Zigler & Valentine, 1979, p. 68에서 재인용)

이렇게 헤드스타트는 초등학교 입학 직전 8주 동안의 여름 프로그램으로 1964년에 시범 운영된 것에서 전격 확대되어, 1965년에 전국 규모로 정식 출범하였습니다. 500명 이상의 전문가(소아과 의사, 아동발달 전문가, 성직자, 교사, 사회복지사 등)가 스스로 휴가나 일상을 반납하면서까지 사회적으로 중요한 기대를 받던 이 과업에 봉사, 전념하는 역사가 만들어졌다고 합니다(Schorr & Schorr, 1989). 1966년부터는 저소득층 유아의 정서적·사회적·의학적·영양적·심리적 요구를 충족시키는 포괄적 프로그램을 통해 빈곤의 악순환을 깨뜨리기 위하여 연중 프로그램에 대한 재정지원이 이루어지기 시작하였습니다.

### 이론 더 알아보기

#### 헤드스타트의 주요 역사

- 1964 경제기회균등법(Economic Opportunity Act)에 따라 헤드스타트 설립, 여름 시범 프로그램 운영
- 1965 헤드스타트 여름 프로그램 전국 규모로 확대, 561,359명 등록<br>(연중[full-year] 프로그램도 일부 제공)
- 1966 국회에서 연중 프로그램 재정지원 승인<br>프로젝트 폴로스루(Follow-Through) 시작
- 1967 출생~3세를 위한 부모자녀센터(Parent and Child Centers) 시범
- 1969 헤드스타트가 경제기회균등부서(OEO)에서 아동발달부서(OCD)로 이동<br>웨스팅하우스 평가결과 발표
- 1970 헤드스타트 정책 매뉴얼에 부모권한 강화 및 부모참여 정책 포함
- 1972 경제기회균등법 개정으로 헤드스타트의 최소 10%는 특수유아로 등록하도록 결정, 헤드스타트 전문학사 프로그램(Associate Program) 시작
- 1973 전미헤드스타트협회(NHSA) 설립, CDA[11] 교육과정 개선, 홈스타트 시범
- 1975 헤드스타트 프로그램 수행기준(Performance Standards) 마련

- 1977 OCD에서 유청소년가족부로 명칭 변경
- 1978 헤드스타트 종단연구 컨소시엄 구성
- 1980 헤드스타트 질적 수준 평가를 위한 블루리본 패널 설립
- 1983 헤드스타트 효과종합(Synthesis) 프로젝트 결과 발표
- 1990 헤드스타트 전이(Transition) 프로젝트 시작
- 1991 헤드스타트 다문화 원칙 포함
- 1992 국회에서 헤드스타트개선법(Head Start Improvement Act) 통과
- 1995 부모자녀센터의 확대인 조기헤드스타트(Early Head Start) 최초 설립
- 1997 헤드스타트-종일보육기관 협력체제 구축
- 1998 헤드스타트 수행기준 개정
- 2002 부시행정부 'Good Start, Grow Smart' 실시
- 2003 헤드스타트국가보고시스템(Head Start National Reporting System) 시작
  유아성취결과 틀(Child Outcomes Framework) 개발, 적용
- 2007 학교준비를 위한 헤드스타트개선법(Improving Head Start for School Readiness Act) 통과
- 2016 헤드스타트 프로그램 수행기준(HSPPS) 전면개정

(참조) Lubeck et al., 1997; 미 보건복지부, 아동가족부서홈페이지 헤드스타트 타임라인
https://eclkc.ohs.acf.hhs.gov/about-us/article/head-start-timeline

이렇게 역사적 발전을 누려 온 헤드스타트는 현재 미국 보건복지부 산하의 아동가족부서(Administration for Children and Families) 내의 헤드스타트사무국(Office of Head Start)에서 관할하고

11) CDA는 미국에서 헤드스타트를 비롯한 보육기관의 질을 높이기 위해 교사교육제도를 고민하면서 3년간의 개발 과정을 거쳐 1975년에 최초로 실시되었습니다. 1985년부터는 워싱턴에 소재한 비영리 단체인 Council for Professional Recognition에서 관리하고 있습니다. 헤드스타트, 조기헤드스타트 및 기타 보육 프로그램에 종사하는 교사, 보조교사, 가정방문자의 수행 능력을 역량기준(competency standards)에 따라 평가하여 자격증을 수여합니다. CDA는 보육기관의 보조교사나 자원봉사자(특히 헤드스타트에서 부모참여를 통해 영유아의 보육을 처음으로 경험하면서 자신의 적성을 찾은 학부모)와 같은 비전공자가 유아교사로서 취업할 기회의 문을 열어 주는 역할을 하고 있습니다.

있습니다. 헤드스타트는 대부분 만 3~4세(51%)를 대상으로 하고 있으며, 종일제 서비스를 제공하는 곳이 증가하고 있기는 하나, 대체로 기관 중심(center-based) 반일제 프로그램으로 운영됩니다. 일 년에 최소한 두 차례의 가정방문을 실시하도록 요구하며 부모교육에의 참여를 의무화하고 있습니다. 비교적 적은 수의 프로그램에서는 가정 중심(family-based) 프로그램 서비스를 제공하고 있으며 1995년부터는 조기헤드스타트(Early Head Start) 프로그램을 통해 영아와 걸음마기 유아에게도 혜택을 제공하고 있습니다. 즉, 오늘날에는 저소득층 유아의 교육적 요구뿐만 아니라 영아를 대상으로 하는 보육이나 종일보육을 필요로 하는 가정의 요구를 충족시키기 위하여 더욱 다양한 방안을 시도하고 있습니다.

헤드스타트에 대하여 한 가지 짚어 두고자 하는 것이 있습니다. 각 지역에서 헤드스타트 프로그램을 설립하고자 신청한 공·사립, 비영리·영리 기관, 종교기관, 학교 등에서 선정된 곳과 계약을 체결하고 정부 재원을 지원하는 방식으로 운영됩니다. 따라서 정부에서 제시하는 헤드스타트 프로그램 수행기준이라는 큰 틀을 따르고 있지만, 동일한 교육과정이나 프로그램을 운영하지 않으며 기관별로 자율성과 다양성이 존재함을 인식하는 것이 필요합니다.

하지만, 너무도 짧은 준비기간 안에 헤드스타트 프로그램을 미국 전역의 저소득층 유아들에게 확대, 제공하기로 정책결정이 되면서 많은 혼란과 미숙함이 발생하였습니다. 유아교사교육을 제대로 받은 교사진의 부족을 비롯하여 유아기에 적합한 환경 등의 인프라가 제대로 마련되지 않은 상태에서 정책적 의제에 따라 지나치게 서둘러 확대된 헤드스타트는 전반적으로 질적 수준의 열악함을 보였습니다. 더구나 생의 짧은 한 시기에 제공되는 유아교육 프로그램만으로 가난이 아이들의 미래에 미치는 부정적 영향에 대항하도록 해 줄 것이라고 믿는 예방접종 모형(inoculation model)은 지나치게 순진한 이상으로 드러나게 됩니다(Powell, 2009/2010).

헤드스타트를 이해함에 있어서 결코 하나의 교육과정을 일률적으로 사용하거나 엄격하게 지정된 프로그램이 아니라는 특징에 유념할 필요가 있습니다. 헤드스타트는 미국보건복지부(U. S. Department of Health and Human Services: HHS) 산하의 헤드스타트사무국에서 주관하여 관리하며, 모든 헤드스타트 운영주체가 헤드스타트 프로그램 수행기준(Head Start Program Performance Standards)을 준수하도록 하되, 기관 차원의 전문성과 자율성을 존중합니다.

즉, 헤드스타트를 실제로 운영함에 있어 최대한의 융통성을 주고자 하며 수행기준에서도 서비스를 '어떻게' 실행할지에 대해서는 구체적으로 규정하지 않고 있다는 의미입니다(Powell, 2009/2010). 특히 교육과정 측면에서는 발달에 적합하면서 탄탄한 연구에 기초한 교육과정을 실시하도록 안내하며 각 헤드스타트 운영기관별로 적절한 교육과정을 선택하도록 합니다. 예컨대 미국 회계국(General Accounting Office, 2003)의 2000년 FACE 교사 면담 결과의 재분석에 따르면, 헤드스타트에서 많이 사용하는 교육과정으로는 창의적 교육과정(Creative Curriculum)이 36%로 가장 많았고, 하이스코프 교육과정이 22%로 그 뒤를 이었습니다. 그 외의 교육과정(몬테소리, 레지오 에밀리아, 발도르프 등)을 채택한 곳도 42%나 되었습니다(GAO, 2003).

「헤드스타트 프로그램 수행기준」은 다음과 같이 나뉘어 제시됩니다.

Part 1301 프로그램 거버넌스
Part 1302 프로그램 운영
Part 1303 재정 및 관리 요건
Part 1304 정부의 행정 절차
Part 1305 용어정의

프로그램 수행기준에 대한 자세한 내용은 다음을 참조.
https://eclkc.ohs.acf.hhs.gov/sites/default/files/pdf/hspps-appendix.pdf

그림 7-1 • 헤드스타트 프로그램 수행기준

헤드스타트사무국에서는 운영 주체들이 헤드스타트 교육과정의 원칙을 이해하도록 적극적으로 지원하는 동시에 각 지역의 고유한 사회문화적 특성이나 학부모의 요구, 기관의 교육철학과 정책 등을 종합적으로 고려하여 각 기관에 가장 적합한 교육과정을 선정하도록 합니다. 다음의 링크에서 이에 연관된 내용을 살펴보시기 바랍니다.

- 헤드스타트 교육과정 충실도(Head Start Curriculum Fidelity)

  헤드스타트 프로그램 수행기준에 근거하여, 각 운영 주체가 교육과정의 내용과 과정을 설계대로 적용하는지에 관한 교육과정 충실도 개념을 다루는 자료입니다. 교육과정 선정 및 운영 원칙을 이해하고 적용할 수 있도록 지원하는 자료입니다.

  https://eclkc.ohs.acf.hhs.gov/publication/head-start-curriculum-fidelity

- 유아교육과정 소비자보고서(Preschool Curriculum Consumer Report)

  교육과정 선택에 도움이 되도록 창의적 교육과정, 하이스코프 교육과정, 정신의 도구(tools of mind) 교육과정 등 구체화되어 쉽게 활용할 수 있는 16개 교육과정을 대상으로, 열세 가지 평가요소에 따라 소비자 중심 평가접근법으로 비교하여 제시하고 있습니다.

  https://eclkc.ohs.acf.hhs.gov/publication/preschool-curriculum-consumer-reports

### 2) 대표적 평가 사례 분석: 헤드스타트 웨스팅하우스 평가

헤드스타트의 가장 대표적인 평가이자, 유아교육·보육 분야의 평가에서뿐만 아니라 프로그램 평가 전반에서 매우 중요한 분수령이 된 것이 1969년 웨스팅하우스 교육센터(Westinghouse Learning Cooperation)와 오하이오대학교(Ohio University)가 공동으로 헤드스타트의 효과를 평가한 「헤드스타트의 영향: 유아의 인지 및 정서 발달에 미치는 헤드스타트 효과 평가」[12]입니다(Datta, 1982; Lee & Walsh, 2004). '웨스팅하우스-오하이오대학교 평가'라고 부르기도 하지만, 일반적으로 웨스팅하우스 평가라고 축약하여 부르기 때문에 여기에서도 웨스팅하우스 평가로 부르고자 합니다.

그 이전에도 헤드스타트 프로그램에 대한 평가가 일부 있었지만 연구대상자의 수, 비교집단, 연구지역 등에서 상당히 제한적이었으며 평가설계가 대부분 빈약하였습니다. 웨스팅하우스 평가는 최초로 전국적인 표본집단을 통해 대규모로 헤드스타트 참여가 유아의 인지 및 정서적 발달에서 장기적 효과를 미치는지 알아보고자 하였던 측면에서 의의를 가집니다. 웨스팅하우스 평가는 특정 헤드스타트 운영기관이나 프로그램, 교육과정 등을 평가한 것이 아니라 헤드스타트라는 정책 전반의 효과성을 살펴보기 위한 것입니다. 요약하면 다음과 같습니다.

### ▮ 평가질문

헤드스타트를 경험했던 유아들이 초등학교에 갔을 때 헤드스타트 경험을 가지지 못했던 비교집단 유아들에 비해 인지 및 정의적(affective) 발달이 유의하게 차이가 나는가?

### ▮ 평가설계

무작위 배정을 통한 진실험설계가 불가능하였으며 정부 부처에서 요구하는 과제 기간이라는 시간적 한계 등의 요인으로 인해 사후소급연구(ex post facto) 설계를 채택하였음. 이에 따라 초등학생(1~3학년)을 대상으로 헤드스타트에 다녔던 집단과 헤드스타트를 다닐 수 있는 자격요건을 갖추었으나 다니지 못했던 비교집단을 인종, 성, 연령 등에 따라 대응시키고, 사후검사만으로 비교하였음.

12) 일반적으로 줄여서 'Westinghouse-Ohio 평가' 혹은 더 간단하게 'Westinghouse 평가'라고 부릅니다.

### 평가대상

- 대상기관: 표집의 기본단위는 특정 헤드스타트센터가 담당하는 대상지역(target area)으로 삼았음. 총 12,927개 헤드스타트 지역 전체로부터 일차적으로 300개의 대상지역을 무작위로 표집하였음. 부적합한 곳을 제외한 225개 지역 중 총 104개의 대상지역이 평가에 참여하였음. 제외된 121개 지역은 비교 대상유아의 수가 부족하거나 프로그램의 실시기간이 짧거나 일정 등 운영상의 이유로 참여를 원하지 않았던 것임.

- 대상유아: 연구가 실시된 시점인 1968년 당시, 초등학교 1, 2, 3학년이면서 동일한 지역에서 헤드스타트 프로그램을 받을 자격이 있었던 모든 유아를 두 집단, 즉 헤드스타트 프로그램을 실제로 다녔던 유아와 그렇지 않았던 유아로 나누었음. 비교집단의 선발기준은 대상지역에서의 지속적인 거주, 헤드스타트 수혜자격(eligibility), 동등한 학교 경험, 다른 유아교육 프로그램의 미경험이었음. 1968년 9월을 기준으로 초등학교 1~3학년생으로 구성된 실험집단은 다음과 같이 헤드스타트를 경험하였음.
  - 1학년: 1967 헤드스타트 여름 프로그램 혹은 1966-67년 연중 프로그램 이수
  - 2학년: 1966 헤드스타트 여름 프로그램 혹은 1965-66년 연중 프로그램 이수
  - 3학년: 1965 헤드스타트 여름 프로그램 이수

- 두 집단의 동등성을 확인하여, 초등학교 1학년 1,582명, 2학년 1,535명, 3학년 846명, 총 3,963명의 대상자 중 헤드스타트를 다녔던 집단은 1,980명, 비교집단은 1,983명으로 선정하였음. 여름방학에만 운영하는 헤드스타트 75곳과 연중 프로그램으로 운영되는 29곳의 유아를 나누어 분석했으며, 여름 프로그램의 수혜자가 70%, 연중 프로그램의 수혜자가 30%로 이루어졌음. 이후 배경 변인에 따른 분석에서는 성별, 인종, 유치원 경험 여부, 사회경제적 지위 등의 변인에 따라 하위집단별로 8명씩 무작위 추출하여(대상자의 중간탈락을 대비하여 2명씩 추가 추출) 비교집단과 대응시켰음.

### 평가도구

- 배경자료 수집도구: 헤드스타트 관리자 면담 질문지, 부모 면담 질문지, 직업기대 지수, 학교환경 평가도구
- 인지적 발달 측정도구: 일리노이 심리언어능력검사, 메트로폴리탄 준비도검사, 스탠퍼드 성취도검사
- 정의적 발달 측정도구: 유아자아개념지표, 교실행동평가도구(성취동기), 유아태도지표

### 평가결과

- 여름 프로그램: 인지 발달 및 정의적 발달 모두에서 집단 간 차이가 거의 없었음. 학년별, 하위집단별(지리적 위치, 규모, 흑인유아 비율) 분석에서 일부 차이가 있었으나 비교집단이 오히려 더 우수한 것으로 나타난 경우도 있었음. 이에 따라 비교집단의 동등성에 대한 의문이 제기되었음.
- 연중(full–year) 프로그램: 인지 발달 중 언어 총점에서는 집단 간 차이가 없었으며 준비도 측면에서는 1학년의 경우 언어 총점과 읽기 하위요인 점수에서 헤드스타트 집단이 다소 높았고, 2학년의 경우에는 차이가 없었음. 정의적 발달 측면에서도 헤드스타트의 효과가 거의 발견되지 않았음.

### 결론

- 여름 프로그램은 인지 발달 및 정의적 발달 측면 모두에서 초등학교 1, 2, 3학년까지 영향을 미치지 못했음.
- 연중 프로그램은 인지 발달에서는 다소 효과적이었으나 미미했으며, 정의적 발달에서는 효과를 발견하지 못했음.
- 전국 규준에 비추어 봤을 때 모든 헤드스타트 유아는 여전히 불리한 위치에 있음.

### 제언

- 여름 프로그램은 가능한 한 조기에 종료하고 연중 프로그램으로 전환할 것
- 연중 프로그램이 더 효과적으로 될 수 있도록 지속적인 노력을 경주할 것

### 3) 헤드스타트 웨스팅하우스 평가에 대한 평가

미국 사회에서 전 국가적으로 '빈곤과의 전쟁'에서 극적인 변화를 가져오리라 기대받던 헤드스타트에 대한 웨스팅하우스-오하이오 공동평가의 결과는 결코 장밋빛이 아니었습니다. 헤드스타트의 단기 여름 프로그램은 전혀 지속적인 영향력을 갖지 못하고, 연중 프로그램은 인지 발달에서 초등학교 1학년까지는 어느 정도 긍정적인 영향을 주었으나, 그 효과 역시 점차 소멸(fade-out)되는 것으로 나타났습니다. 이는 대중에게 큰 좌절과 실망감을 안겨 주었습니다. 소멸 현상을 예방하고 헤드스타트의 효과가 이후에도 지속될 수 있도록 교육부에서는 헤드스타트를 졸업한 유아들이 유치원과 초등학교로 갔을 때 필요한 교육, 보건, 영양, 사회복지 서비스를 제공하는 폴로스루(Follow Through) 프로그램을 실시하기도 하였습니다. 폴로스루 평가에서는 5학년 말에 학업 능력을 측정한 결과 다섯 가지 측정 중 세 가지에서 유의미하게 우수한 효과성이 나타나기도 하였습니다(Abelson, Zigler, & DeBlasi, 1974).

전국 규모로 많은 수의 저소득층 유아를 표집하여 헤드스타트가 사회문제 및 빈곤을 예방하는 효과를 가진다고 검증해 줄 것으로 기대했던 웨스팅하우스 평가가 헤드스타트 정책에 우호적이지만은 않은 결과를 내어놓자, 대중매체의 자극적인 헤드라인 기사로 세간의 주목을 집중적으로 받게 되었으며, 이는 곧 정치적 쟁점이 되었습니다. 즉, 언론뿐만 아니라 정치계로부터 헤드스타트에 투입되는 공적 자원이 과연 가치 있게 쓰이는지, 앞으로 계속 투입해야 할지에 대한 뜨거운 논란을 불러일으켰던 것입니다. 실제로 웨스팅하우스 평가결과에 따라 헤드스타트 여름 프로그램은 종결되다시피 하였으며, 1981년 헤드스타트의 효과를 새로이 조명한 컨소시엄(Consortium) 평가결과가 종합적으로 나오기까지는 연중 헤드스타트 프로그램에 대한 정부의 재정도 사실상 축소되는 결과를 낳았습니다(Datta, 1982). 웨스팅하우스 평가에 걸었던 기대의 무게감이나 그 결과에 대한 사회적 실망이 컸던 만큼, 정치적인 이유로 너무 급하게 전국 규모로 확장되는 과정에서 여러 측면이 부족할 수밖에 없었던 헤드스타트의 질적 수준에 대한 비판이 제기되었고, 이에 따라 헤드스타트 수행기준이 마련됩니다.

한편 웨스팅하우스 평가 자체에 대한 비판도 다양한 각도에서 제기되었습니다. 먼저 비교집단의 유아들이 헤드스타트 유아들만큼 불리한 여건에 있지 않았을 것이라는 점, 따라서 헤드스타트의 영향력이 과소평가되었다는 지적이 제기되었습니다(Datta, 1982; McGroder, 1990). 사실 실험설계에서 인과적 설명을 할 수 있으려면 실험집단과 통제집단으로의 무작위 배정이 가장 중요한데, 무작위 배정이나 실험통제나 상대적으로 수월한 자연과학과는 달리 인간을 대상으로 하는 사회과학 연구, 특히 유아교육·보육 분야의 평가에서는 이러한 무작위 배정이 쉽지 않을 뿐만 아니라 비윤리적이라는 문제도 제기됩니다. 이에 대한 대안으로 비교집단을 활용하지만, 실험집단과 비교집단의 동등성을 보장하는 것 역시 매우 어려운 과제이기 때문에 준실험설계는 본질적인 한계를 가질 수밖에 없습니다. 몇 가지 알려진 배경요인(대표적으로 사회경제적 지위)에 따라 연구대상들을 대응시키거나 통계적으로 조정하기도 하지만, 이 역시 만족스러운 해결책은 못 된다는 것입니다. 따라서 그 어떤 통계적 조정도 두 집단 간의 차이를 제대로 반영하지 못했으리라는 것이 실험법을 활용하는 평가의 가장 큰 한계로 지적되었습니다.

비교집단의 동등성 문제와 함께, 헤드스타트 이후의 환경 변인을 통제하지 못함으로써 실제로 헤드스타트가 단기적 효과만 있는 것인지, 아니면 이후의 가정 및 학교 환경이 헤드스타트 집단이나 비교집단에 서로 다른 영향을 미친 것인지를 밝히지 못했음을 지적하는 목소리도 있었습니다(McGroder, 1990). 예컨대 비교집단의 유아들이 이후에 다른 보상 프로그램에 참여함으로써 헤드스타트 집단을 '따라잡을(catch-up)' 수 있었기에 헤드스타트의 실제 효과를 제대로 보여 주지 못했다는 것입니다.

아울러 웨스팅하우스 평가에서 헤드스타트가 추구하는 다양한 목적과 역할을 제대로 담지 못했다는 비판도 이어졌습니다. 예컨대 저소득층 유아의 건강과 복지를 중시하는 헤드스타트에서 매우 중요한 구성요소인 유아의 건강 및 영양이라든가,

복지정책 수혜자의 '가능한 최대한의 참여(maximum feasible participation)' 원리(Powell, 2009/2010)에 입각한 헤드스타트에서 부모참여 원리가 가져온 효과 등을 포함시키지 못하여 헤드스타트의 영향에 대한 극히 제한된 정보만을 제공하였다는 것입니다. 헤드스타트가 유아의 IQ 같은 인지적 능력을 향상시키는 데 주력하는 것이 아니라 유아 발달의 모든 측면을 전인적으로 고려하도록 되어 있었는데도, 정책 입안자와 일반 대중이 헤드스타트를 이해할 때는 처음부터 유아의 IQ가 초점이었으며 쉽게 구할 수 있는 측정도구이기도 하였기 때문입니다. 따라서 초기에 이루어진 평가에서는 책무성을 평가할 때 대부분 혹은 전적으로, IQ와 인지 능력의 증가에만 초점을 두었던 것입니다. 이렇듯 웨스팅하우스 평가는 유아의 성취결과에 대한 기존의 표준화검사 도구들로는 헤드스타트가 포괄하고 있는 광범위하고 다양한 목적과 역할을 제대로 평가할 수 없음(Bergan & Feld, 1993)을 여실히 드러내어 준 것이라 할 수 있습니다.

## 평가 사례 더 알아보기

### 유아교육의 장기효과 컨소시엄 평가

한편 뜨거운 사회적 관심과 정치적 논쟁의 한 가운데에서 헤드스타트를 지원하는 담당부서에서는 웨스팅하우스 평가결과를 반박할 수 있는 결과를 필요로 하게 되었습니다. Zigler 등의 학자들이 잘 설계된 종단연구로는 프로그램의 효과를 찾아낼 수 있다고 제안함에 따라서, 코넬대학교의 Lazar를 비롯한 다양한 평가연구자들로 컨소시엄을 구성하였습니다. 총 11개 팀이 1962년에서 1972년 사이에 유아교육을 받았던 수혜자들의 각기 다른 측면에 초점을 두고 일련의 컨소시엄 평가연구를 실시하였습니다.

11개 프로젝트 중에서 8개 정도가 질적 수준을 인정받아 주로 분석, 언급되는데[13] (Besharov, Germanis, Higney, & Call, 2011), 다음에 별도로 살펴볼 하이스코프 페리유아원 평가도 그중의 하나입니다. 컨소시엄 개별 프로젝트에서는 각기 다른 연령 시기에 다양한 프로그램에 등록했던 유아와 가족들을 대상으로 각기 평가를 실시한 결과를 종합하기 위한 메타분석을 주요 평가방법으로 택함으로써 개별 평가연구의 한계와 문제점을 상쇄시키려 의도하였습니다. 컨소시엄 평가에서는 유아교육의 장기적인 영향력을 알아보기 위하여 청소년기 설문지, 부모 설문지, 학교 기록, IQ 검사 등을 활용하였고 평가 프로젝트별로 무작위 배정 등의 엄밀성을 기준으로 구분하여 분석을 실시하기도 하였습니다.

1970년대 말과 80년대 초에 보고된 일련의 컨소시엄 평가결과를 통해(특히 종단연구에서) 유아교육이 성공적이라는 결과가 도출되어 대중매체와 정부로부터 주목받게 되었으며 저소득층을 대상으로 한 유아교육 · 보육 프로그램에 대한 재정지원을 정당화할 수 있게 되었습니다. 물론 컨소시엄 평가결과에 포함된 프로그램에서는 우수한 교사를 채용하고 대학교 연구진의 전문적인 지원과 지속적인 교사교육을 통해 운영되었기 때문에 그 결과를 일반 헤드스타트 프로그램에 적용하기는 힘듭니다. 하지만, 컨소시엄 평가의 결과를 비롯하여 유아교육자들을 비롯한 사회 각계각층의 노력을 통해 헤드스타트의 다양한 사회적 역할을 인정받게 되었으며 이를 통하여 헤드스타트 평가 자체도 다양해지는 중요한 전환의 계기가 마련되었다 할 수 있습니다. 실제로 헤드스타트에 대한 재정적 지원이 급증하여 1981년에는 8천 5백만 달러가 증액되었으며 그 후에도 지속적으로 증가하였다고 합니다(Datta, 1982).

이러한 방법론적 오류와 한계에 대한 많은 비판에도 불구하고 오랫동안 웨스팅하우스 평가결과가 헤드스타트의 실패를 증명하고 의미하는 것으로 대중의 마음속에 각인되었으나, 새로운 평가방법을 탐색하고 실천함으로써 헤드스타트를 비롯한 유아교육 프로그램의 효과를 밝힐 수 있었습니다. 헤드스타트의 역사를 돌아볼 때, 지나치게 단순한 유아교육 프로그램 평가에 대하여 다각적으로 비판하고 새로운 평가 방향을 모색했던 것이 현대적 의미의 프로그램 평가가 이론적으로나 실제적으로 발전하는 데 큰 원동력이 되었다고 할 수 있습니다.

---

13) 여기에는 다음과 같은 프로젝트 혹은 프로그램이 포함됩니다.
Early Training Project, Experimental Variation of Head Start Curricula, Harlem Training Project, Mother-Child Home Program, New Haven Follow-Through Program, Parent Education Program, High/Scope Perry Preschool Project, Philadelphia Project

즉, 미국 사회의 이상향을 구현해 줄 것으로 정치인들과 대중의 기대를 받았던 헤드스타트에 대해 실망스러운 평가결과에 직면하면서, 평가 자체를 둘러싼 열띤 사회적 논란과 학문적 대립의 과정을 거치게 되었던 것입니다. 웨스팅하우스 평가에 대한 비판에서 출발하여 유아교육과 보육을 통하여 추구하는 바가 무엇인지에 대한 진지한 논의가 이어졌으며 더 다양하고 정교하며 의미 있는 평가의 이론과 실제에 대한 고민도 더 깊어질 수밖에 없었습니다. 이에 따라 새로운 평가가 시도되고 그 가운데에서 새로운 평가이론과 모형, 방법론이 발전하게 되었던 분수령(Datta, 1982)이라는 측면에서 중요한 의의를 가진다고 평가됩니다.

### 이론 더 알아보기

#### 헤드스타트 국가보고체제(HSNRS)의 도입과 폐기

헤드스타트를 비롯하여 국가의 재정지원을 받는 프로그램에서 표준화검사로 유아교육의 목표 달성을 증명하는 방식의 평가는 그 문제점에도 불구하고 또 다른 모습으로 역사의 장면에 등장하곤 합니다. 이진희와 윤은주(2012)는 헤드스타트 국가보고체제를 둘러싼 논쟁과 그로부터의 교훈을 기술한 바 있습니다. 그 도입에서 폐기까지의 주요 내용을 요약하면 다음과 같습니다.

- **도입**: 2002년 4월 부시 대통령에 의해 'Good Start, Grow Smart' 정책이 발표되면서, 2003학년도에 헤드스타트에 등록된 모든 만 4세 유아를 대상으로 프로그램 해당 연도 시작과 끝 지점에서 읽기/쓰기, 수학, 언어 기능에 대한 평가를 실시하도록 지시되었습니다(Meisels & Atkins-Burnett, 2004). 이 지시에 따라 18개월 동안 헤드스타트 국가보고체제(Head Start National Reporting System: HSNRS)가 개발되었습니다. 이에 따라 2003년 가을에서 2004년 봄, 즉 2003학년도의 헤드스타트 프로그램 시작과 끝 지점에서 모든 만 4세와 5세를 대상으로 HSNRS 평가가 처음으로 도입, 실시되었습니다.

• **내용**: 처음에는 다섯 가지 평가 영역(언어유창성, 어휘, 알파벳 명칭, 유아 수 기능, 음운인식)으로 나뉘어 평가가 진행되었으며, 평가가 인지 영역에만 치우쳤다는 비판에 2006년 가을에 헤드스타트사무국은 사회·정서 영역을 포함시켜 세 가지(능동적 학습 태도, 협동적 행동과 타인과의 긍정적 관계, 문제행동 유무) 평가를 추가로 실시하도록 수정하기도 하였습니다.

• **문제**: 외적 타당성 결여, 문화적·언어적 부적합성, 헤드스타트 프로그램과 서비스에 비하여 제한된 범위의 평가내용, 평가목적과 평가자료 사용처에 대한 불명확한 목적, 불필요하게 전수 유아들을 대상으로 삼은 절차, 전국 헤드스타트 기관들의 재정적 부담이 과도하게 늘어난 것, 교사교육 및 평가실시로 인해 비용이 필요함에도 불구하고 회계연도에 이를 포함시키지 않은 점 등의 문제점이 제기되었습니다. 교육평가 전문가인 Kallemeyn과 DeStefano(2010)는 HSNRS 사례연구를 보고하면서, 그 목적이 심각하게 불분명한 평가였다고 혹평하면서 헤드스타트의 책무성 제고나 프로그램 개선에 전혀 도움이 되지 않는다고 종합하였습니다.

• **폐기**: 일련의 뜨거운 논쟁과 문제 제기에 따라 2006년 미국 의회에서는 국립과학원(National Academy of Sciences) 산하의 국립연구위원회(National Research Council)에 유아기 발달과업 규명에 따른 바람직한 유아평가의 방향에 대한 연구를 실시하여 정책적 지침을 제시해 줄 것을 요청하였습니다. 이 위원회에서는 HSNRS가 지나치게 광범위한 목적에 사용되고 있으며 제한된 발달 영역을 측정하고 있다고 보고하였습니다. 이에 따라 급기야 2007년 12월 부시 대통령은 헤드스타트 학교준비도 제고 법안(Improving Head Start Act for School Readiness)에서 HSNRS를 폐기하는 데 동의하였습니다.

• **교훈**: HSNRS의 도입에서 폐기까지의 이야기는 유아교육의 책무성에 대한 국가적, 사회적 기대가 높아지고 있음을 여실히 보여 주는 동시에 그 과정에서 드러난 바와 같이 유아의 인지기능을 중심으로 한 표준화검사로 유아교육의 질과 역할을 감환하고 대체하는 현상을 경계하여야 함을 제안해 줍니다. 유아대상 표준화검사를 통한 국가 주도의 유아교육 책무성 확보가 획일적 잣대로 일관할 경우 오히려 발전보다 퇴행을 불러올 수 있음을 말해 주며, 이에 대한 경각심과 문제의식을 가지라는 교훈의 메시지를 전합니다.

(참조) 이진희, 윤은주(2012). 헤드스타트 국가보고체제 논쟁으로부터의 교훈: 바람직한 유아평가를 위한 시사점. **유아교육학논집**, 16(1), 115-133.

◎ 더 읽어 보기

헤드스타트에 대한 다양한 평가 프로젝트의 결과보고서나 개요서를 살펴보는 것도 도움이 될 것입니다. 그중 일부는 다음과 같습니다.

- 헤드스타트 영향평가(Head Start Impact Study)
  https://www.acf.hhs.gov/opre/resource/head-start-impact-study-final-report-executive-summary
- 조기헤드스타트 연구 및 평가 프로젝트(Early Head Start – Research & Evaluation Project)
  https://www.acf.hhs.gov/opre/research/project/early-head-start-research-and-evaluation-project-ehsre-1996-2010
- 헤드스타트 평가, 종합, 활용 프로젝트(Head Start Evaluation, Synthesis and Utilization Project)
  https://files.eric.ed.gov/fulltext/ED263984.pdf

헤드스타트에 자녀를 보내는 부모와 유아의 특성과 경험, 발달에 대한 조사연구 결과도 참고할 만합니다.

- 헤드스타트 가족 및 유아 경험 조사연구(Head Start Family and Child Experiences Survey: FACES)
  https://www.acf.hhs.gov/opre/research/project/head-start-family-and-child-experiences-survey-faces

## 2. 보편무상 유아교육(Pre-K) 정책과 과정 중심의 실시평가 : 뉴욕주의 UPK 평가

### 1) 배경과 특징

전통적으로 보편무상 유아교육보다는 저소득층 유아들에게 집중하여 보상교육을 실시하는 정책을 펼쳐 오던 미국에서도 1990년대부터 유아교육의 긍정적인 혜택을 모든 유아가 누릴 수 있는 방안이 모색됩니다. 특히 만 4세에서 시작하여 만 3세, 지역에 따라서는 더 어린 연령에까지 확대하여 보편무상으로 유아교육을 제공하려는 노력이 주정부 차원의 'Pre-K 운동(Pre-Kindergarten Movement)' 형태로 구현되어 왔습니다. 빈곤가정이 많이 거주하는 3개 주, 즉 조지아, 뉴욕, 오클라호마주에서 가장 먼저 시작되어, 2016-17학년도를 기준으로 보면 6개 주만을 제외하고 미국 전역에 확산되어 운영되고 있습니다.

그림 7-2에서 볼 수 있듯이 9개 주에서는 완전한 보편무상 유아교육 혹은 상당한 수준의 보편무상 유아교육을 위한 재정을 주정부 차원에서 지원하고 있고, 다른 대부분의 주에서도 부분적으로나마 주정부 차원에서 보편무상 유아교육을 위한 예산을 마련하고 있습니다. 2016-17학년도를 기준으로 하여 아이다호, 몬태나,

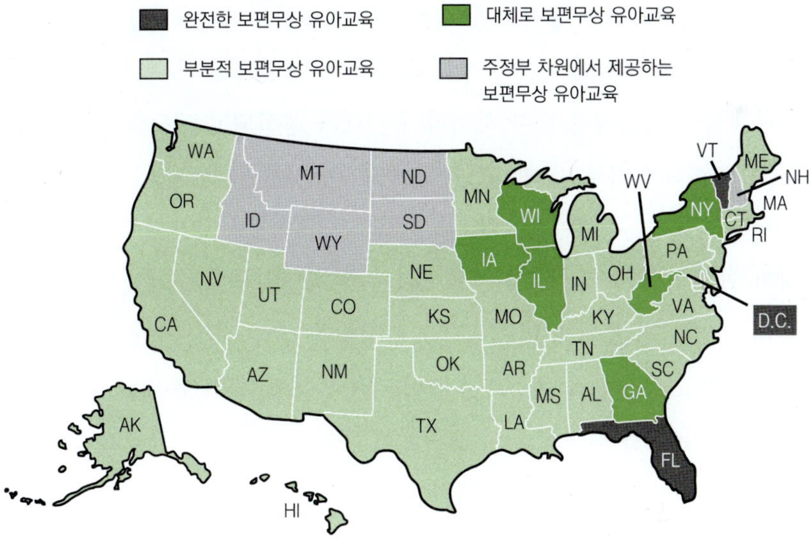


그림 7-2 • 미국 주정부 지원 보편무상 유아교육(Pre-K) 실시 현황

출처: Parker, E., Diffey, L., & Atchison, B. (2018). *How states fund Pre-K: A primer for policymakers.* Denver, CO: Education Commission of the States.

뉴햄프셔, 사우스다코타, 노스다코타, 와이오밍주에서만 Pre-K를 위한 주정부 예산이 법률적으로 확보되지 않고 있었으며, 이 중 몬태나주는 2017년도에 주정부 지원 Pre-K 시범사업을 확대하는 법안을 통과시켰습니다. 월스트리트 저널에서는 Pre-K를 "제1차 세계대전 이후 90년간 공교육에서 이루어진 가장 의미 있는 확장"이라고 칭한 바 있습니다(Watson, 2011/2014). Pre-K의 점진적 확산 과정에서는 주정부 차원에서의 정책 의제뿐만 아니라 비영리재단인 Pew 재단의 'Pre-K Now' 정책 캠페인 등 민간 차원의 노력에서도 변화의 동력을 얻었습니다.

Pre-K는 미국 사회의 유아교육이 모든 사회경제 계층의 유아에게 도움이 된다는 연구결과의 누적에도 불구하고 저소득층 유아들에게 예산을 집중함으로써 야기되었던 여러 가지 문제점에서 탄생하였습니다. 예컨대 빈곤기준선보다 높은 소득집단에 속하지만, 여전히 경제적으로 힘든 유아들이 질 높은 유아교육을 받을 기회가 가장 적은 현상, 중산층 가정의 유아도 유아교육의 도움을 필요로 한다는 사실, 빈곤기준을 충족하는 유아들을 적절하게 모집하기 힘든 상황 등이 나타나면서 새로운 대안모색이 이루어지는 맥락 속에서 더 어린 연령의 유아들을 위한 보편무상 유아교육의 필요성에 대한 사회적 공감대가 형성되고 제도화되어 왔습니다. Watson(2011/2014)에 따르면, 헤드스타트 수혜대상자의 절반 정도만 중앙정부 프로그램을 통해 지원받는 상황 속에서, 유아권익 옹호단체와 다양한 유권자 단체들과의 전략적 연대 속에서 지방정부 차원에서 무상 유아교육의 수혜대상을 모든 계층으로 확대하였고, 그 결과 이러한 유아교육정책에 대한 지지 기반이 더 커져서 안정되고 질 높은 프로그램을 운영하는 것이 가능해질 수 있었습니다.

이렇듯 모든 유아를 대상으로 한 보편무상 유아교육에 대한 요구가 높아지고 참여가 확산되면서, 미국 유아교육계에서는 저소득층 집중 혹은 보편무상 제공의 쟁점을 어떻게 넘어설지, 교사의 자격조건 수준은 어느 정도가 적절할지, 언제부터 얼마 동안 실시할지, 어디서 제공할지, Pre-K 교육의 초점은 무엇이어야 할지, 질과 책무성 확보는 어떻게 할지 등에 대한 논쟁이 뜨겁게 지속되고 있습니다(Zigler, 2011/2014). 이와 관련된 정책에 대한 후속 연구와 평가를 통하여 더욱 깊이 있는 이론 정립과 실천적 지식 누적이 이루어질 것을 요구하고 있습니다. 여기에서는 평가를 통하여 다양한 이해관계 집단들의 관점과 경험을 적극적으로 반영하여 Pre-K 프로그램의 실시 과정을 발전시켜 나간 뉴욕주의 사례를 중심으로 살펴보고자 합니다.

## 2) 대표적 평가 사례 분석: UPK 초기 실시평가

뉴욕주는 1960년대 후반에도 뉴욕주 실험 Pre-K 프로그램(New York Experimental PreKindergarten Program: EPK)을 운영하였지만 이는 저소득층 유아들에게 제한된 것이었습니다. 1990년대 초반에 들어서면서, 만 5세 유아(미국 교육체제에서는 K 학년에 해당함)의 학교준비도에 대하여 뉴욕주의 시민들이 가진 우려가 주요한 정책 의제로 부각되면서, 더 어린 연령의 유아를 대상으로 한 보편무상 교육의 필요성에 대한 요구가 높아졌습니다(Lekies & Cochran, 2001). 이러한 시대적 흐름과 변화 요구에 따라 1997년 뉴욕주에서는 기존의 EPK 이외에도 모든 만 4세 유아를 대상으로 보편무상 유아교육을 제공할 수 있는 법안을 통과시키게 됩니다.

뉴욕주 보편무상 Pre-K 교육(Universal PreKindergarten: UPK)은 조지아주에 이어서 두 번째로 이루어진 주정부 차원의 제도적 시행이라는 측면에서 주목받으며, 나아가 공립학교뿐만 아니라 지역의 기존 유아교육기관들이 협력하여 다양성을 가진 보편무상 유아교육을 제공하고 있다는 측면에서 관심을 받고 있습니다. 우수한 교사 확보 및 현직연수, 장학, 재정지원, 연구 및 평가 등의 제 측면에서 여러 이해관계자의 협력과 참여를 추구하며 UPK 프로그램이 개발, 유지, 개선되어 왔다는 측면에서 우수한 정책 사례로 볼 수 있습니다.

여기에서는 코넬대학교 연구진으로 구성된 코넬유아교육 프로그램(Cornell Early Childhood Program)과 뉴욕주 교육부가 협력하여 실시한 실시평가연구(Hicks, Lekies, & Cochran, 1999; Universal PreKindergarten Resource Partnership, 2000)를 중심으로 살펴보고자 합니다. 이는 UPK 프로그램이 초기에 어떻게 실시되고 있는지를 이해함으로써 더 수준 높은 프로그램 개발 및 실시가 이루어질 수 있도록 과정 차원에서의 지원을 위해 이루어진 평가연구입니다. UPK 평가연구는 이미 상당히 완성된 형태의 프로그램을 대상으로 하여 그 목적에 비춘 효과나 영향력, 비용-편익 등을 분석하는 것이 아니라, 정책적으로 초기 단계에 있는 프로그램을 개발하는 과정에서 지역별 실시 현황을 정확하게 이해하는 동시에 더 많은 의견을 수렴하여 제도, 절차, 실제 전반을 다듬어 개선해 나가는 과정에 초점을 둔 특징을 가집니다. 웨스팅하우스의 목표/결과 중심 평가와는 또 다른 평가의 얼굴을 만날 수 있을 것으로 기대합니다.

### 평가질문

1998-99학년도에 뉴욕주의 지역교육청(school district)에서 개발한 UPK 계획은 어떠한가?

### 평가방법

- 문서분석: 뉴욕주의 UPK 법제화에 따라 개발된 63개 교육청의 계획서를 수집하여, 주정부의 교육정책 차원에서 원칙으로 제시한 다섯 요소, i) 협력, ii) 보편적 접근성, iii) 발달에 적합한 실제, iv) 다양성, v) 교사교육 측면에서 문서분석(document analysis)을 실시하는 방법으로 긍정적인 효과가 기대되는 실천요소를 추출하여 평가함. 뉴욕주 산하의 126개 지역교육청 중에서 UPK 예산을 신청하였던 66개 교육청 중, 1998년 9월 기준으로 계획서가 완성되었던 63개 지역을 대상으로 분석하였음.
- 설문조사: 문서분석 대상자였던 63개 지역교육청에 추가로 보낸 설문조사지에 29개 지역이 참여하였으며 그 결과를 추가적인 분석에 활용함. 특히 UPK 예산과 관련된 혜택과 어려움을 중심으로 집중적인 조사가 이루어짐.
- 포커스집단: 주정부의 관련 부서 직원들, 지역의 유아 권익주창자 등을 포함시킨 포커스집단 토의를 통해 UPK 입법 과정과 정책 구현을 위한 프로그램 개발에 대한 심도 있는 통찰을 얻고자 함.

**▌평가결과**

주정부의 다섯 가지 원칙(법적 구속력을 가지는 것이 아니라 제안 혹은 지침 수준이므로 지역별로 계획 및 적용상에 차이가 있음)을 기준으로 계획서를 분석한 결과, 대부분의 지역에서 UPK 아이디어에 열정적으로 반응하고 있으며 부모참여와 지역 유아교육기관과의 협력이 중요하게 작용하고 있음을 보고함. 반면, 81%의 지역교육청에서는 재정 확보의 불안정성에 대한 우려를 표현하였으며 70%는 질 높은 유아교육을 제공하기 위해서 유아당 주정부 지원비가 더 필요하다고 보고하였으며, 33%는 계획 및 실시를 위한 시간이 부족하다는 것, 23%는 유아 등·하원 교통수단의 부족 및 적절한 시기의 정확한 정보 제공이 제대로 되지 않고 있음에 대한 문제점을 지적함.

특히 문서 분석 결과를 토대로 하여 다음과 같이 기대되는 실천요소(Promising Practices)를 추출해 내고 각각을 활성화하기 위한 요소를 다음과 같이 제시함.

- 협력 및 보편적 접근성
  - 법률과 규정의 기본 요건을 단순히 충족시키는 것이 아닌 미래 지향적 Pre-K의 비전에 대한 합의
  - 기존 유아교육 및 보육 시스템과 학부모에 초점을 맞춘 면밀한 요구사정과 자원평가
  - 프로그램 계획의 제 측면을 연구하고 설계할 세부 위원회들의 효과적 활용
  - 기존 유아교육 및 보육 프로그램 간의 경쟁보다는 서로 토론하고 함께 협력하여 전체 유아교육 및 보육 네트워크를 강화할 수 있는 배정 방식 지원
- 발달에 적합한 실제
  - 적절한 목적의 설정
  - 놀이를 통한 배움의 강조
  - 참여 유아의 흥미와 요구로부터 발현되는 내용 주제에 기초한 교육

- 다양성
  - 문화 및 언어의 차이 존중
  - 장애를 가진 유아를 포함하는 프로그램 설계
  - 반편견 교육의 포함
- 교사교육
  - 지역 대학들과의 협력을 통한 현직 교사교육 및 전문성 함양 기회의 계획

## ▮ 추가적 제언

다섯 가지 원칙별로 주 교육정책을 의미 있게 구현할 수 있는 방안을 다음과 같이 제안하였음.

- 협력 및 보편적 접근성
  - 제언 1: UPK 기획과 프로그램 계획 전반에 참여자로서 학부모들을 더 체계적이고 깊이 있게 포함시킬 것
  - 제언 2: 부모교육을 위한 강연이나 여러 형태의 부모참여를 의무적으로 강제하기보다는 자발적으로 이루어지게 할 것
  - 제언 3: 초기 3~4년 동안 UPK 자문위원회 구성을 유지하여 안정되게 운영하다가 점차 새로운 프로그램이 포함되거나 새로 참여하게 된 가정이 생김에 따라 구성원을 추가할 것
  - 제언 4: 처음 몇 년 동안은 폭을 좁히기보다는 넓힘으로써 다양한 가족과 지역사회 구성원들로 이루어진 이해관계자들이 참여하여 다채로운 프로그램을 생성하는 과정의 일부가 될 수 있도록 할 것
- 발달에 적합한 실제
  - 제언 5: 평가보고서 및 요약에 기술된 발달에 적합한 실제에 대하여 총체적 접근을 취할 것
  - 제언 6: 읽기/쓰기 활동은 별도의 수업으로서가 아니라 교육과정의 전반에 스며들도록 계획할 것

- 제언 7: 활동표본체계(Work Sampling System)처럼 진정성 있고 포괄적인 대안적 유아평가방법에 재정을 투입할 것

• 다양성
- 제언 8: 자문위원회에서는 장애를 가진 유아의 요구를 포함하여 모든 유아의 문화적, 언어적 차이를 지원하는 지역 프로그램을 개발할 수 있도록 충분히 시간을 들여 숙고하고 아이디어를 제안할 것

• 교사교육
- 제언 9: 교육과정 및 UPK 프로그램의 목표에 대하여 교사들과 충분한 대화를 나눈 결과에 토대하여 교사교육 주제를 의미 있게 선정할 것
- 제언 10: 구역별 보육위원회, 지역 전문대학 및 4년제 대학과 협력하여 보육 및 유아교육 자격증 취득에 관심을 가진 사람들의 전문성 함양에 힘쓸 것

• 다섯 가지 정책 요소 외에 정책적 지원이 필요한 요소
- 통학 수단: UPK 프로그램의 유아들을 위한 통학버스 비용을 지원할 것
- 관할지역을 넘어선 협력: 부모의 보육 및 교육 요구 충족을 위하여 주거지역 교육청의 관할을 넘어서는 지역의 유아교육·보육 기관과도 협약을 통해 지원할 것
- 유아당 지원비: 현재 유아당 지원수준($2,700)을 유지하되, 현재의 재정 지원에 대한 면밀한 분석을 통해 4세 유아들의 발달적 요구를 충족하고 학교에 갈 준비에 도움이 되는 질 높은 유아교육 서비스를 제공하는 데 충분한지 평가하여 조정할 것
- 재정지원 예측 가능성: 교육청에서 지역의 유아교육·보육 기관들과 다년(multi-year) 계약을 함으로써 더욱 안정된 UPK 서비스를 제공할 수 있어야 할 것

## 평가 사례 더 알아보기

### 유아교육 · 보육 정책 의사결정을 위한 CIPP 평가모형의 적용

유아교육과 보육에 관련된 정책적 의사결정에 필요한 정보를 얻기 위하여 상황, 투입, 과정, 산출에 대하여 종합적으로 평가하는 CIPP 평가모형을 적용한 정책평가 사례를 소개하고자 합니다. 아이오와주의 한 지역교육청(Des Moines Independent Community School District)에서는 Stufflebeam의 CIPP 모형을 통해 지역 유아교육 프로그램을 분석한 바 있습니다. 면밀하게 분석된 평가는 아니지만, 지역수준에서 평가이론에 따라 상황평가, 투입평가, 과정평가, 산출평가를 실시하여 관할하고 있는 프로그램의 실시 현황을 종합적으로 이해하여 지역교육청의 정책적 의사결정에 반영하고자 한 시도는 참고가 될 것입니다.

- 상황평가: Des Moines에서는 이미 1884년에 공교육 체제 안에서 유치원을 시작하였는데 이는 미국에서 두 번째로 이루어진 것으로 유아교육을 중시하는 전통을 가지고 있음. 이후 지역 유아교육 프로그램의 역사와 배경, 관련 주요 연구, 관련 법규 및 규정 등을 개관함.

- 투입평가: 학교 회계연도를 기준으로 프로그램별 예산 출처 및 총액, 운영시간 및 위치, 시설 및 설비, 제 비용 등을 분석함.

- 과정평가: 유아교육 및 보육 프로그램별로 목적, 구성원별 역할 및 지원체계, 교사교육, 부모참여 및 가족 서비스, 조기중재, 운영관리 시스템 등을 전반적으로 종합함.

- 산출평가: 유아교육 및 보육과 관련된 주요 역할별로 목표에 따른 성과를 평가하고 주요 개선사항을 파악함. 유아교육 · 보육의 혜택을 받고 있는 유아 수의 증감을 분석하고 비용 대비 편익을 분석함.

이러한 종합적 평가에 따라 다음 학년도의 계획에 반영할 수 있는 개선안을 제안하였는데, 유아교육 및 보육 서비스의 확대, 시설 및 교재교구 확보, 프로그램의 질 향상을 위한 지원 확충, 유아교사의 자격 제고 등을 강조하였습니다.

(참조) Laurence, M. A., Mann, L., Bardwell, A., & Clark-Lempers, D. (1994, March). *Early childhood education program evaluation 1992-1993*. Des Moines, IA: Des Moines Public Schools. (ERIC Document Reproduction Service No. ED369546)

Laurence, M. A., Mann, L., Marks, J. & Minor, B. (1990, June). *Early childhood education. Planning/evaluation report*. Des Moines, IA: Des Moines Public Schools. (ERIC Document Reproduction Service No. ED320704)

### 3) UPK 초기 실시평가에 대한 평가

유아교육과 보육 정책을 구체화하여 실현하는 과정에서 실제로 어떤 일들이 어떻게 전개되고 있는지를 깊이 있게 이해할 수 있는 이러한 실시평가(implementation evaluation)는 정책의 전반적인 방향을 변경하거나 더욱 세밀하게 협력하여 조정해 나가야 할 부분들을 점검하고 개선할 수 있게 도와주는 역할을 합니다. 코넬유아교육 프로그램 연구진은 여기에서 요약했던 평가 이외에도 여러 유관기관과 협력하여 UPK 자원 협력기구(Universal PreKindergarten Resource Partnership)를 구성하여 일련의 UPK 평가연구를 지속합니다. 조사방법에 기초한 초기 실시평가 외에도 코넬대학교 평가팀에서는 4개 지역을 대상으로 한 사례 연구방법을 통해 실시 과정을 더 자세히 들여다보기도 하였습니다. 코넬유아교육 프로그램에서 주도한 일련의 UPK 평가는 그 실시 과정에 대한 깊이 있는 이해를 돕고자 노력하였으며, 전문가가 정한 표준을 일방적으로 부과하는 것이 아니라 다양한 목소리에 귀 기울여 반영하려는 참여자 중심 평가에 대한 지향성을 엿볼 수 있습니다.

한편 UPK 프로그램이 1997년 입법화되고 1998년 가을부터 뉴욕주의 만 4세를 대상으로 처음 실시된 지 2년이 경과되어 어느 정도 안정되게 정착된 2000년에는 UPK의 효과성 평가가 주정부 차원에서 요구되었습니다. 정치적 차원에서는 과정적인 질적 수준의 이해와 개선보다는 납세자들을 설득할 수 있는 책무성 및 성과에 대한 증명이 중시되었던 것이었습니다. 이후 정책결정에 지대한 영향을 줄 주정부의 성과 중심 평가(outcome-based evaluation)에 대비하기 위하여 평가전문가, 유아교육학자, 주정부 유아교육 담당자, 지역교육청 담당자, 유관기관 및 단체 대표자, UPK 운영자와 교사 등으로 이루어진 관계자 36명이 코넬대학교에 모여 적절한 평가방법에 대하여 의논하는 회의 과정을 정리한 보고서(Ripple, 2000)를 살펴보면, 성과 중심 평가에 대한 우려와 함께 다양한 이해관계자의 참여를 지향하는 평가접근법의 노력이 관찰됩니다.

> UPK의 성취결과 데이터를 산출하라는 정치적 압력의 한 가운데에는 지방정부 정치인들이 UPK에 대한 투자가 탄탄하다고 안심시켜 주는 욕망이 자리하고 있다. 이렇게 안심시켜 주려는 것이 UPK 평가를 추동하는 것이며, 평가데이터는 유아들이 잘 기능하고 있으며 UPK가 효과가 있음을 보여 주어야 한다. UPK가 모든 프로그램 요건을 충실하게 충족하고 있음을 보여 주는 폭넓은 정보를 제공하는 것만으로는 성과 측면에서의 성공을 보여 주기에 충분하지 않다는 것이었다. (Ripple, 2000, p. 16)

회의 참여자들은 평가의 과정이 정치적 요구를 충족시키는 것에 제한되는 것이 아니라 평가 참여자들에게 배움의 기회를 제공하는 교육적인 역할을 해 줄 수 있기를 바랐으며, 유아교육이 모든 사회적 문제를 줄여 주는 '예방접종' 모형을 넘어서야 한다는 데 의견을 모았습니다. 이들은 주정부에서 요구하는 대규모 표집의 비용 문제뿐만 아니라 인과적 설명을 위한 비교집단의 구성이 실제적으로 어렵다는 문제점과 함께 특히 대부분의 표준화된 유아평가 도구가 발달적으로나 문화적으로나 언어적으로 적합하지 못하다는 사실에 대한 우려를 표했습니다. 이들은 UPK를 평가하기 위하여 유아 성취결과를 사용하는 것이 과연 적절한가 하는 근본적인 문제 제기에서부터 평가 자체가 유아들에게 압박감으로 작용할 것이라는 우려, 프로그램에 대한 평가가 개별 유아평가로 잘못 사용될 가능성, 교실 단위 측정의 한계, 모든 지역에 동일한 평가도구를 사용하는 획일성 문제 등도 제기하였습니다.

특히 논쟁의 대상이 되어 온 '학교준비도(school readiness)'의 본질적인 의미에 대한 날카로운 비판과 재검토도 이루어집니다. 이해관계자들은 UPK에서는 신체적 건강과 영양이나 호기심, 소통 능력 등의 비인지적 요소가 강조되는데도 막상 학교준비도 검사도구에서는 인지 발달이 중심이 되기 때문에 UPK의 노력을 제대로 평가해 내지 못할 것을 우려하였습니다. 검사도구에 따라 좀 더 폭넓게 학교준비도를 정의하고 있다 하더라도 학교준비도 자체가 결국 유아의 가정환경과 기본 능력을 측정하는 개념임에 대한 비판이 높았습니다. 누가 준비되어야 하는지, 무엇이 준비되어야 하는지에 대한 뜨거운 논쟁을 거치면서, 준비도란 유아의 특성이 아니라 유아와 학교 간의 관계라는 공감대가 형성되었습니다. 유아가 학교에 대해 준비되는 것이 아니라 교사, 학교, 지역사회와 가족이 유아를 위해 준비되어야 한다는 목소리도 높았습니다.

그러나 이렇게 깊이 있게 제기된 여러 문제점에도 불구하고 여전히 '학교준비도'라는 개념이 대중적으로 일반화되어 있으며 정치적 압박감이 증가되는 상황을 고려하게 되면서, 평가회의에 참여했던 사람들도 결국 학교준비도 측정을 통한 UPK 평가방식에 동의하게 됩니다. 물론 기존의 표준화검사를 사용하여 좁은 의미에서 학교준비도 자체를 강조하기보다는 이와 관련된 유아 행복감(well-being)의 '지표'를 평가할 수 있도록 다원적으로 여러 영역을 평가하는 생태적 접근을 취하는 방식을 권고하는 조건으로 합의가 이루어진 것이기는 하였습니다. 이 회의에서 서로 오갔던 뜨거운 논쟁이나 긴장 어린 갈등과 달리, 실제 합의된 바는 국가나 지방정부 차원의 정책 세계에서는 평가를 통한 지혜로운 운영이나 의미 있는 실제의 개선이라는 이상보다는 하나의 잣대를 활용하여 수량화하고 가시화할 수 있는 성과를 우선시하는 현실을 결국 받아들이고마는 모습을 보여 주어 아쉬움을 남깁니다. 그러나 참여자들의 깊이 있는 고민과 폭넓은 논의 내용은 더 의미 있는 평가를 실시할 수 있는 유아교육 및 보육 구성원과 여러 이해관계자의 역량을 보여 주는 것이어서 한편 고무적이기도 합니다.

이렇듯 유아교육·보육 정책평가에서도 참여자 중심 평가가 시도되는 사례를 조금씩 찾아볼 수 있는데, 예컨대 버지니아주의 만 4세 대상 보편무상 유아교육 평가에서도 이 프로그램을 계획, 관리할 행정가, 프로그램을 제공할 교사, 프로그램을 앞으로 채택할 버지니아주의 관련 위원회 직원들을 적극적으로 찾아 이들과 평가 과정 전반에 걸쳐 긴밀하게 협조함으로써 평가를 더 의미 있게 계획하고 실행한 바 있습니다(Miller, Eads, & Sawyers, 1990). 뉴욕주나 버지니아주의 보편무상 유아교육 정책평가 사례에서처럼 유아교육·보육을 평가하는 목적, 절차, 내용, 방법 등에 대하여 깊이 있게 생각하고 함께 재구성해 가는 과정을 통해 보다 실질적이고 의미 있는 평가가 이루어지리라 생각됩니다. 이렇듯 이해관계자의 참여를 중시하는 방향으로 강조점이 이동되고 있는 오늘날의 평가 동향은 하나의 잣대로 모든 유아교육·보육 기관에 일률적인 순응을 강요하는 것으로는 진정한 변화가 이루어지기 어려운 상황을 잘 반영하고 있습니다. 따라서 고유한 가치와 맥락, 상황에 따라 구성원들이 주도적으로 참여하여 열린 마음으로 대화하고 협력하면서 함께 만들어 가는 과정으로서의 평가가 중요한 역할을 해낼 수 있을 것으로 기대합니다.

제7장에서 제9장까지는 동일한 토론과 활동을 제안해 봅니다. 여기에서 한 번만 제시하도록 하겠습니다.

### 함께 이야기해 보기

❶ 유아교육·보육 정책(프로그램 혹은 실제)평가에 대한 직·간접적인 경험을 이야기해 봅시다.

❷ 이 장에서 소개된 평가 사례에 대하여 토론(메타평가)해 봅시다. 어떤 상황에 적합한 방법일지, 어떻게 활용하는 것이 좋을지도 이야기 나누어 보기를 바랍니다.

### 활동해 보기

❶ 제2장 '활동해 보기'에서 생각했었던 평가 상황과 질문을 이 장에서 소개한 평가접근법으로 설계하기 위하여, 평가질문 자체를 수정해 보기를 바랍니다. 수정된 질문으로 평가를 설계해보고 그 질문의 가치와 유용성, 예상되는 평가결과의 장단점 등에 대하여 검토해 보기를 바랍니다.

❷ 이 장에서 살펴본 평가 사례 이외에 여기에 소개된 유아교육·보육 정책(프로그램 혹은 실제)에 관련된 평가보고서를 찾아서 분석해 봅시다. 새로운 시선으로 들여다본 사례가 있는지, 평가접근법의 특징은 어떠한지, 공통된 쟁점이 있는지, 새로운 사실을 발견할 수 있는지 등을 살펴보기를 바랍니다.

# 제8장 유아교육·보육 프로그램평가의 실제

제8장에서는 3P 중에서 두 번째 P인 프로그램(Program)에 대한 평가가 유아교육 및 보육 분야에서 이루어진 사례를 살펴보고자 합니다. 프로젝트(Project)평가, 교육과정평가, 교육접근법평가 등의 용어가 더 적절할 경우도 있으나 총칭하여 프로그램평가라고 부르도록 하겠습니다. 앞에서 살펴본 헤드스타트 정책평가와도 깊은 상관을 가지는 미국의 하이스코프 프로그램과 진보주의 철학을 토대로 한 학습자 중심 교육으로 전 세계적 주목을 받아 온 레지오 에밀리아 접근법과 프로젝트 접근법에 대한 평가 사례를 다루고자 합니다.[14)]

## 1. 하이스코프 프로그램의 종단설계 평가 및 비용-편익 분석

### 1) 배경과 특징

하이스코프 프로그램은 1962년 미시간주의 입실란티(Ypsilanti)에 위치한 페리초등학교 건물 안에서 만 3~4세 유아를 위해 운영하게 된 하이스코프 페리유아원 프로그램과 함께 시작되었습니다(Weikart & Schweinhart, 2009/2010). 이 프로그램의 개

14) 세 가지 프로그램(하이스코프, 레지오 에밀리아 접근법, 프로젝트 접근법)의 제시 순서는 분석한 평가연구의 연도 순서에 따른 것입니다.

발자는 심리학자인 David Weikart로서, 1950년 말 입실란티 공립학교의 특수교육 책임자로 근무하면서 특정 집단의 학생들이 유급, 특수학급 배치, 중도탈락 등 지속적으로 학교생활에 어려움을 겪는 것에 주목하였습니다. 그 개선방안을 모색하면서, 전형적인 실패의 길로 들어서기 전에 이러한 문제들을 해결할 수 있는 방법으로 유아기의 인지 발달에 관심을 가지게 되었다고 합니다.

학업실패의 예방을 통하여 가난의 대물림을 깨기 위하여 Weikart는 페리초등학교와 협력하여 1962년에서 1967년 사이에 만 3~4세 유아를 대상으로 반일제 유아교육 프로그램과 가정방문을 결합한 하이스코프 페리유아원 프로젝트를 실시하였습니다. 이는 1960년대 미국의 빈곤과의 전쟁이라는 시대적 분위기 속에서 더욱 주목받게 된 초기 프로그램 중 하나로, 헤드스타트의 발전 과정에도 상당한 영향을 끼쳐 왔습니다. 하이스코프 유아교육과정은 헤드스타트에서 많이 채택하는 교육과정의 하나이기도 합니다.

### 이론 더 알아보기

#### 하이스코프의 주요 역사

- 1962 Weikart의 페리초등학교(미시간주 최초의 흑인 교장 Charles Eugene Beatty)와 협력하여 페리유아원 프로젝트 시작
- 1967 교육과정 비교 연구(Curriculum Comparison Study)
- 1970 비영리 독립조직으로서 하이스코프교육연구재단 창립
- 1971 시범 유아원 설립 및 하이스코프 유아교육과정 매뉴얼 출간
- 1985 하이스코프 교사교육 시작
- 1988 영국에 최초의 하이스코프 국제센터 설립(현재 10개국에서 운영)
- 1992 유아관찰기록(Child Observation Record: COR) 양식 및 매뉴얼 출간
- 1993 페리유아원 종단설계 평가결과(27세까지) 발표
- 1996 페리유아원 프로젝트에 대한 최초의 비용효과 분석 발표
- 1998 페리유아원 종단설계 평가결과(40세까지) 발표
- 2005 유아교육 프로그램평가도구(Preschool Program Quality Assessment: PQA) 출간

(참조) 하이스코프 홈페이지: 우리의 역사 https://highscope.org/who-we-are/our-history/

Weikart는 동료 연구진들과 함께 저소득층 유아의 발달과 학업성취를 돕기 위한 하이스코프 프로그램을 개발하였습니다. 하이스코프 프로그램은 Piaget의 구성주의 이론에 기초하여 유아는 의도성을 가진 학습자(intentional learners)로서, 스스로 계획하고 실행하여 되돌아보는 경험을 통해 가장 잘 배운다는 가정에 토대합니다. 이러한 가정에 따라 유아가 스스로 계획하고 실행하고 평가하는 활동, 소위 'Plan-Do-Review'로 알려진 자기 주도적 과정을 통해 능동적인 학습이 이루어지도록 교육과정을 구성합니다. 이때 교사의 역할은 복합적인 언어를 적절하게 사용하여 유아의 놀이를 관찰하고 지원하고, 유아의 계획을 확장시켜 주고 충분히 사고할 수 있도록 대화하며, 유아가 스스로 활동을 계획하고, 실행하고, 평가할 수 있는 하루 일과를 구성해 주는 데 있습니다.

하이스코프에서는 핵심경험(key experiences)을 중심으로 하루 일과의 계획 및 평가 시간을 제안하고 있으며, 이후 핵심발달지표(key developmental indicators)로 재구조화하였습니다. 이는 아래의 8개 영역에 걸쳐서 58개 지표로 나누어져 있습니다.

- 학습 성향(approaches to learning)
- 사회 및 정서 발달
- 신체 발달 및 건강
- 언어, 문해, 의사소통
- 수학
- 예술
- 과학과 테크놀로지
- 사회지식(Social Studies)

교수방법 측면에서는 네 가지 측면이 강조됩니다. 즉, 교사-유아의 언어적·비언어적 상호작용, 예측 가능하고 능동적인 학습 환경의 구성, 계획-실행-평가를 포함하여 다양한 경험 및 학습기회를 제공하는 하루 일과 그리고 지속적으로 이루어지는 유아평가를 강조하는 특징을 가집니다. Weikart(1988)는 1967년에서 1970년 사이에 실시했던 세 유형의 교육과정 모형을 비교하는 평가의 결과를 바탕으로 하여, 하이스코프 교육과정처럼 유아가 주도하는 질 높은 교육과정이 시간이 흐를수록 더 효과적이었다고 강조한 바 있습니다. 확고한 실증적 결과가 뒷받침해 주는 증거기반 실제(evidence-backed practices)를 추구하는 하이스코프에서는 다양한 연구 및 평가의 노력이 이루어져 왔습니다.

## 2) 대표적 평가 사례 분석: 하이스코프 페리유아원 평가

하이스코프 페리유아원 프로젝트가 주목받는 가장 큰 이유는 유아교육 프로그램의 장기적 영향을 실험설계를 통하여 평가하고자 한 노력에 있으며, 무엇보다도 비용-편익 분석을 도입하여 유아교육이 얼마나 많은 사회적 비용을 절약할 수 있는가를 가시화해 주었다는 데 있습니다. 또한, 웨스팅하우스 평가와 달리 Schweinhart를 비롯한 하이스코프교육연구재단(High/Scope Perry Educational Research Foundation) 연구진들은 무작위 배정 설계(random assignment design)를 활용하였다는 측면에서 주목받습니다. 이러한 무작위 배정 설계라는 강점으로 인하여, 앞에서 소개하였듯 컨소시엄 평가연구의 하나로 포함될 정도로 평가설계, 실시, 분석의 엄밀성이 인정받아 왔습니다.

여기에서 살펴볼 페리유아원 평가결과 보고서는 「일생 동안의 효과: 40세까지의 하이스코프 페리유아원 평가(*Lifetime Effects: The High/Scope Perry Preschool Study Through Age 40*)」(Schweinhart et al., 2005)입니다.

### ▮ 평가질문

빈곤층 유아들에게 질 높은 유아교육 프로그램이 미치는 단기 및 장기 효과를 찾아내고자 하였으며, 따라서 하이스코프 페리유아원 프로그램이 참여 유아들의 삶에 지속적인 영향을 미쳤는가 하는 것이 주요한 평가질문임.

### ▮ 평가설계

종단설계 평가를 통한 효과검증을 위하여 무작위 배정에 따른 진실험설계를 중심으로 하였고, 비용-편익 분석과 사례연구(8명 대상, 19세 보고서에 처음 등장하여, 27세, 40세 보고서에 포함됨)를 첨가함.

- 집단배정: 페리유아원 평가팀은 먼저 스탠퍼드-비네 IQ 점수에 따라 유아를 2명씩 짝지은 다음, 아직 실험집단일지, 통제집단일지 지정되지 않은 집단에 각각 배정하였음. 이때 사회경제적 지위, 남녀 비율을 맞추기 위해 일부는 지정된 집단을 서로 바꾸었음. 그 후 무작위로 한 집단을 실험집단, 다른 한 집단을 통제집단으로 배정하는 방식을 택하였음.
- 실험처치: 실험집단 유아들은 1962년 10월에서 다음 해 5월까지 일주일에 5일씩, 매일 2시간 반 동안 질 높은 유아교육을 받게 함. 교사 대 유아 비율이 1:6이고 유아, 초등, 특수교육 자격증을 모두 가진 교사진으로 구성되었으며, 유아의 인지 및 사회성 발달에 초점을 둔 교육과정을 실시하였고, 매주 90분의 가정방문 교육도 이루어짐.

## 평가대상

미시간주 입실란티 남부 지역에서 학업실패의 위험이 있다고 판단된(IQ 70~85 사이) 만 3~4세의 저소득층 유아 123명을 대상으로 하였음. 위에서 설명한 일련의 매칭 과정을 통하여 58명을 실험집단, 65명을 통제집단에 무작위로 배정하였음. 지역 초등학교에 다니는 학생들의 부모를 대상으로 한 설문조사, 지역사회 구성원들의 추천, 가정방문 등을 통하여 예비 대상자를 표집하였는데, 모두 흑인이었으며 이 중 45%는 한부모가정이었고, 58%는 저소득층 지원금에 의존하고 있었고, 부모 모두 무직인 경우도 47%였음.

## 평가도구

- 면담
  - 초기 부모 면담(3세): 부모의 학력, 취업, 범죄기록, 가정의 방 개수, 형제 관계
  - 15세 대상자 및 부모 면담: 학업충실도, 숙제, 학교에서의 행동문제, 취업 경험, 비행 문제, 공동체 소속, 또래 관계, 활동, 건강, 부모와의 관계, 전반적 태도, 삶의 목적
  - 19세 대상자 면담: 고등학교 만족도, 경력, 취업상태, 수입, 저축, 소유, 직업

만족, 계획, 범죄 및 비행에 대한 자수와 체포 여부, 모임, 조력 구하기, 대인 문제, 임신, 가족 관계, 활동, 건강, 자기만족

- 21세 사례연구 대상자 면담: 훈육 및 교육에서 부모의 역할, 역할모델, 금전에 대한 태도, 목표 지향, 종교, 책임감
- 27세 대상자 면담: 학업, 고교 이후 프로그램, 경력, 수입, 자동차 보유, 건강, 보건서비스, 출산 이력, 첫째 자녀 양육, 범법행위 자수와 체포 이력, 사회복지제도 이용, 결혼상태, 주거환경, 지역사회 활동, 일상 활동, 개인적 영향, 좌절, 긍정적 측면, 면담자 평정
- 40세 대상자 면담[15]: 결혼상태 및 배우자, 건강 및 보건서비스, 현재 취업상태, 경력, 수입, 주거환경, 자녀양육, 첫 번째로 양육에 주된 책임을 졌던 자녀, 첫째 자녀의 연령(19세 이상 혹은 18세 이하), 둘째 자녀의 연령(19세 이상 혹은 18세 이하), 가족 관계, 범죄, 자동차 보유, 지역사회 활동, 미래, 학업기능, 반응자에 대한 면담자의 판단

- 검사
  - 스탠퍼드-비네 지능검사(3~9세): 지적 수행 능력
  - 라이터(Leiter) 지적수행척도 수정판(3~9세): 비언어적인 지적 수행 능력
  - 일리노이 심리언어능력검사(ITPA: 3세, 5~9세): 심리언어적 능력
  - 피버디 그림어휘검사(PPVT: 3~9세): 어휘력
  - 웩슬러 지능검사(14세): 지적 수행 능력
  - 캘리포니아 성취도검사(7~11세, 14세): 독서력, 언어, 수학 및 전체 학업성취
  - 성인용 APL 조사(미국 대학입시 프로그램): 일상생활에서의 학업 능력
  - 카우프만 학업기능검사(KFAST: 40세): 읽기, 수학, 전체 성취
  - 학생행동척도(PBL: 6~9세): 교실에서의 행동, 학업동기
  - 입실란티 평정척도(YRS: 6~9세): 학교에서의 잠재성, 사회적 성숙도

---

15) 면담 각 항목별로 세부적인 문항 수는 다양하여, 예컨대 건강 및 보건서비스에 대해서는 28문항, 가족 관계에 대해서 5문항 등으로 구성되어 있음.

- 기타 자료(대부분 자기보고 방식으로 파악)
  - 학교 기록(15, 19, 27세): 총 재학기간, 특수교육, 성적, 유급이나 퇴학 등
  - 법정 기록(19, 27, 40세): 청소년기와 성인기 체포기록, 판결, 유죄선고 등
  - 사회복지서비스 기록(19, 27, 40세): 원조금 수령, 사회복지 서비스 이용

## ▌평가결과

- 정량적 효과: 프로그램에 참여한 실험집단이 지적 수행, 학교 경험, 생애 동안의 소득, 범죄율 등에서 긍정적인 효과를 가졌으며 이 중에서 주된 효과를 중심으로 정리하면 다음과 같음.
  - 40세까지 5회 이상의 체포기록: 실험집단 36%, 통제집단 55%
  - 40세 기준 $20,000 이상의 소득: 실험집단 60%, 통제집단 40%
    (연 수입 중위[median]: 실험집단 $20,800, 통제집단 $15,300)
  - 고등학교 졸업: 실험집단 77%, 통제집단 60%(여아: 실험집단 88%, 통제집단 46%)
  - 14세 기준 기초적 성취수준 도달: 실험집단 49%, 통제집단 15%
  - 15세 기준 성실하게 숙제해 가기: 실험집단 61%, 통제집단 38%
  - 5세 기준 IQ 90점 이상: 실험집단 67%, 통제집단 28%
  - 이 외에 자녀양육의 책임을 지는 남성(실험집단 57%, 통제집단 30%), 결혼(실험집단 71%, 통제집단 54%) 등에서도 의미 있는 차이를 보임.

- 비용–편익 분석: 무엇보다도 하이스코프 페리유아원 평가에서는 이러한 프로그램의 효과를 화폐가치로 환산하였다는 측면에서 대중 및 언론의 주목을 크게 받았음.
  - 참여자가 40세가 되었을 때를 기준으로 하여 비용-편익을 새로이 분석하였음. 화폐가치의 변화를 고려하고서도 참여자당 $15,166을 투자하여 $258,888에 달하는 혜택이 환원되어, 즉 $1 투자 대비 $17.07의 이익을 얻을 수 있다는 놀라운 결과를 제시함.

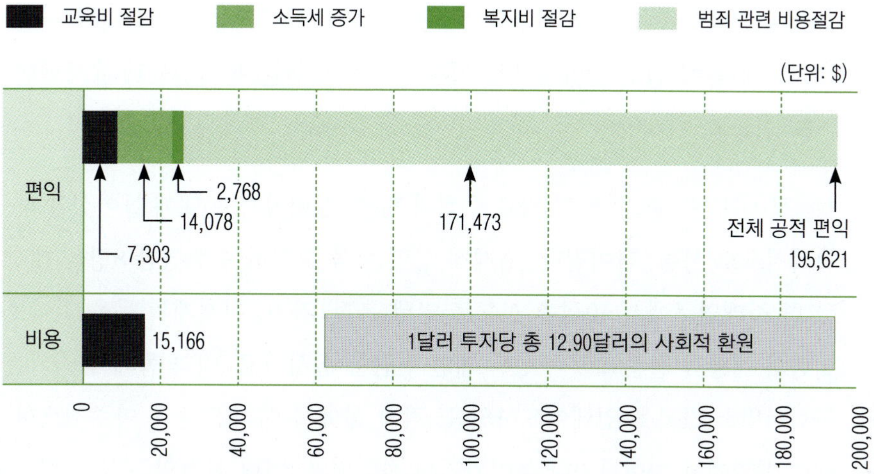


그림 8-1 • **페리유아원 프로그램 공적 비용과 사회적 편익(40세 기준)**

출처: Schweinhart, L. J., Montie, J. Xiang, Z., Barnett W. S., Barfield, C. R., & Nores, M. (2005). *Lifetime effects: The High/Scope Perry Preschool study through age 40*. Monographs of the High/Scope Educational Research Foundation, 14. Ypsilanti, MI: The High/Scope Press.

- $1 투자 대비 $17.07의 편익 중 사회적 환원은 76%(총 $195,621, 즉 $1 투자 대비 $12.09 환원)에 달하며, 24%(총 $63,267, 즉 $1 투자 대비 $4.17 환원)는 각 개인에게 환원된 편익에 해당함.
- 더 구체적으로 살펴보면, 참여자당 $15,166를 투자하였을 때 사회적 환원 부분에서는 범죄예방으로 인한 비용절감이 88%($171,473)로 가장 컸고, 이어서 세금 납부액 증가 측면에서 7%($14,078), 특수교육 등 교육비용의 절감으로 4%($7,303), 사회복지 서비스 비용 절감으로 1%($2,768)의 혜택이 사회로 돌아온 것으로 분석되었음.
- 그 외에 흥미로운 분석의 하나는 이러한 사회 전반에의 환원에 있어 93%가 남성의 향상된 수행으로 인한 것이었고 여성 참여자는 7%만 차지하였다는 것인데, 이는 여성에 비하여 범죄율이 높은 남성의 범죄예방이 사회적 환원

에 주로 기여하였다는 것으로 해석되었음. 고등학교를 졸업한 실험집단 여아의 비율이 훨씬 높았음에도 이후 실질적 임금은 통제집단과 유사했던 것도 언급됨.

- 정성적 사례연구 결과: 양적 자료 수집과 함께, 참여자가 20대에 들어섰을 때 유목적적으로 성별, 참여집단, 경제적 상황 등을 고려하여 선정한 8명을 대상으로 한 사례연구에서 40세를 전후로 인생 목적, 가치, 미래계획 등을 알아보는 일련의 개방적 질문으로 구성된 개인 면담을 실시하고, 이와 함께 범죄기록과 사회서비스 기록을 업데이트하였음. 각자 삶에서 여러 역경을 마주쳤으며 원래의 계획에서 벗어나거나 돌아가기도 하였지만, 어린 시절의 교육 경험을 통해 삶의 목표와 가치를 형성하는 것이 삶의 경로를 결정짓는 데 중요한 역할을 하였다는 생애사를 간략하게 전하였음.

### 결론

빈곤층 유아를 위한 질 높은 유아교육 프로그램인 하이스코프 페리유아원은 유아기의 지적, 사회적 발달과 학교에서의 성공 그리고 성인기의 경제적 수행 향상과 범죄 감소에 긍정적인 효과를 보였음.

### 제언

저소득층 가정의 모든 유아가 하이스코프 페리유아원 프로젝트에 준하는 특성(교사 학력, 교사 대 유아 비율, 가정방문, 유아교육의 시작 시기와 기간, 하루 운영 시간 등에서의 질적 수준)을 가진 유아교육 프로그램을 받을 수 있어야 함.

### 3) 하이스코프 페리유아원 평가에 대한 평가

하이스코프 페리유아원 평가는 종단설계와 비용-편익 분석을 통하여 참여 유아가 만 40세에 이르기까지 추적하여 유아교육에 대한 국가적 투자가 교육을 받은 개인뿐만 아니라 사회 전체를 위해서도 의미 있게 환원되며, 시간이 흐르면서 더욱 증대하는 편익을 돌려준다는 고무적인 메시지를 화폐가치로 가시화했다는 점에서 높이 평가됩니다. 만 27세를 기준으로 처음 비용-편익을 분석했을 때는 $1 투자 대비 $7.16(1인당 비용 $12,356 vs. 편익 $88,433)가 환원되는 것으로 산정되었으며(Schweinhart, Barnes, & Weikart, 1993), 40세를 기준으로 다시 분석했을 때는 $1당 $17.07로, 환원이 두 배가량 증가하였던 것(Schweinhart et al., 2005)은 이후 유아교육에 대한 국가적 재정투입을 위한 근거자료로 자주 인용되곤 하였습니다. 물론 방법론적 문제점으로 인하여 재분석했을 때 환원되는 편익은 상당히 줄어들지만, 경제학자 Heckman(2011/2014)은 재산정된 회수율도 1945년에서 2008년 사이 미국 주식시장의 수익률보다도 높다고 지적하면서 유아기의 질 높은 교육적 경험이 의미 있는 투자효과를 가졌다고 평가합니다.

#### 평가 사례 더 알아보기

**하이스코프교육연구재단의 평가연구**

하이스코프교육연구재단 홈페이지에서는 페리유아원 평가나 교육과정 비교연구 이외에도 하이스코프재단에서 실시하고 있는 다양한 평가 및 연구 프로젝트에 대한 설명이 포함되어 있습니다. 그중 일부를 소개하면 다음과 같습니다.

• **그레이트스타트 준비도 프로그램**(Great Start Readiness Program: GSRP) **평가**

미시간주 교육부의 연구비 지원에 따라 혼합설계를 통해 발달위기에 처한 유아를 위한 GSRP의 효과성을 평가함. 주정부에서 운영하는 유아교육기관의 졸업생들을 추적하는 종단설계가 포함되어 있으며 회귀 불연속 설계(regression discontinuity design: RDD), 무작위 통제 실험설계(randomized controlled trials: RCT), 비용-편익 분석방법 이외에도 더 높은 성취결과로 이어지는 교육 실제를 찾아내기 위한 교실관찰을 혼합하여 실시함.

• **점프스타트 아동성취결과 평가**(Jumpstart Child Outcomes Evaluation)

역시 미시간주 교육부에서 연구비를 받아 미시간주에서 개발한 유아교육기관 평가체제인 'Great Start to Quality(GSQ)'의 타당도와 효과성을 평가함. 주정부의 평가에 따라 별 1개에서 5개까지를 받은 450개 프로그램을 무작위로 선정하여 기관 및 가정 중심 프로그램의 질적 수준과 GSQ 평정 수준이 일치하는지를 알아보는 프로젝트임.

• **에듀케어 실시평가**(Educare Implementation Study)

미국 전역의 출생~만 5세 사이의 고위험군 유아를 대상으로 하는 유아교육 컨소시엄을 구성한 에듀케어 학습 네트워크(Educare Learning Network) 프로그램의 질적 수준을 평가함.

(참조) 다른 평가연구 사례는 하이스코프 홈페이지의 현재 진행 중인 프로젝트를 참조하기를 바랍니다.
https://highscope.org/current-projects/

한편 이렇듯 유아교육·보육에 투자함으로써 이후에 사회가 인적 자본력의 증가에 따른 이익을 거둬들일 수 있다는 경제 논리에는 위험한 역기능도 내재하고 있습니다. 이러한 비용 대비 환원이라는 논리는 유아의 당연하고도 본질적인 권리를 중심으로 사유하는 것이 아니라 유아를 경제적 잠재성의 단위, 인적 자본(human capital)으로 간주하고 유아교육·보육은 유아의 권리와 주체적인 삶의 여정으로서가 아니라 신자유주의 시장경제에 필요한 하나의 도구로 전락시키는 거대담론을 생성하는 부정적인 영향을 미치게 되었다는 비판의 목소리가 높아지고 있습니다. Moss(2019)는 개별 국가를 넘어서서 세계은행, UNESCO, OECD, 유럽연합처럼 영향력 있는 국제기구나 조직들의 영향력을 통해 이러한 유아교육·보육의 질 담론과 높은 투자회수율, 고수익에 대한 이야기가 더욱 증폭되고 있는 현상에 대하여 심각하게 우려를 표하고 있습니다.

방법론적 측면에서도 문제점이 지적됩니다. 무엇보다도 하이스코프 평가팀에서는 실험집단과 통제집단으로의 무작위 배정에 따른 진실험(true experimental)설계라고 주장하지만, 집단 배정 과정에서 사회경제적 지위나 성별, 형제 관계(형제자매는 같은 집단에 배정) 등의 요소를 고려하여 두 집단에 배정된 유아를 서로 바꾸는 등 무작위 배정의 원칙을 위반한 측면이 지적되고 있습니다(Besharov et al., 2011). 이러한 인위적인 과정은 실험설계의 기본 원칙을 뒤틀어 인과관계의 설명을 어렵게 만든다는 문제를 가집니다. 예컨대 중도탈락에 대한 우려나 가정방문에서의 어려움을 고려하여 한부모가정이면서 직장에 다니는 어머니를 둔 유아를 프로그램에 참여할 실험집단에서 통제집단으로 이동시킴으로써, 일하는 한부모가정 어머니를 둔 비율이 실험집단 4%와 통제집단 22%로 상당한 차이를 가졌습니다. Zigler(2011/2014)는 하이스코프 등의 소규모 실험에서는 일반적인 빈곤층 유아들보다 지능이 더 낮은 빈곤층 유아들을 모집하였기에 그 결과를 빈곤층 유아 전체로 일반화할 수 없다는 문제점도 지적한 바 있습니다.

나아가 측정도구에 따라 프로그램 효과가 불일치하거나 달라지는 경우도 보고되어서, 평가결과에 대한 신뢰도를 낮춘다는 비판을 받습니다. 또한, 취업 여부나 연소득 등 상당수의 정보를 자기보고식 조사 형태를 통하여 수집하였던 것도 정확성 측면에서 문제점으로 지적됩니다(Besharov et al., 2011). 면담자를 알기 때문에 실험집단의 대상자들이 사회적으로 바람직한 대답을 하였을 가능성이 있으며, 월수입과 연간수입에서 상당한 차이가 있는 등의 결과를 토대로 볼 때 질문에 대한 이해나 기억 측면에서 부정확하였을 수 있다고 분석됩니다. 실험설계에 충실히 하고자 노력했음에도 불구하고 여러 문제점을 노출하고 있는 데다가, 유아교육의 초창기라 할 수 있는 1960년대에는 유아교육을 전혀 받지 않은 통제집단과의 비교가 가능하였더라도 이제 대부분의 유아가 다양한 형태의 교육적 중재를 어릴 때부터 경험하기 때문에 진실험설계나 이에 따른 인과적 설명이 실제적으로나 윤리적으로 어렵다는 점을 깨닫게 해 줍니다.

또한, Barnett의 비용-편익 분석 역시 여러 가지 요소를 세심하게 반영하여 실시되었다고 주장하지만, 절감액의 추정 과정에서 방법론적으로 한계를 가질 수밖에 없었습니다. Besharov 등(2011)은 페리유아원의 비용-편익 분석에 있어서 대부분을 설명한 범죄예방의 화폐적 가치에 있어서의 문제점을 제시하였는데, 실제 유죄판결이 아닌 체포기록을 기준으로 절감액을 산정하여 과대 산정된 측면과 함께 범죄로 인하여 산정할 수 있는 구체적인 피해 액수 외에도 피해자의 고통과 슬픔 등 객관적으로 수량화하기 힘든 부분도 산정하여 분석에 포함시킨 측면 등이 지적됩니다. 그 외에 공적 지원을 받는 등의 사회보장제도 이용에 따른 편익도 참여자의 자기보고 방식에 의존하여 정확성을 확보하기 힘들며, 27세 자기보고 이후의 절감액 역시 추정한 것에 불과하기 때문에 결과 해석 시에 반드시 고려해야 할 제한점을 가집니다.

페리유아원 참여자들이 만 27세가 되었을 때의 자료를 기준으로 비용-편익을 재분석했던 Karoly 등(1998)은 구체화할 수 있는 범죄피해액만 산정하였을 때 $1당 $7.16의 편익은 $2.5로 줄어들었다고 합니다. 또한, 이러한 방식으로 범죄피해액을 조정하여 전체 편익을 다시 산정하였을 때, 전체 $1의 투입 대비, $2의 편익이 돌아오는 것으로 추정하였으며, 이를 다시 95%의 통계적 신뢰구간을 고려하여 제시한다면 실제로는 1:1.1에서 1:2.7 사이의 비용-편익 비율의 구간에 들어 있을 것으로 추정하였습니다. 이는 하이스코프 페리유아원 평가팀이 보고했던 비용-편익 비율에 비하여 현저하게 낮은 것입니다. 이들은 프로그램 참여자 수가 적었다는 사실을 비용-편익 비율을 해석하는 데 있어서 고려한다면, 편익은 더 줄어들 수 있을 것이라고 덧붙인 바 있습니다.

하이스코프 페리유아원 평가연구가 방법론적 한계와 해석상의 문제점을 가지고 있기는 하지만, 납세자들로 하여금 유아교육의 중장기적, 사회적 가치에 대하여 쉽게 이해하고 유아교육에 대한 국가적 책임에 대하여 더욱 다양한 각도에서 생각해 보게 하였다는 측면에서 나름의 의의를 가진다고 볼 수 있을 것입니다. 이후 유아교육 분야의 연구자뿐 아니라 노벨경제학상을 수상한 바 있는 Heckman(2011/2014) 같은 경제학자들까지 유아교육의 비용 대비 효과, 장·단기적 편익에 지대한 관심을 가지고 다양한 분석 및 평가를 하게 하는 역할을 하였습니다. 그런데 이러한 관심이 유아교육에 대한 국가 및 대중의 관심을 높이는 데 기여하였다고 평가할 수 있는 반면, 유아교육을 도구화하거나 사회문제에 대한 만병통치약이나 예방주사로 바라보는 과도한 기대로 인한 위험도 도사리고 있습니다. 유아교육에 대한 각종 투자비용 대비 효과나 회수율 등에 분석에 대하여 1960-70년대에 헤드스타트를 비롯하여 유아교육 이론 및 실제의 발전에 지대한 영향을 미쳤던 Zigler(2011/2014)의 경고로 마무리하고자 합니다.

> 오늘날 가장 큰 목소리를 내는 유아교육 지지자는 경제학자들인데 이들은 내게 양날을 가진 축복으로 여겨진다. 이들의 접근방식은 유아 중재의 금전적 혜택을 수량화하고 그 결과를 유아교육 프로그램에 적용하여 혜택을 추정하는 것이다. 이들의 비용-효과 분석은 유아교육 프로그램이 납세자에게 훌륭한 투자가 되며 나아가 미국 노동시장의 질을 향상시키며 글로벌 시장에서의 국가 생산성과 경쟁력을 확보할 것이라는 자신들의 주장을 지지해 준다. 연구 문헌과 대중매체는 이들이 제시하는 다양한 추정치로 가득 차 있는데, 유아교육 프로그램에 소요되는 1달러당 7달러나 17달러의 절약, 18%의 투자 회수율 혹은 헛된 기대를 갖게 하는 또 다른 수치를 제공하고 있다. 필자에게는 이 경제학자들이 한 바퀴를 완전히 돌아서 헤드스타트의 초창기, 즉 이 조그마한 유아교육의 몸짓이 미국의 빈곤문제를 종결시킬 것이라는 약속에 의해 프로그램이 오히려 상처를 받았던 때로 되돌리고 있는 것으로 여겨진다. 만약 경제학자들이 약속하고 있는 사회적 절약이 실현되지 않거나 정확하게 수량화될 수 없다면, 유아교육의 개념에 또다시 실망하게 될 것이다. 주정부의 유아교육 프로그램들도 상당수 경제적 이득에 대한 희망 위에 서 있는데 그 존재 가치가 위협받거나 실패로 여겨질 수 있을 것이다. (p. 377)

## 2. 레지오 에밀리아 접근법과 교육적 감식안 및 교육비평

### 1) 배경과 특징

세계대전의 참혹함을 경험했던 이탈리아에서는 여전히 지식전수 모형에 기초하여 불평등을 영속시키는 전통적 학교체제에 반대하면서 민주주의, 시민참여, 연대의식, 사회정의 등의 원리에 기초한 새로운 페다고지에 대한 개혁적 실험이 1960-70년대 동안 시민운동, 사회운동, 여성운동 등을 배경으로 이루어졌습니다. 사회적·정치적 쟁점들과 교육이 불가분하게 연계되는 관계성에 대한 인식 확대 속에서 당시 Don Milani, Bruno Ciari, Loris Malaguzzi, Duilio Santarini, Sergio Neri 등 많은 선구적 교육학자가 중요한 역할을 하였습니다(Lazzari & Balduzzi, 2013/2017).

특히 초등학교 교사 출신의 Malaguzzi(1924~1994)는 더욱 평등하고 민주적인 사회의 건설에 대한 깊은 관심으로 1964년부터 레지오 에밀리아시에서 만 6세 이하 어린이들을 위한 시립학교를 체계화하는 데 평생을 헌신하였습니다. 이 시대에 유아교육에 헌신하는 것은 파시즘과 전쟁의 폭력성과 비인간성에 대한 저항이었다고 할 수 있습니다. 물론 탄탄한 이론에 기초하여 좋은 유아교육을 실천하는 하나의 우수사례를 보여 주는 것도 칭송받을 만한 일이겠지만, Malaguzzi는 보다 거시적인 안목으로 도시 전체가 협력하여 모든 유아에게 좋은 유아교육과 보육을 제공할 수 있도록 레지오 에밀리아의 시립 유아학교[16]를 위한 시스템을 구축하고 지속적으로 실험하면서 개선해 갈 수 있게 추진한 리더십과 정치적 실천력 측면에서 더욱 높이 평가됩니다.

---

16) 레지오 에밀리아에서 만 3~6세 사이의 어린이를 위한 학교는 유아학교(scuola dell'infanzia)로, 만 3세 미만은 '영아센터(asilo nino: 글자 그대로 해석하면 보호해 주는 둥지)'라고 칭하지만, 여기서는 두 유형을 총칭하여 유아학교라고 부르겠습니다. Malaguzzi는 유아교육기관에 대한 새로운 이미지를 만드는 데 용어가 매우 중요하다고 생각하여, 당시 통용되던 '어머니학교(scuola materna)' 혹은 모성학교(motherly school)는 가정을 대신하는 서비스의 이미지를 야기하고 교사를 어머니와 동일시하게 만들기 때문에 반대하면서, 유아를 위한 교육기관임을 강조하며 '유아학교'라는 명칭 사용을 주장하였습니다(Moss, 2019).

### 이론 더 알아보기

**레지오 에밀리아의 주요 역사**

- 1963 레지오 에밀리아 시장 Renzo Bonazzi(1962~1976 재임)의 지원하에 최초의 시립 유아학교인 로빈슨학교(Robinson Preschool) 설립
- 1964 안나프랑크유아학교(Anna Frank Preschool) 설립
- 1971 최초의 영아센터(infant-toddler centre) 설립
- 1981 스웨덴 스톡홀름에서 「어린이의 수백 가지 언어」 순회전시(The Hundred Languages of Children exhibition) 시작
- 1991 미국의 대표적 주간지 「뉴스위크(News Week)」에 우수학교로 선정, 세계적 주목
- 1994 레지오 칠드런(Reggio Children) 설립
- 2006 로리스 말라구찌 국제센터(Loris Malaguzzi International Centre) 개관
- 2011 레지오 칠드런-로리스 말라구찌 센터 재단(Reggio Children-Loris Malaguzzi Centre Foundation) 설립

(참조) 레지오 칠드런 홈페이지: 타임라인
https://www.reggiochildren.it/en/reggio-emilia-approach/timeline-en/

레지오 에밀리아 접근법의 교육철학은 모더니스트적인 발달 단계 이론의 확실성과 보편타당성을 맹신하면서 발달심리학에 근거하여 분절된 학습목표와 성취결과를 엄격하게 규정짓는 교육과는 정반대의 지점에 위치합니다. 즉, 미리 목표를 규정하고 쫓아가는 것, 모든 것을 확고한 불변의 진리로 보는 것, 실로 감탄하고 놀라워해야 하는 것의 가치를 똑같이 치부해 버리는 것을 신랄하게 비판하면서, 끊임없는 도전과 연구, 실험정신을 중요시합니다. 따라서 고정된 '프로그램'이라는 표현이나 일반화될 수 있는 모형을 시사하는 '접근법'보다는 특정한 시간과 공간에서 발현되는 고유성을 반영할 수 있는 '지역의 문화적 프로젝트(local cultural project)'라

는 표현을 선호합니다(Moss, 2019).[17)]

자신의 앎과 정체성을 사회문화적 맥락 속에서 공동으로 구성하는 능동적인 주체, 수백 가지 언어를 가지고 배우는 자로 태어나는 '유능한 유아'는 그 잠재성을 믿고 지지해 주는 유능한 교사를 필요로 합니다. 타자와의 관계 속에서 지식이 구성된다고 보는 사회구성주의 인식론에 기초하며 앎은 언제나 부분적이고 일시적이며 관점에 따라 다름을 인정하는 레지오 에밀리아 유아학교에서 교사는 연구자이자 실험가(experimenter)로서, 연구와 실험의 가치를 체화할 뿐만 아니라 매일 함께해 가는 일, 즉 결코 홀로 하는 활동이 아니라 항상 다른 사람들과의 관계 맺음 속에서 연구와 민주적 실험주의(democratic experimentalism)를 실천하는 자입니다(Moss, 2019). 그의 삶을 회고하며 Rinaldi(2006)는 '연구하는 학교(researching school)'가 Malaguzzi의 정신에 가장 가까운 주제라고 말한 바 있습니다. 레지오 에밀리아의 교육은 Piaget의 구성주의 심리학, Vygotsky의 사회문화 이론, Dewey의 문제해결 중심 교육방법 등에 기초하되, 그 어느 이론에도 정주하지 않고 끊임없이 연구하고 실험함으로써 독창적인 접근법을 만든 것으로 평가됩니다.

진보주의 교육자 Dewey의 이론적 토대를 공유하는 프로젝트 접근법을 새로이 발전시킨 Katz(1994)는 레지오 에밀리아 접근법을 소개하면서 그 긍정적 순환성이 i) 협력 관계, ii) 기록작업, iii) 아뜰리에리스타(시각미술을 전공한 교사), iv) 페다고지스타(교사지원 및 전문성 함양을 위한 교육전문가), v) 3년 동안 동일한 교사진과 유아들이 함께하는 학급구성, vi) 깊이 있는 프로젝트를 중심으로 하는 교육에 있다고 열거한 바 있습니다. 비슷한 맥락에서 레지오 에밀리아 접근법은 i) 배움과 관계를 촉진하는 환경의 잠재성, ii) 어린이들의 탐구와 '수많은 언어'에 기초한 협력적 탐구로서의 프로젝트(progettazione) 교육과정, iii) 연구, 성찰, 관계를 위한 기록작업, iv) 일반적인 부모교육 개념을 초월한 학부모와의 협력과 참여라는 네 가지 특징(New & Kantor, 2009/2010)을 가진다고 분석되기도 하였습니다. 무엇보다 레지오

17) 여기에서는 일반적인 표현인 레지오 에밀리아 접근법이라 칭하도록 하겠습니다.

에밀리아 시립 유아학교와 영아센터에서는 삶과 앎, 가르침과 배움이 가지는 관계성, 상호접속성, 상호의존성을 강조하고 불확실성과 예측 불가능성을 존중하고 환영하며, 놀라워하고 감탄하는 것을 가치 있게 여기는 '관계와 경청의 페다고지(pedagogy of relationships and listening)'를 생생하게 보여 줍니다(Moss, 2019).

### 2) 대표적 평가 사례 분석 : 교육적 기록작업에 대한 교육적 감식안 및 교육비평

여기에서는 Eisner의 교육적 감식안 및 교육비평 평가모형을 통해 레지오 에밀리아 접근법의 주요 철학과 교육적 기록작업을 통한 교육 실제를 이해하고자 한 Giamminuti(2009)의 박사학위논문을 소개하고자 합니다. 이는 레지오 에밀리아 접근법에 대한 전반적인 평가가 아니라 그 철학을 구현하는 데 핵심적인 실제의 하나인 교육적 기록작업에 초점을 맞추어 들여다보는 평가적 연구라 할 수 있지만, 레지오 에밀리아 접근법이라는 프로그램에 고유한 철학과 맥락을 잘 반영하는 교육적 감식안 및 교육비평을 통한 평가의 예시로 볼 수 있을 것으로 판단되어 이 장에서 소개합니다. Giamminuti는 유아교육을 평가할 때 화두가 되는 '질'이란 결국 학습공동체의 '의미생성'(Dahlberg et al., 1999) 과정이라고 보고 레지오 에밀리아 접근법의 역동적인 의미생성을 가능하게 해 주는 교육적 기록작업을 깊이 있게 이해하고자 하였습니다.

#### ▮ 평가질문

- 교육적 기록작업은 문화적 맥락 속에 위치한 학습공동체를 구성하는 데 어떻게 기여하는가?
  - 레지오 에밀리아의 유아/교사/가족은 기록작업을 어떻게 경험하고 해석하는가?

- 유아/교사/가족의 기록작업 해석은 문화적 맥락 속에서 학습 과정을 자리매김하는 데 어떻게 기여하는가?
- 이러한 경험과 해석은 상황적(situated) 학습공동체를 구성하는 데 어느 정도로 기여하는가?

• 주변의 문화와 맥락은 기록작업의 과정과 해석에 어떠한 영향을 주는가?
  - 지역의 문화적 맥락이 학교의 삶 속에 어떻게 가시화되는가?
  - 학교는 지역의 문화적 맥락과 유아기의 이미지에 어떠한 영향을 미치는가?

### 평가설계

• 이론적 틀: 교육적 감식안 및 교육비평을 기본적인 틀로 선택하였는데, 질적 방법론에 예술적 접근법을 더하여 평가대상을 깊이 있게 이해하고 이를 볼 수 있도록 조명하고자 했음. 그 외에 사회기호학, 관계적 사례연구(relational case study)의 이론을 접목하였음.

• 자료 수집 및 분석: 수집된 자료는 6개월 동안의 자연주의적 관찰(naturalistic observation) 기록과 성찰일지, 자연스럽게 일어나는 사건의 녹음자료와 사진, 성인 및 유아들과의 자연스러운 대화, 성인 및 유아들을 대상으로 한 반구조적(semi-structured) 포커스집단 면담 및 개별 면담, 내부서류 및 기록작업물(패널, 교내 출간자료, 교실 내의 기록작업 폴더, 가족과의 공유자료, 교사메모, 유아 작품 및 활동 결과물) 및 영구보관 자료 등이었음. 이를 토대로 한 기술, 해석, 평가의 과정을 거쳐 유아, 교육자, 가족의 경험과 목소리를 가시화하고자 하였으며, 의미를 해석하여 주제를 발견하는 과정을 통해 질적으로 분석됨.

### 평가 참여자

• 2006년 Arcobaleno 영아센터와 Neruda 유아학교를 대상으로 함. Arcobaleno의 영아 69명과 교사 20명 및 가족들, Neruda의 유아 78명, 교사 15명 및 가족들이 참여하였음.

- 관찰은 2006년 2월에서 7월까지 6개월여 동안 이루어졌으며 Arcobaleno의 영아 15명, Neruda 유아 12명과는 면담이 실시되었음.

■ 평가결과

- 풍부하고 생생한 사진과 그림, 대화, 글 등을 통해 발견된 주제를 기술하고 해석, 평가하여 조명함.
- 레지오 에밀리아의 상호의존적 가치로서 i) 풍부한 일상성: 평범함 속의 특별함에 대한 인식, ii) 내러티브의 잠재성, iii) 공유 경험에 대한 기억, iv) 역사와 가치가 내재된 지역성의 인식, v) 개인 및 집단의 행복에 기여하는 정체성/관계, vi) 개방적인 토론과 이해로 가능한 투명성/민주주의, vii) 공동의 이해와 존중을 가능하게 하는 언어의 가치, viii) 소속감을 느끼고 공감하며 행복을 느끼게 하는 아름다움/미학이라는 주제를 발견함.
- 레지오 에밀리아 접근법에서 기존 질 담론을 대체하는 '의미생성' 과정의 버팀목이자 연결고리가 되어 주는 가치로서 다른 사람, 공간, 시간, 사건, 물질, 문화에 열려 있는 마주침을 비롯하여 상호의존성, 상호접속성, 차이, 변혁, 의도성, 연구, 불확실성, 복잡성, 잠재성을 추출함.
- 이러한 가치를 바탕으로 교육적 기록작업은 마주침의 도구이자 장소, 상호의존성의 댄스, 상호접속성을 이어 주는 예술, 음악 악보, 변혁으로의 초대장, 의도성의 몸짓, 연구의 태도, 불확실하게 걷는 발걸음, 복잡성의 거미줄, 잠재성의 내러티브로 상징화됨.
- 유아교육의 질은 교사 대 유아 비율이나 면적 등의 구조적 요인으로 단순화시킬 수 없으며 가치가 내재된 개념일 뿐만 아니라 지역 공동체의 가치를 만나고 접속시키고 연결 짓는 관계성(relatedness)임을 제안함. 의미생성으로서 교육적 기록작업은 이러한 가치를 가시화시켜 함께 대화하고 성찰하고 연구, 관찰, 실험하면서 변화시켜 가는 지속적 과정임을 제안함.

## 평가 사례 더 알아보기

### 레지오 에밀리아 접근법에 대한 결과 중심 평가의 적절성 고려해 보기

노벨경제학상을 받은 경제학자 Heckman이 포함된 한 연구팀은 최근 레지오 에밀리아 접근법의 세계적인 명성에도 불구하고 그동안 '형식적 평가'가 시도되지 않아서 참여 유아의 삶 전반에 어떤 영향을 주는가에 대한 확고한 실증적 자료가 없다는 데 주목하였습니다. 이들은 비실험적인(non-experimental) 방법을 통하여 레지오 에밀리아의 효과를 다른 프로그램과 양적으로 비교하는 방식으로 평가하였습니다. 자세한 내용은 다음의 자료를 살펴보기를 바랍니다.

Biroli, P., Del Boca, D. Heckman, J. J., Heckman, L. P, Koh, U. K., Kuperman, S., Moktan, S., Pronzato, C. D., & Ziff, A. L. (2018). Evaluation of the Reggio approach to early education. *Research in Economics, 72*(1), 1–32.

간단히 소개하면 이들은 레지오 에밀리아시 그리고 레지오 에밀리아시와 지리적 위치나 사회경제적 상황 등이 유사한 파르마시와 파도르시에 등록된 사람들로부터 총 4,019명을 표집하여 관련 기록을 수집 · 분석하는 방법을 택하였습니다. 2012년을 기준으로 아동(만 6세), 청소년(만 18세), 성인(30대, 40대, 50대) 다섯 코호트(cohort) 집단의 관련 기록을 대상으로 하였습니다. 레지오 에밀리아의 시립 영아센터와 유아학교를 다녔던 사람을 처치집단으로 하고, 반면 1) 유아교육 서비스를 전혀 받지 않았던 사람들, 2) 레지오 에밀리아시가 아닌 다른 두 도시에서 유아교육을 경험한 사람들, 3) 세 도시 모두에서 정부나 종교기관에서 제공하는 유아교육을 받은 사람들을 통제집단으로 하여 도시-코호트 구조를 비교하였습니다.

항목별로 다소 차이는 있으나 전체적인 차이 패턴을 분석하였을 때, 유아교육 서비스를 전혀 받지 못했던 사람들에 비하여 레지오 에밀리아 접근법은 취업, 사회-정서적 기능, 고등학교 졸업, 선거 참여, 비만 등에서 유의미한 효과를 보였지만, 다른 형태의 유아교육을 경험한 집단과는 차이 패턴을 두드러지게 나타내지 않았다고 결론을 내립니다. 이들은 세 도시의 교육관리자 및 조정자를 대상으로 한 설문조사를 추가하여 분석한 성과 측면에서 유의미한 차이를 일관되게 가져올 만큼 레지오 에밀리아 접근법과 북이탈리아 지역의 다른 유아교육 접근법들이 크게 다르지 않으며, 특히 시간이 흐르면서 유아교육의 운영관리 체계나 교실 실제가 상당히 유사해졌기 때문이라고 분석합니다.

◎ 생각해 보기

천편일률적으로 표준화된 잣대로 측정하고 수량화하는 '평가의 언어'를 비판하면서 Moss(2017)는 레지오 에밀리아를 정당하게 평가하려면 레지오 에밀리아의 고유한 철학과 가치를 이해하고 존중하면서 그동안 레지오 에밀리아가 취해 온 입장과 같은 결에서 성찰하고 평가해야 한다고 피력한 바 있습니다. 아마도 Moss는 Biroli 등(2018)이 레지오 에밀리아의 효과를 분석하기 위하여 분절화된 일반적인 지표, 수량화된 성과를 비롯하여 설문조사를 통해 파악한 유아교육 프로그램의 특성 변인으로는 레지오 에밀리아 접근법의 고유성과 역동성을 제대로 드러내지 못한다고 한탄할 것입니다.

이윤을 추구하는 사기업의 논리를 유아교육과 같이 공공성을 가진 공적 서비스에 그대로 적용하여 인적 자본을 효율적으로 관리하고 통제하고자 하는 신경영운동의 흐름은 모든 것을 시장경제의 가치로 바꾸곤 합니다. 이러한 과정에서 새로운 교육적 실험과 다채로운 실천의 노력은 그 고유성과 중요성을 완전히 상실하게 됩니다. 평가자가 오로지 방법론적으로만 최적화하여 자신이 보고자 하는 것만을 보려 하는 현상에 대하여 Malaguzzi는 앵글로-색슨계의 오만함이자, 우스꽝스러울 만큼 앎을 단순화시키고 우리의 역사성으로부터 의미를 찬탈해 가는 행위라고 비판한 바 있습니다(Cagliari et al., 2016).

## 3) 레지오 에밀리아 교육적 기록작업 평가에 대한 평가

Moss(2017)는 '레지오 에밀리아 질문(Reggio Emilia Question)'을 던진 바 있는데, 즉 유아교육에서 레지오 에밀리아 접근법이 택한 인식론적, 철학적, 정치적, 윤리적 입장에 과연 어떤 '평가의 언어'가 적합할 것인가라는 어려운 문제를 제기한 것입니다. 수십 년에 걸쳐 관찰, 실험, 연구, 성찰을 통해 발전해 온 레지오 에밀리아시의 시립 영아센터와 유아학교가 가지는 페다고지 정체성을 정당하게 다루어 줄 수 있는 평가가 무엇일지에 대한 적극적인 탐색과 실천이 필요할 것입니다. 대중적 관심을 끌 만한 몇 가지 요소로 교육의 질을 감환시키는 것은 유아와 사회 모두를 위해서도 바람직하지 않기에, 교육이 가지는 고유한 역할과 맥락에 주목하고 의미를 발견하며 차이를 만들어 가는 실험정신이 평가에서도 마찬가지로 요구될 것입니다.

북미 지역에서 평가는 정해진 목표에 따라 성과를 측정하고 비교하며 가치판단을 내리는 행위로 간주되는 반면, 이탈리아의 레지오 에밀리아 접근법에서 평가는 가치를 찾아내고 의미를 부여하는 성찰의 과정으로 여겨지고, 특히 기록작업은 함께 만들어 가는 배움을 지원하는 지속적인 과정이라고 말합니다(Gandini & Kaminsky, 2004). 즉, 레지오 에밀리아 접근법에서 평가는 교육 경험과 학교운영, 학교에서 이루어지는 삶의 모든 측면을 조직하는 과정으로 대화와 해석이라는 공적인 행위로 이해됩니다. 따라서 기존의 미리 정해 둔 목표나 결과, 편익 등의 기준이나 준거를 중심으로 측정하고 비교하는 평가방법은 레지오 에밀리아의 철학이나 실천과는 결을 같이하지 못합니다. '이론 더 알아보기'에서 제시한 Biroli 등(2018)의 평가와 같이 모더니스트 관점으로 그저 몇 가지 측정 가능한 결과를 중심으로 환원하여 바라보는 시선으로는 레지오 에밀리아시립 유아학교에서 추구하고 고민하며 구현해 온 역사성과 고유성을 제대로 포착하지도, 전달하지도 못할 것입니다.

Eisner의 교육적 감식안 및 교육비평 모형을 적용한 Giamminuti(2009)의 평가연구는 교육적 기록작업에 대한 유아, 교사, 부모의 경험과 인식을 긴 호흡으로 깊이 있게 담아냅니다. 전문가의 시선을 통해 일상적 교육실천에 참여하고 있는 당사자들에게도 미처 보이지 않았던 신념과 실제가 밝혀지고 표현됨으로써 새로운 의미 생성과 비전 공유가 가능해진다는 큰 장점을 가집니다. 하지만, 특별한 경우를 제외하고는 교육적 감식안을 갖춘 전문가가 오랜 시간을 머물면서 교육 실제를 깊이 있게 들여다보고 이론적 관점을 더하여 비평하는 방식의 평가는 실현 가능성이 낮을 것이라는 측면에서 실용적이지 못하다는 비판을 피할 수는 없을 것입니다. 또한, 전문가 중심의 교육비평 모형의 경우 텍스트의 양이 상당히 많고 어려워서 일반 청중을 대상으로 할 때 가독성이 떨어질 수 있다는 한계를 가지므로, 평가결과를 더 설득력 있고 이해하기 용이하게 표현하고 나아가 다양한 방식으로 공유할 수 있는 새로운 방식에 대한 고민이 필요할 것입니다.

## 3. 프로젝트 접근법과 실행연구 평가

### 1) 배경과 특징

앞에서 살펴본 레지오 에밀리아 접근법과 마찬가지로 프로젝트 접근법은 교육철학자 John Dewey(1859~1952)의 교육철학, 즉 민주적인 사회를 지향하는 공동체의 협력학습을 통하여 학습자의 삶에서 정말로 의미 있는 문제를 탐구하고 함께 해결하고자 하는 데에서 출발합니다. 교과지식이란 그저 발견되기를 기다리는 고정된 진리가 아니며, 학습자의 흥미에 기초한 프로젝트를 통하여 사회적 관계를 맺고 서로 협력하는 문제해결 과정을 통하여 구성되는 것이라고 보았던 Dewey는 1896년에 아내인 Alice Dewey와 함께 시카고대학교 부설 듀이실험학교를 설립, 운영하면서 이러한 철학을 실천해 갈 수 있었습니다(Wolfe, 2002). 프로젝트를 통한 문제해결 중심의 배움에 대한 Dewey의 철학적 사유는 만 4, 5세 유아들을 입학대상으로 포함시켰던 1898년부터 더욱 구체화되었다고 합니다.

듀이실험학교에서는 유아를 위한 놀이 중심 교육을 실천하면서 유아들이 삶 속에서 흥미를 가지게 되고 궁금해하는 관심사를 긴 시간 동안 탐구하도록 장려하는 교육방안을 발전시켜 나갔습니다(Wolfe, 2002). 안타깝게도 Dewey가 뉴욕의 컬럼비아대학교로 옮기게 되는 상황이 발생하면서 듀이실험학교를 통하여 이론과 실제를 연결 짓는 교육적 실험이 중단되지만, 컬럼비아대학교에서 Dewey의 수업을 들었던 제자 중 한 명인 Kilpatrick(1918)이 「Teachers College Record」에 '구안법(The Project Method)'이라는 제목의 논문을 출간하여 큰 반응을 불러일으켰습니다(Wolfe, 2002). 이러한 열렬한 반응은 당시 Hall의 신비주의적 계통발생설과 가짜 과학에 실망했던 이론가들이 새로운 대안을 모색하고 있었던 데다가 과학적 효율성을 추구하던 학파의 교육과정 개혁 요구 등과도 부합하였기 때문으로, 상당수의 사립학교와 대학 부설 교육기관 등에서 활발히 적용되면서 '활동 교육과정(activity curriculum)' 혹은 '경험 교육과정(experience curriculum)'으로 불리기도 하였습니다(Kliebard, 1995).

그러나 Kilpatrick이 제안한 구안법은 Dewey를 비롯하여 교육이론가들로부터 '양자택일 철학(either-or philosophies)'이라는 이분법적 사고의 문제점을 여지없이 드러내었다는 비판을 받게 됩니다. 학습자의 흥미만을 강조했던 Kilpatrick의 낭만주의적 사유방식이 또다시 교사 대 학생, 교과 대 흥미, 내용 대 방법 등의 이분법적 사고와 양자택일의 선택을 강요하게 만들었기 때문이었습니다(Katz & Chard, 2000/2012; Kliebard, 1995). 이러한 비판과 스푸트니크 충격으로 인한 미국 사회의 변화 속에 진보주의 교육철학과 교육과정 개혁 운동의 핵심이었던 구안법은 점차 잊혀지는 듯했으나, 1980년대 후반에 다시 부활합니다. 영국에서 태어나 '열린 교육'(open education)을 경험하고 만 15세에 미국으로 간 Katz는 자신의 제자이자 동료인 Chard(1989)와 함께 새로운 이론과 연구결과로 구안법을 재해석하여 '프로젝트 접근법(Project Approach)'이라는 이름으로 소개하면서 유아교육·보육뿐만 아니라 학령기 교육이나 고등교육 분야에서도 다시 주목하게 되었던 것입니다.

### 이론 더 알아보기

#### 프로젝트 접근법과 관련된 웹사이트

프로젝트 접근법은 독립적인 조직이나 공식적인 웹사이트로 운영되기보다는 다양한 경로로 정보가 공유되고 있습니다. 더 자세한 내용을 위해서는 다음의 웹사이트를 살펴보기를 바랍니다.

- Illinois Early Learning Project **웹사이트**: https://illinoisearlylearning.org/pa/

  일리노이 주교육부의 지원을 받아 운영되는 웹사이트로 프로젝트 접근법에 대한 이론, 사례, 연구논문, 관련 블로그와 페이스북 내용, Katz 교수의 업적 등을 제공함.

- **Chard 교수의 프로젝트 접근법 웹사이트: http://projectapproach.org/**

  프로젝트 접근법의 이론적 배경, Pre-K에서 12학년까지의 프로젝트 사례, 관련 주제에 관한 정보 등을 소개하고 있음. 프로젝트 접근법과 관련하여 무료로 다운로드받을 수 있는 지침서와 소책자를 제공하는 동시에, 관련된 출간자료를 구입할 수 있는 온라인 스토어도 운영하고 있음.

- **일리노이대학교(UIUC)에서 운영하던 온라인 저널 「Early Childhood Research & Practice」 웹사이트: https://ecrp.illinois.edu/issues.html**

  Katz가 편집장, Rothenberg가 부편집장을 맡아 유아교육 · 보육 분야에서 최초로 자유롭게 공유할 수 있는 온라인 전문학술지 사이트를 운영하였음. 프로젝트 접근법 등의 유아교육 관련 연구 및 성찰, 프로젝트 실제 등을 내용으로 하여 1999년 2월에 제1호에서 시작하여 2015년까지 온라인으로 발간됨. 현재는 기존 자료를 제공하는 형태로만 존재하나, 프로젝트와 관련된 풍부한 사례와 관련 연구를 살펴볼 수 있음.

국내외에서 학습자 중심 교육으로의 전환을 추구하면서, 어린이집에서 대학에 이르기까지 프로젝트에 기초한 배움의 과정을 접목하고자 하는 노력이 활발하게 이루어지고는 있으나, 프로젝트에 대한 이해 부족과 교수방법 변화에 대한 경계심 등으로 프로젝트 접근법의 가능성이 제대로 구현되지 못하여 새로운 교육적 아이디어가 고착되고 경직되고 마는 표준화 현상을 되풀이하기도 합니다(Olsson, 2009/2017). 윤은주(2006)는 학습자의 지적 호기심에 기초한 자발적이고 능동적인 탐색과정보다는 프로젝트 접근법의 단계들과 각 단계의 특정한 활동(표상 활동, 견학 등)을 고수하는 등의 실천적 문제점을 지적한 바 있습니다. 프로젝트 접근법을 적용해 보고자 하는 의지가 있는 교사들조차 전통적인 수업방식을 넘어서지 못하는 경우가 많다고 합니다(Clark, 2006). Olsson(2009/2017)은 프로젝트를 시도하는 것 자체가 점점 어려워지고 있으며, 프로젝트를 진행하는 유아교육기관에서도 대부분의 시간에 똑같은 내용을 다루면서 결과적으로 표준화된 형태로 변질되어 가는 문제에 봉착하고 있음을 지적합니다.

따라서 프로젝트 접근법이 살아 숨 쉬며 성장해 가는 유기체적 '생명력'(Katz & Chard, 2000/2012)을 펼치기 위해서는 교사의 신념과 실제를 변화시켜 나갈 수 있는 지지와 협력이 필요합니다. 이러한 맥락에서 교사의 능동적 참여와 실천적 변화를 지원하는 실행연구 평가의 유용성을 가늠해 볼 수 있습니다.

## 2) 대표적 평가 사례 분석: 실행연구 평가

제2장에서 살펴본 바와 같이 실행연구는 개념적으로 평가와 구분되기도 하지만, 실제로 구분하기 어렵습니다(Fitzpatrick et al., 2011/2014). 학자에 따라서 실행연구를 참여적 평가접근법의 하나로 포함시키기도 하고 참여적 실행연구(Participatory Action Research: PAR) 안에 권한부여 평가나 강점탐구 평가를 포함시키는 경우도 있습니다. 실행연구와 평가는 교육철학자 Dewey의 프래그머티즘과 성찰, 관찰, 실험에 기초한 문제해결의 정신과 맥을 같이합니다(Johnson & Christensen, 2017).

전통적인 평가에 비교할 때 실행연구 평가(action research evaluation)는 구성원과 이해관계자의 협력과 참여를 중요시한다는 측면에서 참여자 중심 평가접근법의 본질을 보여 줍니다. 현장 실천가가 주도하는 실천적 지식 생성을 가장 강조하는 것, 보다 작은 규모로 더 빈번하게 이루어지며, 평가 참여자의 내부평가를 강조하는 것, 구성원의 역량과 지역적 문화에 적합한 간단한 방법을 활용하며, 평가결과를 즉각적으로 공유하여 개선하고자 하는 것 등을 주요 특징으로 가집니다(Chaudary & Imran, 2012).

프로젝트 접근법 혹은 프로젝트기반 학습(Project-Based Learning)의 이해와 실천을 위한 실행연구가 크고 작게 이루어져 왔습니다. 여기에서는 말레이시아에서 교수방법으로서 프로젝트 접근법을 새로 도입하게 되면서 대학의 연구진이 6명의 유아교사와 함께 협력적 실행연구 평가를 실시하여 개선해 나가고자 하였던 사례(Rahman, Yasin, & Yasin, 2011)를 살펴보고자 합니다. 협력적 실행연구는 개별 교사에 의해 단독으로 이루어지기보다는 대학 등의 연구자가 조력자의 역할을 하면서 현장 교사의 성장을 지원해 줄 수 있는 유형입니다. 내용지식을 가진 연구자가 변화의 과정을 주도하거나 통제하지는 않지만, 교사의 전문성 개발에 기여할 수 있는 긍정적 가능성을 부정하지 않고 대학 연구자와 현장 교사의 동반자적 관계를 통해 의미 있는 변화를 이루어 갈 수 있습니다(Pellerin, 2011).

### 평가질문

- 프로젝트 접근법을 통한 가르침과 배움의 과정에서 말레이시아 교사들이 직면하는 문제는 무엇인가?
- 대학의 이론 전문가와 현장의 실천 전문가가 협력하여 정보를 교류함으로써 프로젝트 접근법의 실천에 필요한 전문성을 함양하는가?

### 평가설계

- 이론적 틀: 실행연구의 이론과 원리를 틀로 함. 협력적 실행연구의 순환주기를 i) 초기 성찰 단계, ii) 계획 단계, iii) 실행/실시 단계, iv) 관찰 및 분석 단계, v) 성찰 및 평가 단계의 다섯 단계로 나누었으며, 이 평가연구에서는 두 번의 순환주기로 구성함.
- 자료 수집 및 분석: 실행 계획서, 프로젝트 기록작업, 교사 메모와 저널, 유아의 반응, 유아 활동 결과물 등을 수집하여 분석함.

### 평가 참여자

- 말레이시아의 Tumas Permata 지역에서 4~6세 유아를 가르치고 있는 6명의 교사와 대학의 연구진 3명이 협력적으로 참여함.
- 참여 교사들은 만 35~48세 사이의 여성으로 최소한 5년의 유아교육 경력을 가지고 있었으며, 프로젝트 접근법을 활용해 본 적은 한 번도 없었음.

## 평가결과

- 첫 번째 순환주기
  - 초기 성찰 과정에서 교사들은 유아의 학습 과정에 긍정적인 변화를 가져오는 것을 포함한 프로젝트기반 접근법의 장점을 인식하였으나, 불안감과 회의감을 가지기도 하였고 프로젝트 접근법의 실시 계획에서 조력을 필요로 함. 이에 따라서 유아들과 실행할 프로젝트 아이디어 찾기와 함께 유아의 흥미 유발을 위한 토론방법에 대한 계획, 실행, 분석 및 평가의 과정을 거침.
  - 첫 번째 순환주기를 마무리하면서 교사들은 프로젝트 접근법의 긍정적 영향, 특히 유아들의 흥미가 높아져서 적극적으로 참여하는 모습을 관찰할 수 있었던 것에 주목하였음. 그러나 교사들은 교수학습의 과정에서 기록작업을 활용하는 측면에서 어려움을 보고하였으며, 결과물을 전시하는 수준에서 프로젝트를 종결한 점을 아쉬워하였음.
- 두 번째 순환주기
  - 첫 번째 순환주기의 성찰 및 평가결과에 따라 두 번째 순환주기에서는 프로젝트를 기록하는 과정에서 나온 결과물을 활용하는 방법에 초점을 두기로 함.
  - 프로젝트의 사진이나 활동 결과물 등과 같은 다양한 기록작업을 활용하여 유아들이 자신의 경험과 배움에 대하여 이야기하고 토론할 수 있는 질문을 던지는 방법을 함께 계획하고 실행함.
  - 두 번째 순환주기를 마무리할 시점에 참여 교사들이 프로젝트 접근법의 이점에 대하여 보인 긍정적 태도가 더욱 강화되었으며 실제 측면에서의 자신감도 높아졌음. 유아들의 놀라운 성장이나 학부모의 지지를 목격했을 뿐만 아니라 교사 스스로 유아들이 능동적으로 참여하여 경험을 통해 배워 나가는 과정을 통해 가르침과 배움에 대하여 부여하는 의미와 신념이 더 깊어졌던 것으로 평가함.

### 3) 프로젝트 접근법 실행연구 평가에 대한 평가

교육 현장의 실질적 변화를 이루기 위하여 실행연구 평가에 거는 기대가 높아지고 있습니다. 실행연구를 활용한 평가는 가르침과 배움의 복잡하고 역동적인 과정을 누구보다 잘 알고 있는 교사가 평가의 능동적인 주체가 되어 프로그램의 이론적 이해를 높이면서 자신의 고유한 실천지식(practical knowledge)을 쌓아 가기에 적합한 평가접근법의 하나로 그 활용도나 실제적인 기여도가 높을 것으로 여겨집니다. 실행연구 평가는 지역의 고유성과 역동적인 복잡성을 반영하는 지역적 지식(local knowledge)을 존중하고 이론과 실제를 통합하면서 민주적인 과정으로서의 변화를 추구한다는 장점을 가집니다(Johnson & Christensen, 2017). 특히 참여적, 협력적 실행연구설계를 통해 평가자들이 추구하는 '진정한 친구'로서의 역할을 할 가능성이 커질 수 있습니다. 즉, 대학 연구진이나 평가전문가의 조력을 통해 이론적 지평을 확장하고 다양한 시선에서 프로그램과 실제를 성찰해 볼 수 있는 매개로 작용할 수 있다는 장점이 더해집니다.

여기에서 살펴본 말레이시아의 실행연구 평가 사례(Rahman et al., 2011)에서 프로젝트 접근법을 처음으로 시도하는 유아교사들이 능동적으로 목표를 정하여 계획하고 실천한 바를 분석하고 성찰하는 평가의 과정을 통하여 이론적으로나 실천적으로나 성장해 가는 모습을 관찰할 수 있습니다. 오랫동안 깊게 뿌리 내려 온 교사 중심, 내용지식 중심의 교육방식을 벗어나서, 학습자 중심, 발현된 관심사/주제 중심의 배움을 실천해 가는 것은 교사에게 많은 도전과 어려움을 주기 때문에, 프로젝트를 실천해 가는 교사들의 노력을 지지하고 함께하는 협력적 실행연구의 가능성에 대해 주목해 볼 만합니다. 바쁜 일상 속에서 유아교사 혼자서 프로젝트 접근법에 관련된 최신의 관련 지식과 방법을 두루 익히고서 자신에게 적합한 정보를 선별하여 고군분투하며 적용해 볼 시간과 여건이 부족하기 때문에 외부 조력이 효과적이고 의미 있게 작용할 수 있을 것입니다. 이론과 실제의 경계를 무너뜨리고서 구체적인 문제를 중심으로 학계 전문가와 현장 전문가가 협력할 수 있는 협력적 실행연구의 가능성에 주목하여, 프로젝트의 실천과 관련된 실행연구가 상당수 이루어지고 있습니다.

하지만, 협력적 실행연구를 포함하여 실행연구에는 단점도 있습니다. 예컨대 시간과 노력이 상당히 소요되며 다른 상황이나 맥락에 일반화하여 적용하기가 어려워 일반적으로 대규모의 정책연구에는 적용되기 힘들다는 한계가 있습니다(Johnson & Christensen, 2017). 특히 협력적 실행연구를 활용하는 평가의 질적 수준은 최신의 정보를 숙지하고 상황에 적합한 조언을 해 줄 수 있는 내용 전문가의 활용 가능성과 역량에 좌우될 것입니다. 내용 전문가가 생각하는 방향성과 교육 현장에서 필요로 하는 구체적인 요구가 부합하지 않을 수도 있으며, 현장의 고유성과 역동성을 깊이 있게 파악하여 반영할 기회가 충분하지 않을 수도 있습니다. 하지만, 열린 마음으로 함께 찾아보고 고민하고 실천해 보면서 프로그램의 점진적이지만 실질적인 개선을 목적으로 하는 경우에는 실행연구가 적합한 평가방법일 것입니다.

### 평가 사례 더 알아보기

#### 프로젝트 접근법에 대한 국내 실행연구 사례

- **다층적 교육과정 협의회가 만들어 낸 프로젝트기반 통합교육과정: 한 초등학교 실행연구 (윤은주, 2012)**

  학습자의 흥미를 기반으로 한 프로젝트 학습이 초등교육체제에서 교육과정 재구성의 한 방안으로 유효한지를 탐색한 협력적 실행연구로, 프로젝트기반 교육에 대한 한 실험학교의 교사 3명과 대학 연구자들의 협의회를 통하여 6년에 걸쳐 실행을 평가하고 개선해 감. 초등학교 체제 안에서 프로젝트에 기반한 교육과정을 재구성하여 실천하는 것이 가능했던 데는 실행연구 과정에서 참여자 간의 다층적 교육과정 협의회가 갈등과 협력을 통한 해결책 모색이 긍정적으로 작용한 것으로 분석됨.

- **교육취약 계층 만 3, 4세 유아들을 대상으로 한 프로젝트 실행연구(유미영, 2016)**

  농어촌 벽지 지역의 한 초등학교 병설유치원에서 교육취약 계층 유아들을 가르치는 교사가 직접 프로젝트 실행연구를 실시하여, 학급에서 이루어지는 교육 활동에 관심을 보이지 않고 무기력했던 유아들이 적극적으로 참여하며 변화해 가는 모습을 평가함. 약 한 달 반 동안 이루어진 개미프로젝트 기간 동안 유아의 변화 과정을 동영상, 녹음, 성찰일지, 반성적 저널 등을 통하여 분석함으로써 유아들의 주도성과 소통 능력, 협력하여 탐구하고 몰입하는 태도 등의 긍정적인 변화를 관찰함.

- **들뢰즈의 철학을 통한 프로젝트 다시 읽기: 욕망과 선의 '배치' 분석(이진희, 신은미, 2019b)**

  후기구조주의 철학과 후기질적 방법론에 기초하여 한 직장어린이집에서 실시되었던 '버스 번호의 비밀' 프로젝트를 다시 평가하여 의미를 생성함. 과거, 현재, 미래와의 복잡한 마주침을 가능하게 하고 표상과 재현을 넘어서 시간, 공간, 물질, 에너지의 불확실하고 알기 힘든 얽힘(entanglements)을 사유하기 위하여 기존 데이터를 여러 차례 재해석해 볼 것을 제안한 Arndt(2017)의 '데이터 흔들기(disrupting data)'를 시도함. 새로운 시선으로 자료를 다시 읽으며 프로젝트에 대하여 기록된 데이터를 리좀적으로 재해석함으로써, 유아들과 교사가 가진 행위주체성과 욕망을 이해하고 프로젝트는 어린이들이 물질들을 만나고, 그 물질에 대해 궁금한 점, 즉 문제를 구성하고, 그 문제를 해결하기 위한 놀이와 활동들로 연결 짓는 유기적인 관계를 작동시키는 배치, 하나의 고원(plateau)으로 재해석함. 또한, 들뢰즈 철학의 세 가지 선, 즉 경직된 선, 유연한 선, 탈주선이 교실에서 어떻게 배치되어 프로젝트의 욕망들을 어떻게 흐르게 하고 서로 얽히면서 분할하고 재구성되었는지를 살펴봄.

# 제9장

# 유아교육·보육 실제평가의 실제

제7, 8장에서는 국가수준의 특정 교육정책이나 지역의 고유한 유아교육과 보육 프로그램에 중심을 두고 평가한 내용을 살펴본 것인 반면, 제9장에서는 모든 유아교육·보육 기관에서 적용할 수 있는 실제평가(Practice Evaluation)를 다룹니다. 유아교육·보육 기관의 운영실제 전반을 살펴보는 데 활용되는 평가인증 모형과 함께 보다 구체적으로는 특정한 교육 실천 혹은 구성요소(component)를 함께 들여다보며 개선해 나가는 데 적용할 수 있는 참여자 중심 평가 중에서 강점탐구기반 평가 중심으로 제시하겠습니다.

## 1. 영유아 프로그램 평가인증: NAEYC 평가체제

### 1) 배경과 특징

제5장의 전문가 중심 평가접근법에서 살펴봤던 바와 같이, 평가인증은 사실 가장 오래되고 쉽게 활용되는 평가접근법의 하나로서, 참여 기관에서 각 분야의 소위 '전문가들'이 제안하는 평가의 준거와 지표를 얼마나 충실하게 이행하고 있는지를 자체평가 및 현장평가를 통해 점검함으로써 내부평가와 외부평가의 장점을 함께 활용하고자 하는 평가방법입니다. 여기에서는 1980년대에 유아교육과 보육 분

야에 평가인증을 최초로 도입하여 전 세계적으로 영향을 미친 전미유아교육협회(NAEYC)의 평가인증을 중심으로 살펴보겠습니다.

1980년 미시간주 디트로이트시에서 열린 NAEYC 연차 학술대회의 한 모임에서 당시의 협회장이었던 Barbara Bowman의 주도하에 평가인증의 가능성을 탐색해 볼지를 투표로 결정했던 것이 유아교육·보육 분야에서 평가인증의 시작이었습니다(Bredekamp & Glowacki, 1996). 이러한 움직임은 당시 유아교육·보육 프로그램의 질에 대한 깊은 사회적 우려, 초등학교 저학년의 교육과정을 유아교육과정으로 밀어 넣으려는 압력에 대한 저항 그리고 국가 전반에 걸쳐 일관된 영유아 프로그램의 기준이나 유아교육·보육의 질에 대한 합의된 정의를 도출해 내라는 요구 등에서 나온 방안이라 할 수 있습니다.

1981년에서 1983년까지 평가이론서 및 관련 문헌 분석과 전문가 자문 등을 통한 상당한 준비 과정을 거쳐 마련된 평가인증 준거는 1983년 11월 NAEYC 학술지인 「*Young Children*」에 초안 형태로 게재되었으며, 32곳의 유아교육·보육 기관에서 시범적으로 적용하여 1984년 6월 NAEYC 이사회에 의해 최종 채택되었습니다. 처음 출판되었던 영유아 프로그램 평가인증 준거(NAEYC, 1984)의 실질적인 적용은 1985년부터 이루어졌으며, 이후 몇 번의 크고 작은 개정을 거쳐 왔습니다(Lee, 2003; Lee & Walsh, 2006). 특히 1991년과 1998년에 이루어졌던 부분적 개정으로는 여전히 복잡다단한 사회문화적 맥락이나 다양한 학문적 관점, 역동적인 유아교육·보육 실제 등을 제대로 반영하지 못한다는 비판이 지속적으로 제기되면서(Lee & Walsh, 2005a), NAEYC에서는 1999년 평가인증 과정과 준거를 비판적으로 다시 분석하고 처음으로 돌아가 완전히 새로운 시각으로 철저하게 재구성하자는 데 합의하며 '평가인증 재창안(accreditation reinvention)'이라는 표현까지 사용하면서 전면적인 개정작업에 착수하였습니다. 이때 평가인증에 대한 비판의 목소리도 경청하고 각 분야별 전문가들의 자문을 다양하게 구하는 등 일련의 진통과 담론을 거쳐 2005년 새로운 평가인증 절차와 준거(NAEYC, 2005)를 구성하였습니다.

NAEYC의 평가인증 도입은 여러 면에서 상당한 영향력과 파급효과를 가져왔습니다. 예컨대 전미가정보육시설협회(NAFCC), 전미유아교육프로그램인증기구(NECPA), 전미유아보육종사자협의회(NACCP) 등 다양한 기구 및 단체에서도 자체적으로 개발한 평가인증을 실시하고 있으며, 영유아 프로그램이 평가인증을 받도록 지원하는 노력도 지역 및 민간 차원(예컨대 뉴저지주, 콜로라도주, 노스캐롤라이나주 등의 주정부가 주도하는 평가인증 지원 프로젝트 이외에도 시카고에 있는 McCormick Tribune 재단과 같은 비영리 복지재단이나 교육 후원단체 등에서 유아교육·보육의 질을 높이기 위한 일환으로 평가인증 지원)에서 활발하게 이루어져 왔습니다. 나아가 오클라호마주를 시작으로 하여 노스캐롤라이나주, 펜실베이니아주 등 상당수의 주정부에서는 유아교육·보육의 질 평가 및 향상 시스템(Quality Rating and Improvement Systems)을 통해 직접적으로 나서서 유아교육·보육 기관의 질을 평가인증하고 관리하고 있습니다(이진희, 2012b).

이러한 평가인증이라는 전문가 중심 접근법을 도구로 삼아 유아교육과 보육의 질을 향상하는 방안에 대한 관심은 미국의 지리적 경계선을 넘어 우리나라를 비롯한 세계의 여러 나라로 전해지면서 유아교육과 보육의 질을 평가하는 대표적인 접근법으로 자리매김하게 되었습니다. 우리나라에서도 시범실시를 거쳐 2006년부터 본격적으로 시행되고 있는 어린이집평가인증(당시 보육시설평가인증제도) 그리고 역시 시범실시를 거쳐 2008년부터 도입된 유치원평가 등 국가적인 수준에서 평가모형이 개발되어 활용되어 왔으며, 두 가지 평가를 결합하여 유치원과 어린이집에 일관되게 통합하여 적용할 수 있는 방향으로 제도를 수정·발전시켜 왔습니다. 2019년 6월부터 의무평가제로 전환되었으며, 앞으로 「2019 개정 누리과정」의 취지와 내용에 따라 수정될 평가의 용어, 지표, 절차 등을 찾아보기를 바랍니다.

## 2) NAEYC 평가인증의 절차 및 준거

초기의 NAEYC의 평가인증 절차는 일반적인 평가인증과 유사하게 내부평가와 외부평가를 결합하여 3단계(자체평가 → 현장관찰[validation] → 평가인증 결정)로 이루어졌습니다. 이때 NAEYC에서는 현장관찰이 일반적 의미의 전문적 '평가'가 아니라 기관의 자체평가 보고에 대하여 확인하는 과정이라고 강조하며 'validation'이라는 용어를 사용해 오고 있습니다. 2005년 전면 개정 이래로 NAEYC의 평가인증은 그림 9-1과 같이 4단계로 이루어지고 있습니다.

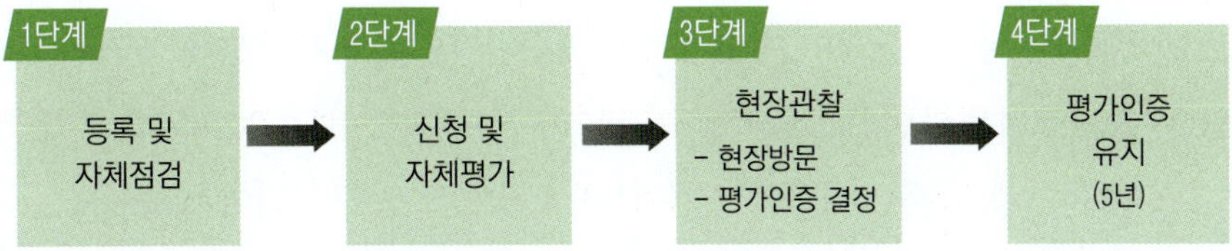


그림 9-1 • NAEYC 평가인증 단계

기존 3단계와 달리 등록 및 자체점검(enroll & self-study)이 새로이 첨가되었으며 평가인증 결정을 3단계에 포함시키는 대신 평가인증 유지 단계를 4단계로 포함시켰습니다. NAEYC 평가인증 포털사이트를 통해 등록하고 관련 자료를 활용하여 자체적으로 점검하는 단계를 첨가한 것은 실제 평가인증 과정에 참여하지는 않더라도 자체점검 경험을 통하여 유아교육과 보육의 질을 개선할 기회를 가질 수 있도록 격려하기 위함이라고 합니다. 자체점검의 과정을 거치면서 평가인증을 받을 준비가 되었다고 여겨진다면, 등록 후 1년 이내에 2단계로 넘어가 평가인증을 신청하고 자체평가(self-assessment)를 준비합니다. 평가인증 신청 이후 다시 1년 안에 필요한 개선을 하면서 자체평가를 완성하면 3단계로 넘어가 현장관찰 입후보(candidacy) 단계가 되고, NAEYC 승인을 통한 확정 후 0~6개월 사이에 현장관찰이 이루어지게 됩니다. 등록비, 신청비, 현장관찰 비용, 평가인증 유지비(1년 단위)는 모두 별도이고 재원 영유아의 수에 따라 차이가 있습니다.

3단계 현장방문 이후 3개월 이내에 NAEYC로부터 인증 혹은 보류(defer) 결정이 이루어집니다. 보류 결정을 받은 프로그램에서는 소명 기회를 가지며, 다시 2단계 등록 및 자체평가 과정으로 되돌아가게 됩니다. 5년간의 평가인증을 받은 경우 매년 연차보고서를 제출하고 현장방문을 통하여 확인점검을 받게 됩니다. 자체평가를 통해 준비하거나 현장관찰을 통해 수집하는 증빙자료는 학급 관찰(CO), 학급 포트폴리오(CP), 프로그램 관찰(PO), 프로그램 포트폴리오(PP)로 나뉘며 구체적인 평가항목에 따라 지정됩니다.

2005년 전면 개정된 기본 틀이 유지되는 반면, 학계 및 현장의 목소리를 지속적으로 반영하여 부분적 수정이 이루어지고 있습니다(예컨대 2019년에는 2018년에 비하여 현장관찰 점검 항목 일부가 수정, 삭제되는 변화가 이루어졌습니다). 2020년을 기준으로 NAEYC 평가인증 기준은 다음과 같은 열 가지 영역으로 구성되어 있습니다.

1. 관계 영역
   - 1.A. 교사와 가족 간의 긍정적 관계 형성하기
   - 1.B. 교사와 유아 간의 긍정적 관계 형성하기
   - 1.C. 유아의 친구 관계 형성 지원하기
   - 1.D. 예측 가능하고 일관되며 조화로운 교실 조성하기
   - 1.E. 문제행동 지도하기
   - 1.F. 자기조절력 증진하기

2. 교육과정 영역
   - 2.A. 필수적 특징(철학, 목적, 집단구성, 환경, 일과, 자료 등)
   - 2.B. 사회 · 정서적 발달
   - 2.C. 신체 발달
   - 2.D. 언어 발달
   - 2.E. 초기 문해
   - 2.F. 초기 수학
   - 2.G. 과학
   - 2.H. 테크놀로지
   - 2.I. 창의적 표현 및 예술 감상
   - 2.J. 건강 및 안전
   - 2.K. 사회지식

3. 교수학습 영역
   - 3.A. 풍부한 학습 환경 설계
   - 3.B. 배려하는 학습공동체 구축
   - 3.C. 유아 생활지도
   - 3.D. 학습목적 달성을 위한 시간, 집단 구성, 일과 구성하기
   - 3.E. 유아의 흥미와 요구에 반응하기
   - 3.F. 모든 유아에게 배움이 의미 있도록 하기
   - 3.G. 유아의 이해를 심화하고 기능 및 지식을 쌓을 수 있는 수업 활용하기

4. 유아 진보 상황 평가
   - 4.A. 평가계획 수립하기
   - 4.B. 적절한 평가방법 사용하기
   - 4.C. 유아의 흥미 및 요구를 확인하고 진보 상황을 기술하기
   - 4.D. 정보에 근거하여 교육과정 수정, 교수방법 개별화 및 프로그램 개발하기
   - 4.E. 가족과 소통하며 평가 과정에 참여시키기

5. 보건 영역
   - 5.A. 유아의 건강을 보호, 증진하고 전염병 통제하기
     (건강기록, 보건 컨설턴트, 질병 발생 시 교사의 대처 훈련과 실제, 실외 활동, 기저귀 교체, 손씻기, 투약, 물놀이, 영아돌연사증후군[SIDS] 예방, 수유)
   - 5.B. 유아의 영양학적 안녕(well-being) 보장하기
   - 5.C. 건강한 환경 유지하기

6. 교직원 역량, 자격 및 지원 영역
   - 6.A. 지지적인 근무환경
   - 6.B. 전문가로서의 정체성 인정
   - 6.C. 교사 및 관리 직원의 자격요건
   - 6.D. 지속적인 교사교육과 전문성 개발

7. 가족 영역
   - 7.A. 프로그램의 가족 알고 이해하기
   - 7.B. 교직원과 가족 간의 정보 공유하기
   - 7.C. 자녀의 권리주창자로서의 가족 지원하기

8. 지역사회 영역
   - 8.A. 지역사회와 연계하기
   - 8.B. 지역자원 활용하기
   - 8.C. 지역과 유아교육 공동체의 시민으로서 행동하기

9. 물리적 환경
   - 9.A. 실내외 시설, 설비, 교재교구
     (기본적 가구 비치, 교육과정 관련 물질 및 기구 비치, 실내 환경 설계)
   - 9.B. 실외 환경 설계
   - 9.C. 건축 기준 및 물리적 환경 설계
   - 9.D. 환경보건
     (유해물질, 곤충, 독 있는 식물, 공해, 알레르기 인자, 소음 수준 등)

10. 리더십 및 운영관리
    - 10.A. 리더십
    - 10.B. 운영관리 정책 및 절차
    - 10.C. 재무적 책무성 정책 및 절차
    - 10.D. 건강, 영양, 안전 정책 및 절차
    - 10.E. 인사관리 정책
    - 10.F. 프로그램 평가, 책무성 및 지속적 개선

### 3) NAEYC 평가인증에 대한 평가

NAEYC의 평가인증 모형은 1980년대를 전후하여 미국 정부의 재정긴축과 함께 사회 전반적으로 관리와 감독이 더욱 강화되었던 시대적 흐름과 같은 결에서 이해할 수 있을 것입니다. 여성 취업의 증가 등에 따른 수요 증가에 대응하고 영유아 프로그램의 질에 대한 사회적 우려를 불식시키고자 학계의 전문적인 관점을 담은 평가인증 준거를 중심으로 유아교육과 보육의 질을 제고하려는 노력이었다고 볼 수 있습니다. 전 세계적으로 유아교육과 보육에 대한 사회적 관심과 우려가 높아진 상황에서, 교육체제와 실제에 변화를 비교적 손쉽고 효과적으로 가져다줄 것

으로 기대된 평가인증 모형은 상당한 파급력을 가지고 빠르게 확산되어 왔습니다. NAEYC 평가인증의 준거와 기준은 유아교육과 보육의 질을 측정하는 하나의 '정답(초록색 표지를 가진 평가인증 책자는 '초록색 성경[Green Bible]'이라 불리기도 했음)'이자 '진리 레짐'이 되어 왔습니다. 많은 국가에 도입되게 되면서 점차 NAYEC의 전체 평가인증 과정이 유아교육과 보육의 질을 평가하고 개선하는 데 보편타당한 도구로 여겨지게 되었습니다.

반면, Whitebrook, Sakai와 Howes(1997)는 NAEYC 평가인증을 추구했으나 실패한 프로그램에 비하여, 평가인증을 받은 프로그램의 질 향상 정도가 높았으나 그렇게 인증된 프로그램의 40%는 여전히 질이 높다고 할 수는 없다고 보고하면서, 유아교육·보육의 질을 향상시키고 교사 이직률을 낮추는 도구로서 평가인증이 충분하지 않다고 지적한 바 있습니다. 이들은 평가인증을 받은 것보다 유아교육·보육의 질에 더 큰 영향을 미친 요인은 바로 교사수준임을 지적하면서, 교사월급과 기타 혜택이 더 많은 프로그램일수록 더 우수한 교사를 오랫동안 보유하였으며, 이는 곧 더 높은 유아교육·보육의 질로 나타났다는 분석결과를 강조하였습니다. 또한, 평가인증을 받기 위하여 시도하다가 실패한 프로그램의 경우에는 전혀 질 향상을 보이지 않아 평가인증을 위해 많은 시간과 비용을 쓰는 것이 모든 영유아 프로그램에 과연 적절한가, 그 시간과 비용을 보다 효과적으로 유아교육·보육의 질 향상을 위해 사용할 수 있지 않은가 등의 생각할 거리를 제공하였습니다.

저 역시 박사학위논문(Lee, 2003)의 일부로서 사례연구를 통해 NAEYC의 평가인증 과정을 지켜본 바 있습니다. 그 결과는, 평가인증에 참여함으로써 부모를 위한 핸드북 개정, 교재교구 구비, 시설 정비, 다문화 요소 강화 등 기관 차원에서의 전반적 점검을 통한 긍정적 변화가 있었지만, 외부에서 정한 평가기준에 기초하여 평가받는 데서 오는 불안감과 불확실성은 자신이 평가기준을 제대로 이해하고 잘 따르고 있는지에만 교사들의 마음이 빼앗기게 만듦으로써 오히려 깊이 있는 반성적 사고와 질 향상을 위한 자율적이고 적극적인 노력을 고무하는 데는 실패했다고 분석되었습니다. 기관의 규모에 따라 하루 혹은 이틀이라는 짧은 현장관찰 기간을 감안할 때 프로그램의 심도 있는 교육과정이나 교수학습의 과정보다는 첫인상이 중요하리라는 생각을 갖게 되어, 평가인증의 취지와는 달리 교육환경의 개선, 교재교구의 구비 등 관찰하기 쉬운 물리적 환경에 더 집중하게 되는 현상도 관찰되었습니다(Lee, 2003). 더 심각한 것은 Stake(personal communication, October 25, 2000)가 지적하였듯이 복잡한 프로그램의 질을 이렇듯 일부 전문가들이 요약해 낸 보편화된 지표로 대치시키고 당연한 '진리'로 받아들여야 하는 평가인증의 접근방식으로 인하여, 가르침의 주체가 되어야 할 교사를 주변인으로 만들고 전문성을 잃게 할 수 있다는 본질적인 문제입니다. 평가인증을 통해 우리는 과연 무엇을 얻고 무엇을 잃고 있는 것인지 자세히 들여다볼 필요가 있습니다.

평가인증의 절차와 지표가 점점 더 복잡해져 왔음에도 불구하고 결국 정량화된 점수로 귀착되고 평가인증 혹은 불인증(보류)이라는 단순한 결정으로 종결되고 마는 이 평가방식이 과연 교육의 질 이해 및 개선에 도움이 되는가에 대한 의문이 제기됩니다(Lee & Stake, 2014; Stake & Lee, 2014). Stake와 Lee(2014)는 과연 "평가인증이 측정도구인가?"라는 질문을 던지면서, 영유아 프로그램의 평가인증을 위한 관찰의 정확성, 관찰자 편향성, 해석의 타당성에 대한 우려를 표하고, 나아가 평가로서의 유용성 자체에 대하여 문제를 제기한 바 있습니다. 특히 가르침과 배움이라는 현상은 단순한 측정으로 재단할 수 없으며, 복합적이고 역동적으로 변화하고 늘 새로이 생성되고, 이에 관련된 사람들이 각기 고유한 관점과 경험, 가치를 품고 있기에 이를 제대로 바라보고 이해할 수 있는 다원적 평가를 필요로 하는 것입니다(Stake, Contreras, & Arbesú, 2012).

더구나 각 기관의 고유성과 역동성을 도외시하고, 보편적으로 정해 놓은 평가인증의 기준과 지표로부터 도출된 점수나 등급으로 기관의 질적 수준을 비교하려는 시도는 그 어떤 측정이나 평가이론에도 부합하지 않습니다(Stake & Lee, 2014). 교육자뿐만 아니라 학부모나 일반 대중이 평가인증의 과정, 내용이나 결정의 의미를 정확하게 이해하지 못한다면, 무엇보다 교육 현장의 전문성을 저해하고 평가에 대한 두려움으로 새로운 교육을 시도해 보려는 의욕을 떨어뜨리는 부작용을 가져오게 되기 때문에 경계하여야 할 것입니다. 유아교사들이 평가의 경험이나 평가기준을 정말 유용하다고 생각하며 의미 있게 활용하는지를 비판적으로 바라볼 필요가 있습니다(이진희, 이혜정, 2016).

물론 평가를 바라보는 사회문화적인 시선이라든가 전문적인 평가를 위한 제반 기반의 마련 등의 측면에서 국가별, 분야별 차이가 있음을 고려할 때 평가인증이라는 전문가 중심 평가접근법의 한 모형이 유아교육과 보육의 질을 향상하는 데 있어서 일정 부분 필요한 역할을 한다고 판단 가능할 것입니다. 그렇다고 판단된다면, 그 과정이 효과적일 수 있도록 의견을 수렴하면서 지속적으로 기준과 지표, 절차, 지원체제 등을 검토, 수정해 나가야 할 것입니다. 동시에 발달에 적합한 실제라는 개념에 대한 논란에서 제기된 바와 마찬가지로 평가인증의 지표가 과연 모든 프로그램에 획일적으로 적용될 수 있는지, 관련 학문들의 최신 이론을 제대로 반영하고 있는지, 사회문화적 가치와 교육 실제에 대한 탐색, 도전, 확장 기회를 관계자들에게 제공하는지에 대하여 진단해 보는 작업도 병행하는 것이 필요합니다.

## 2. 능동적 · 민주적 참여를 위한 강점탐구(AI)기반 평가

### 1) 배경과 특징

제1부에서 살펴본 평가이론의 흐름 속에서, 유아교육과 보육의 질을 평가하는 데 전 세계적으로 널리 활용되어 온 평가인증 모형이나 전형적인 목표/결과 중심 평가접근법과 같은 기존의 '기준 중심 평가' 접근방법의 한계(Stake, 2004)를 극복하고 이에 대한 대안으로서 기능할 수 있는 평가접근법을 개발하여 적용, 발전시킬 필요가 커졌습니다. 정책적으로나 실천적으로 체계적인 평가를 통하여 유아 및 학부모에게 더 좋은 유아교육과 보육 경험이 이루어지기를 원하는 기대와 의지가 강한 반면, 과연 지금까지의 평가 시스템이 그러한 의도를 제대로 충족시키고 있는가에 대한 반성의 목소리 역시 끊임없이 나오고 있습니다(김남희, 2010; 이경화, 2018).

이제 유아교육과 보육에서의 평가 역시 위에서 아래로 지시되는 단선적이고 획일화된 사회 발전의 정치적 의제를 쫓아가기보다는 사람 사이에서 민주적 담론과 진지한 숙의 과정을 촉진하고(House & Howe, 1999), 서로의 관점과 가치에서의 차이를 이해하고 존중하며 서로에게 배워 나가는 '교육의 기회'(Greene, 2000; Schwandt, 2003)를 제공해야 한다는 시대적 요구에 답해야 할 것입니다.

이러한 요구에 부응하여 유아교육·보육의 질 담론을 해체하고 재구성해 가는 다양한 이론적, 실천적 노력이 이루어져 왔으며, 여전히 상당히 드물고 더디게 이루어지고 있지만 평가 분야에서도 목격되고 있다는 사실은 고무적입니다. 최근 유럽유아교육학회를 중심으로 하여 참여적이고 민주적인 평가의 방향성을 제안한 것(Formosinho et al., 2016)에서도 변화의 흐름을 읽을 수 있습니다. 기준 중심 평가를 경험해 오면서 누적된 유아교육·보육 평가로 인한 피로감이나 위축된 전문성 등의 문제를 극복하고 최근에 발전되어 온 평가이론과 방법의 다양성을 활용할 필요성이 제기됩니다.

저는 유아교육·보육을 담당하는 구성원들이 중심이 되어 실제를 함께 성찰하고 협력하여 민주적으로 개선해 가는 과정으로서의 평가방법을 탐색하던 과정에서 앞서 소개했던 Preskill와 Catsambas(2006)의 4I 과정에 따른 '강점탐구(Appreciative Inquiry: AI) 평가'의 가능성에 주목하고 유아교육·보육에 적용할 수 있는 평가모형을 개발한 바 있습니다(Lee, 2016). 그러나 평가를 향한 긍정적 태도와 조직문화를 형성할 수 있는 강점탐구(AI) 평가의 장점을 활용하되, 이 평가방법이 하나의 의례적인 절차나 또 하나의 유행으로만 머물지 않도록 은사이신 Walsh 교수님, Stake 교수님, Greene 교수님 등에게 자문을 구하여 '강점탐구기반(AI-based) 평가'로 수정하여 적용한 바 있습니다(Lee, 2016). 평가모형의 시범실시 과정에서 표 9-1과 같이 여섯 기관에 적용한 후, 강점탐구기반 평가모형을 수정하고 절차를 보완한 바 있습니다.

〈표 9-1〉 평가모형개발에 참여한 평가기관별 핵심가치, 강점 및 주요 개선 활동

| 유형 | 참여 교사 | 핵심가치 | 기관 강점 | 평가에 따른 주요 개선 활동 |
|---|---|---|---|---|
| 민간 어린이집 | 12명 | 유아의 성장 | 프로젝트 활동 | 교사, 학부모, 영유아, 기관 차원의 프로젝트 활동 심화 |
| 민간 어린이집 | 6명 | 교사의 성장과 상호신뢰 | 신뢰하는 교사문화 | 교사 학습공동체 문화 |
| 공공형 어린이집 | 5명 | 기관-부모의 신뢰 관계 | 편안하고 즐거운 분위기 | 부모와의 긍정적 관계, 영유아 발달수준의 반영, 교사의 자기개발 |
| 국공립 어린이집 | 3명 | 열정, 노력, 탐구, 사랑 효능감 | 안정된 조직문화 | 교사연수, 대화, 칭찬 |
| 사립 유치원 | 20명 | 신나고 건강하고 생각하는 어린이 | 교육환경, 발표 활동, 신체 활동 | 교사업무 세분화 및 전문화, 긍정 에너지 교류, 발표/신체 활동 심화 |
| 사립 유치원 | 8명 | 친환경 | 생태환경, 바깥놀이 | 친환경 교육 활동 심화, 발전 |

제5장에서 살펴본 바와 같이 강점탐구 평가는 긍정성에 토대한 조직개발의 원리에 기초하여 학습공동체(learning community)로 성장하는 조직문화를 구축할 수 있도록 개발된 평가접근법입니다. 늘 해 오던 방식대로 기계적으로 움직이는 조직이 아니라 반성적 사고와 성취동기, 체계적 사고, 공통의 비전, 팀워크를 바탕으로 학습하고 개선하고자 하는 문화가 형성될 수 있는 조직변화의 필요성을 강조한 Senge(1990)의 조직학습 이론과도 맞닿아 있습니다. 평가결과가 현장의 실제를 의미 있게 변화시키는 데 활용될 수 있도록 조직문화를 바꾸어 가고자 하는 노력(Rogers & Williams, 2006)과 맥을 같이합니다.

한편 강점탐구기반 평가에서는 강점탐구 평가의 긍정적인 기법을 출발점으로 삼되, 기관 차원과 학급 차원에서의 변화를 동시에 생각해야 하며 철학적 신념과 교수·학습적 실제를 모두 반영하여야 한다는 측면 등 교육 현장의 고유한 요구와 상황에 반응하면서, 강점탐구 평가를 넘어서는 민주적, 참여적 평가의 원리를 아울러 보완하고자 합니다. 이때 평가자의 역할을 교육자의 맥락에서 이해하고, 평가의 이해관계자를 존중하며 적극적으로 참여하도록 지지하되 평가자도 기꺼이 의문

을 제기하고 다른 각도에서 비판적인 정보를 공유할 수 있는 '진정한 친구'(Rallis & Rossman, 2001)로서의 역할을 할 수 있도록 보완하였습니다. 강점탐구 평가의 조직 문화 형성을 위한 기법은 긍정적인 평가 문화의 구축을 위해 유용한 출발점이 되지만, 참여자들의 실제 반응을 고려하며 유연하게 변화의 방향을 협의하고 조정하면서 진지하고 의미 있는 관여(engagement)가 이루어질 수 있도록 지원하는 과정이 더욱 중요하기 때문입니다.

진정한 가르침과 배움이 이루어질 수 있는 문화적 풍토를 마련해 줄 요소(Bruner, 1996)를 포함하여 AI기반 평가모형이 교육 현장에서 의미 있게 구현될 수 있도록 그림 9-2와 같이 시각화한 바 있습니다(Lee, 2016).

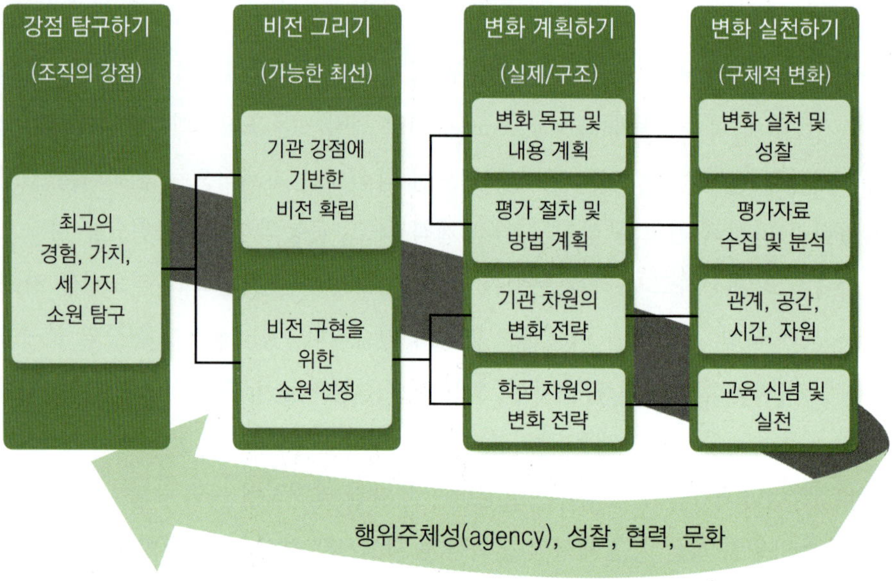


그림 9-2 • AI기반 평가모형의 절차와 구성요소

출처: Lee, J-H. (2016). Exploring Appreciative Inquiry as a useful evaluation approach for improving early childhood program quality. *International Journal of Early Childhood Education, 22*(1), 1–15.

요컨대 강점탐구기반 평가는 유아교육과 보육의 의미를 만들어 가는 구성원들이 함께 모여 비전을 공유하고 기관이 가진 고유한 가치와 강점에 기초하여 새로운 노력의 구심점을 정하고 함께 실천하며 서로에게 배워 가는 과정으로 개념화할 수 있습니다. 이는 조직개발 차원의 기법이나 실용적인 참여자 중심 평가방법으로가 아니라 반응적이고 민주적이며 참여적인 평가의 원칙과 과정으로 활용할 수 있을 것입니다. 여기에서는 한 어린이집에서 실시했던 사례(Lee & Choi, 2017)를 중심으로 단계별 평가 과정에 대한 참여자의 경험을 소개하여 현장 적용을 돕고자 합니다.

## 2) 강점탐구기반 평가의 사례

유아교육과 보육의 현장에 적용된 강점탐구기반 평가의 사례는 한 어린이집의 교사 10명과 함께 한 해 동안 실시한 내용입니다.

### ▮ 1단계

먼저 '강점 탐구하기' 단계에서 각 유치원 혹은 어린이집이 가지고 있는 조직으로서의 강점을 발견하도록 합니다. 강점탐구를 위하여 원장과 교사들이 함께 모여 평가 워크숍의 시간을 가집니다. 2인 1조의 형태로 파트너를 정하여 아래의 세 가지 질문으로 상호 인터뷰를 한 후 상대방의 답변을 서로 발표하여 전체와 공유하는 방식으로 이루어질 수 있습니다.

첫째 질문. "우리 어린이집/유치원의 교사로서 가장 충만하고 생동감 넘치고 보람 있었던 순간은 언제였던가요?"

둘째 질문. "최고의 경험을 돌이켜 생각해 볼 때 우리 어린이집/유치원의 가장 큰 강점은 무엇이며 가장 중요한 가치는 무엇일까요?"

셋째 질문. "우리 어린이집/유치원에서 그렇게 빛나는 순간이 더 자주 일어나게 하려면 무엇이 필요할까요? 우리의 '세 가지 소원'을 들어준다면 무엇을 소원으로 삼고 싶은가요?"

참여 교사들은 자신의 노력을 통해 발달이 느리거나 교사를 힘들게 했던 유아가 변화하여 성장하는 모습을 관찰할 때, 유아 및 학부모와 긍정적 관계를 맺을 때, 응모전이나 행사 등에서 교사로서의 전문성을 인정받고 성취할 때 등을 가장 빛나던 순간으로 이야기하였습니다. 가치와 소원을 나누는 일련의 과정에서 참여 교사들이 공통적으로 찾은 어린이집의 고유한 강점은 크게 아동을 존중하는 교사, 인성중심 프로그램 운영, 자유로운 분위기 속의 놀이에 대한 가치부여로 이루어진 '교직문화'와 교사 간 높은 친밀감과 협력, 조화로운 조직력, 더 나은 교육을 위해 노력하는 교사의 자세로 손꼽은 '교사관계'라고 평가하였습니다.

### 2단계

같은 날 혹은 며칠 후에 다시 전체가 모여 2단계 '비전 그리기' 시간을 가집니다. 이때 공유되었던 전체의 이야기로부터 추출할 수 있는 공동 주제를 생각해 보게 하며, 가능한 한 최선의 미래를 위해 공유할 수 있는 비전을 생각하고 이를 구현해 나가기 위하여 변화시켜 갈 실천의 지침으로 이을 수 있는 현재형으로 된 긍정문 형태의 진취적인 문구를 적어 보도록 합니다. 다음과 같이 신문기자(혹은 다른 교사들)가 우리 어린이집/유치원의 강점에 대해 취재하러 왔다고 가정하고, 우리 원의 비전과 변화의 초점을 설명해 주는 상황을 통해 구체화해 보도록 제안할 수도 있습니다.

> 몇 년 후에 지역 신문사에서 좋은 유아교육/보육 프로그램에 관한 기사를 쓰기 위해서 우리 원을 방문하려고 합니다. 우리는 우리 원에 대하여 정말 자랑스럽습니다. 무슨 일이 일어나고 있어서 이렇게 자랑스러울까요? 사람들이 우리에 대해서 어떻게 말하고 있나요? 원 내부에서는 어떤 일이 일어나고 있나요? 이러한 성공이 가능하게 했던 변화는 과연 무엇이었을까요?

1단계에서 발견하였던 기관의 강점과 가치를 바탕으로 참여 교사들은 마음이 편안하고 즐거운 교사, 즉 '안락(安樂)한 교사'를 비전으로 정하고 세부적인 실천내용으로 '새로운 도전을 즐기는 교사', '나눔을 실천하는 행복한 교사', '열린 소통으로 성장하는 교사' 세 가지를 최종적으로 설정하였습니다. 즉, 도전을 통해 얻는 어려움과 성취감의 공존을 알기에 혼자서는 시도하지 못했던 일들을 다른 교사들과 함께하면서 새로운 도전을 즐기고자 했으며, 자신의 재능을 다른 교사에게 기꺼이 전하며 교사 간의 나눔을 실천하고자 했습니다. 또한, 더 나은 방향으로 나아가기 위해 교수방법이나 문제 상황 등에 대해 의견을 나누고, 이에 대한 조언을 현장에 적용하여 성장하는 교사가 되기를 비전으로 함께 그려 냈습니다.

#### 3단계

'변화 계획하기' 단계에서는 유아교사들이 함께 구체적인 목표와 전략을 계획하는 동시에 그러한 목표성취의 과정과 결과를 평가할 수 있는 구체적인 데이터를 수집하고 분석할 수 있는 방법과 역할분담에 대해 계획하는 시간입니다. 전체 시스템 차원에서 변화되어야 할 것과 학급 차원에서 스스로 변화시켜 나갈 것을 생각해 보게 합니다. 비전이 구체적인 실천으로 이어질 수 있도록 2인 1조 인터뷰나 비전 그리기 과정에서 나왔던 주제 중에 골라서 현재형으로 된 긍정문 형태로 진술해 볼 수 있습니다. 운영 및 지원체제, 소통과 관계, 조직문화, 학부모 참여, 교사교육, 수평적 리더십, 교육철학과 공유 가치, 교육과정, 유아 이해, 테크놀로지 활용 등등의 다양한 주제 중에서 가장 강점인 분야, 함께 시간과 노력을 들여 더욱 강점으로 만들어 갈 분야를 선정할 수 있을 것입니다. 공동의 주제를 실천해 가되, 세부적인 관심사에 따라 팀을 나눌 수도 있습니다. 이러한 변화가 이루어지고 있다는 의미 있는 증거가 과연 무엇일지, 제한된 시간과 인력 조건하에서 어떻게 용이하게 수집하고 분석할 수 있을지에 대하여 구체적으로 계획하고 수정해 나갑니다.

참여 교사들은 편안하고 즐겁게 도전하여 가르침과 배움을 실천하고 나누는 안락한 교사관계를 만들어 가기 위하여 세 팀으로 구성하여 모임명, 목적, 활동 내용을 계획하였습니다. 다음의 표 9-2는 초기의 계획이 수정, 변경, 확장되는 과정을 통해 최종적으로 결정된 바를 정리한 것입니다.

〈표 9-2〉 변화를 위해 계획한 모임별 목적과 활동 내용

| 모임명 | 목적 | 활동 내용 |
|---|---|---|
| 손으로 나누기 | 자신과 어린이집 보육환경을 더 아름답게 하기 위한 아이템을 직접 제작한다. | • 트렌드 파헤치기<br>• 손바느질로 티매트 제작하기<br>• 매듭팔찌로 패션아이템 마련하기<br>• 재봉틀로 지갑과 쿠션 만들기<br>• 압화, 드라이플라워로 원내 환경 꾸미기<br>• 뜨개질로 가랜드 만들어 원내 환경 꾸미기 |
| 건강 에너지 전하기 | 교사와 유아의 기초체력을 기르고 심신을 수련하여 건강한 어린이집 분위기를 조성한다. | • 정기적인 요가 시간 갖기<br>• 어린이용 요가영상 촬영하여 활용하기<br>• 건강한 음식 요리하기<br>• 마라톤, 야간산행하기<br>• 마사지, 메이크업 받기 |
| 소리로 하나 되기 | 악기를 이용하며 음악을 사랑하는 마음과 재능을 키우고 연주회를 준비하면서 화합의 장을 마련한다. | • 악기 선정하여 초기 연주 영상 촬영하기<br>• 개별 및 소그룹 연습하기<br>• 곡 선정 및 함께 연습하기<br>• 연말행사인 가족음악회에 참여하기 |

상당수 교사들은 모임에 2개 이상 중복하여 참여하고자 하였으며, 자신이 속한 모임이 아니더라도 공유 과정에서 자유롭게 의견을 제시하여 더 나은 방향으로 진행되도록 피드백을 주고받기로 하였습니다. 이를 위해 SNS를 활용하여 모임방을 개설함으로써 테크놀로지를 이용하여 상시 소통하는 동시에, 당직 시간 등에 손으로 적을 수 있는 '개인노트'를 활용하여 자신의 생각과 경험을 소개하기도 하고 다른 교사가 읽어 보며 자유롭게 피드백을 적어 주기로 결정하였습니다.

각 활동에 적절한 자료 수집 및 평가방법에 대해서도 교사들이 직접 제안하였습니다. 손으로 만든 작품을 찍은 사진이나 함께 활동한 사진을 엮어 만든 포토북, 활동 과정을 영상으로 제작하여 전후 비교하기, 상대방에 관해 얼마나 알고 있는지에 대한 퀴즈대회, 밴드에 작성된 글과 댓글 수 분석, 개인노트에 적힌 글의 변화 파악하기 등을 검토하며 최종적으로 평가방법을 통합하여 교사의 성장을 보여 주는 개인 포트폴리오를 제작하기로 정하였습니다.

▮ 4단계

'변화 실시하기' 단계에서는 기관수준에서 교육과정, 인적 관계, 공간과 시간, 자원 분배 등의 시스템이나 절차에서의 변화를 조율하거나, 학급수준에서 새로운 교육 아이디어를 실천해 보는 동시에 마음속 깊이 자리하고 있는 교육적 신념을 성찰하며 비전을 함께 실현시켜 나갑니다. 변화를 실천하면서 전체 교직원들이 함께 모이거나 세부 내용별로 유사한 관심사를 가진 교사들이 만나서 변화 과정을 공유하고 토론하며 성찰, 평가한 결과에 기초하여 선순환적인 변화 과정이 지속될 수 있도록 합니다.

변화를 구체적으로 실천하는 과정에서 교사들은 일상 속의 아름다움 찾기와 나누기, 열린 소통과 만남으로 관계 맺기(예컨대 '설레는' 마음으로 어린이집을 벗어나 동료 교사들과 인근 재래시장을 방문하면서 아름다움을 나눌 수 있는 매체를 탐색하고 지역의 유명한 음식도 나눠 먹으며 시장이라는 새로운 공간을 함께 다녔던 기억은 한참 즐겁게 회자하였습니다), 함께 도전하여 하모니를 이루는 가족음악회 참여하기 등을 실천하였습니다. 교사로서의 개인적 성장을 위한 변화에서 시작한 것이 점차 교실에 적용할 수 있는 다양한 시도로 자연스럽게 이어지면서 '아이들에게 전해지는 변화'를 낳았습니다. 재봉틀 사용을 함께 익힌 교사들이 만든 결과물을 교실에도 두면서 아이들에게 포근하고 인기 있는 공간을 제공하였고, 교사들이 바느질에 익숙해지면서 아이들과 모기퇴치용 계피주머니를 함께 만드는 바느질 활동을 더 자신감 있게 진행하기도 하였습니다. 꽃을 좋아하는 2명의 교사가 정성스럽게 말린 꽃을 기증하면서 교사들은 꽃을 이용한 액자를 만들어 원내 환경을 구성하고 부모간담회 시 압화를 이용한 책갈피를 부모에게 선물하였으며, 학급의 교육 활동에 연계하여 유아들의 심미성을 높이는 데 활용하였습니다. 또한, 교사들이 개인의 심신 건강을 위한 요가를 진행하면서 아이들을 위한 요가 동영상을 제작해 보자는 아이디어를 내었고, 선생님들이 직접 등장하는 요가 동영상 화면에 유아들은 큰 관심을 보이며 즐겁게 따라 하는 모습을 관찰할 수 있었습니다. 교사가 새로 배운 악기를 반주에 활용하면서 관심을 갖게 된 만 5세반 유아들도 오카리나를 배워 연주회를 열기도 하였습니다.

그림 9-3 • 유아들의 압화로 벽면 꾸미기(좌)와 교사가 만든 요가영상 따라 하기(우)

교사들은 SNS 앱과 개인노트, 교사협의회 등을 통해 상시 소통하며 지식과 기능을 공유하였으며, 모임별 나눔과 도전의 실천, 교실에서의 연계 활동이 마무리될 때 지난 시간 동안의 서로의 경험과 과정적 배움을 되돌아보며 그림 9-4에서와 같은 개인별 포트폴리오를 매개로 전체적으로 평가하는 시간을 가졌습니다.

그림 9-4 • 평가자료로서의 교사 포트폴리오 일부

최종 평가의 시간을 통해 참여 교사들은 새로운 변화의 과정을 떠올려 보고 그 순간들이 자신에게 어떤 성장의 경험을 주었으며 AI를 기반으로 한 평가의 경험이 어떤 의미로 남겨졌는지를 공유하였습니다. 교사들은 다른 교사들과 나눔, 소통, 도전의 실천 과정과 경험을 공유하면서 자신의 삶이 더욱 풍요로워졌을 뿐만 아니라 자신의 성장을 교육 활동으로 이어 주는 원동력이 되었으며, 아이들에 대한 마음도 더욱 애틋해졌다고 평가하였습니다. 또한, 참여 교사들은 기존의 평가는 치러 내야 할 '일'로 인식되었고 평가가 끝난 후에는 잊혔던 반면에, AI기반 평가는 자신들의 시간과 노력의 투자가 더 나은 실제로 구현되면서 가치 있고 보람되었다고 비교하였습니다. 특히 기관 차원의 평가에서도 평가지표나 체크리스트형의 문서를 넘어서서 동영상, 사진, 교사일지, 실천사례 등을 활용할 수 있다는 것이 평가에 대한 인식을 전환하게 해 주었다고 하였습니다.

다음 해에는 교육과정 및 교실 수준에 더 초점을 두어 변화를 실시하는 방향으로 결정하였습니다. 아울러 지난해에 실시하였던 교사 간 나눔과 소통, 도전의 노력은 조직문화에 스며들도록 지속하기로 하면서, 더 다양한 관심사를 개발하고 1년 단위보다 길게 계획을 세우기로 하였습니다. 아울러 교사의 자율성을 존중하며 자유로운 분위기에서 교사들이 주체가 되어 평가하고 방향을 잡아 변화를 만들어 가는 과정을 통해 변화의 의지를 더욱 뿌리 깊게 할 수 있었던 긍정적 측면을 계속 가져가되, 협력의 효과를 높이기 위해서는 원장과 학부모의 참여를 더해 어린이집 전체가 함께하는 시도가 필요하다고 생각하며 다음 해의 평가 및 운영계획에 반영하기로 하였습니다.

### 3) 강점탐구기반 평가에 대한 평가

상당수의 기준 중심, 책무성 위주의 평가들이 의미 있는 공동의 배움, 새로운 교육 경험으로 이어지지 못하고 교육적 실천의 다채로움과 역동성을 반영하지 못하는 것이 현실입니다(Lee, 2016). 외부에서 지정해 주는 평가의 기준이란 지역의 요구와 맥락, 다양성을 반영하기에는 지나치게 경직되어 있습니다(Lee & Walsh, 2006; Stake & Lee, 2014). 기준 중심의 평가는 유아교사의 자율성과 전문성, 심지어 윤리성을 제한하고 유아교육과 보육을 획일화하는 결과로 귀착될 위험을 안고 있습니다(Lee & Stake, 2014). 때로는 평가라는 용어를 접하는 것만으로 막연한 불안감이나 공포감에 현장이 위축되기도 합니다.

이러한 상황에서 AI기반 평가는 유아교사들이 함께 가치와 경험을 공유하며 의미를 생성해 갈 수 있는 긍정적인 기회로 평가를 바라볼 수 있는 가능성을 가집니다(Lee & Choi, 2017). AI기반 평가는 비전과 미션을 스스로 만들어 가는 과정을 존중하므로, 좋은 실제가 무엇인가에 하나의 정답이 존재하지 않으며 함께 해석하고 구성해 나가는 과정이 중요하다고 체감할 수 있도록 도울 수 있을 것입니다. 생동감과 자랑스러움으로 빛나는 최고의 경험을 떠올림으로써 우리의 마음속 깊이 자리하고 있는 가치를 조명하고, 기관의 현재 강점이자 더욱 발전될 강점을 중심으로 긍정적인 비전을 함께 세워 협력하여 연구하고 실천하면서 실제를 개선해 나갈 수 있도록 도와줌으로써 평가를 유용한 도구로 인식하고 활용하게 될 수 있다는 것이 가장 큰 장점일 것입니다.

요컨대 AI기반 평가접근법의 장점으로는 무엇보다 교사가 능동적인 변화의 주도자가 됨으로써 평가결과를 활용한 실질적인 변화가 이루어질 수 있었다는 점, 긍정적 사고로의 전환으로 핵심적인 가치 및 강점을 발전시키기 위한 노력의 구심점이 될 수 있다는 점, 위에서 아래로 지시하는 방식의 문화에서 탈피하여 교사 간의 민주적인 협의가 가능해지는 수평적 조직문화를 이루어 나갈 수 있다는 점 등을 들 수 있을 것입니다(Lee, 2016; Lee & Choi, 2017). 약점, 한계, 문제점 등 부정적 측면에만 초점을 두면서 긴장감과 불안을 유발하는 기존 평가접근법들과 달리 심리적 부담감이 낮은 상태에서 마음을 열고 동료와 대화하여 변화를 계획하고 실천하고 분석하면서 서로 이해하고 도울 수 있는 계기가 된 점, 평가자의 위치가 분리되지 않고 동등하게 상호작용하면서 참여할 수 있다는 장점도 있습니다.

그럼에도 불구하고 좋은 유아교육과 보육을 위하여 구성원들이 성찰하고 실험하며 변화해 가는 과정으로서의 평가가 신자유주의의 시장경제와 경쟁 논리 속에서 당당하게 제자리를 찾아가기가 쉽지는 않을 것입니다. 현재와 같이 '질 보증(quality assurance)' 차원에서 감시하고 관리하는 평가가 아니라, 교사의 자율성과 전문성을 신뢰하고 존중하는 방식의 평가접근법에 대한 사회적 인정과 정책적 제도화가 무엇보다 필요할 것입니다. 유아교육·보육 기관에서 자체적으로 평가를 계획, 실시, 반영할 수 있는 순환 과정이 세계 여러 나라에서 도입되고 있는 상황이므로 점진적인 변화를 기대해 봅니다.

AI기반 평가가 현재의 강점에 대한 자화자찬식의 잔치로 끝나지 않고 교사들에게 진정 의미 있는 변화를 스스로 그리고 공동으로 함께 가져오기 위해서는 무엇보다 Bruner(1996)가 좋은 가르침과 배움이 이루어지기 위한 필수 요소로 보았던 행위주체성(agency), 반성적 성찰(reflection), 협력(collaboration), 문화(culture)라는 토대가 전체 과정에 흐르면서 진정한 참여와 실험정신이 구현될 수 있어야 할 것입니다.

> 첫 번째는 행위주체성 개념, 즉 교사 자신의 정신적 활동을 스스로 통제하는 것이다. 두 번째는 성찰로서, 그저 '날것으로 배우기(learning in the raw)'가 아니라 배우고 있는 것이 의미를 가지도록 하는 것이다. 세 번째는 협력으로, 가르침과 배움에 관여하는 사람들이 서로 얽혀 자원을 공유하여야 한다. 정신이란 머리 안에 있는 것이기도 하지만, 타자들과 함께 있는 것이기도 하다. 네 번째는 문화로서, 우리가 구성하고 협상하고 제도화하고 마침내 (모든 것이 자리 잡은 후에) 우리를 위로하는 '실재'라 불리는 것으로 사유이자 삶의 방식이다. (Bruner, 1996, p. 87, 원전에서의 강조)

한편 강점탐구기반 평가의 원리뿐만 아니라 실제적 측면에서도 여러 가지 고려사항과 실천적 노력이 필요할 것입니다. 평가라는 학문 영역이 아직 낯선 교사들을 위하여 다양한 평가의 이론과 방법을 적절하게 적용할 수 있도록 지지해 주는 평가자의 조력과 피드백, 체계적인 평가연수 기회, 기관 운영자의 의지와 행·재정적 지원 등이 수반될 필요가 있습니다. 특히 기관의 강점과 변화의 방향을 정할 때, 개별 교사나 학급 차원을 넘어서서 전체 구성원이 가치 있게 생각하며 함께 노력할 수 있는 공동의 주제에 집중해 가는 과정에서 평가자의 중재 역할이 적절하게 작용할 수 있어야 합니다. 아울러 변화를 위한 공동의 계획을 실시하는 과정에서 중간중간 점검하며 성찰, 개선해 나갈 수 있는 과정평가가 중요합니다. 과정평가를 위한 자료 수집방법과 절차, 역할분담 등에 대하여서도 계획에 구체적으로 포함시킴으로써 평가의 결과가 교사와 아이들의 삶과 앎 속에 실천적으로 녹아들 수 있도록 하는 실천이 요구됩니다.

## 평가 사례 더 알아보기

### 유아교육 · 보육의 구체적 실제에 대한 평가 사례

좋은 유치원과 어린이집을 만들어 가기 위하여 전반적인 운영을 평가하기보다 구체적 실제에 초점을 맞춘 평가가 현재 국내에서 제8장에서 소개한 실행연구의 형태로 활발하게 이루어지고 있습니다. 그중에서 제가 참여했던 실제에 대한 실행연구를 소개합니다.

- **유아평가의 의미생성을 위한 실행연구**(이진희, 2012a)

  한 병설유치원교사와 약 1년 동안 유아평가의 의미를 함께 만들어 간 실행연구 과정에서 참여 교사는 유아평가의 이해와 실천 과정에서 어려움을 겪으면서도 부모와 유아와 함께 하는 평가, '지금 바로 여기'에 적합한 평가의 의미를 함께 탐색하며 능동적으로 실천해 나감. 유아평가의 방법론적 개선을 넘어서서 유아교육 전반에 대한 근원적 질문을 던지고 고유한 대응내러티브를 구성해 가면서, 유아의 마음을 이해하고 지원하기 위해서는 하나의 모더니스트적 정답이 아니라 지역적 맥락에 기반한 유아평가, 관련자가 함께 의미를 만들어 가며 실천하고 다시 개선하는 순환적 과정이 필요함을 제안함.

- **협력적 실행연구를 통한 초임 유아교사의 "문제행동" 인식 및 지도실제에서의 변화**(양정은, 이진희, 2014)

  교직 입문 과정에서 유아생활지도에 어려움을 겪고 있는 초임 유아교사와의 협력적 실행연구를 통하여 자신의 신념과 실제를 성찰하고 개선해 나갈 수 있도록 지원함. 참여 교사는 다루기 힘들다고 느꼈던 유아 '문제행동'에 대한 자신의 생각과 접근방식을 들여다보게 되면서, 유아교육과정과 학급운영 전반을 더 의미 있게 만들어 가는 것이 더 근본적임을 인식함. 유아의 문제행동에 대한 재개념화를 통해 모범답안이 아닌 반성적 가르침으로, 문제 상황에 대한 권위적 해결에서 벗어나 이해하려는 태도로, 단편적 문제인식에서 종합적 이해로, 부모에 대한 부담감에서 상호신뢰로 변화하는 과정 속에서 유아들에게도 긍정적 변화가 나타남.

- **한 어린이집 교사들의 3년간 실행연구 순환을 통한 포트폴리오 평가의 실천과 반성**(이진희, 이선영, 2015)

  한 어린이집 교사들이 3년간 세 번의 실행연구 순환주기를 거치면서 포트폴리오 평가의 가치와 역할에 대한 반성적 사고를 통하여 '실천지'를 어떻게 쌓아 가는지를 살펴봄. 유아 관찰 및 평가에 대한 문제인식에 기초하여 포트폴리오 평가의 틀 마련하기, 부모와의 소통 및 참여 촉진하기, 다시 평가의 틀을 깨고 교사의 철학과 교실 특성을 반영한 평가 양식 및 절차 개발하기의 순환적 과정이 이루어짐. 참여 교사들은 권한을 공유하고 협력하면서 각자에게 유용하고 의미 있는 유아평가를 만들어 가는 능동적 실험과 반성적 사고를 통한 윤리적 실천을 보여 줌.

# 제10장
# 유아교육·보육을 위한 3P 평가의 절차

Stufflebeam과 Shinkfied(2007)는 평가의 절차를 평가의 초점 맞추기 → 정보 수집하기 → 정보 조직하기 → 정보 분석하기 → 정보 보고하기 → 평가 관리하기로 구분하여 개발할 것을 제안한 바 있습니다. 그러나 평가의 절차를 결코 순차적이고 선형화된 단계로 간주할 필요는 없습니다(Stake, 1975). 실제 평가의 과정에서 평가 자료를 분석하면서 더 나은 자료 수집 방법이나 보고 방법을 깨닫게 될 수도 있고, 더 나아가 아예 새로운 평가질문이 발현되기도 합니다. 평가는 융통성 있게 시행되어 현장에 유용하게 활용될 수 있어야 합니다.

이 장에서는 평가의 기본적인 절차를 평가의 초점 맞추기와 평가 계획 수립하기, 평가자료 수집하기, 평가결과 분석하기, 평가결과 공유 및 활용하기로 보고, 그중에서도 이후 평가의 실시와 결과 공유 및 활용의 토대가 되는 청사진을 제공해 줄 평가 준비 및 계획 과정을 중심으로 살펴보고자 합니다.

# 1. 평가 준비하기

## 1) 평가의 가치 나누기

평가를 본격적으로 계획하기 이전에 먼저 구성원들이 평가라는 '배움의 여정'을 기꺼이 함께하겠다는 의지와 필요성을 짚어 보는 것이 가장 중요할 것입니다. 평가를 소수의 의견만으로 시작한다면 제대로 실시하기도, 그 기능을 제대로 구현하기도 힘듭니다. 평가는 관련되는 사람들이 함께 모여 지혜와 노력을 하나로 모으는 작업입니다. 이를 위해서는 유아교육과 보육에서 평가가 가지는 본질적인 가치를 구성원들이 공유하는 것이 무엇보다 필요합니다.

1997년 네덜란드에 소재한 Bernard van Leer Foundation과 이스라엘 아동위원회(National Council for the Child)가 공동개최한 워크숍에서 여러 전문가는 왜 평가가 잘 이루어지지 않는가에 대해 논의했던 적이 있습니다. 그때 이루어진 논의를 토대로 하여 Thomas(2000)는 그 원인을 네 가지로 정리한 바 있습니다.

첫째, 평가와 관련된 '두려움'이 가장 큰 이유로 지적되었습니다. 갑작스러운 변화로 힘들어지거나, 현재 수면 아래 가라앉아 있는 문제점이 부각되거나, 부정적 결과나 실수가 외부로 공개될 수 있으며, 심지어 이에 따른 개인적인 불이익을 겪을지도 모른다는 두려움으로 인해 평가를 꺼리게 된다는 것입니다. 따라서 평가가 이상적으로 추구하는 목적들을 구현하려면 평가에 대한 두려움을 조장하는 각종 절차나 규정이 과연 필요한 것인지를 철저히 점검하여 불필요한 두려움의 요소를 없애나가는 것이 당면과제라 여겨집니다.

둘째, 시간 및 금전적 '비용부담'으로 인해 쉽게 평가를 수행하기 힘들다는 것입니다. 특히 유아교육·보육 기관의 바쁜 일상을 생각해 볼 때 체계적인 평가에 소요되는 구성원의 시간이나 노력과 실제 비용, 평가를 위하여 희생되는 다른 것의 기회비용 등을 고려할 때 신중한 접근이 필요한 것도 사실입니다. 따라서 요식행위로서의 평가는 지양하고 실천적으로 도움이 되고 의미 있는 평가를 실시하는 것이 필요할 것입니다.

셋째, 평가에 필요한 '지식 및 기술 부족'도 이유로 손꼽혔습니다. 사실 유아교육·보육 분야에서 평가는 상대적으로 낯설고 어렵게 여겨지는 분야입니다. 평가를 실시하기 위하여 기본적인 이론적 지식이나 실제적 기술을 점진적으로 익히고 준비하는 것도 중요하지만, 평가를 '객관성'의 신화와 연계하여 신비화하지 않는 태도가 필요할 것입니다. 평가는 결국 우리가 왜, 무엇을, 어떻게 하고 있는가를 이해하고자 하는 자연스러운 노력의 일부이기 때문입니다.

마지막으로, 어쩌면 무엇보다 큰 이유는 바로 평가의 본질적 '가치이해 부족'입니다. 즉, 평가를 통해서 어떤 실질적 혜택을 얻을 수 있는지, 평가결과에 따른 개선이 현실적으로 가능하고 바람직한지에 대한 신념을 가지지 못하기에 굳이 평가를 실시해야 하는 이유를 모르겠다는 인식 부족을 지적하였습니다. 평가를 위한 시스템과 전문성을 갖추어 나가는 제도 정비도 필요하지만, 무엇보다도 교육 현장에서 평가의 가치에 대하여 인식하고 그 가치를 경험해 보는 실천이 중요하다고 여겨집니다.

정도의 차이는 있겠지만, 어느 나라에서든 이러한 장애요소들이 목격됩니다. 제희선과 황해익(2019)은 우리나라의 기존 유아교육평가의 문제점을 분석하면서, 근대적 효율성 논리에 치우쳐 '무엇'을 평가할지만 나열할 뿐 '왜' 평가해야 하는지에 대한 가치가 부재되어 있는 모습을 지적한 바 있습니다. '객관적인 정답'에 대한 부담이나 '부정적인 결과'에 대한 두려움 없이 우리에게 유용한 정보를 공유하고 협력하게 해 줄 수 있는 도구로서 평가의 이미지가 새로이 그려져야 할 것입니다.

따라서 평가를 계획하기에 앞서 교사협의회나 평가 워크숍 등을 통하여 평가의 가치를 토의하는 과정이 필요할 것입니다. 평가의 본질적 가치에 주목하고 정말 가치 있게 여겨진다면 익숙한 일상을 벗어나는 평가의 과정이 다소 번거롭고 힘들더라도 기꺼이 활용하게 될 것입니다. 유치원과 어린이집에서 우리 아이들의 삶과 앎, 놀이와 배움의 과정이 더 의미 있고 행복하게 이루어질 수 있도록 지원해 주고자 하는 의지를 다지고 모두의 지혜와 힘을 모으는 데 평가가 도움을 줄 수 있을 것입니다. 무엇보다 가치판단이 아닌 가치발견과 의미생성으로서 평가의 역할에 대한 공감대가 확산될 수 있는 노력이 필요합니다. 제1장에서 살펴본 평가의 어원과 철학자 니체가 강조하는 '평가하는 자'로서 인간의 본질에 대한 논의를 다시 한번 살펴보기를 바랍니다.

평가자에게나 이해관계자 모두에게 새로운 '배움'의 기회로서 평가가 가지는 가치와 교육 실제에서 유용하게 활용할 수 있는 가능성을 보게 된다면, 이제 현재의 여건 및 상황, 필요성 등을 종합적으로 검토하여 체계적인 평가를 실시할지를 결정합니다. 특히 평가에는 많은 이해관계자가 관련되기에 시간과 자원을 잘 활용하여야 합니다. 한 사람이 혼자서 주도하거나 평가의 무게를 감당해서는 안 되며, 모든 사람이 지혜와 힘을 모을 준비가 되어 있을 때 제 의미를 가질 수 있습니다. 평가의 과정이 배움의 여정에서 도움이 되려면, 그 과정에서 필요한 것이 무엇일지 미리 이야기 나누어 보는 것이 필요합니다. 기관의 상황을 고려하여 가장 우선시하는 가치를 이야기 나누면서 이러한 가치를 실현해 가는 데 체계적이고 형식적인 평가가 어떻게 도움이 될지를 판단할 수 있을 것입니다.

우리는 아이들과 보내는 분주한 일과 속에서 수많은 선택을 내리게 됩니다. 이러한 교육실천의 과정 속에서 의식하지 않더라도 실은 평가를 끊임없이 실시하고 있는 것입니다. 시간적으로나 비용, 인적 자원 등의 측면을 고려해 볼 때 우리의 모든 행위나 실제를 체계적, 형식적으로 평가할 수 없는 것이 현실입니다. 더구나 형식적인 평가를 불필요하게 많이 실시하지 않는 것이 사실상 현실적이고 바람직합니다. 하지만, 개별 교실을 넘어서 학급 간 협력이나 기관 전체의 운영 조율이 필요한 경우 함께 협력하여 고민하고 성찰하며 새로운 실천으로 이어지도록 해 주는 평가가 요긴한 경우도 분명히 있습니다.

여러 사람이 모여 구석구석 짚어 보는 질문을 제기하면서, 혼자서는 생각하기 힘들었던 측면을 발견하고 미처 인식조차 하지 못했던 현상을 새로이 깨닫게 되면서 이에 따른 교육적 도전과 실험을 시도해 나갈 수 있는 전환점이자 새로운 원동력을 마련할 수 있기 때문입니다. 평가가 목적하는 바가 우리 자신과 아이들의 삶, 현재와 미래의 사회를 변화시켜 나가는 데 유용한 기능을 할 수 있다는 가능성은 의미 있는 평가를 직접 경험해 보는 기회로부터 체감될 것입니다.

### 2) 평가의 제반 여건 갖추어 가기

평가를 통한 긍정적 변화가 이루어지도록 이상적인 여건을 완벽하게 갖추기란 불가능하겠지만, 평가를 실시할 수 있는 여건을 함께 점검해 보고 평소에 여건과 역량을 조금씩 갖추어 가는 것이 중요합니다. 평가실시를 계획하는 기관에서는 다음과 같이 여건을 점검해 볼 수 있습니다(Bennett et al., 2013).

첫째, 비형식적 평가는 일상적으로 이루어지지만, 더욱 체계적인 형식적 평가를 실시하는 데는 시간이 필요합니다. 평가를 계획, 실시, 활용하는 과정에서 구성원들이 함께 협력할 수 있는 시간은 언제, 얼마나 있는지 가늠해 보고 필요한 시간을 미리 확보해 두어야 합니다.

둘째, 평가에 소요되는 인적, 물적 자원을 생각해 두어야 합니다. 평가에 어느 정도의 비용을 사용할 수 있는지 고려하여, 필요에 따라 새로운 시선으로 전문적인 정보를 제공해 줄 수 있는 외부 전문가를 평가자나 자문위원 등으로 활용할 수 있을지를 파악해 봅니다. 또한, 평가에 참여할 수 있는 내부 구성원의 수, 평가자료를 모아 둘 공간, 양적 혹은 질적 분석에 필요한 소프트웨어 등등 자원의 이용 가능성을 가늠해 둡니다.

셋째, 기회가 있을 때마다 외부연수, 학습공동체 등을 통하여 교사들이 평가의 이론과 방법론에 대한 기본적인 이해 및 실시 역량을 갖추어 두어야 할 것입니다. 자체적으로 평가를 실시할 경우에는 더욱 그러하며, 외부 평가자가 실시한 평가의 방법론 및 함의를 제대로 이해하여 활용하기 위해서도 그러합니다. 누적되는 평가의 경험을 통해 점차 기관의 평가역량이 향상될 수 있을 것입니다.

## 2. 평가의 목적, 내용, 방법 계획하기

평가의 가치를 공감하고 제반 여건을 고려하여 함께 체계적인 평가를 실시해 보기로 결정하였다면 이제 평가를 구체적으로 계획해 볼 수 있습니다. 여기에서는 평가의 목적과 내용, 실시방법, 보고 및 활용 방안에 대한 계획을 중심으로 살펴보겠습니다.

### 1) 평가의 목적과 내용 계획하기: 무엇을 왜 평가할 것인가?

#### (1) 평가의 맥락과 경계 살펴보기: 고려 요소

먼저 평가의 맥락과 경계를 정하는 작업이 필요할 것입니다. 물론 평가를 실시하는 과정에서 마주치는 문제나 상황에 따라 평가설계는 유연하게 조정, 변경될 수 있어야 하지만, 평가가 어떤 상황에서 이루어지고 있으며 어디로 향하여야 할지에 대한 방향성을 어느 정도 가짐으로써 평가에 관여하는 구성원들에게 현실감을 더해 줄 수 있을 것입니다.

Fitzpatrick 등(2011/2014)은 평가자가 평가의 목적과 내용의 범위를 정할 때 고려해야 할 요소를 제안한 바 있는데, 이를 유아교육과 보육 현장에 적절하게 수정하여 다음과 같이 제시해 볼 수 있을 것입니다.

- 우리 기관에서 추구하는 궁극적인 목적은 무엇인가? 우리가 지금까지 함께 이루어 온 역사는 무엇이며 누구의 어떤 요구에 봉사하기 위해 존재하고 있는가? 우리가 가장 큰 가치를 두고 있는 것은 무엇인가?
- 우리 기관을 구성하고 있는 주요 요소와 활동, 기본적 운영 구조와 행정관리 체제는 어떠한가? 이러한 요소들은 어떻게 작동하고 있으며 우리의 목적과 가치와 어떻게 연관되어 있는가?

- 우리 기관이 위치한 지역적 환경, 사회적 요구, 인구변화, 정책적 쟁점에서의 맥락은 어떠한가? 어떤 주요 변화가 이루어지고 있는가? 중요한 결정을 내려야 하는 상황인가? 결정은 언제까지 이루어져야 하는가?
- 유아, 학부모, 교사, 원장(감), 관할 지원기관이나 협력기관(교육청, 시청, 육아지원센터 등), 정책입안자 등이 어떻게 참여하고 있는가? 그 밖의 이해관계자에는 누가 있을까? 기관 운영이나 평가에 영향을 미칠 수 있는 독특한 사건이나 환경이 존재하는가?
- 언제 어떤 조건하에서 교육과정이나 프로그램이 운영되고 있는가? 기관 전체 혹은 구체적 구성요소(예컨대 부모교육, 교육환경 등)나 프로그램(예컨대 인성 프로그램, 독서교육 프로그램 등)을 운영하는 데 어떤 자원이 필요한가? 과정이나 절차상의 어려움이나 근본적인 문제점이 보고된 바 있는가?
- 이전에 평가를 받았거나 실시했던 경험이 어떠했는가? 그 과정과 결과는 어떠했는가? 어떻게 했더라면 그 결과를 더 유용하게 활용할 수 있었을까?

### (2) 평가의 초점 정하기: 평가질문 진술하기

앞과 같은 질문들을 참조하여 우리 기관의 현재 상황과 여건에 대하여 의견을 교환하며 종합적으로 고려해 본 후, 이번 학기 혹은 이번 학년도에 중점을 두고 평가하여 개선하고자 하는 초점을 구체화하여야 합니다.

평가는 '교육과정 편성 및 운영 전반'과 같이 광범위하게 실시할 수도 있고 '부모참여'라든가 '유아-유아, 유아-교사, 유아-환경과의 상호작용' 등과 같이 초점을 좁혀서 실시할 수도 있습니다. 국가수준에서의 공통적인 요구, 지역수준에서의 특색, 기관에서 추구하는 비전과 가치, 교사의 철학과 교실의 특성을 검토하여 평가를 실시하는 주기에 따라 가장 요구되고 적합한 평가의 목적과 내용을 정할 수 있을 것입니다. 만약 평가의 초점을 좁혀서 집중적으로 살펴보고자 한다면 특별히 관심을 가진 영역(강점 혹은 문제점)부터 출발하는 방법을 활용하거나 사전 관찰과 면담 등을 통해 초점을 좁히는 방안도 있습니다.

평가의 목적과 내용을 정했다면 이를 '평가질문'의 형태로 옮겨 볼 수 있습니다.

평가질문(평가의 목적과 내용을 담아 의문문으로 1~3개 적어 봅시다.)

________________________________________________?

________________________________________________?

________________________________________________?

실제로 평가질문을 작성해 보면, 생각보다 어렵습니다. 간략한 의문문의 형태로 평가의 목적과 내용을 담기가 결코 쉽지 않을 것입니다. 확산적 과정을 통해 다양한 형태로 자유롭게 질문을 생성해 낸 후, 하나씩 소거해 가는 수렴 단계를 통해 구성원들에게 정말로 의미 있고 중요하다고 생각되는 질문(들)을 선별하고 질문을 다시 다듬으며 최종적으로 합의하여야 할 것입니다.

### (3) 평가의 틀과 준거에 대해 결정하기: 기준 중심 대 반응적 평가의 선택

평가의 목적과 내용을 담은 평가질문이 정해진 다음에는 이에 대답하는 데 있어 어떤 평가접근법이 적절할지 의논하면서 평가의 개념적 틀을 선택하여야 할 것입니다. 선택된 평가접근법에 따라 평가의 준거와 기준을 이 단계에서 명시화할 수도 있습니다. 기준 중심 평가접근법에서는 "얼마나 좋아야 충분히 좋은가?"를 판단할 수 있는 준거와 기준을 규정해 두는 것을 중요하게 여깁니다. 예컨대 부모참여의 정도를 평가한다면 준거는 부모만족과 부모대상 행사참여율로 정하고, 학기 말 부모만족도가 85점 이상, 부모대상 행사참여율 평균 60% 이상 등으로 절대적 기준을 정해 둘 수도 있고, 지난해에 비하여 5% 증가 등 기준선과 비교하는 상대적 기준을 잡을 수도 있습니다. 만약 외부로부터 제시된 평가의 준거와 기준에 따라서 그대로 이행해야 하는 경우라면 각 준거와 기준의 의미를 정확하게 파악해 두는 것이 필요합니다.

반면, 복잡하고 역동적인 과정을 조명하여 개선해 나가고자 하는 반응적이고 과정 중심적인 평가에서는 정형화된 준거나 기준을 미리 정하지 않고 평가의 과정에서 의미를 찾아나가는 데 초점을 둘 수 있을 것입니다. 평가의 준거와 기준을 미리 규정해 둠으로써, 정작 보아야 할 것들을 오히려 제대로 보지 못하는 경우도 상당히 많기 때문입니다. 유아교육·보육 영역에서는 참으로 다양한 가치와 경험, 상황과 요구를 가지고 있는 학부모, 교사, 행정가 등이 스스로 미처 깨닫지 못했던 가치를 발견해 내고 같이 나누는 과정에서 더욱 의미 있게 만들어 가는 과정이 특히 중요할 것입니다.

### 2) 평가의 방법 계획하기 : 누가 언제 어디에서 어떻게 평가를 실시할 것인가?

평가의 초점이 정해지고 질문 형태로 구체화하였다면 이제 평가질문별로 누가, 언제, 어디에서, 어떻게, 어떤 자료를 수집할 것인지를 계획하여야 합니다. 먼저 외부평가자를 활용할지 내부의 인력을 활용하여 평가를 실시할지부터 결정하여야 할 것입니다. 평가팀(외부평가자 혹은 내부평가자 또는 외부+내부 평가자의 활용)을 구성한 후 평가 시작 및 종료 시점과 전체 타임라인, 예산 등을 살펴보며 평가계획을 수립하여야 할 것입니다.

평가를 위한 자료 수집의 방법은 철학이나 사회과학에서의 일반적인 연구방법과 크게 다르지 않습니다. 평가에서도 관찰, 면담, 포커스집단, 실험, 조사, 문서분석 등이 주요한 방법으로 사용됩니다. 그 각각의 방법에 관해서는 이 책에서는 다루지 않고자 합니다. 유치원과 어린이집에서 더 쉽고도 의미 있게 활용할 수 있는 방법을 선택하는 것이 필요할 것입니다.

평가질문별로 계획에 반영하는 요소는 일반적으로 다음과 같습니다.

### ▮ 평가에 필요한 정보

평가질문에 대답하기 위해 수집되어야 할 정보를 구체화해 봅니다. 평가의 실현 가능성, 유용성, 윤리적 적합성 등을 고려하여 수집해야 할 자료, 실제로 수집할 수 있는 자료를 선별합니다.

### ▮ 평가설계

자료 수집을 위한 전체적인 평가의 틀을 설계합니다. 평가설계는 인과적(causal) 설계와 기술적(descriptive) 설계로 나누기도 합니다. 유아교육과 보육 현장에서는 통제집단과 검사도구 등이 요구되는 인과적 설계보다는 기술적 설계의 활용도가 훨씬 높을 것입니다.

- 인과관계를 알아보기 위한 설계에는 진실험설계(true experimental design: 통제집단의 존재, 실험집단과 통제집단으로의 무작위 배정, 사전 및 사후 검사의 실시)와 준실험설계(quasi-experimental design: 통제집단 대신 비교집단 혹은 비동등[non-equivalent] 집단의 활용)가 대표적입니다.
- 기술적(descriptive) 설계에는 평가대상을 깊이 있게 이해하기 위한 질적 사례연구설계, 집단적 특성을 알기 위한 양적 횡단설계, 시간에 따른 변화 경향을 알기 위한 시계열설계 등이 있습니다.
- 인과적 설계와 기술적 설계를 함께 포함시키는 혼합설계가 있습니다.

혹은 연구방법론적인 측면에서 양적 설계와 질적 설계, 혼합연구방법(mixed-method) 설계 중에서 선택할 수도 있습니다.

## 이론 더 알아보기

### 외부평가를 실시할 경우 준비 작업

유치원과 어린이집에서는 지역의 대학 교수나 연구자, 컨설턴트의 평가 지원을 요청하여 외부자의 신선한 통찰과 전문성을 활용해 볼 수 있을 것입니다. Fitzpatrick 등(2011/2014)에 따르면 외부평가의 경우 평가를 의뢰받은 외부평가자는 평가방법을 계획하기 이전에 다음의 기본적인 준비 작업이 필요하다고 합니다.

첫째, 평가에 직접 관여된 사람들과 평가결과를 잠재적으로 활용할 사람을 확인합니다. 평가를 요청한 의뢰인, 평가에 재정적 비용을 지원하는 사람, 기관/프로그램/정책 개발자와 제공자, 수혜자와 그 가족, 평가의 결과를 간접적으로 활용할 사람이 누구일지 구체화합니다. 이때 다양한 이해관계자를 확인하고 이들을 참여시킬 방안을 협의합니다.

둘째, 무엇을 평가할지 경계를 확인해 둡니다. 구성원들이 무엇을 기대하는지, 어떤 철학이나 이론, 제반 여건을 가지고 운영하고 있는지를 이해하고서 이를 바탕으로 평가대상을 명확히 해 두어야 합니다.

셋째, 평가에 쓸 수 있는 자원을 파악해 둡니다. 외부평가자에게 허용되는 시간과 공간, 재정, 인적 자원 등의 규모를 알아 두어야 합니다. 특히 교실관찰이나 면담자료 전사 등에 보조 인력이 필요한지, 어느 정도의 능력 수준이나 활용도가 요구되는지 파악하여 평가예산에 반영하여야 합니다.

마지막으로 평가의 정치적 맥락을 분석하는 작업이 필요합니다. 우선순위를 정하거나 자원을 분배하는 등의 중요한 의사결정을 다루는 평가는 본질적으로 정치적 과정입니다. 기관의 의사결정 구조는 어떠한지, 누가 어느 정도의 의사결정력이나 실행력을 가졌는지, 평가를 제대로 실시하는 데 어떤 이해관계자의 협력이 필수적인지, 평가 과정 동안 계획, 절차, 진척 상황, 결과 등을 누구에게 알려야 하는지 등을 이해하는 것이 중요하다는 것입니다.

### ▮ 정보 수집방법

평가의 유형이나 질문에 따라 참여 혹은 비참여 관찰, 설문조사, 구조화/반구조화/비구조화 면담, 포커스집단, 표준화검사, 기존 문서 수집 등을 통해 평가정보를 수집할 수 있습니다. 한 가지 평가질문에 대하여 정보 수집방법을 다양하게 혼합하여 삼각검증을 실시할지, 혼합연구방법을 통해 얻을 수 있는 독특한 결과를 활용할지 계획하고, 이와 함께 소요되는 비용이나 시간을 고려하여 최종적으로 결정합니다.

### ▮ 정보 수집 절차 및 일정

평가질문별로 혹은 정보 수집방법별로 언제 어떻게 정보를 수집할지를 구체화합니다. 평가팀 구성원 중에 누가 무엇을 담당할지, 보조 인력이 필요한지, 어떤 장비나 도구, 소프트웨어 프로그램의 구입이 필요한지를 검토해 둡니다. 만약 비디오 촬영이나 오디오 녹음을 한다면 어디에 위치시킬 것인지, 어떻게 작동시킬지를 미리 점검해 보는 것이 필요합니다. 평가의 진행 과정을 어떻게 점검하고 조율할지, 중간보고가 필요하다고 생각된다면 언제 어떤 절차로 실시할지도 의논해 두는 것이 필요할 것입니다.

### ▮ 분석 및 해석 방법

수집된 평가정보를 어떤 방식으로 어떻게 분석하고 해석할지, 평가정보를 어떻게 정리하고 요약할지 결정해 둡니다. 설명, 통계 정보, 비교, 사례, 스토리텔링 등의 방식으로 분석할 수 있으며(Weiss, 1998), 양적 자료인지 질적 자료인지에 따라 각각 분석방식이 달라질 것입니다. 평가자료를 토대로 하여, 우리 유치원이나 어린이집에서 추구하는 가치에 비추어 우리가 정말 잘하고 있는 것은 무엇이며 어떤 영역에서 높은 전문성을 보이는지, 또 어떤 부분을 더 잘할 필요가 있는지를 해석하여야 할 것입니다.

이때 다양한 관점을 가진 사람들이 참여하여 동일한 평가자료를 해석해 보는 등 해석의 타당성을 높일 수 있는 방안을 검토해 볼 수 있습니다(Fitzpatrick et al., 2011/2014). 다양한 해석에 열려 있는 질적 자료의 경우 협력적이고 참여적인 분석과 해석의 과정을 통해 평가결과를 신비화하는 오류를 예방하고, 각자의 관점을 존중하며 해석 과정에서의 갈등을 해결하고 합의하며 신뢰도를 높이는 것이 가치 있는 과정일 것입니다(Patton, 2002).

이렇게 평가질문별로 평가방법을 일차적으로 계획한 뒤, 다음의 질문을 던져 보면서 계획한 평가방법이 적절하고 실천 가능한지 검토하여 조정하는 것이 필요합니다.

- 수집될 정보는 평가대상에 대해 종합적으로 이해하도록 도울 수 있는가?
- 평가의 목적에 비추어 신뢰할 수 있고 타당한 정보가 수집될 것인가?
- 정보 수집의 절차가 합법적이고 윤리적인가?
- 자료 수집에 소요되는 비용을 고려할 때 평가자료가 제공해 줄 정보가 그만한 가치가 있는 것인가?
- 불필요한 혼란이나 어려움을 야기하지 않고 정보가 수집될 수 있는가?
- 절차적으로 정보 수집이 기대하는 평가 기한 안에 이루어질 수 있는가?

## 3. 평가 보고 및 활용 계획하기

평가결과의 보고 대상, 보고 내용, 보고 형식, 보고 일정과 활용 방안을 미리 생각해 둔다면 보다 구체성을 가지고 평가를 실시하고 활용할 수 있을 것입니다.

### 1) 평가결과의 보고 계획하기

#### (1) 평가보고서의 작성

다양하고 복잡한 평가정보를 종합하여 평가 최종보고서를 작성하기는 쉽지 않습니다. 구성원들의 요구와 평가의 규모 등을 고려하여 중간(interim) 보고서를 작성하기도 하고 최종보고서의 초안을 미리 공유하기도 합니다. 평가보고서는 독자가 누구인가에 따라(예컨대 관할 상부기관, 학부모, 교사진과 내부 구성원, 일반 대중 등) 혹은 평가접근법의 특성에 따라 형식이나 순서가 다를 수 있지만, 일반적으로 최종보고서에 포함되는 요소는 다음과 같습니다. 이 중에 일부는 생략하거나 합칠 수 있을 것입니다.

Ⅰ. 요약(executive summary): 평가질문, 평가대상, 주요 결과 포함
Ⅱ. 보고서 소개
  A. 평가의 목적
  B. 평가의 제한점 및 한계
  C. 평가보고서의 구성
Ⅲ. 평가의 초점
  A. 평가대상의 목적과 목표 및 주요 특징
  B. 평가질문
  C. 평가에 필요한 정보
Ⅳ. 평가의 계획 및 절차
  A. 평가설계
  B. 평가시기
  C. 자료 수집방법
  D. 자료 분석방법
Ⅴ. 평가의 결과
  A. 평가결과의 요약
  B. 평가결과의 해석
Ⅵ. 결론 및 권고사항
  A. 평가대상의 장단점
  B. 개선을 위한 권고사항
Ⅶ. 부록(사용된 도구, 자세한 양적 통계표, 질적 전사자료 등)

정책평가 등 평가의 규모나 영향력이 큰 경우에는 평가 요약에 권고사항을 추가하여 별도의 개요 자료를 만들기도 합니다. 또한, 평가보고서에 제시된 판단이나 결론, 권고사항 등에 다른 관점을 가진 평가팀 구성원의 소수 의견(minority reports)을 첨가하기도 합니다(Worthen et al., 1997).

### (2) 다양한 보고 방식

전통적으로 평가보고는 최종보고서 양식으로 서면 형태로 이루어졌으며, 이러한 평가결과 보고서의 작성으로 평가 과정이 종료되는 것으로 여겨 왔습니다. 하지만, 최근 평가의 동향에서 결과의 공유와 활용이 중시되면서, 계획 단계에서부터 평가결과를 어떻게 더 설득력 있고 인상적인 방식으로 전달할 것인지가 더욱 중요해졌습니다.

Worthen 등(1997)은 서면 보고서 외에도 다음의 보고방식을 제시하였습니다.

- 포토에세이
- 슬라이드 프레젠테이션
- 멀티미디어 프레젠테이션
- 결과물 전시
- 시나리오
- 사례연구
- 검사점수 요약
- 보고 내용을 녹음한 오디오 테이프
- 영화 혹은 동영상 보고
- 대화/증언
- 시뮬레이션
- 그림
- 표와 그래프
- 질의응답

Torres, Preskill과 Pionteck(2005)은 보고 대상자와의 상호작용 정도에 따라 보고 형태를 구분한 바 있습니다. 먼저 상호작용이 적은 형태로 전통적인 서면 보고서, 뉴스레터, 게시판, 책자, 웹사이트 등을 제시하였습니다. 상호작용의 잠재성이 보통인 경우로는 구두 보고(파워포인트, 차트 등의 활용), 영상자료 보고, 포스터, 사진/만화/시/드라마 등을 제안하였으며, 상호작용의 정도가 가장 높은 방식으로 실무자회의, 전자매체를 활용한 채팅/전화회의/영상회의/웹회의, 개별 토론을 들었습니다.

평가보고가 정확하면서도 균형 잡히고 공정하여야 하는 것은 당연하지만, 청중의 요구나 특성에 맞춘 소통 방식도 중요하게 작용합니다. 텍스트보다는 이미지를 선호하는 청중이라면 동영상이나 인상적인 사진, 그림 등의 시각적인 자료를 활용하는 것이 소통에 훨씬 유리할 것입니다. 모든 내용을 개관하기보다는 초점을 맞추어 청중에게 울림을 줄 수 있는 특별한 사례 중심의 소개 혹은 시나 드라마 등을 활용하는 것도 상황에 따라서는 매우 효과적인 전달력과 설득력을 가질 것입니다.

## 2) 평가결과의 활용 계획하기

활용과 유용성은 평가에서 매우 중요한 준거로 작용합니다. 평가결과의 활용도를 높이기 위해 구성원들이 어떤 노력을 하는 것이 필요한지를 생각해 보고 계획해 두는 것이 유용합니다. 정책, 프로그램, 실제의 현재에 대한 평가적 이해를 토대로 할 때, 이를 어떻게 개선해 나갈지에 대한 계획이 가능합니다. 조직수준에서의 활용을 위해서는 구성원들이 협력하여 실행계획(action plan)을 세워서 실질적인 변화를 위해 활용하는 것이 필요합니다.

내부 구성원의 자체평가를 강조하는 Bennett 등(2013)은 변화를 위한 유치원과 어린이집의 실행계획에 포함할 내용으로 다음을 제안하고 있습니다.

- 목표: 개선하려는 주요 영역에 대한 구체적이면서 관리 가능하고 실현할 수 있는 목표
- 실행과제: 목표를 달성하기 위하여 실시해야 할 구체적인 과제들
- 역할분담: 변화를 위한 과제 수행의 책임을 담당할 구성원
- 자원: 실행계획을 완수하는 데 필요한 교사교육, 설비와 기구, 교재 및 재료, 시간 등
- 시간: 과제를 시작할 날짜와 완수할 날짜
- 점검: 실행되는 과제를 점검할 사람과 방법에 대한 구체적 내용
- 달성 증거: 목표를 달성하기 위해 시도한 변화들이 성공적이었다고 알 수 있는 구체적 내용

이들은 평가결과, 기관 차원에서 유아들의 활기찬 신체놀이 기회가 확대될 필요성이 나타났다면 다음과 같은 실행계획을 세워 볼 수 있다는 예시를 제시하였습니다.

〈표 10-1〉 평가결과를 활용한 실행계획 예시

|  |  |
|---|---|
| 목표 | • 다양한 실내외 신체놀이 활동의 제공을 통한 유아들의 자신감과 신체 기능 발달을 위하여 |
| 실행 과제 | • 교사회의를 통해 안전한 실내외 공간을 탐색하고 필요한 자원 파악하기<br>• 신체놀이를 위하여 교실 재배치를 통해 더 큰 공간 마련. 신체 놀이 시간 변경. 매일 사용할 실외 놀이기구 준비를 포함시켜 교사 업무분장 조정하기<br>• 놀이기구 정리, 신체 활동 변화 계획하기<br>• 운영위원회에 새로운 자원을 위한 예산 요청하기<br>• 2명의 교사가 다른 유아교육기관을 방문하여 놀이기구에 대해 자문을 구하고 아이디어 생성하기<br>• 새로운 놀이기구 구입하기<br>• 신체놀이의 범위를 확장하여 계획하고 유아들이 발달시킬 수 있는 신체기능 확인하기<br>• 바깥놀이 영역에 안전을 위한 울타리를 칠 비용 알아보기 |
| 역할 분담 | • A교사: 교사회의 주재, 운영위원회 면담, 업무분장 조정하기<br>• 교사 B와 C: 하루 일과 조정, 교실 재배치, 놀이기구 분류 아이디어 제안하기<br>• 교사 A와 B: 다른 유아교육기관을 방문하여 아이디어 생성 및 필요 놀이기구 리스트 만들기<br>• 교사 A: 계획 협의회 주재, 교사 B와 C: 회의 메모 및 계획 기록하기<br>• 교사 B: 울타리 비용 및 업체 알아보기 |
| 자원 | • 교사회의, 교실 재배치, 정비 등을 위한 부가적 시간 파악하기<br>• 두 교사가 다른 유아교육기관을 방문할 시간 정하기<br>• 새로운 놀이기구와 울타리 비용을 위한 재원 마련하기 |
| 시간 | • 6개월 |
| 점검 | • 교사 A가 진행 상황을 점검하여 위원회에 보고하기<br>• 모든 구성원이 교사회의 시간에 함께 평가하기<br>• 모든 구성원이 유아들의 놀이기구 활용을 기록하고 신체기능의 발달 관찰하기 |
| 달성 증거 | • 1년 동안의 실외 공간 사용 증가<br>• 유아들이 놀이기구를 잘 활용하고 신체놀이에 시간을 더 많이 보내는지에 대한 교사의 파악<br>• 유아의 자신감 및 신체기능의 향상 관찰<br>• 1년 동안 모든 신체놀이 기구의 고른 활용 |

출처: Bennett et al. (2013).

각 학급의 교사는 평가의 결과를 자체적으로 검토하여 기관 전체 차원뿐만 아니라 자신의 학급 차원에서 섬세하게 이루어질 변화에 대하여 검토하고 교수학습 및 학급운영에 반영하는 계획도 수립할 수 있을 것입니다. 이는 교사의 지속적인 성찰과 자기성장 및 전문성 함양 과정의 유기적인 한 부분이 될 것입니다.

한편 평가결과에 대한 신뢰성을 높이기 위하여 추가로 평가의 적절성에 대한 평가, 즉 메타평가가 필요할지 생각해 볼 수 있을 것입니다. 평가의 전체 과정을 되돌아보면서 평가가 적절하게 이루어졌는지, 다른 방향으로 자료 수집을 하거나 결과를 해석할 가능성은 없는지 점검함으로써 평가의 결과를 더욱 깊이 있게 음미하고 활용도를 높일 수 있을 것입니다. 메타평가를 한다면, 내부적으로 할지 외부인의 도움을 구할지도 계획해 볼 수 있습니다.

### 이론 더 알아보기

**세계 여러 나라의 유아교육 · 보육 기관평가**

다른 나라에서는 유치원이나 어린이집 등의 질적 수준을 평가하고 제고하기 위하여 어떤 시스템을 가지고 어떻게 운영하고 있는지를 살펴보는 것이 의미 있는 작업일 것입니다. 앞에서 이미 소개했던 연구들 이외에 세계적인 유아교육 · 보육 기관평가의 동향을 알아볼 수 있는 관련 연구 몇 가지를 소개하면 다음과 같습니다.

- 송신영, 장혜진(2018). 유아교육 · 보육 기관평가 국제비교 및 정책적 시사점 – 영국, 노르웨이, 뉴질랜드를 중심으로. **열린부모교육연구**, 8(1), 157–180.
  영국, 노르웨이, 뉴질랜드의 평가제도 및 목적, 평가체제 및 절차, 평가 내용 및 기준, 평가결과 활용, 평가자 관리를 비교, 분석함. 분석결과에 따라 우리나라의 기관평가도 평가의 목적을 명확히 할 것, 평가절차는 간소화할 것, 평가의 목적에 부합하고 기관의 맥락을 반영하는 지표를 구성할 것, 평가결과 활용에 대한 논의가 적극적으로 선행되어야 할 것 등을 제안함.

- 이대균(2001). 유아교육기관 평가 체제의 비교 분석 – NAEYC, OFSTED, NCAC를 중심으로. **유아교육연구**, 21(2), 341–358.

  미국의 NAEYC, 영국의 OFSTED, 호주의 NCAC 평가체제를 비교, 분석하여 유아교육기관 평가는 상급 기관보다는 별도의 독립적 평가 기관이나 국가의 위탁을 받은 전문 단체에서 실시하고 결과와 재정지원을 연계하는 동시에, 평가자의 관리를 엄격하게 할 것, 자체평가를 강조할 것, 평가의 필요성에 대한 사회적 합의를 위한 홍보를 강화할 것, 학부모를 평가 과정에 참여시킬 것 등을 제안함.

- 한유미(2016). 핀란드의 어린이집 평가제도에 관한 연구. **스칸디나비아연구**, 17, 219–248.

  사회교육 전통이 강한 핀란드에서 이루어지는 지역수준(기관수준 및 지자체수준), 지방수준, 국가수준의 평가제도를 고찰함. 어린이집의 질을 외부 관점에서 표준화하여 평가하는 것은 오히려 어린이집의 질을 떨어뜨릴 위험이 있음을 경계하는 핀란드에서는 자체평가를 중요시하며 정성적이고 서술적인 특성이 있다고 보고함. 최소한의 기준에 대한 규제 이외의 외적 규제는 모두 최소화하고, 개별 기관에서 자발적으로 서비스 질에 대하여 책임을 지도록 하며 중앙정부보다는 지자체에 상당한 재량권을 부여하고 있는 핀란드의 사례를 바탕으로 우리나라의 평가제도를 개선할 것을 제안함.

- 한유미, 조경자(2018). 스웨덴 영유아 보육 · 교육기관 평가의 배경과 실제. **스칸디나비아연구**, 22, 149–180.

  스웨덴에서 이루어지는 기관수준, 지자체수준, 국가수준의 평가의 내용과 절차에 대한 분석을 통해 우리나라의 평가를 위한 함의를 제안함. 특히 우리나라에서는 어린이집 평가인증제도의 도입으로 오히려 개별 어린이집의 특색이 사라지고 있다는 문제점을 제기하며, 경직화된 지표를 개선하고, 스웨덴 국립교육감사청의 주제별 질 평가와 같이 정성 평가의 비중을 늘려야 할 것을 제안함. 또한, 평가 과정에서 어린이집의 권리 보장을 강화하고, 보육의 질 향상을 위한 어린이집의 자발적인 노력의 중요성에 대한 인식을 확산할 필요성을 제시함.

## 함께 이야기해 보기

❶ 평가의 가치를 공유하는 기관 차원의 워크숍에 참여하고 있다고 가정하고 개인적으로 평가가 도움이 될 수 있다고 생각되는 상황과 경험을 나누어 보시기 바랍니다. 우리 기관에서 평가가 해 줄 수 있는 역할에 대하여 이야기 나누어 보고, 각자의 목소리에 귀 기울여 봅시다.

❷ 서면 평가 이외에 평가결과를 종합하여 공유하는 방안에 대하여 이야기 나누어 봅시다. 최근 자신에게 가장 설득력 있었던 표현 및 소통방식은 무엇이며, 그것이 왜 효과적이었는지를 설명해 봅시다.

## 활동해 보기

❶ 관심 있는 국가의 교육부나 평가 담당 부처의 홈페이지를 방문해 봅시다. 평가에 대하여 어떤 지침을 제공하고 있는지, 어떻게 평가를 실시하고 있는지, 평가에 관련된 지원체계는 어떠한지 분석해 봅시다.

❷ 우리 유치원·어린이집의 교육과정 운영에 대한 평가를 어떻게 실시할지 이 장에서 제안한 순서에 따라 목적, 대상(내용), 일정과 방법, 보고 및 결과 활용 등을 구체적으로 계획해 봅시다.

# 제3부

# 평가의 미래 만들어 가기

지금까지 평가의 이론 이해하기와 유아교육·보육 3P 평가의 실제 살펴보기의 여행을 마쳤습니다. 이제 우리가 함께 만들어 나갈 평가의 미래를 가늠해 보는 것으로 이번 책에서의 여행을 마무리하고자 합니다. 제3부는 2개의 장으로 구성되어 있습니다.

- 제11장에서는 평가의 새로운 얼굴을 만들어 가는 미래를 기대하면서 평가의 가능성과 불가능성, 영토와 경계를 다시 살펴봅니다. 평가의 미래에 대한 전망을 바탕으로 어떤 어려운 도전과제가 있을지, 어떤 새로운 시도가 이루어질 필요가 있을지를 살펴보고자 합니다. 특히 서로의 다름에 의미 있게 관여하고자 하는 혼합연구방법 설계와 자율적인 내부평가 그리고 평가에 대한 겸허함을 요구하는 메타평가의 잠재적 가능성에 주목합니다.

제12장에서는 유아교육·보육의 본질적 가치를 지켜내면서 새로운 가치를 발견하고 의미를 생성해 낼 수 있는 평가의 얼굴을 스케치해 보고자 합니다. 지금까지 익숙해져 온 기준 중심 평가에서 벗어나 다양한 목소리에 귀 기울이는 반응적 평가로 나아가는 모습, 신자유주의적 책무성이 아닌 윤리적 책임성으로 평가에 임하는 모습, 유아교육의 3P(정책, 프로그램, 실제)를 개선해 가기 위한 민주적·참여적 평가의 모습을 기대해 봅니다.

사유와 성찰을 통하여 위버멘쉬하는 '평가하는 자'로서, 평가를 우리의 윤리적 실천(praxis)에 유용한 하나의 도구로 사용하는 과정에서 계속 이어질 여러분의 여행 이야기를 들려주실 것을 기다립니다.

# 제11장

# 평가의 새로운 얼굴 만들어 가기

## 1. 평가의 (불)가능성과 '지나침' 경계하기

21세기를 살아가는 우리가 직면하고 있는 도전과제는 참으로 많고도 복잡하고 어렵습니다. 사회적 갈등과 국제적 긴장 관계 속에서 실타래처럼 복잡하게 엉켜 있는 다양한 가치, 경험, 실제 속에서 평가의 역할은 그러한 난제 자체를 해결하는 것은 아닐 것입니다. 이러한 난제를 해결하려면 정치, 윤리, 종교, 문화 등 다양한 분야에서 생각이 활발하게 공유되고 변화를 이끌어 낼 만큼 무르익어야 하며 그러한 시대정신, 사회적으로 합의된 비전을 실천해 낼 의지와 시스템이 함께 작동해야 가능하기 때문입니다(Greene, 2007/2011).

다만 평가는 우리 사회에서 지속되고 있거나 새로 출현할 난제를 이해하고 경로를 선택하는 데 필요한 정보를 제공해 주는 역할을 할 수 있습니다. 인간중심주의를 넘어선 지속가능한 발전, 타자성에 대한 존중과 협력, 포용과 배려, 평등과 공평성 등을 추구해 가는 과정에서 수많은 선택의 순간이 올 것이며, 평가는 구성원들이 충분한 정보에 근거하여 숙의하고 토론하고 논쟁하면서 잠정적 합의를 이끌어 내어 선택하는 과정을 지원해 줄 수 있습니다. 평가를 하나의 유용한 '도구'로 활용하여, 우리가 처한 이러한 난제에 어떤 시선이 공존하고 있는지 다양한 사유 방식을 이해하고, 엉킨 실타래에서 풀어낼 수 있는 가닥을 찾아내며, 시도해 볼 만한 해결책과 아직까지 꿈꿔 보지 못했던 가능성을 탐색하는 데 기여할 수 있을 것으로 기대해 볼 수 있습니다.

혹자는 고대국가에서 왕에게 국정 운영에 대해 조언해 주던 '현자'의 역할을 현대사회에서는 평가자가 해 줄 수 있을 것으로 기대한다고 합니다(Vedung, 2000). 그런데 사회적 합의를 통한 선택 과정에 필요한 평가적 정보를 수집하고 그러한 정보의 타당성과 적합성을 점검하고 대안의 가능성을 이야기 나눌 수 있는 역할을 제공해 줄 수 있다는 측면에서 평가의 잠재적 가치가 인정된다고 하여, 평가를 과도하게 실시하는 것은 일상적인 삶과 앎의 실천 과정에 도움이 되지 않을 수 있음을 지적해 두고자 합니다. 평가는 우리의 삶에 도움이 되는 가능성과 불가능성을 동시에 가지고 있기 때문입니다.

미국의 평가연구학회(Evaluation Research Society) 회장을 역임했던 Datta(2006)는 '평가의 지나침(too much evaluation)' 현상에 대해 다음과 같이 지적한 바 있습니다.

> 평가에 대한 이러한 요구는 결코 적지 않은 대가를 지불하게 하는데, 직접적인 경비뿐만 아니라 서비스 전달 기관에서 기록을 남기고 자료를 구비하게 만들고 나아가 기회비용을 지불하게 하여, 특히 서비스 전달 기관의 수준에서 지불해야 할 대가가 크다. (중략) 모든 기록을 관리해야 하고, 평가와 관찰을 위해 학급시간을 따로 배정해야만 하며, 이렇듯 자주, 샅샅이 보고해야 하는 학급의 교사는 그러한 일에 대한 경제적 지원을 받지 못한다. (중략) 이렇듯 넘쳐나는 평가의 전체 비용(직접비용, 간접비용, 기회비용), 현실적인 혜택, 의도하거나 의도하지 않은 결과에 대하여 체계적으로 알려진 바는 사실상 하나도 없다. 우리는 그 혜택이 소요되는 비용에 상응할 만큼 충분한지를 알아보고, 만약 그렇지 않다면 기관이 진정으로 배우고 책무성을 질 수 있는 다른 평가방법들을 현재의 평가 형태에 더하여 혹은 대체하여 시도해 볼 필요가 있다. (Datta, 2006, pp. 432-433)

현재 전 세계에서 지배적으로 이루어지고 있는 형태의 평가, 특히 학교평가는 종종 '흠집 찾기(fault finding)' 혹은 평가자의 '권력 과시(power trip)'라는 소모적이고 권위적인 실제로 변질되고 있다고 비판받습니다(De Grauwe & Vaghese, 2000). Stronach

등(2002)에 따르면, 평가는 유토피아를 꿈꾸며 만들어졌지만 우리가 살아가는 세상은 실은 디스토피아(dystopia)이며, 평가는 그러한 디스토피아 속에서 작동하고 있다고 지적합니다. 많은 국가에서 말로는 민주적 이상을 표방하지만, 현실에서는 신자유주의적 경쟁논리와 함께 '온건 전체주의(soft totalitarianism)'로 치닫고 있다는 것입니다. 신자유주의 사회에서의 성공을 위해서는 시장경제의 가치를 기준으로 오직 한 방향을 바라보아야 한다는 메시지를 전달받으며, 끝없는 경쟁과 도구적 효율성의 담론 속을 살게 하고 있다는 의미입니다. 이러한 디스토피아 시대에서는 가르침과 배움의 가치는 올림픽처럼 치러지는 국제학업성취도평가(PISA)에서의 국가순위로 치환되어 버리고, 앞에서 살펴본 페리유아원 평가에서처럼 화폐가치로 표현되는 편익으로 증명되곤 합니다.

이러한 디스토피아는 평가를 통한 회계감사 문화(audit culture) 속에서 더욱 공공연하게 강화된다는 비판의 목소리가 큰 울림을 가집니다. '월드클래스', '수월성', '최고의 실제', '최상의 효과'를 낼 수 있다는 수행기준을 제시하고 이를 잘 따르는지를 감시하는 평가방식을 통해 인적 자본 관리의 질 담론이 지배하게 된다고 비판합니다(Stronach et al., 2002; Moss, 2019). 평가는 지배담론을 유지하는 데 이용되어 마치 민주적이고 포용적인 과정을 통해 의사결정이 이루어진 것으로 보이지만, 결국 경제 논리, 더 나아가 힘의 논리가 작동하는 현실을 목격하게 됩니다. 이러한 거시정치적인(macro-political) 현실에 대하여 비판적으로 사유하지 않게 된다면 동일한 메시지가 미시정치의 기제를 통하여 젖어 드는 것을 허용하게 되고, 스스로 경쟁사회에서 요구하는 방식을 따르면서 닫힌 벽을 만나더라도 이를 인식하지 못하거나 오히려 편안함을 느끼게 될지 모릅니다(강신주, 2011; Olsson, 2009/2017).

예컨대 사회적 비난이나 학부모의 불신 등과 같은 높은 위험이 담긴 학교평가의 정치적 기제를 경험하게 되면서, 점점 주기가 짧아지는 교육개혁의 요구로 인한 피로와 이에 수반되는 평가피로에 이중으로 시달리는 교사들이 학습자의 삶과 앎에 더 큰 이로움을 줄 수 있는 새로운 교육적 시도들을 해 보는 것을 기피하고서 안전한 길을 찾게 하는 모습에서 잠재적 위험성을 엿보게 됩니다. 성급하게 도입된 각종 평가가 제대로 작동하지 못하고 역기능 측면이 더 크다고 느끼게 되더라도 한번 구조화된 평가체제를 뒤엎기는 쉽지 않습니다. 교육 현장에서 더 좋은 가르침과 배움을 실현하기 위한 일환으로 이루어져 온 지금까지의 평가에 '지나침'은 없는지, 과연 바람직한 방향으로의 변화에 긍정적으로 도움이 되는지, 평가의 과정에서 요구되는 각종 기록과 문서자료는 과연 교육 실제에 도움이 되는지를 비판적으로 점검해 보고, 이를 폐기 혹은 보완하거나 새로운 접근법을 모색해 볼 필요가 있는 시점입니다.

이렇듯 우리의 삶 속에서 평가는 가능성과 불가능성, 긍정적인 변화의 추동력과 잘못된 방향으로 몰려갈 위험성을 동시에 가지고 있습니다. 평가라는 사회적, 공적 행위가 여러 사람이 모여 앉아 각자의 고유한 목소리를 들려주고 서로의 목소리에 귀 기울이면서 더 아름다운 소리를 낼 소중한 기회로 작동하려면, 평가의 가능성과 불가능성을 모두 인지하고 겸허하게 임하여야 할 것입니다. 또한, 교사들의 어깨에서 평가의 횟수나 문서의 양에서 오는 물리적 부담뿐만 아니라 불필요하게 어깨를 누르는 심리적 부담에도 지나침이 없도록 내려놓아 주어야 할 것입니다.

## 2. 평가의 미래 전망과 도전과제

Fitzpatrick 등(2011/2014)은 전문적인 분야로서의 평가의 전망을 다음과 같이 예측하였습니다.

첫째, 우리 사회에서 평가는 점점 더 다양한 분야에서 더 큰 영향력을 미칠 것입니다.

둘째, 평가는 책무성과 증거기반 의사결정이 중요시되는 미국을 비롯한 여러 선진국에서 지속적으로 증가할 것입니다.

셋째, 평가는 전 세계에 계속 급속도로 보급될 것입니다.

넷째, 직업으로서의 프로그램 평가 기회가 지속적으로 증가할 것입니다.

다섯째, 수요의 증가로 평가 관련 대학원 과정이 증설될 것입니다.

여섯째, 많은 평가자가 대학원 과정 이후에도 더 구체적인 교육을 필요로 할 것입니다.

일곱째, 자체적인 내부평가는 위험요소도 있지만 장점이 매우 많기에 더욱 중요해질 것입니다.

여덟째, 전문적인 평가학회나 협회의 규모가 커지고 평가의 공적 역할을 확장하는 새로운 영역으로 확대될 것입니다.

아홉째, 평가 관련 문헌은 양과 질 모두에서 향상될 것이지만, 평가의 실천지식 기반을 탄탄하게 해 줄 평가 과정에 대한 실증적 연구 문헌은 상대적으로 적을 것입니다.

글로벌 경쟁이 날로 심화되면서 국가 간 경계가 허물어지고 지식경제 사회의 중요성이 증대되고 있는 시점에서, 심도 있고 다층적인 정보를 제공해 줄 것으로 기대받는 평가가 점점 더 많은 국가에서 더욱 다양한 학문 영역과 사회조직에 걸쳐 확대될 것으로 전망되고 있습니다. 이처럼 평가에 대한 수요가 증가함에 따라 전문성을 갖춘 평가자에 대한 수요도 커지고 있습니다. 2001년 8월의 어느 하루 동안 미국평가학회(AEA)의 구인란에 평가 관련 일자리에 대한 포스팅이 100개 이상 되었다고 합니다(Smith, 2003). 공공기관, 사적 기업, 비영리 기구 등 사회 전반에서 성과와 수행에 대한 평가 요구가 증가하고, 이에 따라 평가자에게 거는 기대도 높아지고 있습니다. 전통적으로 평가자가 양성되던 학문 분야에서뿐만 아니라 경영학, 환경과학, 법학, 공학 등 다양한 분야에서 평가 관련 역할을 수행하게 되는 현상도 목격되며, 이는 점점 증가하는 추세에 있습니다.

이러한 평가의 미래 전망과 함께 평가자들은 더 많은 도전과제에 직면하게 되었습니다. 평가의 과거를 되돌아보면 초기의 평가자들은 평가를 둘러싼 정치적 현실을 전혀 인식하지 못하였기에 평가결과가 제대로 활용되지 못하게 했다는 비판을 받습니다(Fitzpatrick et al., 2011/2014). 평가는 거시정치이든 미시정치이든, 전문적 의미로든 일상적 의미로든 정치의 일부이며, 어떤 평가든 정치적 환경 속에서 작동하기 마련임을 점차 인지하게 되었습니다. 평가의 과정에서 가치중립성을 가정하는 것은 평가자의 '무책임한 순진함'이라는 사실을 깨닫게 되었던 것입니다.

평가의 정치적 맥락을 반영하여 교육평가기준합동위원회(1994)에서는 평가자가 정치적 타당성을 유념할 것을 요청합니다. 이는 평가가 누구의 이익을 대변하고 있는지, 누가 평가에 대한 힘과 통제권을 가졌는지, 어떤 이해관계 집단들이 존재하는지 등의 정치적 환경을 파악하는 것이 평가에서 필수적이라는 의미입니다. 평가 과정에서나 결과에 따른 의사결정을 비롯한 활용 측면에서 정치적인 상황에 민감할 필요가 있습니다. 아울러 평가자는 자신이 가진 정치적 권력을 더 민감하게 인지하여야 할 것입니다. 평가가 정치적 쟁점에 더 관계하게 되면서 이해관계자들의 삶에 지대한 영향을 주게 될 수 있다는 점에서 윤리적 책임감이 더욱 커집니다.

평가자들이 직면하는 또 다른 도전과제는 평가의 '시장화(martketization) 현상'이 나타남으로써 시장경제의 논리 속에서 평가 역시 시장에서 사고파는 상품이 되어 버리고 있다는 것입니다(Segerholm, 2002). 평가의 시장화 현상 속에서 평가자는 관리주의(managerialism)의 부품이 되고, 그저 관리와 통제에 필요한 정보에만 초점을 맞추는 컨설턴트의 역할에 머무를 수 있는 위험이 커지고 있습니다. 현실적으로 정치적 결정이나 시장의 요구에 따라 정치인, 관리자, 기업 등 평가 수요자의 입맛에 맞는 평가접근법만이 선호된다면, 평가접근법의 편향 현상이 발생하고 평가의 역할은 축소되고 말 것입니다. 예컨대 비판적 관점을 담은 평가접근법이라든가 사회적 약자와 소외계층의 목소리에 힘을 실어 주는 평가접근법 등은 선택될 기회가 그다지 높지 않을 것입니다.

이러한 현실적 상황 속에서는 평가자들 스스로도 자기검열을 통해 시장에 맞는 평가접근법을 선호하게 될 가능성이 있습니다. 자신이 보고 싶은 것만 본다거나 보여 주기를 기대받은 것만 보여 주는 것이 아니라, 보이는 것을 제대로 보고, 본 바를 제대로 보여 줄 수 있는 것이 평가이어야 합니다. Segerholm(2002)은 관리주의 경영시대를 살아갈수록 평가자는 사회과학자로서의 비판적인 관점, 현재의 시장화 현상에 문제를 제기할 수 있는 용기를 가지는 것이 더욱 중요하다고 메시지를 던져 준 바 있습니다.

글로벌한 다원주의 사회에서 서로 다른 문화가 마주치면서 가치가 충돌하고 이해 갈등이 발생하게 마련인 맥락 속에서 평가자가 갖추어야 할 역량은 그저 이론적 지식이나 방법론적 기능만이 아닐 것입니다. 이 과정에서는 물론 갈등을 중재하고 구성원들의 소통을 촉진할 수 있는 대인관계 역량도 필요할 것입니다. 더 중요한 것은 시장의 논리를 극복하고, 평가를 둘러싼 정치적 상황, 평가 자체가 가지는 정치적 성격과 윤리적 쟁점을 심도 있게 들여다보고 중재함으로써, 평가가 권력의 도구로 전락하지 않도록 하는 노력을 다하는 것입니다.

한편 많은 평가이론가가 제안해 온 바와 같이 이해관계자의 참여가 평가에서 점점 더 중요한 화두가 되고 있지만, 실제로 이해관계자를 참여시키기는 쉽지 않은 도전과제입니다. 고도로 전문화되고 분업화되면서 점점 더 복잡해지고 이해하기 어려워지는 오늘날의 포스트모던, 나아가 포스트휴먼 사회를 살아가는 우리는 다른 분야에서 일어나는 일에 무심해지기 쉽습니다. Segerholm(2003)은 평가는 그저 해야 하는 것으로 기대받기 때문에 마지못해 따라가는 의례적 행위(ritual)가 아니라 우리 사회의 권력 구조를 비판적으로 분석하고 무기력감을 벗어나 대안을 탐색하는 사회적 책임이자 양심이며 확고한 신념(conviction)으로서 작용하여야 한다고 강조합니다. 강신주(2011)는 심지어 같은 조직에 속해 있어도 서로가 무슨 일을 하는지조차 알지 못하고, 아예 알려고 하지 않는다고 지적하며, 서로 관심을 가지고 함께 반성하고 고민하는 사유는 우리의 권리가 아니라 '의무'라는 철학적 시선을 던져준 바 있습니다.

평가자는 '위버멘쉬'의 잠재성을 품은 존재로서 이해관계자들이 평가의 가치를 발견하고 이를 통해 성장해 나가려는 긍정적인 힘, 진정한 힘에의 의지(will-to-power)를 키워 나가도록 북돋우어 줄 수 있어야 합니다. 물론 갈등과 긴장이 높은 현대사회의 요구에 피로해진 사람들이 허무주의나 회의주의로 회귀할 가능성은 항상 있을 것입니다. 철학자 니체가 강조했던 것처럼, 무엇보다 보편적인 기준을 세워야 한다는 강박에서 벗어나도록 도와야 할 것입니다. 이는 지금까지 평가에 대한 우리의 사유와 실천을 지배해 온 기준 중심 평가로부터 벗어나는 것이 필요함을 의미합니다. 일말의 의심조차 없이 무조건적으로 복종하는 낙타도 아니고, 체제와 불의에 분노하며 맞서지만 스스로 지쳐 불행하고 무료해지는 사자도 아닌, 호기심과 순수함으로 새로운 가치를 발견하며 지칠 줄 모르고 즐거워하는 아이의 정신을 가지는 것, 곧 수동성과 나태함을 모르는 '평가하는 자'의 정신이 필요해지는 순간입니다.

## 3. 새로운 평가방법의 잠재성 실현하기

미래사회에서 평가가 받고 있는 요구와 도전에 응하여 의미 있는 역할을 해 나갈 수 있는 잠재성을 가진 평가방법을 살펴보고자 합니다. 여러 가지 시도 중에서 오늘날 많은 평가이론가에게 특히 주목받고 있는 혼합연구방법을 활용한 평가설계, 내부평가, 메타평가를 중심으로 그 잠재성을 탐색해 보고자 합니다.

### 1) 더 나은 이해를 위한 혼합연구방법 설계의 잠재성

평가에 대한 요구의 다양화와 증대에 상응할 수 있는 평가접근법 역시 더욱 다원화될 것이며, 특히 서로 다른 패러다임과 방법론이 실용적으로 절충될 것으로 예측되고 있습니다(Fitzpatrick et al., 2011/2014). 지금보다 훨씬 더 진취적으로 새로운 철학적 토대를 탐색하여 지금까지 가 보지 않았던 평가의 영토를 탐색하여야 할 필요성이 제안되는 것입니다. 새로운 관점과 다학제적(multidisciplinary) 노력이 필요할 것이며, 특히 고유한 사회문화적 가치를 반영하고 지역적 상황 및 요구에 부합할 수 있는, '지금 여기'에서의 평가이론과 실제를 개발해 나가는 것이 중요할 것입니다.

이러한 맥락에서 양적 방법론과 질적 방법론의 패러다임 차이를 오히려 환영하고 적극적으로 활용함으로써 서로의 '다름'에 대한 존중과 '더 나은 이해(better understandings)'를 추구하는 혼합연구방법 설계에 주목하고 있습니다. 평가가 요구하는 바가 다층적이고 복잡하기에 패러다임이 서로 다른 방법의 혼합에 대한 평가자들의 이론적 수용과 실천적 적용이 확산되어 왔습니다. Greene(2007/2011)은 서로 다른 방법을 혼합하는 것은 결코 A와 B라는 방법을 통해 유사한 결론을 얻었다는 위안이나 삼각측정(triangulation)을 통한 교차 타당화로 진리에 수렴해 가기 위해서가 아니라고 강조합니다. 서로 다른 패러다임을 가졌던 평가자 간의 격렬하고 소모적이었던 대전투를 종식하고 평화협정을 맺는 도구도 아닙니다. 방법을 혼합하는 평가설계는 서로 다른 사유방식과 가치가 한자리에 모일 수 있도록 초대하는 것이며, 이는 서로의 차이를 단순히 참아 내거나 무심하게 넘기는 것이 아니라 '의미있는 관여(meaningful engagement)'를 통해 이해의 폭과 깊이를 제대로 확장할 수 있기 위함이라고 강조합니다. 따라서 A와 B 방법에서 서로 충돌하고 모순되는 결과가 도출되었을 때 평가자는 이를 오히려 현상을 제대로 볼 기회, 더 나은 이해로 이끌 기회로 주목하고 더욱 면밀하게 살펴볼 수 있어야 합니다.

### 이론 더 알아보기

#### 혼합연구방법 설계를 활용한 고전적 평가연구

1970년대 미국에서는 저소득층용으로 건설된 주택에 간접적 보조금을 부여하는 대신 저소득층 가구에 주택수당을 직접 지급하여 주택 선택과 거주의 자유를 주고 기존 건물을 활용할 수 있는 복지정책을 실험하였는데, 이 정책과 관련된 일련의 평가연구를 실시하였습니다. 첫 번째 평가연구에서는 주택시장에 미치는 영향을 살펴보았고, 두 번째 평가연구에서는 수혜자가 주택수당을 어떻게 사용하는지를 조사하였으며, 세 번째 평가연구에서는 현금으로 주택수당을 수혜자에게 직접 주는 방식에 연관된 프로그램의 운영 실제를 평가하였습니다. 이 중 세 번째 평가에서 사용된 혼합연구방법 설계가 고전적인 예로 제시되곤 합니다(Greene, 2007/2011).

직접 주택수당 지급 프로그램을 개발하여 실시한 전국의 총 8개 지역 공공기관에 대한 평가 결과 중 한 지역(B 지역)에서 양적 통계자료와 평가자의 질적 관찰 간에 불일치하는 결과가 나타나서 평가자들의 주목을 받게 되었다고 합니다. 즉, 첫해에 수집한 양적 자료에 따르면 B 지역에서 많은 저소득층 가구를 대상으로 한 주택수당 정책이 효율적으로 실시되었다고 나타난 반면, 질적 관찰자료에서는 실제 프로그램의 실시 과정, 내부 관계 및 윤리의식에 심각한 문제가 있음을 보여 주었던 것입니다. 즉, 관할 기관에서 실적 위주로 최대한 많은 가구를 처리하는 데 급급해하면서 야기된 갈등, 수준 이하의 주택도 허용하고 저소득층 가정에게 상담이나 지원 서비스를 전혀 제공하지 않게 되어 있는 프로그램에 대한 내부 구성원의 우려, 상부 기관으로부터 지원 가구의 인구학적 균형을 맞추고자 흑인의 등록을 감축하라는 지시를 받음에 따라 야기된 인종차별 비난 등이 지적되었던 것입니다. 이 지역에서 일했던 주택상담 직원 중 상당수가 사임했다는 사실이 특히 주목되었습니다.

그러나 질적인 평가보고서를 내부적으로 검토하는 과정에서 주택수당 정책과 직접적 관련이 없는 갈등에만 집중하고 원래 다루어야 하는 분석은 충실하게 이루어지지 않았다고 하며 관찰 보고서의 표현을 다듬을 것을 권고하였습니다. 그러던 중 양적 평가보고서가 나오면서, B 지역의 저소득가구 참여율이 높고 재정이 효율적으로 운영되었을 뿐만 아니라 주택의 질적 수준도 8개 지역 중 2위라는 결과와 충돌하게 되었습니다. 평가연구진 간의 의견 차이 및 갈등이 생겼고, B 지역의 관찰자 역량과 신뢰성에 대한 문제 제기까지 이루어지기도 하였다고 합니다.

> 편들기가 시작되었다. B 지역 관찰자는 자신의 해석이 근본적으로 옳다고 주장하였다. 자신의 눈으로 직접 본 것에 대해 잘 안다는 것이었다. (중략) 또 다른 관찰자도 결과를 측정한 것이 전체 진실을 말해 주지 못하며 양적 방법은 "쓰레기"이고 인간의 행동을 "단순한 숫자"로 환원할 수 없다고 단언하였다. [그러나 B 지역] 관찰자는 이제 연구진 사이에서 완전히 평판을 잃게 되었다. (Trend, 1979, p. 77)

고민에 빠졌던 평가연구진(Abt associates)은 질적인 자료와 양적인 자료 간의 심각한 이탈 지점에 대한 심층적 분석과 주택시장의 경향 분석 등을 추가로 실시하는 노력을 통하여 새로운 가설을 생성하게 되었습니다. 즉, B 지역의 효율성은 착시현상이었으며 주택상담을 담당했던 직원들은 서비스 중심의 업무를 제대로 할 수 없는 상황이었음이 밝혀졌습니다. 양적 자료와 질적 자료 간의 충돌 지점에 주목하면서 더 정확한 이해를 할 수 있었고, 이를 바탕으로 더 실질적인 권고사항을 마련하는 것이 가능해졌다고 합니다.

> 각기 다른 유형의 데이터에 근거하여 도출된 설명이나 근거가 서로 충돌한다는 데 어려움이 있었다. 우리가 직면했던 어려움은 관찰 추론과 통계 추론의 속성에서의 다름뿐만 아니라 전체 연구팀 내의 선호와 편향이 두 갈래로 나뉘었다는 데 있었다. 해결책은 세 번째 설명을 통해 기존 설명들을 뒤집는 것이었다. 이렇게 하는 데는 지적 우수성이 아니라 약간의 현명함과 상당한 인내심이 요구되었다. (Trend, 1979, p. 83)

평가는 인과적인 관계를 깔끔하게 설명하고 통계적으로 정확도 높게 예측함으로써 하나의 예정된 방향을 향하도록 인적·물적 자원을 효과적으로 배치하여 통제하고 관리하기 위함이 아닙니다. 서로의 다름과 타자성을 존중하면서, 자칫 놓치기 쉬운 일상 속의 디테일에 주목할 기회를 제공해 주는 혼합연구방법의 가능성을 평가에 활용함으로써 새로운 통찰을 얻을 수 있을 것입니다.

앞의 '이론 더 알아보기'에서 살펴본 주택수당 정책연구(Trend, 1979)에서처럼 양적 자료와 질적 자료를 혼합하여 얻을 수 있는 이점은 두 자료가 일치되는 지점보다는 오히려 불일치되는 지점, 서로 충돌하는 지점일 수 있습니다. 평가설계 단계에서 미리 생각하지 못했던 측면을 통찰할 기회로 작동함으로써 평가대상에 대한 더 나은 이해가 가능하도록 도울 수 있습니다. 이렇듯 혼합연구방법 설계의 생성적 잠재성은 이러한 긴장과 불일치의 지점에 있으며(Greene, 2007/2011), 특히 실천요소나 이해관계의 층위가 복잡하게 얽혀 있는 정책평가나 대규모의 프로그램평가에 기여하는 바가 더욱 클 것으로 기대됩니다.

## 2) 자율적 내부평가의 잠재성

전 세계적으로 자율적인 내부평가의 잠재성에 점점 더 주목하고 있으며, 내부평가를 통한 구성원의 능동적인 변화를 격려할 것으로 예상됩니다. 이는 타율적인 지표를 중심으로 관리하는 평가를 대체할 수 있는 대안으로서 점점 더 탄탄하게 자리매김할 가능성이 있음을 의미합니다. Stronach, Corbin, McNamara, Stark 및 Warne(2002)은 "바깥에서(예컨대 감시체계, 외적 평가준거 등이) 들어오면, 안에 있던 것(예컨대 투명성과 책무성 등)이 나가 버린다."(p. 20)라고 신랄하게 지적한 바 있습니다.

내부평가는 오랜 시간 이미 구축되어 온 친밀성과 신뢰 관계 속에서 실시될 수 있으므로 외부평가로 인한 불필요한 긴장과 불안감을 야기하지 않는다는 장점을 가집니다. 자신들에게 가장 관심사가 되는 문제를 선정하여 주어진 상황과 맥락, 정치적 과정을 반영하여 평가를 실시하며 적절하게 반영할 수 있습니다. 내부평가를 담당하는 조직이 별도로 있는 경우는 대규모 기관이므로 일반적으로는 드물 것이며, 대체로 구성원들이 역할을 나누거나 내부 구성원과 외부 전문가가 협력하는 '하이브리드' 형태로 실시될 것입니다(Mathison, 2005).

기계적이고 지시적인 외부평가, 게다가 평가결과와 연동된 각종 재정지원과 보상을 무기 삼아 불필요하게 관리하고 통제하는 방식의 평가는 구성원들이 자율적으로 성찰하고 개선해 나가고자 하는 의지와 실험정신을 위축시킬 수 있기 때문에, 지속적이고 능동적인 과정으로서의 내부평가가 주목받고 있습니다. 이러한 내부평가의 잠재성이 구현되기 위해서는 제10장에서 제시한 바와 같이 내부평가를 실시할 수 있는 제반 여건을 점차 갖추는 노력이 필요할 것입니다. 내부평가의 실시를 지원해 줄 수 있는 조건으로 Fitzpatrick 등(2011/2014)은 조직의 최고 관리자로부터의 적극적인 지원과 내부평가자 사이의 분명한 역할분담을 들고 있습니다. 또한, Mathison(2005)은 최고 관리자의 지원 외에도 평가를 이끄는 책임자의 긍정적인 리더십, 지속적인 배움과 의사결정을 위한 비판적 성찰을 지지하는 조직문화, 평가결과의 공유와 활용 등을 중요하게 제시하고 있습니다.

한편 평가에서 내부평가가 차지하는 비중이 점차 높아지면서 새로운 내부평가의 경향이 나타나고 있습니다(Mathison, 2005). 무엇보다 프로그램의 모든 측면을 평가의 대상으로 삼아 총괄적으로 점검하는 전면적 평가 대신에, 구성원들의 집중적인 성찰과 협력이 요구되는 내용을 중심으로 깊이 있는 내부평가를 실시할 수 있도록 구성원들에게 정말로 의미 있고 중요한 부분에 평가의 초점을 집중시키는 동향이 두드러진다고 합니다. 이와 유사한 맥락에서, 많은 데이터베이스를 구축하기보다는 변화하는 상황에 신속하게 반응할 수 있는 수준의 적정 데이터를 수집하는 변화의 흐름도 나타나고 있습니다. 평가에 소요되는 시간과 예산 등을 고려해 볼 때 정책, 프로그램 혹은 실제의 전반을 모두 다룸으로써 기계적이고 피상적인 수준의 평가에 머물기보다는, 구체적인 구성요소(components)를 중심으로 평가의 초점을 맞추고서 더 자세히 들여다보고 더 깊이 있게 이해하는 것이 중요합니다(DeStefano, Maude, Crews, & Mabry, 1992; Lee, 2003).

또한, 전달력이나 활용도가 낮은 서면 형태의 평가보고서 대신에 정말로 필요한 정보를 제공할 수 있는 편지나 보고회 등의 형식을 활용한다는 것도 내부평가의 새로운 동향으로 제시되고 있습니다(Mathison, 2005). 사실 형식과 분량 측면에서 상당한 부담감을 줄 수밖에 없는 서면 형태의 평가보고서는 이를 작성하는 과정에서 내부평가자들이 이미 지쳐 버리게 함으로써, 평가결과를 제대로 음미하면서 활용방안을 함께 탐색하는 정말 중요한 과정을 오히려 놓치게 만들 수 있습니다. 따라서 내부평가자의 실질적이자 심리적인 부담을 줄여주고 결과 활용에 중점을 두는 것이 필요합니다. 형식에 얽매이기보다는 정말로 필요한 평가정보를 효과적이고 설득력 있는 방식으로 자유롭게 공유할 수 있다면 내부평가가 가진 잠재성을 더욱더 긍정적이고 활발하게 실현해 갈 수 있을 것으로 기대합니다.

### 3) 평가에 대한 평가, 메타평가의 잠재성

평가는 평가자의 윤리성과 겸허함을 요구합니다. 평가에서 제공할 수 있는 정보는 항상 부분적일 수밖에 없으며 언제든 완전할 수 없습니다. 따라서 평가 자체를 평가하는 노력, 즉 메타평가(meta-evaluation)의 역할이 중요합니다. 메타평가는 같은 대상에 대하여 실시되었던 여러 연구나 평가결과를 종합하여 살펴보는 사회과학 연구에서의 메타분석(meta analysis)과는 전혀 다른 것입니다. 메타평가는 지금 여기에서 이루어진 하나의 평가에 대한 평가로, 평가의 과정과 결과가 가지는 질적 수준을 체계적으로 평가하는 것입니다(Schwandt, 2015). 평가계획서, 평가 중간보고서, 평가 최종보고서 등을 기초로 평가계획이 적절했는지, 계획한 대로 실행되고 있는지, 평가가 예산과 기한 내에서 완료되었는지, 과정에서 발생한 문제 상황에 따른 변경이 필요한지, 최종적으로 종합된 평가결과의 질적 수준은 어떠하며 윤리적 적합성은 어떠한지 등을 살펴보는 것입니다.

그러나 메타평가에 대한 실증적 논문이나 이론은 평가 전문 학술지들에서도 보기 드물며 현실적으로도 아직 활발하게 활용되지 않고 있다고 합니다(Fitzpatrick et al., 2011/2014). 평가의 불완전성과 위험성을 인지한다면, 특히 중요한 정책적 결정을 내리는 데 필요한 정보를 제공하는 평가나 많은 사람의 이해관계가 얽혀 있는 민감한 상황에서는 메타평가를 통해 평가에 대한 점검과 비판적 성찰을 하는 과정이 필요합니다. 메타평가를 보다 적극적으로 활용할 수 있는 평가자의 개방적인 태도와 함께, 비용과 시간이 소요되는 메타평가를 평가를 위한 예산책정 단계에서부터 계획하고 지원하는 시스템이 요구됩니다.

메타평가는 일반 평가와 마찬가지로 내부적으로 실시할 수도 있고, 평가와 이해관계가 없는 외부인에 의하여 이루어질 수도 있습니다. 즉, 내부평가자들 스스로 평가의 과정과 결과를 다시 살펴보거나, 평가에 참여하지 않은 동료들로 패널을 구성하여 평가보고서의 초안을 검토하도록 요청하거나, 외부의 독립적인 평가자에게 메타평가를 요청하여 실시할 수도 있습니다. 각각의 장단점은 일반적인 내부평가와 외부평가와 마찬가지입니다. 목적과 상황에 따라 내부 메타평가를 실시할지, 외부 메타평가를 실시할지를 결정합니다.

메타평가에 평가 전문 단체나 학회에서 마련한 프로그램 평가기준을 활용하는 경우가 많습니다. 예컨대 미국평가학회(AEA)의 평가자를 위한 안내지침에 따라 평가가 체계적으로 이뤄졌는지, 평가자가 유능하였는지, 진실하고 정직하게 평가에 임하였는지, 평가 참여자나 여타 이해관계자들을 존중하며 권리를 보호하기 위해 노력하였는지, 사회 전체나 공적 이익을 위한 책임을 다하였는지를 검토할 수 있습니다(Schwandt, 2015). 혹은 다른 시선으로 평가의 과정과 결과를 들여다볼 수 있기를 기대하면서 원래의 평가팀과는 패러다임이나 접근방식에서 상당히 다른 지향점을 가진 평가자의 메타평가를 통하여 새로운 관점을 더하는 방식을 택하기도 합니다.

메타평가는 총괄적 목적을 위해 최종 평가보고서를 기준으로 전체 평가의 과정과 결과를 검토하여 평가의 질적 수준을 공적으로 판단할 수도 있고, 형성적 목적을 중심으로 평가를 개선해 나갈 수도 있습니다(Mathison, 2005). 특히 형성적 목적을 위해 평가의 계획 단계 혹은 평가 과정 중에 실시하여 수정, 개선해 가는 것이 더욱 실질적인 의미를 가지기 때문에 형성적 목적의 메타평가에 대한 요구가 증가하고 있습니다. 즉, 평가계획 단계에서 평가계획서를 평가하여 평가설계, 방법의 적절성과 실현 가능성, 윤리적 적합성, 평가의 유용성, 예산과 자원, 업무 분담의 효율성 등을 점검하여 계획을 수정할 수 있을 것입니다. 또한, 평가를 실시하는 중간 과정에서 지출보고서, 진행계획서, 자료 수집 일정 등을 검토하여 평가 기간이나 구체적인 일정, 자원 등을 재조정할 수 있을 것입니다. 중간보고서 혹은 지금까지의 평가 과정에서 파악된 결과를 바탕으로 평가설계를 재조정하고, 추가로 수집해야 할 정보가 없는지 분석함으로써 더 유용하고 정확한 평가를 실시할 수 있을 것입니다.

## 함께 이야기해 보기

❶ 미래 사회에서 예상되는 평가의 전망을 각자의 관점에서 이야기 나누어 봅시다. 직업으로서의 평가는 어떠할지, 학문으로서의 평가는 어떠할지, 현장 적용으로서의 평가는 어떠할지 그 가능성과 도전과제에 대하여 이야기해 보기를 바랍니다.

❷ 이 장에서 제안한 세 가지 새로운 평가방법의 잠재성에 대한 각자의 경험과 생각을 나누어 봅시다.

## 활동해 보기

❶ 급변하는 미래 사회의 모습과 도전과제에 대한 신문기사나 관련 자료를 찾아 공유해 봅시다. 가장 강렬하게 마음에 와닿는 미래의 도전과제에 대응하기 위한 우리의 다양한 노력을 살펴보고, 이에 더하여 평가는 어떤 역할을 할 수 있을지 생각해 봅시다.

❷ 함께 만들어 나갈 평가의 새로운 얼굴에 적합한 평가의 정의를 생각해 보고, "평가는 ☐ 다."로 표현해 봅시다. 한 단어나 문장, 문단 등으로 길이를 자유롭게 조정할 수 있습니다.

# 제12장 유아교육·보육 평가의 새로운 얼굴 만들기

오늘날 보편타당한 '진리 레짐'으로서 하나의 정답이 되어 버린 각종 평가기준을 그대로 좇아가는 유아교육·보육 평가의 문화로 인하여, 실제로 평가가 가질 수 있는 긍정적인 가능성마저 소진되어 버리지 않을지 우려하면서, 마지막 절에서는 이 책의 초점이었던 유아교육·보육에서 평가가 어떤 얼굴을 만들어 가야 할지 제안해 보고자 합니다. 유아교육·보육의 본질을 방해하거나 위축시키는 엄격하고 고압적인 평가의 얼굴이 아니라, 진지한 관심과 애정을 가지고서 '진정한 친구'로서 정말로 도움이 되는 비판적 조언을 따뜻하게 해 주며 유아교육·보육의 본질적 가치를 함께 발견하고 만들어 갈 수 있는 평가의 얼굴을 그려 봅니다.

## 1. 새로운 시선을 환영하는 반응적 평가로 나아가기

전 세계적으로도 유아교육과 보육 분야를 지배하고 있는 평가는 여전히 과학적 객관성의 힘을 신비화하거나 하나의 표준화된 잣대를 진리로 수용하기를 요구하는 암묵적인 풍토 위에 작동하고 있습니다(Lee & Walsh, 2004, 2006; Moss, 2019). 평가 이론과 실제가 가장 먼저 발전한 북미 지역에서조차도 유아교육 및 보육 분야에서는 평가 분야의 다양화된 이론과 방법론을 제대로 활용하지 못하고 기준 중심 평가에 지배되고 있다는 비판이 지속적으로 제기되어 왔습니다(Lee & Walsh, 2004; Spodek & Saracho, 1997; Travers & Light, 1982). 이는 NAEYC의 발달에 적합한 실제(DAP)라는 보편적 기준의 제시로 인한 '유아교육의 신보수주의'(Spodek, 1991) 현상과도 연관이 있을 것입니다.

더구나 앞에서 지적한 바와 같이 1960년대 중반부터 평가를 위한 제도적 정비와 기반 구축이 탄탄하게 이루어진 북미 지역에 비하여, 대외적 상황에 밀려 평가제도를 비교적 최근에서야 도입하게 되어 제반 평가 여건이나 전문적인 평가자 양성 시스템이 제대로 갖춰지지 않은 많은 국가는 더 큰 한계에 마주칠 것입니다(Furubo et al., 2002). 많은 국가에서 평가의 이론과 실제를 도입하여 적용하는 초기 단계에서는 단순한 결과 중심이나 관리 중심의 기준 중심 평가가 주류를 이룰 수밖에 없는 상황이었을 것입니다. 그 당시의 맥락과 상황에서 기준 중심 평가가 나름 기여한 바를 인정하되, 이제는 우리의 유아교육·보육 평가에서도 객관주의적 인식론에 기초한 제한된 기준 중심 평가를 벗어남으로써 복잡·다양한 삶과 앎의 현상을 하나의 잣대에 맞도록 재단하는 '프로크루스테스의 침대'의 위험성을 없애 나갈 필요가 있습니다(이진희, 2006; 이진희, 신은미, 2019a). 이 책에서 살펴본 바와 같이 우리에게 익숙한 기준 중심의 위에서 아래로의 평가방식은 수많은 평가접근법 중 하나에 불과합니다. 반응적 평가로의 전환을 위하여 제안된 참여자 중심 평가접근법 안에도 다양한 평가이론과 방법이 발전해 왔기에 그 가능성을 충분히 활용할 필요가 있습니다.

제6장에서 기술한 바와 같이, 유아교육과 보육의 질은 전 세계 어느 곳에서든 시간을 초월하여 보편적으로 정의될 수 있는 성격의 것이 아니며, 실로 역동적이고 다양하며 고유한 사회문화적 가치에 토대를 둔다는 데 폭넓은 공감대(이진희, 2006; Dahlberg et al., 1999; Lee & Walsh, 2005b; Moss & Pence, 1994)가 형성되어 왔습니다. New(2005)는 이탈리아의 한 도시에서 포도를 수확한 사람의 얼굴이 그려져 있는 지역 포도주를 보면서 협력하여 계획하기, 열심히 일하기, 목적을 가지고 실험하기, 결과에 대하여 공식적이고 면밀하게 평가하기의 네 가지 요소가 결합되어 그

포도주가 지역의 고유한 자랑거리가 될 수 있었다고 분석한 바 있습니다. 이러한 은유는 각 기관의 관계자들이 한자리에 모여 우리 아이들이 어떤 모습으로 자라나기를 원하는지, 우리가 어떻게 이를 지원해 줄 수 있을지를 열린 마음으로 토론하고 논쟁하며, 이를 통해 합의된 가치와 교육적 비전을 바탕으로 교육 실제를 계획하여 열심히 실천해 보고서 그 결과를 면밀하게 평가함으로써 지금 여기에서 우리가 알고 있고 할 수 있는 가장 좋은 교육을 제공할 수 있음을 제안합니다.

유아교육과 보육의 질 담론이 해체되고 역동적이고 다양한 의미생성의 과정이 중시되면서, 현재의 표준화된 기준에 따라 선형적이고 결정론적인 기준 중심의 평가를 벗어나 우리 아이들의 권리와 미래를 위하여 새로운 평가의 대안을 탐색할 필요성(Lee & Walsh, 2005a; Moss, 2005, 2019)이 지속적으로 제기되어 왔습니다. 유아교육·보육의 질을 환원주의식으로 단순화시키고 정해진 하나의 정답, 외부에서 만들어 놓은 일련의 평가지표를 비판이나 재구성 과정 없이 일방적으로 따르도록 요구하는 평가에서는 새롭고 창의적인 아이디어들이 그 틀을 벗어나는 '틀린' 것으로 간주될 수 있습니다. 평가기준에 맞추어 교육의 가능성을 축소하고 왜곡하는 현상이 나타날 수 있게 하는 엄격한 기준 중심의 평가를 벗어나, 다양한 목소리에 진정으로 귀 기울이며 유연하게 반응하는 새로운 평가의 얼굴을 함께 만들어 나가야 할 것입니다.

Ayers(1993)는 다음과 같이 말한 바 있습니다.

> 교사의 일은 참으로 힘들고 복잡하고 특이성을 가져 결코 두 번 반복되지 않는 것으로, 본질적으로 지적이고도 윤리적인 행위이다. 가르침이란 부름(vocations)의 부름으로, 다른 수많은 부름을 이끄는 부름이다. 이는 강렬하게 실천적이면서도 초월적인 활동이며, 가차 없이 사실적이면서도 근원적으로 창조적인 행위이다. 가르침은 도전에서 시작하며 알기 힘든 미스터리(mystery)이다. (Ayers, 1993, p. 127)

가르침이란 지극히 사적인 마주침이며 발견과 놀라움, 실망과 만족으로 가득한 복잡한 여행이라고 강조하는 Ayers(1993)의 목소리는, 제한된 기준이라는 틀에 가두어서는 그 복잡성과 역동성을 제대로 평가할 수 없다는 사실을 확인해 줍니다. 수많은 가치가 내재된 가르침이란 수량화하기에는 너무도 복잡하고 측정할 수 없는 것이며, 이를 평가하려면 다양한 창문을 통해서 들여다보아야 한다는 Stake 등(2012)의 지적도 같은 울림을 가집니다. 표준화된 매뉴얼이나 수행기준, 평가지표 등으로 관리함으로써 유아교육과 보육의 질을 높일 수 있다고 단선적으로 생각하고 막연하게 가졌던 기대는 이제 뒤로하고, 새로운 기준을 실험하고 또다시 변화시켜 갈 수 있는 유연하고 반응적인 평가의 얼굴을 만들어 가야 할 시점입니다. 프로그램이나 실제의 평가뿐만 아니라 정책평가에서도 지금까지의 기준에 따른 가치판단을 넘어서서, 새로운 가치를 발견하고 의미를 함께 생성하는 평가의 지향성을 찾아가야 할 것입니다.

## 2. 신자유주의적 책무성이 아닌 윤리적 책임성으로 평가하기

인간 행위의 복잡성과 역동성을 담아내고자 구성주의, 해석주의, 참여주의를 지향하는 방향으로 발전해 온 평가이론의 흐름은 오늘날 국가 간 무한 경쟁이 나날이 심화되는 신자유주의 경제 논리 속에서 수량적 비교가 가능한 '경성(hard)' 데이터를 중시하는 증거기반(evidence-based) 교육정책으로 자주 흔들리고 마는 것이 슬픈 현실입니다(Slavin, 2002). 교육을 통한 국가경쟁력 강화를 위하여 인간 자본(human capital)에 대한 투자 논리를 따르며, 그러한 투자에 대한 '책무성(accountability)'을 강조하는 것이 오늘날의 평가를 주도해 왔습니다.

이러한 현상은 유아교육·보육에서도 그대로 적용되어 나타나고 있습니다. Moss(2019)에 따르면 실로 오늘날 유아교육과 보육을 지배하고 있는 가장 큰 진리 담론이 바로 신자유주의 시대의 수월성과 국가경쟁력을 위한 유아교육에의 투자라는 시장경제 논리라는 것입니다. 유아를 글로벌 시장에서의 국가경쟁력을 위한 인적 자원으로 간주하고, 인적 자원에 대한 조기 투자를 통해 국가경제가 더욱 성장할 수 있도록 유아교육·보육에 대한 국가적 투자를 촉구하게 되었습니다. 이에 따라 유아교육·보육의 질을 표준화하고 그 보편적인 목표를 달성하는 데 최적으로 작동하는 시스템으로 관리하려는 담론이 힘을 얻게 되었고(Formosinho & Pascal, 2016), 점차 유아교육에의 '투자비용' 대비 효과로서 유아의 능력이나 역량을 국제적으로 비교하는 평가도구를 개발하고자 하는 시도가 증가하고 있습니다. 즉, 유아교육은 투자의 개념으로, 평가는 그에 대한 회수 정도를 파악하는 도구로 개념화되고, 평가의 결과로 국가경쟁력을 증명하는 데 많은 국가가 불필요하게 과도한 힘을 쏟고 있습니다.

출산장려 정책이나 노동시장을 위한 국가적 공적 자금 투자의 효과를 증명하게 하는 회계감사 문화가 유아교육·보육 분야에서도 가파르게 증식되면서 '책무성 평가'라는 표현이 강조되고 있습니다(Frede, Gilliam, & Schweinhart, 2011/2014). 이러한 논리에 따라 가장 적은 비용에 가장 큰 효율성과 질적 수준을 요구하는 '소비자로서의 부모(parent-consumers)' 개념이 강조되고 있으며(Moss, 2019), 유아교육·보육은 교육과정, 질적인 환경, 우수한 교사 등으로 구성된 패키지 상품으로서 양질의 '품질 관리'의 대상이자 소비자가 별점을 매기는 서비스가 되어 버렸습니다. 지배적인 질 담론의 논리는 유아교육·보육의 상품화 및 표준화에 초점을 두게 하였고, 전문가들이 구성한 외부의 기준에 맞는 정확성에 집중하게 하였습니다. 그러다 보니 정작 우리 아이들을 위하여 함께 가치를 발견하고 생성해 갈 기회로서 평가가 가진 본질적인 의미는 실종되고, 유아교육·보육의 과정보다는 결과에, 새로운 아이디어의 실험이나 성실한 실천 과정보다는 효율적인 관리와 통제에만 초점을 두는 아이러니한 결과를 초래하였습니다.

유아교육·보육의 질 담론을 둘러싼 전 세계적인 상황은 책무성의 논리로 무장한 회계감사 문화와 인적 자원의 최대한 효과적인 활용에 치중한 신자유주의 사회의 온건 전체주의의 어두운 모습을 보여 줍니다. 하지만, 이러한 디스토피아적 상황 속에서도 변화의 가능성을 품은 움직임이 다행히 감지되고 있습니다. 유아교육·보육 평가에 대한 경험이 상당한 기간 누적되어 왔고 점차 제반 시스템이 갖춰지면서 평가에 사용되는 시간과 노력이 더 큰 의미와 울림을 가질 수 있기를 바라는 목소리가 높아지고 있습니다(이경화, 2018; 이진희, 2006; 이진희, 신은미, 2019a; Formosinho et al., 2016; Moss, 2019). 새로운 평가를 만들어 갈 수 있는 변화의 모멘텀이 높아지고 있음을 느낄 수 있습니다.

과연 누구를 위해 어디에 초점을 맞추어 평가가 이루어져야 하는가에 대한 비판적인 문제 제기가 이루어지지 않는다면, 평가는 국가경쟁력 상승과 소비자 만족을 위한 표준화된 소비재로 유아교육·보육을 몰아갈 수 있습니다. 이러한 위험을 방지하기 위하여 유치원과 어린이집에서는 고유한 철학과 실제를 의미 있게 반영할 수 있는 평가를 자율적으로 실천하고 평가의 결과를 적극적으로 활용하는 문화가 형성되어야 할 것입니다. 유아교육·보육에서의 평가는 그저 행·재정적 '책무성(accountability)'에서 일시적으로 이루어지는 것이 아니라, 전문가로서의 윤리성에 토대를 둔 '책임성(responsibility)'으로 이루어져야 합니다(Bennett, 2010). 책무성의 언어로 점철된 평가가 현재 점유하고 있는 익숙한 영토 바깥으로 용감하게 한발 디디고 탈주하여, 윤리적 책임성으로서의 평가라는 새로운 영토를 탐색하기를 기대합니다.

## 3. 유아교육의 3P를 위한 민주적 · 참여적 평가의 얼굴 그려 보기

유아교육·보육 평가의 새로운 얼굴을 만들기 위해서는 현장의 고유한 철학과 실천 의지에 유연하게 반응할 수 있는 평가접근법에 대한 적극적인 탐색과 실천이 요구됩니다. 특히 민주적이고 참여적인 평가접근법의 장점을 적극적으로 활용해 갈 수 있는 토대가 마련되는 것이 필요합니다(이진희, 신은미, 2019a; Formosinho & Pascal, 2016). 유아·놀이 중심 교육을 지원하기 위해 현장의 자율성을 중시하는『2019 개정 누리과정』의 개정 취지에 맞추어, 유아교육·보육을 담당하는 구성원들이 적극적이고 자율적으로 평가의 과정에 참여하여 주도적으로 변화를 추구해 가는 내부 평가의 잠재성이 우리 유아교육·보육 현장에서 펼쳐질 가능성은 가슴 벅찬 기대감을 가지게 합니다.

많은 국가가 전통적인 지식전수 모형에서 벗어나고자 '학습자 중심' 교육을 수십 년 동안 시도해 왔지만, 교실의 일상 속에 뿌리내리지 못하고 정치적 구호나 행정적 지침으로 머물렀던 이유는 촘촘하게 얽혀 작동하고 있는 교육과정, 법규, 행정, 재정, 운영, 관리체계, 평가제도 등을 치밀하게 검토하여 함께 변화시켜 나가지 못하였기 때문입니다(Cuban, 1993). 유아·놀이 중심의 유아교육·보육의 실천이 뿌리내릴 수 있도록 관계 집단의 열린 협력과 지속적인 실천의지가 수반되어야 할 것이며, 특히 평가의 얼굴에 변화가 필요합니다. 유아교육과 보육의 과정을 함께 면밀하게 들여다보고 능동적으로 변화시켜 갈 수 있도록 마련된 모멘텀이 더욱 힘을 얻을 수 있도록 평가와 관련된 제도를 비판적으로 성찰하며 민주적·참여적 평가를 적극적으로 지원하고 활성화할 수 있는 정책적 노력이 요구됩니다.

앞에서도 강조한 바와 같이 새로운 평가의 얼굴을 함께 만들어 가는 여정에서는 전통적인 기준 중심 평가를 벗어나, 평가를 바라보는 다양한 시선을 환영하고 존중하며 실험해 보는 정신을 가지는 것이 무엇보다 중요할 것입니다. 누군가에 의해 개발된 평가의 준거나 절차, 표준화 도구를 비판 없이 수용하고 외재적 권위에 의존하여 정형화된 해석을 강요하는 기준 중심 평가방식으로는 다양하고 고유한 삶의 방식과 가치를 가진 유아, 교사, 학부모의 삶과 배움의 과정에 실질적인 도움이 되지 못할 위험이 상당히 큽니다. 무엇보다도 유아교사의 자율성과 전문성, 심지어 도덕성을 해치는 방향으로 평가가 전개되어서는 안 될 것입니다.

교사의 전문성을 불신한 채, 규격화되고 표준화된 교육을 '최선의 실제(best practices)'로 받아들여 적용하도록 요구하고 더 나아가 현장에서 발현되는 창의적이고 새로운 아이디어들은 그 틀을 벗어나는 '틀린' 것으로 간주하는 평가는 심각하게 왜곡된 교육현상을 야기할 수 있습니다. 회계감사와 처벌을 위한 통제와 관리체제로서의 평가는 그 자체로 제한적이며 유아교육 및 보육의 역동성과 다양성을 축소하고 제한시키는 역작용을 합니다. 우리는 평가라는 이름을 빌려 '최상의(best)' 무엇인가를 좇다가 오히려 열심히 노력하며 나름의 '좋은(good)' 삶을 꾸려 나가려는 선한 의지와 노력을 위축시키는 것은 아닌지, 철학자 볼테르의 경고에 귀 기울일 필요가 있습니다. 외부의 전문가 혹은 권위를 가진 국제기구에서 제시하는 유아교육·보육의 질에 대한 개념과 평가의 잣대가 오히려 더 다채롭고 의욕적으로 이루어지고 있는 우리 유아교육·보육의 철학과 실제를 자유롭고 생기 넘치게 펼쳐내지 못하도록 옥죄고 제한하는 역기능을 가질 수 있음을 유념하여야 합니다. 교사들이 가장 잘해 오던 것으로부터 멀어지게 하는 것이 평가여서는 안 될 것입니다. 이제 우리는 교사들의 의지와 실천을 지지해 주는 민주적이고 참여적인 평가의 얼굴이 필요합니다.

교사가 좋은 유아교육과 보육의 의미와 자신의 역할이 무엇인지를 스스로 성찰하고 동료들과 공동으로 성찰하며 비판적인 질문을 제기하면서 새로운 시선으로 세상에 대한 자신의 이론과 실천을 되돌아보고, 이에 대한 책임을 기꺼이 지고 가는 민주적 전문가(Moss, 2019)로서의 책임성을 추구하는 과정을 따뜻하게 지원하는 평가의 모습을 그려 봅니다. 여러 가지 한계에도 불구하고 다양하고 새로운 시도를 통하여 사회적 담론과 숙의민주주의를 촉진하고 사회변화를 이끌어 낼 수 있는 긍정적인 가능성을 품고 있기도 하는 평가가 우리 사회에서 제대로 시도되기도 전에 사람들에게 부정적인 인상만을 남기며 의례적인 요식행위로만 머물러서는 안 될 것입니다.

더구나 유치원이나 어린이집은 다양한 가치와 경험을 가진 사람들이 열린 토론과 공동의 실천을 통해 새로운 문화를 생성해 갈 수 있는 하나의 '포럼' 공간(Dahlberg et al., 1999)이기 때문에 평가에 거는 기대가 더욱더 큽니다. 유치원과 어린이집은 아이들의 행복을 최우선의 가치로 공유하는 사람들이 함께 모여서 각자가 일상적으로 품어 왔던 신념을 열린 마음으로 들여다보고, 서로의 경험과 인식을 통하여 새로운 도전을 받고 미처 생각해 보지 않았던 문제를 생성하며 중요한 질문을 던짐으로써 의미 있는 차이생성을 해 나갈 수 있는, 참으로 큰 가능성을 품은 공간입니다. 소비자가 아닌 진정한 동반자로서의 학부모 참여와 함께 유아들이 권리를 존중받고 목소리를 내며 참여할 수 있는 문화를 조성해 가는 것 역시 매우 중요합니다.

우리는 늘 아이들을 위한 실천을 행하지만, 아이들을 위하여 새롭고 의미 있는 시각으로부터 시작되었던 교육적 아이디어들이 가끔은 너무도 빠르게 새로운 표준화된 지도가 되는 문제에 흔히 봉착하게 됩니다(Olsson, 2009/2017). 평가는 자칫 이렇게 또다시 경직화되고 기계적으로 수행될 수 있는 우리의 실제, 프로그램, 정책을 여러 시선으로 바라보고 새로운 의미와 대안을 생성하는 기회로 작용하여야 할 것입니다. 참여자들이 가진 고유한 가치와 경험, 감정과 생각, 기대와 소망을 존중하면서 즐겁고 새롭고 '운동과 실험'이 가능하게 하는 열린 대화와 협력의 장을 열 수 있는 지혜로운 도구로 활용될 수 있어야 할 것입니다.

진정한 동의나 협의 과정 없이 일방적으로 정해진 외부의 평가기준을 통과하기 위해서 많은 노력과 시간을 소요했음에도 평가 종료 후에는 의미 있는 변화나 비전 공유의 즐거움 없이 원래의 일상으로 돌아가고 마는 통과의례의 쳇바퀴에 머물지 않도록 힘을 모아야 할 것입니다. 진정한 변화를 위해서는 빠른 의견일치와 개선이 중요한 것이 아니라 충분한 검토와 열린 소통, 정보에 기초한 숙의의 과정이 우선되어야 함을 유념해야 합니다.

> 의견일치(consensus)는 마음을 편하게 해 주겠지만, 진실이란 과반수 법칙에 달린 것이 아니다. (중략) 의견불일치(dissensus) 상황 속에서 진실을 알아내려고 노력하는 것이 진정한 노력일 것이다. 반면, 의견불일치를 감소시키려는 평가방법들은 그저 이를 억누르는 것이다. 평가자에게 권위를 입히고 다른 사람들은 많고 적게 배제시키는 것이다.
> (Mabry, 2001, p. 24)

Walsh(2015)는 1900년대 초반 "[모든] 느린 동작, 쓸모없는 동작 … 모든 불필요한 동작을 없앤 후에 가장 빠르고 가장 좋은 일련의 동작을 모아서 구성하라."고 주장했던 Taylor 이래로 교육자들이 생산성, 질서정연함, 규칙에 매혹되어 왔지만, 모든 진정한 학습과 발달은 느리게 이루어지듯 교사들이 스스로의 발전과 개선을 위해 함께 협력하는 과정도 무척 느리고 언뜻 보기에는 쓸모없는 것처럼 보일 수 있다고 말합니다. 이제 연구방법에서 부정직하고 비윤리적이기도 했었던 'Taylor의 유령'에서 벗어나 삶의 완곡한 곡선과 불규칙적인 움직임과 수많은 전진과 더 많은 후퇴를 통한 진보를 이해해야 한다는 것입니다. 가르침이 결코 일련의 가장 효율적인 행동이거나 공장라인에서처럼 규정화된 기준을 따라야 하는 외로운 활동으로 변질되지 않도록 해야 하며, 가르침의 본질인 상호작용, 교호작용, 대화를 결코 빼앗아서는 안 된다고 Walsh는 강조합니다. 유아교사들이 함께 고민과 비전을 나누고 깊이 있는 성찰과 새로운 실험을 통해 변화를 만들어 가는 과정을 이해하고 지지해 주는 것이 새로운 평가의 얼굴이기를 바랍니다.

평가에 참여하는 모든 사람이 각 유아교육기관이 가진 고유한 맥락 속에서 끊임없이 서로 감응하며 '함께-되기(becoming-with)'(Haraway, 2008)의 과정 속에서 진정한 윤리적 실천(praxis)을 체화하고 변화시켜 나갈 수 있을 것입니다. 니체의 표현대로 우리 스스로 '평가하는 자'가 되어 지금까지의 실제와 현재의 신념을 성찰하고 새로운 운동과 실험을 통하여 새로운 가치와 의미를 생성해 가는 과정에 평가를 활용할 수 있어야, 비로소 평가에 들어가는 우리의 시간과 인적 자원, 재정 그리고 기회비용이 정당화될 수 있기 때문입니다. 교사, 학부모, 유아와 우리 사회가 민주적으로 참여하여 유아교육·보육 현장에서 일어나고 있는 현상과 경험을 다양한 각도에서 제대로 보고자 노력하고, 평가결과에 기초하여 새로운 실천을 함께 고민하고 실험하며, 또 다른 의미를 생성하게 돕는 민주적·참여적 평가의 얼굴을 함께 그려 나가기를 기대합니다.

## 함께 이야기해 보기

❶ 지금까지 유치원·어린이집에서 실시해 본 적이 있었던 평가 경험을 나누어 보고, 어떠한 배움의 기회를 가졌는지 혹은 가지기를 바랐는지 공유해 봅시다.

❷ 유아·놀이 중심 교육을 추구하는 유치원과 어린이집의 고유한 가치와 교육과정의 특성에 부합하는 평가의 얼굴은 어떤 모습이어야 할지, 어떤 변화가 필요할지 이야기 나누어 봅시다.

## 활동해 보기

❶ 제11장에서 함께 만들어 나갈 평가의 새로운 얼굴에 적합한 평가의 정의를 내려 보는 활동을 하였습니다. 유아교육·보육에서의 3P로 평가대상을 구체화했을 때 그 정의가 달라져야 할지, 더 보태거나 다듬을 것이 있는지 생각해 봅시다. 유치원과 어린이집에서 "평가는 ☐ 다."라는 정의를 이번에는 그림, 사진, 동영상 혹은 시나 드라마 등으로 새롭게 표현해 봅시다.

# 에필로그, 그리고…, 그리고…, 그리고…

이 책을 마무리하면서 지난 시간을 참으로 많이 돌아보게 됩니다. 1992년 초임 교사로서의 첫해 동안, 들뢰즈의 표현을 빌리자면 경직된 '홈 파인' 교직문화 속에서, 이제 겨우 초등학생이었음에도 배움의 길에서 이미 멀어지고 있던 아이들을 제대로 돕지 못했던 저의 서툴렀고 무력했던 시간에 대한 미안함에서 시작하게 된 여정이었습니다. 새로운 길을 찾아 유아교육과 평가라는 두 영토에 용감하게 발을 딛고 있는 지금, 그때 가졌던 질문들을 여전히 가슴에 품고 있으며 여전히 답을 고민하고 있습니다. 무모하게 유학길에 나섰던 1997년 가을부터 평가를 통하여 유아교육·보육의 가치와 의미를 함께 만들어 가는 길을 찾고 있지만, 분주한 일상 속에서 종종 길을 잃기도 하고 때로 잊기도 하고, 눈앞만 보고 멀리 보지 못하는 한계에 스스로 위축되는 시간을 견뎌내기도 하고, 유토피아를 만들어 가는 것을 도와주리라 기대했던 평가 자체가 디스토피아를 만들고 있는 현실 속에 좌절하기도 하던 시간이 길어 이 책을 써 보겠다는 마음을 갖게 되기까지 20여 년이 걸렸습니다.

이 책을 준비하고 집필하는 3년의 세월 동안, 예전에 공부할 때 읽었던 책을 다시 꺼내 읽어 보며 그때는 왜 이 문장이 눈에 들어오지 않았는지, 이렇게 중요한 이야기를 해 주고 있는데 그냥 훑고 지나갔던 것이 안타깝기도 했고, 최근의 평가 서적과 논문들을 읽으면서 평가자들의 고민을 담은 새로운 시선과 표현에 감탄하기도 하면서 또 다른 뜻깊은 배움의 시간을 가질 수 있었습니다. 변화를 꿈꾸는 많은 이의 노력이 결코 꺾이지 않는 생명력으로 존재해 왔고 서로 접속하면서 더 넓고 다채롭게 생성되어 왔음을 알게 되었습니다. 한때 너무도 견고하여 절대 바뀌지 않을 것으로 보였던 세상이 실로 많이 바뀌었고 생동감 넘치는 운동성을 가지고 있음을 보게 되었습니다. 특히 사회과학 분야인 유아교육과 평가만 공부하던 저에게 들뢰즈를 함께 공부하며 인문학적 사유를 시작하게 해 준 동료 교수님들 덕분에 참으로 감사한 깨달음을 얻기도 하였습니다. 익숙하고 편하게 홈을 파 놓은 학문적 공간을 용기 내어 탈주하여, 인문학을 비롯한 다양한 학문 분야에 리좀적으로 접속하고, 이를 통해 얻은 아이디어를 유아교육과 평가에 접목해 보는 새롭고 즐겁고 신나는 '운동과 실험'의 기회가 되었습니다.

여전히 참으로 부족한 원고를 약속해 둔 일정에 맞추어 탈고하면서, 제가 생각하는 평가의 얼굴을 학술적 용어가 아닌 일상의 용어로 그려 보는 것으로 이제 이 책을 여러분에게로 보내고자 합니다. 평가자란 함께 길을 걸으며, 함께 놀라워하고 감탄하며, 함께 고민하고 슬퍼하며, 비가 오면 우산을 찾아 주거나 때로는 함께 비를 맞기도 하며, 함께 배우며 성장해 가는 '진정한 친구'라고 생각합니다. 사실 아주 친한 친구라도 "왜 그런데? 왜 꼭 그렇게 해야 하는데?", "이럴 수도 있지 않을까? 이렇게 해 보면 어떨까?"라고 말한다면, 갑자기 당황스럽기도 하고 마음을 다치기도 하고 때론 귀찮다는 생각이 들기도 할 것입니다. 우리의 익숙한 일상적 행위를 번거롭게 바꿔야 할지도 모른다는 일거리 걱정에 새로운 시선과 도전을 던져주는 것이 달갑지 않을 수도 있습니다. 하지만, 그 친구가 제게 정답을 말해 주거나 지시하는 것이 아니라는 사실을 곧 깨닫게 됩니다. 의식적으로든 무의식적으로든 스스로 의문을 품었던 적이 있었고, 실은 또 다른 가능성을 꿈꾸고 있었다는 것도 알게 됩니다. 니체의 말처럼 우리 인간은 위버멘쉬하고자 하는, 어제와 오늘보다 더 나은 내일을 살아가기 위하여 스스로 성장하려는 힘, 아이처럼 새로운 도전과 실험을 놀이하며 즐거움을 추구하는 힘을 가지고 있기 때문입니다.

경직된 선으로 분할되고 경계 지어져 굳게 닫혀 있는 흰색 사각공간에 머물러 있는 삶을 들여다봐 주고서 왜 꼭 흰색이어야 하는지, 왜 창문은 하나도 없는지, 왜 문을 열면 안 되는지 등의 진정한 관심과 애정이 담긴 질문을 던져 주는 친구를 생각해 봅니다. 그 단조롭고 답답한 공간에 새로이 창을 내고 아름다운 색을 입히거나, 문을 열고 나가 자유롭게 더 넓은 세상을 만나게 될 수 있을 것입니다. 사실 걷기를 싫어하고 잘 걷지 못한다고 생각하여 늘 다니던 길로만 최소한으로 걷던 저는 진정한 친구 덕분에 제가 잘 걸을 수 있고 걷기를 좋아한다는 사실을 발견하며 변화하고 있습니다. 우리나라의 멋진 해안선을 따라 걷는 길이 보여 주는 놀라운 풍경과 유쾌한 사건들, 때로는 힘든 산길을 오르기도 하고 그 산길마저 끊어져 길을 헤매더라도 곧 새로운 길을 다시 만나게 되는 걷기의 즐거움을 통하여, 직선으로 난 가장 짧은 길을 효율적으로 빨리 걷기보다는 조금 돌아가더라도 더 멋진 풍경과 사람들을 만날 수 있는 구불구불한 길이 제가 걷고 싶은 길이고 걸어가고자 하는 길임을 배웁니다.

물론 인간은 막연하고 불확실한 것을 두려워하며, 자신이 예측하거나 통제할 수 없을 때 자꾸 불안해집니다. 무엇인가를 선택하고 판단하여 행동한다는 것, 특히 그것이 아이들의 삶과 연결되어 있다면 더욱 두렵고 불안할 수밖에 없을 것입니다. 그러나 쉽고 단순한 해결책, 하나의 진리로서 보편적으로 적용할 수 있는 이론, 확실한 최상의 실제란 있을 수 없습니다. 우리의 삶 자체가 불확실성과 예측 불가능성으로 가득한 데다가, 가 보지 않은 길이 참으로 많으며, 길이 아니라 생각하여 꿈꾸어 보지도 않은 세상이 참으로 넓습니다. 굳이 새로운 길을 발견하거나 만들기보다는 익숙한 길로 돌아가고 싶을 때, 새로운 길과 비슷한 길을 걸어 보았던 친구, 새로운 길에서 의미를 찾고 같이 걷고자 하는 의지를 가진 친구가 도움이 될 것입니다. 만약 새로운 길이 더 지루하고 험하다면 다시 돌아 나와서 원래의 길로 갈 수도 있고 또 다른 길을 찾아볼 수도 있을 것입니다. 우리 삶의 복잡성, 그 불확실성과 예측 불가능성 속에서 평가가 '진정한 친구'가 되어 주기를 꿈꾸어 봅니다.

존경하는 은사이신 Walsh 교수님은 "춤을 함께 추는 것과 주변에서 춤을 추는 것은 매우 다른 활동이다. 함께 춤을 춘다는 것은 누군가와 함께 어떤 아이디어를 가지고 논쟁하는 것으로, 좋은 것이며 용감한 것이다. 주변에서 춤을 추는 것은 어떤 아이디어를 직면하거나 논쟁하는 것을 피하는, 비겁한 것이다."(2015, p. 273)라는 지혜를 나누어 주신 바 있습니다. 마찬가지로 평가의 본질은 함께 춤을 추는 것, 함께 길을 걷는 것, 함께 그림을 그리는 것, 함께 꿈꾸며 가치와 의미를 만들어 가는 것이며 그렇게 작동해야 합니다. 우리 사회에서 평가는 독재자나 감시인이 아닌 진정한 친구의 역할을 하여야 한다고 생각합니다.

지금까지 저와 함께해 온 평가로의 여행이 독자들의 삶 속에서 지속되기를 바랍니다. 평가를 진정한 친구로 삼아서 더 멋지고 새로운 세상을 둘러본 이야기를 들려주시러 여행길에 경유하여 찾아와 주시기를 기대해 봅니다. 영암관의 작은 제 공간을 방금 내린 커피 향으로 가득 채우고 반갑게 맞이하겠습니다.

# 참고문헌


강신주(2011). 철학이 필요한 순간. 서울: 사계절.

강현석(2007). 교사의 실천적 지식으로서의 내러티브에 의한 수업비평의 지평과 가치 탐색. 교육과정연구, 25(2), 1-35.

고병권(2003). 니체의 위험한 책, 차라투스트라는 이렇게 말했다. 서울: 그린비.

김남희(2010). 유아교육평가의 구조적 문제 진단 및 방향 모색을 위한 탐색 연구. 생태유아교육연구, 15(3), 135-163.

김대현(2002). 교육비평의 인식론 탐구. 아시아교육연구, 3(2), 153-174.

김혜숙(2014). 교육프로그램 평가의 이론과 실제. 경기도 파주: 교육과학사.

남상화(1993). 교육과정 평가방법으로서의 교육적 비평의 가능성. 이화여자대학교 석사학위논문.

박승배(2006). 교육비평: 엘리어트 아이즈너의 질적연구방법론. 서울: 교육과학사.

배호순(2008). 평가하는 학교사회: 한국교육평가체제를 말한다. 경기도 파주: 교육과학사.

송신영, 장혜진(2018). 유아교육·보육 기관평가 국제비교 및 정책적 시사점 - 영국, 노르웨이, 뉴질랜드를 중심으로. 열린부모교육연구, 8(1), 157-180.

양정은, 이진희(2014). 협력적 실행연구를 통한 초임 유아교사의 "문제행동" 인식 및 지도실제에서의 변화. 유아교육연구, 34(1), 135-156.

유미영(2016). 교육취약 계층 만 3, 4세 유아들을 대상으로 한 프로젝트 실행연구. 숙명여자대학교 교육대학원 석사학위논문.

윤은주(2006). 프로젝트 접근법의 반성적 실천: 그 이해와 오해. 아동교육, 15(3), 83-102.

윤은주(2012). 다층적 교육과정 협의회가 만들어낸 프로젝트 기반 통합교육과정: 한 초등학교 실행연구. 통합교육과정연구, 6(1), 89-112.

윤은주, 이진희(2011). 위에서 아래로의 유아교육 질 향상에 대한 우려: 영국유아교육개혁의 교훈. 열린유아교육연구, 16(5), 293-311.

이경화(2018). 영유아교육기관 평가의 현실과 개선 방향 탐색. 생태유아교육연구, 17(1), 49-73.

이대균(2001). 유아교육기관 평가 체제의 비교 분석 - NAEYC, OFSTED, NCAC를 중심으로. 유아교육연구, 21(2), 341-358.

이정우(1999). 시뮬라크르의 시대: 들뢰즈와 사건의 철학. 서울: 거름.

이진희(2004). 유아 표준화 검사에 대한 고찰: 교육과정과의 연계를 위한 대안 탐색. 교육학논총, 25(1), 135-147.

이진희(2006). 유아교육 프로그램 평가의 다양성과 깊이에 대한 탐색. 유아교육연구, 26(4), 261-282.

이진희(2012a). 유아평가의 의미 만들어가기를 위한 실행연구. 유아교육연구, 32(1), 5-30.

이진희(2012b). NAEYC 평가인증 준거 분석을 통한 유아평가의 방향 탐색. 교육학연구, 28(1), 41-58.

이진희, 신은미(2019a). 놀이와 배움을 잇는 유아평가의 방향성 탐색. 한국유아교육학회 2019년 춘계정기학술대회, 유아, 놀이, 유아교육을 위한 평가의 미래, pp. 69-86. 3월 30일 서울: 가천대학교 글로벌 캠퍼스 예음홀.

이진희, 신은미(2019b). 들뢰즈의 철학을 통한 프로젝트 다시 읽기: 욕망과 선의 '배치'분석. 교육혁신연구, 29(1), 399-421.

이진희, 윤은주(2012). 헤드스타트 국가보고체제 논쟁으로부터의 교훈: 바람직한 유아평가를 위한 시사점. 유아교육학논집, 16(1), 115-133.

이진희, 이선영(2015). 한 어린이집 교사들의 3년간 실행연구 순환을 통한 포트폴리오 평가의 실천과 반성. 유아교육연구, 35(3), 411-436.

이진희, 이혜정(2016). 어린이집 평가인증 제도의 유용성에 대한 보육교직원의 경험 및 인식. 아동교육, 25(2), 141-164.

이혁규(2007). 수업 비평의 필요성과 방법에 대한 탐색적 논의. 교육인류학연구, 10(1), 155-185.

제희선, 황해익(2019). 누리과정 유아교육평가 비평연구. 유아교육연구, 39(3), 115-140.

주삼환, 이석열, 정일화(편역)(2009). 블루리본 스쿨(미국의 최우수 학교). 서울: 학지사.

표미숙, 이진희(2009). 어머니의 관점에서 바라본 좋은 어린이집의 의미. 유아교육연구, 29(5), 215-240.

표미숙, 이진희(2017). 좋은 어린이집의 의미: 보육교사와 어머니집단의 목소리에 귀 기울이기. *생애학회지, 7*(2), 1-22.

한유미(2016). 핀란드의 어린이집 평가제도에 관한 연구. *스칸디나비아연구, 17*, 219-248.

한유미, 조경자(2018). 스웨덴 영유아 보육·교육기관 평가의 배경과 실제. *스칸디나비아연구, 22*, 149-180.

Abelson, W. D., Zigler, E., & DeBlasi, C. (1974). Effects of a four-year follow-through program on economically disadvantaged children. *Journal of Educational Psychology, 66*, 756-771.

Abma, T. A., & Stake, R. E. (2001). Stake's responsive evaluation: Core ideas and evolution. In J. C. Greene & T. A. Abma (Eds.), *Responsive evaluation*. New Directions for Program evaluation, No. 92 (pp. 7-22). San Francisco, CA: Jossey-Bass.

Achen, C. H. (1977). Measuring representation: Perils of the correlation coefficient. *American Journal of Political Science, 21*(4), 805-815.

Alkin, M. C. (1969). Evaluation theory development. *Evaluation Comment, 2*, 2-7.

Apple, M. W. (1986). *Teachers and texts: A political economy of class and gender relations in education*. New York, NY: Routledge and Kegan Paul.

Arndt, S. (2017). (Un)becoming data through philosophical thought process of pasts, presents and future. In M. Koro-Ljungberg, T. Löytönen, & Tesar, M. (Eds.), *Disrupting data in qualitative inquiry: Entanglements with the post-critical and post-anthropocentric* (pp. 11-22). New York, NY: Peter Lang.

Ayers, W. (1993). *To teach: The journey of a teacher*. New York, NY: Teachers College Press.

Bennett, J. (2010). Pedagogy in early childhood services with special reference to Nordic approaches. *Psychological Science and Education, 3*, 16-21.

Bennett, M., Madigan, I., Radulović, L., & Miškeljin, L. (2013). *Guidelines for self-evaluation in pre-school institutions*. http://www.impres.rs/assets/documents/new-documentpage/Guidelines–for-self-evaluation-in-preschool-institutions.pdf에서 2013년 6월 27일 인출.

Bergan, J. R., & Feld, J. K. (1993). Developmental assessment: New directions. *Young Children, 48*(5), 41-47.

Besharov, D. J., Germanis, P., Higney, C. A., & Call, D. M. (2011). *Assessing the evaluations of early childhood education programs*. http://www.welfareacademy.org/pubs/early _education/index.shtml에서 2020년 1월 4일 인출.

Bhola, H. S. (2003). Social and cultural contexts of educational evaluation: A global perspective. In T. Kellaghan, D. L. Stufflebeam, & L. A. Wingate (Eds.), *International handbook of educational evaluation* (pp. 397-415). Norwell, MA: Kluwer.

Biroli, P., Del Boca, D. Heckman, J. J., Heckman, L. P, Koh, U. K., Kuperman, S., Moktan, S., Pronzato, C. D., & Ziff, A. L. (2018). Evaluation of the Reggio approach to early education. *Research in Economics, 72*(1), 1-32.

Bredekamp, S. (Ed.). (1987). *Developmentally appropriate practice in early childhood programs serving children from birth through age 8*. Washington, DC: National Association for the Education of Young Children.

Bredekamp, S., & Copple, C. (Eds.). (1997). *Developmentally appropriate practice in early childhood programs* (Rev. ed.). Washington, DC: National Association for the Education of Young Children.

Bredekamp, S., & Glowacki, S. (1996). The first decade of NAEYC accreditation: Growth and impact on the field. In S. Bredekamp & B. A. Willer (Eds.), *NAEYC accreditation: A decade of learning and the years ahead* (pp. 1-10). Washington, DC: National Association for the Education of Young Children.

Bruner, J. (1996). T*he culture of education*. Cambridge, MA: Harvard University Press.

Cagliari, P., Castegnetti, M., Giudici, C., Rinaldi, C., Vecchi, V., & Moss, P. (2016). *Loris Malaguzzi and the schools of Reggio Emilia: A selection of his writings and speeches 1945-1993*. London: Routledge.

Calder, P. (1996). Methodological reflections on using the Early Childhood Environment Rating Scale as a measure to make cross-national evaluations of quality. *Early Child Development and Care, 126*, 27-37.

Campbell, D. T. (1969). Ethnocentrism of disciplines and the fish-scale model of omniscience. In M. Sheriff & C. Sherif (Eds.), *Inter-disciplinary relationships in the social science* (pp. 328-348). Chicago, IL: Aldine.

Campbell, D. T., & Stanley, J. C. (1966). *Experimental and quasi-experimental designs for research*. Chicago, IL: Rand McNally.

Cassidy, D. J., Hestenes, L. L., Hansen, J. K., Hegde, A., Shim, J., & Hestenes, S. (2005). Revisiting the two faces of child care quality: Structure and process. *Early Education and Development, 16*(4), 505-520.

Chaudary, I. A., & Imran, S. (2012). *Exploring action research as an approach to interactive (participatory) evaluation*. Online submission. (ERIC Document Reproduction Service No. ED533227)

Chelimsky, E., & Shadish, W. R. (1997). *Evaluation for the 21st century: A handbook*. Thousand Oaks, CA: Sage.

Christie, C. A., & Alkin, M. C. (2008). Evaluation theory tree re-examined. *Studies in Educatioal Evaluation, 34*, 131-135.

Christie, C. A., & Alkin, M. C. (2013). An evaluation theory tree. In M. C. Alkin (Ed.), *Evaluation roots: A wider perspective of theorists' views and influences* (2nd ed., pp. 11-57). Los Angeles, CA: Sage.

Clark, A-M. (2006). Changing classroom practice to include the Project Approach. *Early Childhood Research & Practice, 8*(2). Retrieved February 11, 2020 from https://ecrp.illinois.edu/v8n2/clark.html.

Consortium for Longitudinal Studies. (1983). *As the twig is bent. . . lasting effects of preschool programs*. Hillsdale, NJ: Erlbaum.

Cook, T. D. (1997). Lessons learned in evaluation over the past 25 years. In F. Chelimsky & W. R. Shadish (Eds.), *Evaluation for the 21st century: A handbook* (pp. 30-52). Thousand Oaks, CA: Sage.

Cooperrider, D. L., & Whitney, D. (2005). *Appreciative Inquiry: A positive revolution in change*. San Francisco, CA: Berrett-Koehler.

Cousin, J. B., & Whitmore, E. (1998). Framing participatory evaluation. In E. Whitmore (Ed.), *Understanding and practicing participatory evaluation*. New Directions for Evaluation, No. 80 (pp. 5-23). San Francisco, CA: Jossey-Bass.

Cronbach, L. J., Ambron, S. R., Dornbusch, S. M., Hess, R. D., Hornik, R. C., Phillips, D. C., Walker, D. F., Weiner, S. S. (1980). *Toward reform of program evaluation*. San Francisco, CA: Jossey-Bass.

Cuban, L. (1993). *How teachers taught: Constancy and change in American classrooms, 1880-1990* (2nd ed.). New York, NY: Teachers College Press.

Dahlberg, G., Moss, P., & Pence, A. (1999). *Beyond quality in early childhood education and care: Postmodern perspectives*. London: Palmer Press.

Danto, A. C. (2005). *Nietzsche as philosopher* (Expanded ed.). New York, NY: Columbia University Press.

Datta, L. (1982). A tale of two studies: The Westinghouse-Ohio evaluation of project Head Start and the Consortium for Longitudinal Studies report. *Studies in Educational Evaluation, 8*, 271-280.

Datta, L. (1994). Paradigm wars: A basis for peaceful coexistence and beyond. In C. S. Reichardt & S. E. Rallis (Eds.). *The qualitative-quantitative debate: New perspectives*. New Directions for Program Evaluation, No. 61 (pp. 53-70). San Francisco, CA: Jossey-Bass.

Datta, L. (2006). The practice of evaluation: Challenges and new directions. In I. E. Shaw, J. C. Greene, and M. M. Mark (Eds.), *Handbook of evaluation: Policies, programs and practices* (pp. 419-438). Thousand Oaks, CA: Sage.

De Grauwe, A., & Varghese, N. V. (2000). Improving school efficiency: Issues and priorities. In UNESCO (Ed.), *Improving school efficiency: The Asian experience* (pp. 1-32). Paris: International Institute for Educational Planning/UNESCO.

Deleuze, G., & Guattari, F. (2001). 천 개의 고원[*Mille plateau: Capitalisme et schizoprénie 2*] (김재인 역). 서울: 새물결. (원전은 1980에 발간)

DeStefano, L., Maude, S. P., Crews, S. H., & Mabry, L. (1992). Using qualitative evaluation methods to identify exemplary practices in early childhood education. *Early Education and Development, 3*(2), 173-187.

Dodge, D. T. (1995). The importance of curriculum in achieving quality child day care programs. *Child Welfare, 74*, 1171-1188.

Donaldson, S. I. (2007). *Program theory-driven evaluation science: Strategies and applications*. New York, NY: Erlbaum.

Dunn, L. (1993). Proximal and distal features of day care quality and children's development. *Early Childhood Research Quarterly, 8*(2), 167-192.

Eisner, E. W. (1976). Educational connoisseurship and criticism. Their form and function in educational evaluation. *Journal of Aesthetic Education, 10*(3-4), 135-150.

Eisner, E. W. (2003) Educational Connoisseurship and Educational Criticism: An Arts-Based Approach to Educational Evaluation. In T. Kellaghan, D. L. Stufflebeam, & L. A. Wingate (Eds.). *International handbook of educational evaluation* (pp. 153-166). Norwell, MA: Kluwer.

Evaluation Research Society Standards Committee. (1982). Evaluation Research Society standards for program evaluation. In P. H. Rossi (Ed.), *Standards for evaluation practice*. New Directions for Program Evaluation, No. 15. (pp. 7-19). San Francisco, CA: Jossey-Bass.

Fetterman, D. M. (1994). Empowerment evaluation. *Evaluation Practice, 15*(1), 1-15.

Fetterman, D. M. (2013). Empowerment evaluation: Learning to think like an evaluator. In M. C. Alkin (Ed.), *Evaluation roots: A wider perspective of theorists' views and influences* (pp. 304-322). Los Angeles, CA: Sage.

Fitzpatrick, J. L., Sanders, J. R., & Worthen, B. R. (2014). 프로그램 평가: 대안적 접근과 실천적 지침[*Program evaluation: Alternative approaches and practical guidelines* (4th ed.)] (김규태, 이진희, 박찬호, 허영주, 정진철, 권효진 역). 서울: 아카데미프레스. (원전은 2011에 발간)

Flexner, A. (1910). *Medical education in the United States and Canada* (Bulletin no. 4). New York, NY: Carnegie Foundation for the Advancement of Teaching.

Formosinho, J., & Formosinho, J. (2016). Pedagogy development: Transmissive and participatory pedagogies for mass schooling. In J. Formosinho & C. Pascal (Eds.). *Assessment and evaluation for transformation in early childhood* (pp. 3-25). New York, NY: Routledge.

Formosinho, J., Formosinho, J., Pascal, C., & Bertram, T. (2016). Our predagogic creed for assessment and evaluation in early childhood education. In J. Formosinho & C. Pascal (Eds.), *Assessment and evaluation for transformation in early childhood* (pp. xxv-xxviii). New York, NY: Routledge.

Formosinho, J., & Pascal, C. (Eds.). (2016). *Assessment and evaluation for transformation in early childhood*. New York, NY: Routledge.

Frede, E. C. (1995). The role of program quality in producing early childhood program benefits. *Future Child*, *5*(3), 115-132.

Frede, E. C., Gilliam, W. S., & Schweinhart, L. J. (2014). 책무성 평가와 지속적 프로그램 개선. In E. Zigler, W. S. Gilliam, & W. S. Barnett (편), 공립유아교육의 쟁점: 미국 Pre-K로부터의 교훈[*The Pre-K debates: Current controversies & issues*] (이진희, 윤은주, 이병호, 한희경 역, pp. 297-308). 서울: 아카데미프레스. (원전은 2011에 발간)

Freire, P. (1970). *Pedagogy of the oppressed*. New York, NY: Seabury Press.

Freire, P. (1982). Creating alternative research methods: Learning to do it by doing it. In R. Hall, A. Gillette, & R. Tandon (Eds.), *Creating knowledge: A monopoly? Participatory research in development* (pp. 29-37). New Delhi: Society for Participatory Research in Asia.

Furubo, J-E., Rist, R. C., & Sandahl, R. (Eds). (2002). *International Atlas of evaluation*. New Brunswick, NJ: Transaction.

Gandini, L., & Kaminsky, J. A. (2004). Reflections on the relationship between documentation and assessment in the American context: An interview with Brenda Fyfe. *Innovations in Early Education: The International Reggio Exchange, 11*(1), 5-17.

General Accounting Office. (2003). *Head Start: Curriculum use and individual child assessment in cognitive and language development*. GAO-03-1049. Washington, DC: Author. Retried January 14 2020 from https://www.gao.gov/new.items/d031049.pdf

Giamminuti, S. (2009). *Pedagogical documentation in the Reggio Emilia educational project: Values, quality and community in early childhood settings*. Unpublished doctoral dissertation, The University Of Western Australia-Crawley.

Gipps, C., & Stobart, G. (2003). Alternative assessment. In T. Kellaghan, D. L. Stufflebeam, & L. A. Wingate (Eds.). *International handbook of educational evaluation* (pp. 549-576). Norwell, MA: Kluwer.

Greene, J. C. (November, 2000). *Reconsidering roles*. Paper presented at the annual meeting of the American Evaluation Association, Honolulu, HI.

Greene, J. C. (2011). 사회과학 혼합연구방법의 이론과 실제[*Mixed methods in social inquiry*] (이진희, 이병호, 윤은주 역). 서울: 시그마프레스. (원전은 2007에 발간)

Greene, J. C., & Caracelli, V. J. (Eds.). (1997). *Advances in mixed-method evaluation: The challenges and benefits of integrating diverse paradigm*. New Directions for Program Evaluation, No. 74. San Francisco, CA: Jossey-Bass.

Greene, J. C., & Lee, J-H. (2006). Quieting educational reform...with educational reform. *American Journal of Evaluation, 27*(3), 337-352.

Guba, E. G., & Lincoln, Y. S. (1985). *Naturalistic inquiry*. Beverly Hills, CA: Sage.

Guba, E. G., & Lincoln, Y. S. (1989). *Fourth generation evaluation*. Thousand Oaks, CA: Sage.

Guba, E. G., & Lincoln, Y. S. (1994). Competing paradigms in qualitative research. In N. K. Denzin & Y. S. Lincoln (Eds.), *Handbook of qualitative research* (pp. 105-117). Thousand Oaks, CA: Sage.

Hammond, R. L. (1973). Evaluation at the local level. In B. R. Worthen, & J. R. Sanders (Eds.), *Educational evaluation: Theory and practice* (pp. 157-169). Belmont, CA: Wadsworth.

Haraway, D. (2008). *When species meet*. Minneapolis, MN: University of Minnesota Press.

Hayes, C. D., Palmer, J. L., & Zaslow, M. J. (Eds.). (1990). *Who cares for America's children?* Washington, DC: The National Academies Press.

Heckman, J. J. (2014). 효과적인 아동발달 지원책. In E. Zigler, W. S. Gilliam, & W. S. Barnett (편), 공립유아교육의 쟁점: 미국 Pre-K로부터의 교훈[*The Pre-K debates: Current controversies & issues*] (이진희, 윤은주, 이병호, 한희경 역, pp. 15-26). 서울: 아카데미프레스. (원전은 2011에 발간)

Herbst, J. (1989). *And sadly teach: Teacher education and professionalization in American culture*. Madison, WI: University of Wisconsin.

Hicks, S. A., Lekies, K. S., & Cochran, M. (1999). *Promising practices: New York State Universal Prekindergarten*. Ithaca, NY: Cornell Early Childhood Program, Department of Human Development, Cornell University.

House, E. R. (1980). *Evaluating with validity*. Beverly Hills, CA: Sage.

House, E. R. (1998). *Schools for sale: Why free market policies won't improve America's schools, and what will*. New York, NY: Teachers College Press.

House, E. R., & Howe, K. R. (1999). *Values in evaluation and social research*. Thousand Oaks, CA: Sage.

Hunkins, F. P., & Hammill, P. A. (1994). Beyond Tyler and Taba: Reconceptualizing the curriculum process. *Peabody Journal of Education, 69*(3), 4-18.

Johnson, R. B., & Christensen, L. (2017). *Educational research: Quantitative, qualitative, and mixed approaches* (6th ed.). Thousand Oaks, CA: Sage.

Joint Committee on Standards for Educational Evaluation. (1994). *The program evaluation standards: How to assess evaluations of educational programs* (2nd ed.). Thousand Oaks, CA: Sage.

Kallemeyn, L. M., & DeStefano, L. (2010). Perceived purposes of the Head Start National Reporting System at the local program level: A case study. *NHSA Dialog, 13*(1), 21-41.

Karlsson, O. (2003). Program evaluation in Europe: Between democratic and new public management in evaluation. In T. Kellaghan, D. L. Stufflebeam, & L. A. Wingate (Eds.). *International handbook of educational evaluation* (pp. 429-439). Norwell, MA: Kluwer.

Karoly, L. A., Greenwood, P. W., Everingham, S. S., Hoube, J., Kilburn, M. R., Rydell, C. P., Sanders, M., & Chiesa, J. (1998). *Investing in our children: What we know and don't know about the costs and benefits of early childhood interventions*. Santa Monica, CA: RAND.

Katz, L. G. (1993). *Five perspectives on quality in early childhood programs*. Urbana, IL: ERIC/EECE.

Katz, L. G. (1994). Images from the world: Study seminar on the experience of the municipal infant-toddler centers and preprimary schools of Reggio Emilia, Italy. In L. G. Katz, & B. Cesarone (Eds.), *Reflections on the Reggio Emilia Approach* (pp. 7-20). Champaign, IL: ERIC Clearinghouse on Elementary & Early Childhood Education.

Katz, L. G., & Chard, S. C. (1989). *Engaging children's minds: The project approach*. Norwood, NJ: Ablex.

Katz, L. G., & Chard, S. C. (2012). Katz와 Chard의 프로젝트 접근법[*Engaging children's minds: The project approach* (2nd ed.)] (윤은주, 이진희 역). 서울: 아카데미프레스. (원전은 2000에 발간)

Kellaghan, T., Stufflbeam, D. L., & Wingate, L. A. (Eds.). (2003). *International handbook of educational evaluation*. Norwell, MA: Kluwer.

Kilpatrick, W. H. (1918). The project method. *Teachers College Record, 19*, 319-335.

Kliebard, H. M. (1995). *The struggle for the American curriculum: 1893-1958* (2nd ed.). New York, NY: Routledge.

Kozol, J. (1991). *Savage inequalities: Children in America's schools*. New York, NY: Harper Perennial.

Laurence, M. A., Mann, L., Bardwell, A., & Clark-Lempers, D. (1994, March). *Early childhood education program evaluation 1992-1993*. Des Moines, IA: Des Moines Public Schools. (ERIC Document Reproduction Service No. ED369546)

Laurence, M. A., Mann, L., Marks, J. & Minor, B. (1990, June). *Early childhood education. Planning/evaluation report*. Des Moines, IA: Des Moines Public Schools. (ERIC Document Reproduction Service No. ED320704)

Lazzari, A., & Balduzzi, L. (2017). Bruno Ciari와 '교육의 연속성': 이탈리아 관점에서 바라본 관계. In P. Moss (편), 유아교육과 의무교육: 관계를 재개념화하기[*Early childhood and compulsory education: Reconceptualising the relationship*] (정선아, 윤은주, 이진희 역, pp. 262-298). 서울: 창지사. (원전은 2013에 발간)

Lee, J-H. (2003). *The quest for quality: Program evaluation in early childhood education*. Unpublished doctoral dissertation, University of Illinois at Urbana-Champaign.

Lee, J-H. (2016). Exploring Appreciative Inquiry as a useful evaluation approach for improving early childhood program quality. *International Journal of Early Childhood Education, 22*(1), 1-15.

Lee, J-H., & Choi, S-M. (2017). Childcare practitioners' experiences with an evaluation approach based on Appreciative Inquiry (AI) for autonomous changes. *International Journal of Early Childhood Education, 23*(2), 1-21.

Lee, J-H., & Walsh, D. J. (2004). Quality in early childhood programs: Reflections from program evaluation practices. *American Journal of Evaluation, 25*, 351-373.

Lee, J-H., & Walsh, D. J. (Eds.) (2005a). Early childhood program quality [Special issue]. *Early Education and Development, 16*(4).

Lee, J-H., & Walsh, D. J. (2005b). Quality in early childhood programs? Underlying values, *Early Education and Development, 16*(4), 449-468.

Lee, J-H., & Walsh, D. J. (2006). Early childhood practitioners and accreditation: Perspectives and experiences. *International Journal of Early Childhood Education, 12*(1), 23-51.

Lee, J-H., & Stake, R. E. (2014). Child care directors' perspectives on accreditation in South Korea: Challenged professionalism. *International Journal of Early Childhood Education, 20*(2), 167-187.

Lekies, K. S., & Cochran, M. (2001). *Collaborating for kids: New York state universal pre-kindergarten, 1999-2000*. Ithaca, NY: Cornell Early Childhood Program, Department of Human Development, Cornell University.

Lewin, K. (1946). Action research and minority problems. In G. Lewin (Ed.), *Resolving social conflicts. Selected papers on group dynamics* (pp. 201-216). New York, NY Harper & Row.

Lubeck, S., DeVries, M., Nicholson, J. & Post, J. (1997). Head Start in transition. *Early Education and Development, 8*(3), 219-244.

Lyotard, J. (1984) *The postmodern condition: A report on knowledge* (G. Bennington & B. Massumi, Trans.). Minneapolis: University of Minnesota Press. (Original work published 1979)

Mabry, L. (2001). Representing the truth about program quality or the truth about representing program quality. In A. P. Benson, D. M. Hinn, & C. Lloyd (Eds.), *Advances in program evaluation: Vol. 7. Visions of quality: How evaluators define, understand and represent program quality* (pp. 19-27). Greenwich, CT: JAI.

MacDonald, B. (1976). Evaluation and the control of education. In D. Tawney (Ed.), *curriculum evaluation today: Trends and implications*. Schools Council Research Studies Series (pp. 125-136). London: Macmillan.

Mark, M. M., Greene, J. C., & Shaw, I. E. (2006). Introduction: The evaluation of politics, programs, and practices. In I. E. Shaw, J. C. Greene, & M. M. Mark (Eds.), *Handbook of evaluation: Policies, programs and practices* (pp. 1-30). Thousand Oaks, CA: Sage.

Mark, M. M., Henry, G. T., & Julnes, C. (2000). *Evaluation: An integrative framework for understanding, guiding, and improving policies and programs*. San Francisco, CA: Jossey-Bass.

Mathison, S. (Ed.). (2005). *Encyclopedia of evaluation*. Thousand Oaks, CA: Sage.

Maudus, G. F. (2013). Ralph W. Tyler's contribution to program evaluation. In M. C. Alkin (Ed.), *Evaluation roots: A wider perspective of theorists' views and influences* (pp. 157-164). Los Angeles: Sage.

McCrea, N. (1996). Yin-Yang as a sensitive way of evaluating early childhood education. In World Organization for Early Childhood Education (Ed.), *Proceedings of the 3rd International Conference of the World Organization for Early Childhood Education. Quality early education for quality childhood* (pp. 38-43). Hong Kong: University of Hong Kong.

McGroder, S. M. (1990). *Head Start: What do we know about what works?*. Washington, DC: U. S. Department of Health and Human Services. Retrieved January 31, 2020 from https://aspe.hhs.gov/system/files/pdf/74311/headstar.pdf.

Meisels, S. J., & Atkins-Burnett, S. (2004). The Head Start National Reporting System: A critique. *Young Children, 59*(1), 64-66.

Miller, A. K., Eads II, G. M., & Sawyers, L. C. (1990, April). *Evaluation and program implementation: Collaboration during a three-year pilot project*. Paper presented at the annual meeting of the American Educational Research Association, Boston. (ERIC Document Reproduction Service No. ED320669)

Miron, G. (2003). Introduction. In T. Kellaghan, D. L. Stufflebeam, & L. A. Wingate (Eds.). *International handbook of educational evaluation* (pp. 771-774). Norwell, MA: Kluwer.

Moss, P. (1994). Defining quality: Values, stakeholders and processes. In P. Moss & A. Pence (Eds.), *Valuing quality in early childhood services: New approaches to defining quality* (pp. 1-9). New York, NY: Teachers College Press.

Moss, P. (2005). Making the narrative of quality stutter. *Early Education and Development, 16*(4), 405-420.

Moss, P. (2017). *Reconceptualising the evaluation of early childhood education: Seeking answers to 'the Reggio Emilia question.'* Retrieved February 3, 2020 from https://www.sightlines-initiative.com/reconceptualising-evaluation-peter-moss.

Moss, P. (2019). *Alternative narratives in early childhood: An introduction for students and practitioners*. New York, NY Routledge.

Moss, P., & Pence, A. (Eds.). (1994). *Valuing quality in early childhood services: New approaches to defining quality*. New York, NY: Teachers College Press.

National Association for the Education of Young Children. (1984). *Accreditation criteria & procedures of the National Academy of Early Childhood Programs*. Washington, DC: Author.

National Association for the Education of Young Children. (2005). *Early Childhood Program Standards & Accreditation Criteria*. Washington, DC: Author.

New, B. (2005). Section I commentary: Legitimizing quality as quest and question. *Early Education and Development, 16*(4), 445-448.

New, R. S., & Kantor, R. (2010). 유아보육 및 교육에서의 레지오 에밀리아 접근법: 토론을 위한 맥락 창출하기. In J. Roopnarine, & J. E. Johnson (편), 영유아 프로그램의 다양성과 역동성[*Approaches to early childhood education*] (이진희, 윤은주, 성소영, 이병호, 전홍주, 안지령 역, 5th ed., pp, 397-430). 서울: 아카데미 프레스. (원전은 2009에 발간)

Nevo, D. (2006). Evaluation in education. In I. E. Shaw, J. C. Greene, & M. M. Mark (Eds.). *Handbook of evaluation: Policies, programs and practices* (pp. 441-460). Thousand Oaks, CA: Sage.

Nietzsche, F. (2004). 차라투스트라는 이렇게 말하였다 (장희창 역). 서울: 민음사. (원전은 1883에 발간)

Olsson, L. M. (2017). 들뢰즈와 가타리를 통해 유아교육 읽기: 운동과 실험[*Movement and experimentation in young children's learning*] (이연선, 이경화, 손유진, 김영연 역). 서울: 살림터. (원전은 2009에 발간)

Parker, E., Diffey, L., & Atchison, B. (2018). *How states fund Pre-K: A primer for policymakers*. Denver, CO: Education Commission of the States.

Patton, M. Q. (1997). *Utilization-focused evaluation: The new century text*. Thousand Oaks, CA: Sage.

Patton, M. Q. (2002). *Qualitative research & evaluation methods* (3rd ed.). Thousand Oaks, CA: Sage.

Patton, M. Q. (2008). *Utilization-focused evaluation* (4th ed.). Thousand Oaks, CA: Sage.

Patton, M. Q. (2010). *Developmental evaluation: Applying complexity concepts to enhance innovation and use*. New York, NY: Guilford.

Patton, M. Q. (2012). *Essentials of utilization-focused evaluation*. Thousand Oaks, CA: Sage.

Pellerin, M. (2011). University-school collaborative action research as an alternative model for professional development through AISI. *AISI Journal, 1*(1), 1-7.

Perrone, V. (1991). A position paper of the Association for Childhood Education International on standardized testing. *Childhood Education, 67*(3), 131-142.

Powell, D. R. (1995). *Enabling young children to succeed in school*. Washington, DC: American Educational Research Association.

Powell, D. R. (2010). 헤드스타트 프로그램. In J. Roopnarine, & J. E. Johnson (편), *영유아 프로그램의 다양성과 역동성*[*Approaches to early childhood education*] (이진희, 윤은주, 성소영, 이병호, 전홍주, 안지령 역, 5th ed., pp, 70-97). 서울: 아카데미프레스. (원전은 2009에 발간)

Preskill, H., & Catsambas, T. T. (2006). *Reframing evaluation through appreciative inquiry*. Thousand Oaks, CA: Sage.

Preskill, H., & Coghlan, A. T. (Eds.) (2003). *Using appreciative inquiry in evaluation*. New Directions for Evaluation, 100. San Francisco, CA: Jossey-Bass.

Provus, M. M. (1971). *Discrepancy evaluation*. Berkeley, CA: McCutchan.

Rahman, S., Yasin, R. M., & Yassin, S. F. M. (2011). The implementation of projet-based approach at preschool education program. *Procedia Social and Behavioral Sciences*, *18*, 476-480.

Rallis, S., & Rossman, G. (2001). Communicating quality and qualities: The role of the evaluator as critical friend. In A. P. Benson, D. M. Hinn, & C. Lloyd (Eds.), *Visions of quality: How evaluators define, understand and represent program quality*. Advances in program evaluation, Vol. 7 (pp. 107-120). Greenwich, CT: JAI.

Rinaldi, C. (2001). Documentation and assessment: What is the relationship? In C. Cludici, C. Rinaldi, & M. Krechevsky (Eds.), *Making learning visible: Children as individual and group learners* (pp. 78-89). Reggio Emilia, Italy: P)roject Zero and Reggio Children.

Rinaldi, C. (2006). *In dialogue with Reggio Emilia: Listening, researching and learning*. London: Routledge.

Ripple, C. H. (2000). *New York state universal prekindergarten assessment meeting*. Ithaca, NY: Cornell Early Childhood Program, Department of Human Development, Cornell University.

Rist, R. C. (1990). *Program evaluation and the management of government: Patterns and prospects across eight countries*. New Brunswick, NJ: Transaction.

Rogers, P. J. (2007). Theory-based evaluation: Reflections ten years on. In S. Mathison (Ed.), *Enduring issues in evaluation: The 20th anniversary of the collaboration between NDE and AEA*. New Directions for Evaluation, No. 114 (pp. 63-67). San Francisco, CA: Jossey-Bass.

Rogers, P. J., & Williams, B. (2006). Evaluation for practice improvement and organizational learning. In I. F. Shaw, J. C. Greene, & M. M. Mark (Eds.), *Handbook of evaluation: Policies, programs and practices* (pp. 76-97). Thousand Oaks, CA: Sage.

Roos, B., & Hamilton, D. (2005). Formative assessment: A cybernetic viewpoint. *Assessment in Education: Principles, Policy & Practice, 12*(1), 7-20.

Royse, D., Thyer, B. A., Padgett, D. K., & Logan, T. K. (2001). *Program Evaluation: An Introduction* (3rd ed.). Bermont, CA: Brooks/Cole.

Sanders, J. R., & Davidson, E. J. (2003). A model for school evaluation. In T. Kellaghan, D. L. Stufflebeam, & L. A. Wingate (Eds.). *International handbook of educational evaluation* (pp. 807-826). Norwell, MA: Kluwer.

Scarr, S., Eisenberg, M., & Deater-Deckard, K. (1994). Measurement of quality in child care centers. *Early Childhood Research Quarterly, 9*, 131-151.

Schorr, L. B., & Schorr, D. (1989). *Within our reach: Breaking the cycle of disadvantage*. New York, NY: Doubleday.

Schwandt, T. A. (1989). Recapturing moral discouse in evaluation. *Educational Researcher, 18*(8), 11-16.

Schwandt, T. A. (1992). Better living through evaluation? Images of progress shaping evaluation practice. *Evaluation Practice, 13*(2), 135-144.

Schwandt, T. A. (1999). *Dialogue in evaluation: Philosophy, theory, and practice*. Presentation at the annual meeting of the American Evaluation Association, Orlando, FL.

Schwandt, T. A. (2001). Responsiveness and everyday life. In J. C. Greene & T. A. Abma (Eds.). *Responsive evaluation*. New Directions for Evaluation, No. 92 (pp. 73-88). San Francisco, CA: Jossey-Bass.

Schwandt, T. A. (2003). 'Back to the rough ground': Beyond theory to practice in evaluation. *Evaluation, 9*(3), 353-364.

Schwandt, T. A. (2004). *On methods and judgements in evaluation*. Plenary presentation at the meeting of the American Evaluation Association, Atlanata, GA.

Schwandt, T. A. (2015). *Evaluation foundations revisited: Cultivating a life of the mind for practice*. Stanford, CA: Stanford University Press.

Schwandt, T. A., & Burgon, H. (2006). Evaluation and the study of lived experience. In I. F. Shaw, J. C. Greene, & M. M. Mark (Eds.), *Handbook of evaluation: Policies, programs and practices* (pp. 98-117). Thousand Oaks, CA: Sage.

Schweinhart, L. J., Barnes, V., & Weikart, D. P. with Barnett, W. S., & Epstein, A. S. (1993). *Significant benefits: The High/Scope preschool study through age 27*. Monographs of the High/Scope Educational Research Foundation, 10. Ypsilanti, MI: The High/Scope Press.

Schweinhart, L. J., Montie, J. Xiang, Z., Barnett W. S., Barfield, C. R., & Nores, M. (2005). *Lifetime effects: The High/Scope Perry Preschool study through age 40*. Monographs of the High/Scope Educational Research Foundation, 14. Ypsilanti, MI: The High/Scope Press.

Scriven, M. (1967). The methodology of evaluation. In R. E. Stake (Ed.), *Curriculum evaluation*. American Educational Research Association Monograph Series on Evaluation, No. 1 (pp. 39-83). Chicago: Rand McNally.

Scriven, M. (1972). Pros and cons about goal-free evaluation. *Evaluation Comment, 3*, 1-7.

Scriven, M. (1991). *Evaluation thesaurus* (4th ed.). Newbury Park, CA: Sage.

Scriven, M. (1993). *Hard-won lessons in program evaluation*. New Directions for Program Evaluation, no. 58 (pp. 1-10). San Francisco, CA: Jossey-Bass.

Scriven, M. (1996). Types of evaluation and types of evaluator. *Evaluation Practice, 17*(2), 151-162.

Segerholm, C. (2002). Evaluation as responsibility, conscience, and conviction. In K. E. Ryan & T. A. Schwandt (Eds.), *Exploring evaluator role and identity* (pp. 87-102). Greenwich, CT: Information Age.

Segerholm, C. (2003). Researching evaluation in national (state) politics and administration: A critical approach. *American Journal of Evaluation, 24*(3), 353-372.

Senge, P. (1990). *The fifth discipline: The art and practice of the learning organization*. New York, NY: Doubleday.

Shadish, W. R. (1998). Evaluation theory is who we are. *American Journal of Evaluation, 19*(1), 1-19.

Shadish, W. R., Cook, T. D., & Leviton, L. C. (1995). *Foundations of program evaluation: Theories of practice*. Newbury Park, CA: Sage.

Shaw, I. E., Greene, J. C., & Mark, M. M. (Eds.). (2006). *Handbook of evaluation: Policies, programs and practices*. Thousand Oaks, CA: Sage.

Shepard, L. A. (1991). The influence of standardized tests on the early childhood curriculum, teachers, and children. In B. Spodek & O. N. Saracho (Eds.), *Issues in early childhood curriculum* (pp. 166-189). New York, NY: Teachers College Press.

Simmons, C., & Lehmann, P. (2012). *Tools for strengths-based assessment and evaluation*. New York, NY: Springer.

Slavin, R. E. (2002). Evidence-based education policies: Transforming educational practice and research. *Educational Researcher, 31*(7), 15-21.

Smith, M. F. (2003). The future of the evaluation profession. In T. Kellaghan, D. L. Stufflebeam, & L. A. Wingate (Eds.), *International handbook of educational Evaluation. Part one: Perspectives* (pp. 373-386). Norwell, MA: Kluwer.

Spodek, B. (1991). Early childhood curriculum and cultural definitions of knowledge. In B. Spodek & O. N. Saracho (Eds.), *Issues in early childhood curriculum. Yearbook in early childhood education: Vol. 2*. (pp. 1-20). New York, NY: Teachers College Press.

Spodek, B., & Saracho, O. N. (1997). Evaluation in early childhood education: A look to the future. In B. Spodek & O. N. Saracho (Eds.), *Issues in early childhood educational assessment and evaluation. Yearbook in early childhood education: Vol. 7* (pp. 198-206). New York, NY: Teachers College Press.

Stake, R. E. (1967). The countenance of educational evaluation. *Teachers College Record, 68*, 523-540.

Stake, R. E. (1974). *Nine approaches to educational evaluation*. Urbana, IL: University of Illinois, Center for Instructional Research and Curriculum Evaluation.

Stake, R. E. (1975). *Program evaluation, particularly responsive evaluation* (Occasional Paper No. 5). Kalamazoo: Western Michican University Evaluation Center.

Stake, R. E. (2000). A modest commitment to the promotion of democracy. In K. E. Ryan & L. DeStefano (Eds.), *Evaluation as a democratic process: Promoting inclusion, dialogue, and deliberation*. New Directions for Evaluation, No. 85 (pp. 97-106). San Francisco, CA: Jossey-Bass.

Stake, R. E. (2004). *Standards-based and responsive evaluation*. Thousand Oaks, CA: Sage.

Stake, R. E., Contreras, G., & Arbesú, I. (2012). Assessing the quality of a university — Particularly its teaching ... In C. Secolsky & D. B. Denison (Eds), *Handbook on measurement, assessment, and evaluation in higher education* (pp. 3-14). New York, NY: Routledge.

Stake, R. E., & Lee, J-H. (2014, April). *Is accreditation a measurement?* Paper presented at the 2014 annual evaluation conference of the United Kingdom Evaluation Society, London.

Stronach, I., Corbin, B., McNamara, O., Stark, S., & Warne, T. (2002). Towards an uncertain politics of professionalism: Teacher and nurse identities in flux. *Journal of Education Policy, 17*(1), 109-138.

Stronach, I., Halsall, R., & Hustler, D. (2002). Future imperfect: Evaluation in dystopian times. In K. E. Ryan & T. A. Schwandt (Eds.), *Exploring evaluator role and identity* (pp. 167-192). Greenwich, CT: Information Age.

Stufflebeam, D. L. (1971). The relevance of CIPP evaluation model for educational accountability. *Journal of Research and Development in Education, 5*(1), 19-25.

Stufflebeam, D. L. (2001a). *CIPP evaluation model checklist: A tool for applying the CIPP model to assess projects and programs*. Retrieved October 29, 2019 from https://wmich.edu/evaluation/checklists.

Stufflebeam, D. L. (2001b). *Evaluation models: New directions for evaluation*. New Directions for Evaluation, No. 89. San Francisco, CA: Jossey-Bass.

Stufflebeam, D. L., & Coryn, C. S. (2014). *Evaluation theory, models, & applications* (2nd ed.). San Francisco, CA: Jossey-Bass.

Stufflebeam, D. L., & Shinkfield, A. J. (2007). *Evaluation theory, models, and applications*. San Francisco, CA: Jossey-Bass.

Stufflebeam, D. L., & Zhang, G. (2017). *The CIPP evaluation model: How to evaluate for improvement and accountability*. New York, NY: The Guilford Press.

Swadener, B. B., & Kessler, S. (Eds.). (1991). Reconceptualizing early childhood education [Special issue]. *Early Education and Development, 2*(2).

Talmage, H. (1982). Evaluation of programs. In H. E. Mitzel (Ed.), *Encyclopedia of educational research* (5th ed., pp. 592-611). New York, NY: Free Press.

Thomas, A. (2000). *Valuing evaluation: A practical approach to designing an evaluation that works for you*. The Hague: Bernard van Leer Foundation.

Tobin, J. (2005). Quality in early education: An anthropologist's perspective. *Early Education and Development, 16*(4), 421-434.

Tobin, J., Hsueh, Y., & Karasawa, M. (2013). 비교문화적으로 본 유아교육기관, 그 뒷이야기[*Preschool in three cultures revisited: China, Japan, and the United States*] (전홍주 역). (원본은 2009에 발간)

Torres, R. T., Preskill, H., & Pionteck, M. (2005). *Evaluation strategies for communicating and reporting* (2nd ed.). Newbury Park, CA: Sage.

Travers, J. R., & Light, R. J. (Eds.). (1982). *Learning from experience: Evaluating early childhood demonstration programs*. Washington, DC: National Academy Press.

Trend, M. G. (1979). On the reconciliation of qualitative and quantitative danalysis: A case study. In T. D. Cook & C. S. Reichardt (Eds.), *Qualitative and quantitative methods in evaluation research* (pp. 68-86). Thousand Oaks, CA: Sage.

Trevisan, M. S., & Walser, T. M. (2015). *Evaluability assessment: Improving evaluation quality and use*. Thousand Oaks, CA: Sage.

Tyler, R. W. (1942). General statement on evaluation. *Journal of Educational Research, 35*, 492-501.

Tyler, R. W. (1949). *Basic principles of curriculum and instruction*. Chicago, IL: University of Chicago Press.

Universal PreKindergarten Resource Partnership. (2000). *Universal Prekindergarten takes off in New York state: Preliminary findings from school districts implementing Universal Prekindergarten in year one of eligibility, 1998-99*. Albany, NY: Author.

Vedung, E. O. (2000). *Public policy and program evaluation*. New Brunswick, NJ: Transaction.

Waite, L. J., Leibowitz, A., & Witsberger, C. (1991). What parents pay for: Child care characteristics, quality, and costs. *Journal of Social Issues, 47*(2), 33-48.

Walsh, D. J. (2015). 유아교사론: 가르침의 기예[*The craft: A short introduction to teaching*] (정선아, 안효진, 이진희, 성소영 역). 경기도 고양시: 파워북.

Watson, S. D. (2014). 적절한 시기, 적절한 정책: Pew 재단의 Pre-K 캠페인. In E. Zigler, W. S. Gilliam, & W. S. Barnett (편), 공립유아교육의 쟁점: 미국 Pre-K로부터의 교훈[*The Pre-K debates: Current controversies & issues*] (이진희, 윤은주, 이병호, 한희경 역, pp. 27-48). 서울: 아카데미프레스. (원전은 2011에 발간)

Weikart, D. P. (1988). A perspective in High/Scope's early education research. *Early Child Development and Care, 33*, 29-40.

Weikart, D. P., & Schweinhart, L. J. (2010). 하이스코프 유아교육모형. In J. Roopnarine, & J. E. Johnson (편), 영유아 프로그램의 다양성과 역동성[*Approaches to early childhood education*] (이진희, 윤은주, 성소영, 이병호, 전홍주, 안지령 역, 5th ed., pp, 266-294). 서울: 아카데미프레스. (원전은 2009에 발간)

Weiss, C. H. (1972). *Evaluation research: Methods for assessing program effectiveness*. Englewood Cliffs, NJ: Prentice-Hall.

Weiss, C. H. (1987). Evaluating social programs: What have we learned?. *Society, 25*(1), 40-45.

Weiss, C. H. (1997). Theory-based evaluation: Past, present, and future. In D. Rog & D. Fournier (Eds.), *Program and future direction in evaluation: Perspectives in theory, practice, and methods*. New Directions for Evaluation, No. 76. San Francisco, CA: Jossey-Bass.

Weiss, C. H. (1998). *Evaluation: Methods for studying programs and policies* (2nd ed.). Upper Saddle River, NJ: Prentice Hall.

Weiss, C. H., & Mark, M. M. (2006). The oral history of evaluation. Part IV: The professional evolution of Carol Weiss. *American Journal of Evaluation, 27*(4), 475-483.

Whitebrook, M., Sakai, L., & Howes, C. (1997). *NAEYC accreditation as a strategy for improving child care quality*. Washington, DC: National Center for the Early Childhood Work Force.

Whitney, D., & Trosten-Bloom, A. (2010). *The power of appreciative inquiry: A practical guide to positive change* (2nd ed.). San Francisco, CA: Berrett-Koeholer.

Wholey, J. S. (1979). *Evaluation: Promise and performance*. Washington, DC: The Urban Institute.

Wolfe, J. (2002). *Learning from the past: Historical voices in early childhood education*. Alberta, Canada: Piney Branch Press.

Woodhead, M. (1996). *In search of the rainbow: Pathways to quality in large scale programmes for young disadvantaged children*. The Hague: Bernard van Leer Foundation.

Worthen, B. R., & Sanders, J. R.(1987). *Educational evaluation: Alternative approaches and practical guidelines*. New York, NY: Longman.

Worthen, B. R., Sanders, J. R., & Fitzpatrick, J. L. (1997). *Program evaluation: Alternative approaches and practical guidelines* (2nd ed.). New York, NY: Longman.

Wraga, W. G. (2017). Understanding the Tyler rationale: Basic Principles of Curriculum and Instruction in historical context. *Espacio, Tiempo y Educacion, 4*(2), 227-252.

Zaslow, M. J. (1991). Variation in child care quality and its implications for children. *Journal of Social Issues, 47*(2), 125-138.

Zigler, E. (2014). 유아교육 프로그램 효과의 과장에 대한 경고. In E. Zigler, W. S. Gilliam, & W. S. Barnett (편), 공립유아교육의 쟁점: 미국 Pre-K로부터의 교훈[*The Pre-K debates: Current controversies & issues*] (이진희, 윤은주, 이병호, 한희경 역, pp. 374-380). 서울: 아카데미프레스. (원전은 2011에 발간)

Zigler, E., Gilliam, W. S., & Barnett, W. S. (2014). 머리말. In E. Zigler, W. S. Gilliam, & W. S. Barnett (편), 공립유아교육의 쟁점: 미국 Pre-K로부터의 교훈[*The Pre-K debates: Current controversies & issues*] (이진희, 윤은주, 이병호, 한희경 역, pp. 11-13). 서울: 아카데미프레스. (원전은 2011에 발간)

Zigler, E., & Muenchow, S. (1992). *Head Start: The inside story of America's most successful educational experiment*. New York, NY: Basic Books.

Zigler, E., & Valentine, J. (1979). *Project Head Start: A legacy of the War on Poverty*. New York, NY: Free Press.

# 저자 소개

## 이 진 희

미국 일리노이대학교(University of Illinois at Urbana-Champaign)에서 유아교육과 프로그램 평가를 함께 연구하여 2003년 「*The quest for quality: Evaluation and early childhood programs*」라는 논문으로 박사학위를 취득하였다. 미국 Northeastern State University에서 부교수로 교사교육을 시작하여, 현재 계명대학교 사범대학 유아교육과 교수로 재직 중이다. 국제전문학술지 「*Early Education and Development(EED)*」의 부편집장(associate editor)으로 십여 년간 봉사한 바 있으며, 현재 EED를 비롯하여 「*European Early Childhood Research Journal(EECRJ)*」 등의 편집위원을 역임하고 있다. 공역서로 『어린이의 유아교육과정 되기』(2018), 『프로그램 평가: 대안적 접근과 실천적 지침』(2014), 『사회과학 혼합연구방법의 이론과 실제』(2011), 『영유아 프로그램의 다양성과 역동성』(2010) 등이 있으며, 반응적·민주적·참여적 평가를 통하여 교육 현장에서 신념과 경험을 공유하며 새로운 도전을 실천해 나갈 수 있는 방안을 연구하고 있다.

# 유아교육·보육과 함께 걷는 평가

– 3P(정책, 프로그램, 실제) 평가의 이해와 적용

초판 1쇄 인쇄 2020년 2월 24일
초판 1쇄 발행 2020년 2월 28일

지 은 이 | 이진희
펴 낸 이 | 김기섭
편 집 인 | 김민수
펴 낸 곳 | 창지사 www.changjisa.com
08589 서울시 금천구 가산디지털 1로 83 파트너스타워 1차 9층
전화 (02)719-2211~3
팩스 (02)701-9386
등 록 | 1977년 4월 28일 · 제1-421호





ISBN 978-89-426-1327-4 (93370)

값 22,000원

이 도서의 국립중앙도서관 출판예정도서목록(CIP)은 서지정보유통지원시스템 홈페이지(http://seoji.nl.go.kr)와 국가자료공동목록시스템(http://www.nl.go.kr/kolisnet)에서 이용하실 수 있습니다. (CIP제어번호: CIP2020012683)